马克思主义研究文丛

马克思哲学思想发展史研究

马克思的哲学革命与历史唯物主义的形成

（第四卷）

张一兵◎主编

中央编译出版社
CCTP Central Compilation & Translation Press

第四卷目录

CONTENTS No. 4

马克思的《布鲁塞尔笔记》与《曼彻斯特笔记》
  张一兵 ·· 895

《关于费尔巴哈的提纲》写作时间的判定及其思想史定位
  ——兼论文献考证与马克思主义思想史研究的关系
  姚顺良　夏　凡 ······································· 906

马克思的实践概念
  ——纪念《关于费尔巴哈的提纲》写作150周年
  孙伯鍨 ·· 919

实践：在何种意义上成为马克思科学方法论的基石
  ——经济学视域中的《关于费尔巴哈的提纲》
  张一兵 ·· 932

实践范畴的历史语境与历史唯物主义
  胡大平 ·· 943

马克思哲学革命关键环节的历史原象
  ——从《未来哲学原理》到《关于费尔巴哈的提纲》
  刘怀玉 ·· 955

《关于费尔巴哈的提纲》：历史、理论和文本

  周嘉昕 ·················· *971*

从分工到现实的世界历史

  ——《德意志意识形态》中一种经济学的现实批判话语

  张一兵 ·················· *986*

马克思主义哲学新视界的初始地平

  ——新版《费尔巴哈》（《德意志意识形态》第一章手稿）研究

  张一兵 ·················· *1000*

科学地理解人在社会历史发展中的主体地位

  ——《德意志意识形态》读后

  张一兵 ·················· *1022*

历史唯物主义方法论视野中的"现实的个人"

  ——对《德意志意识形态》小束手稿的文本学解读

  张义修 ·················· *1037*

一定的历史的暂时的：科学批判理论的新基点

  ——解读《马克思致安年科夫信》

  张一兵 ·················· *1049*

历史唯物主义与政治经济学的最初接合

  ——蒲鲁东与马克思的《哲学的贫困》

  张一兵 ·················· *1061*

对蒲鲁东的批判给马克思带来了什么？

  ——《哲学的贫困》的思想史地位辨析

  唐正东 ·················· *1078*

马克思是《共产党宣言》思想的主创者

  ——兼与巴加图利亚、卡弗等学者商榷

  姚顺良 夏 凡 ·················· *1090*

马克思历史唯物主义中的历史概念
　　张一兵 ································· 1107

马克思最初遭遇生产力问题的语境、理论逻辑和意义（上）
　　——兼论马克思文本解读的若干原则
　　胡大平 ································· 1123

马克思最初遭遇生产力问题的语境、理论逻辑和意义（下）
　　——兼论马克思文本解读的若干原则
　　胡大平 ································· 1141

探寻马克思生产力概念生成的原初语境
　　杨乔喻 ································· 1153

生产力概念：从斯密到马克思的思想谱系
　　杨乔喻 ································· 1168

马克思"物质生产"概念的哲学内涵论析
　　唐正东 ································· 1178

作为历史本体的物质生产：新唯物主义哲学在经济学研究中的深化
　　——从《德意志意识形态》到《1857—1858年经济学手稿》
　　唐正东 ································· 1190

历史唯物主义视域中的生产和生产方式概念
　　周嘉昕 ································· 1199

马克思生产关系概念的内涵演变及其哲学意义
　　唐正东 ································· 1210

论马克思哲学的再生产实践概念
　　刘怀玉 ································· 1224

论马克思哲学中的社会有机体概念
　　刘怀玉 ································· 1240

交往范畴的科学定位
　　——《德意志意识形态》中的交往范畴

张　亮 ………………………………………………… *1255*

马克思著作中的"人"
　——基于马克思思想发展的概念史考察

周嘉昕 ………………………………………………… *1265*

马克思主义的意识形态范畴

胡大平 ………………………………………………… *1286*

马克思意识形态理论的双重维度：政治的及历史观的

唐正东 ………………………………………………… *1297*

马克思的《布鲁塞尔笔记》与《曼彻斯特笔记》[①]

张一兵

1845年2月以后,马克思在布鲁塞尔重新开始第二次研究政治经济学(第一次经济学研究是1844年马克思写下的《巴黎笔记》和《1844年经济学哲学手稿》)。在2月份先写下《布鲁塞尔笔记》前期摘录(三册)后,马克思又写下了《评李斯特》,以及《关于费尔巴哈的提纲》,实现了他哲学思想革命性的突破,自觉地走向马克思主义新科学的全面建构。5—7月,马克思在布鲁塞尔继续他的政治经济学研究,写下了《布鲁塞尔笔记》后期摘录(四册)。7—8月,马克思与恩格斯一同第一次访问了资本主义工业王国的英国。在这期间,马克思在曼彻斯特又写下了一批经济学摘录笔记,即《曼彻斯特笔记》(九册)。由于《布鲁塞尔笔记》和《曼彻斯特笔记》一直没有正式全文发表(《马克思恩格斯全集》历史文献第一版曾经提到过这两个笔记的内容),这给人们对马克思的第二次经济学研究的了解带来了很大的难度。本世纪[②]70年代以后,《马克思恩格斯全集》历史文献第二版(以下简称 MEGA²)开始陆续出版这两个笔记的内容,这为我们了解马克思第一次经济学研究的理论视域创造了一定的条件。本文在此对这两个笔记基本内容作一概要的介绍和评述。

[①] 原载《求实》1999年第1期。
[②] 指20世纪。——编者注

一、《布鲁塞尔笔记 A》的前期摘录与研究

1845 年 2 月 3 日马克思被巴黎当局驱逐,迁往比利时的布鲁塞尔。也是这个 2 月份的第一天,即马克思在离开巴黎的同时,签订了一个出版合同。在这一合同中,马克思将向达姆斯塔德的卡尔·威廉·列斯凯出版社交付一部两卷本的《政治和国民经济学批判》书稿,并且每卷都在 20 印张以上。所以,马克思在到达布鲁塞尔之后再次全身心投入研究政治经济学,开始了他的 1845—1849 年的第二次经济学的系统研究。这一次经济学理论的深入探索同时伴随着马克思整个思想的伟大革命,即科学世界观和科学社会主义的创立。

在布鲁塞尔,马克思于 2 月先写下了一批摘录笔记,共三册(为了文本解读的便利,我们设定这一文本群为《布鲁塞尔笔记 A》,也可称为前期摘录笔记)。5—7 月,马克思写下了第二批摘录笔记,共四册(《布鲁塞尔笔记 B》,也可称为后期摘录笔记)(实际上,我们这里所说的《布鲁塞尔笔记》只是特指马克思在撰写《德意志意识形态》以前,准确地说,是 1845 年 7 月以前在布鲁塞尔写下的经济学笔记。因为马克思 1845 年 9 月至 1849 年在布鲁塞尔还写下过一些其他经济学笔记。MEGA^2 第四部分第六卷,柏林,1983 年版)。在这一点上汤在新先生说《布鲁塞尔笔记》只有两册,显然是弄错了。① 由于马克思的这一笔记没有编号,所以给研究带来较大的困难。MEGA^1 曾在第六卷概要介绍这一部分笔记的内容(MEGA^1 第六卷在卷末第 597—618 页),以《马克思的布鲁塞尔—曼彻斯特—布鲁塞尔笔记本摘要》为题,简要介绍了马克思的 12 个笔记本,其中分《布鲁塞尔笔记》第五册(加前面误指为《巴黎笔记》的二册,共七册),《曼彻斯特笔记》三册(因为这三册有马克思本人的直接标注),另有四册被指认为 1845 年 9 月以后的布鲁塞尔笔记。在 MEGA^2 中,这四

---

① 汤在新:《马克思经济学手稿研究》,武汉大学出版社 1993 年版,第 3—4 页。

册和新发现的二册共同被确认为九册本的《曼彻斯特笔记》（MEGA^2 第四部分第四至五卷），而在 MEGA^2 第四部分中，这也是少数尚在编辑中的马克思早期经济学笔记。这里，从研究的需要出发，我们先研究《布鲁塞尔笔记》A 的内容（对于《布鲁塞尔笔记 B》，我们将在后面的《曼彻斯特笔记》讨论中作同体分析）。因这一部分笔记现在尚未发表（MEGA^2 第四部分第三卷，现由俄罗斯现代史文献收藏中心巴加图利亚主编，近期即将发表）。我们只能从荷兰阿姆斯特丹国际社会史研究所现收存的《布鲁塞尔笔记》文本目录着手，介绍《布鲁塞尔笔记 A》的文本情况如下：第一册，八开纸，共 64 页，仅有七页空白。封面有一页内容提要。这一笔记的前半部分属于《巴黎笔记》最后的《毕莱笔记》后续内容，共 13 页（在这个意义上《巴黎笔记》准确来说是有七册半）。马克思在其后先做了西尼尔《政治经济学基本原理（讲义）》的摘录（阿里瓦本编，巴黎，1838 年版），共 15 页。然后是西斯蒙第（Sismondi）《政治经济学研究》第二卷的摘录，有 28 页。

第二册，八开纸共 44 页，马克思使用 20 页，其余为空白。封面一页是该笔记的内容提要。第一部分为萨伊的《民族与个人的富裕和贫困的主要根源》一书摘录（巴黎，1818 年版），共 4 页。第二部分为西斯蒙第的《政治经济学研究》第一卷的摘录（布鲁塞尔，1838 年版），13 页笔记。第三部分是德·尚博朗的《论贫困，古代与今天的状况》的摘录（巴黎，1842 年版），仅一页。第四部分是维·巴格蒙特的《基督教的政治经济学，对法国和欧洲贫困性质和原因的考察及缓和与防预的对策》的摘录（巴黎，1842 年版），也仅一页。

第三册，对折纸 36 页，两页空白。一是约·佩基奥《意大利政治经济学史》的摘录（巴黎，1830 年版），共 7 页。二是《巴黎笔记》中出现过的麦克库洛赫《政治经济学的进步、起源和对象》一书的再摘录，共 3 页。三是加尼耳《政治经济学的各种体系比较研究》的摘录（巴黎，1842 年版，二卷本），6 页。四是布朗基的《欧洲政治经济学从古代到今天的历史》的摘录（布鲁塞尔，1843 年版），一页。接下去是奈克尔、布里索、瓦茨三本书的四面摘录。

这三册的顺序是我编排的。理由是，在我看来，马克思2月在布鲁塞尔重新开始的政治经济学研究，首先是接着《巴黎笔记》的《毕莱笔记》（以揭露资本主义社会中英法工人阶级贫困为主要内容）写下了西尼尔摘录，但在摘录西斯蒙第《政治经济学研究》第二卷时重新回到以了解人民贫困为主旨的研究主题。于是他在第二册中主要摘录政治经济学中关于贫困问题的论著（萨伊、西斯蒙第、尚博朗、巴格蒙特）。可是，马克思在摘录后两本论著时有两个非常重要的理论激活点：第一是发现贫困本身在每一个具体的社会时期的异质性。从古代到今天，贫困的内容和本质是极不相同的，基督教的经济学面对的是中世纪的贫困，而今天人们面对是资本主义社会中的贫困。也就是说，一定的时代会有一定的社会规定性。第二也是更重要的是，对待贫困的不同态度，即从不同的理论立场出发，会对同一个社会问题产生完全不同的判断，如萨伊是从资产阶级立场出发，西斯蒙第是小生产者的立场，而毕莱则是站在无产阶级的立场上。他们的理论态度是根本不同的。这立即让马克思萌发一个新研究意向，即完整地了解政治经济学的历史和不同的政治经济学体系，这就是第三册笔记的内容。

二、《布鲁塞尔笔记B》与《曼彻斯特笔记》的文本研究

首先是作为马克思在布鲁塞尔第二阶段政治经济学阶段性研究成果的《布鲁塞尔笔记B》。由于这一笔记并没有明确的顺序认定，这使得对其的文本结构分析十分困难。以我的研究所得，文本介绍只能由内容的重要性来规定了。

第一，也是《布鲁塞尔笔记B》中最重要的摘录笔记，我将其称之为"物质生产与生产力研究"的笔记。这一笔记本为对折纸，共32页。马克思写了29页。一是埃·吉拉丹《科学丛书》第一卷：《机器》的摘录，仅1页。二是查·拜比吉《关于机器和工厂的经济性质》的摘录（伦敦，

1833 年版），共 8 页。三是安·尤尔的《工场哲学，棉花、羊毛、麻、丝制造工业的经济学研究，附英国工场中使用不同机器的描写》的摘录（布鲁塞尔，1836 年版，二卷本），5 页。四是罗西《政治经济学教程》的摘录（布鲁塞尔，1843 年版），共 14 页。

第二个笔记本也是对折本，共 54 页，马克思使用了其中的 53 页。摘录包括弗·费里埃的《论商业报告中令人关注的管理》（巴黎，1805 年版），共 8 页。亚力山大·德·拉博德的《论共同体利益中的协作精神》（巴黎，1815 年版），共 9 页。刊登在《经济学者日报》1842 年第二至三卷上的拉蒙·德·撒格拉的《论卡达罗涅的棉纺工业及工人》，2 页。泰·费克斯的《论在政治经济学中的进步与保守精神》，1/2 页。若耐的《从四世纪到本世纪罗马的城邦生活和国内经济的统计》，1/2 页。亨利·施托利希的《政治经济学教程，对于决定国家昌盛的一些原理的阐述》（巴黎，1823 年版），共 31 页。特里奥恩的《论滥用公债的投机之风》（布鲁塞尔，1844 年版），1/4 页。

第三个笔记本是原来被误认为《巴黎笔记》的詹·罗德戴尔的《论公共财富的性质和起源》（巴黎，1808 年版）一书摘要。这是一个二折本，马克思写了 16 页。最后一页是计算数字。

第四个笔记本也是原来被误认为《巴黎笔记》的欧·德尔编辑和注释的《18 世纪的财政经济学家》（巴黎，1843 年版）。二折本，马克思共使用了 26 页。摘录《18 世纪的财政经济学家》四部论著的具体情况为：一是布阿吉贝尔的《法国详情》摘录，4 页半。二是布阿吉贝尔的《论财富、货币和赋税的性质》的摘录，计 10 页。三是布阿吉贝尔的《论谷物的性质、耕作、贸易和利益》的摘录，4 页。四是约翰·罗的《论货币与贸易》，仅 1 页。

其次，是马克思在伦敦写下的九册《曼彻斯特笔记》。在 MEGA[1] 中，只确认其中有马克思直接标注的三册（MEGA[1] 第六卷）。MEGA[2] 重新确认为九册，其中前五册已经收入第四部分第四卷出版（柏林，1988 年版），后四册拟收入第五卷，该卷还在编辑之中（俄罗斯现代史文献收藏中心巴加图利亚主编，正在编排之中）。所以我们这里的文本介绍主要以前五册为主，后四册只是一般提示。

第一册，对折48页。马克思写了37页。其中有配第的《论人口的增长的研究》（伦敦，1698年版），共6页。查·戴韦南特的《论公共收入和英国贸易》等四部著作，共13页。詹·安德森的《关于导致不列颠目前粮荒的思考》（伦敦，1801年版），共1页半。布朗宁的《大不列颠国内状况和财政状况》（伦敦，1834年版），2页半。爱·米塞尔登的《自由贸易或贸易繁荣之道》等两部著作，共3页，还有4页计算。

第二册，对折本44页。马克思全部写满了摘录。其中有库伯的《论政治经济学原理》（伦敦，1831年版），共13页。萨德勒的《人口的规律》（伦敦，1830年版），8页半。托·图克的《1793—1837年的价格和流通状况的历史》（伦敦，1838年版），8页。吉尔巴特的《银行业的历史和原理》（伦敦，1839年版），共11页。托·娄·艾德门兹的《实践道德与政治经济学》（伦敦，1828年版），2页，计算1页半。

第三册，主要是麦克库洛赫《政治经济学文献》一书的摘录。

第四册，八开纸36页，马克思使用了27页。其中有威·科贝特的《纸币取代黄金》（1828年版），17页。从《都会百科全书》中摘录的《西尼尔的政治经济学》（1836年版），一页半。威·汤普逊的《财富分配的原理》（1824年版），共9页。

第五册，对折50页，马克思抄录使用了46页。其中有威·阿特金森的《政治经济学原理》（1840年版），6页。托·阿莱尔的《宪章运动》（1840年版），1页半。麦克库洛赫的《政治经济学原理，产生与发展的概述》（1830年版），10页半。威德的《中等阶级和工人阶级的历史》（1835年版），9页。还有穆勒的《略论政治经济学的问题》（1844年版），共11页半，等等。

后四册中，非常重要的内容有欧文的《新道德世界书》（1840—1844年），共22页半。欧文的《论人类性格的形成》等三篇论文，计28页。布雷的《对劳动的迫害及其救治方案》（1839年版），共24页。还有魁奈重农主义的论著摘录和格莱格、霍普的有关农业和谷物法方面的论著摘录。

三、马克思第二次经济学研究的基本语境

首先是《布鲁塞尔笔记 B》。以我的看法,马克思在这一部分笔记中摘录的最有理论意义的中心是物质生产和生产力。实际上,马克思在从李斯特的"工业力"之上,在哲学新视域中确认了现实的社会实践概念,这是一种重要的科学抽象。而转身在进一步的经济学研究中,他首先将理论的注意力投向了实践中最基础的方面,即物质生产。这又是从抽象到具体的转变。物质生产为社会发展基础,这是整个经济学研究的前提。在第一册量并不大的笔记中,我们看到,马克思几乎全部摘录了有关生产特别是现代资本主义生产的主导方面——机器的历史。这里,我们可以这 29 页摘录四本书中有突出理论意义的拜比吉摘录内容(8 页)为例。

拜比吉是 19 世纪英国著名的数学家和计算机制造专家[拜比吉 Charles Babbage(1792—1871)英国数学家和早期机器计算机专家。1814 年毕业于英国剑桥大学,1828—1839 年任剑桥大学教授。主要论著有:《论机器和工厂的经济性质》(1832 年)。其他还有一些数学手稿]。19 世纪 20 年代致力于计算机(差分机 Difference Ergine)的研制。他从 1827 年末至 1828 年末,周游欧洲大陆,参观了荷兰、意大利、德国和法国等国的工厂,写下了著名的《论机器和工厂的经济性质》一书。这本书实际上是通俗地讲解生产过程,说明现代机器生产的原理和结果,特别是工具和机器取代人力和技艺的客观效果和经济利益。这实际上是一部现代生产力在狭义技术层面上如何推动社会进步的理论分析史。这本书分成两编,一是"关于机器部分的分析",二是"关于工厂内部经济和政治经济"。第一编基本上是对工具到机器发展的一种技术分析,这是对物化生产力的一种直接确认。而在第二编中,在对机器在生产中的运用结果,拜比吉明确指出了提高生产能力,从而"产品成本的降低"的方向(第十三章),而第十九章中,他直接深化了斯密的分工理论,提出了所谓"拜比吉原理"。即斯密认为分工的简单化才导致了机器的发明,而拜比吉的观点则相反,

他认为机器的出现首先是由于劳动的简单化,这才使得劳动技巧本身物化在工具上,工具本身的简单化使工具重新组合为一个由动力推动的系统。这实际上是对资本主义生产过程的基本结构和方式的微观研究。这一笔记中另一本重要的论著是乌尔1835年出版的《工厂哲学》,这本书正是在拜比吉著作的影响下,同样是对产业革命的具体分析和一定程度上的经济理论思考。我们注意到,其理论中轴仍然是生产与分工。但在分工问题上,乌尔不同于拜比吉,他对斯密的分工是直接批判否定的。在后面的讨论中,我们不难发现,正是生产和分工构成了《德意志意识形态》两种思路的基础。生产与生产的方式成为马克思历史唯物主义的重要规定;而在分工这一思路上,立足于无产阶级立场上的马克思从分工引出了一条科学的实证批判。

而在写作《曼彻斯特笔记》时,因为马克思当时的法文阅读能力较强,所以这里的论著主还是摘自法文论著。以我的看法,马克思的这一研究仍然是对资产阶级政治经济学的全面了解的一部分,特别是对《巴黎笔记》和《布鲁塞尔笔记》的补充。这显然还谈不上对经济学的深入的科学的研究,也不能将这一笔记的内容直接等同为马克思打算写作的"《政治与国民经济学批判》的研究对象"[①]。因为马克思对政治经济学的科学研究,只是始于1850年以后。而依我之见,马克思这里的研究对他的哲学变革倒有着十分重要的意义。

从上面的文本情况看,马克思的九册笔记的内容是十分丰富的,总括地说,这些摘录从基本主题上可以分为三组:

第一组是关于英国资产阶级政治经济学的早期阶段,即斯密之前的经济学论著。他们是爱德华·米塞尔登、威廉·配第、查理·戴维南特、罗伯特·克拉威尔等。除去配第以外,几乎都是重商主义的论著,就连配第的书也带有重商主义的味道。这些论著反映了那个时期资本主义发展的现实水平,即自然经济的败落,工场手工业的兴起,国内市场的形成以及对外贸易的扩大。这一研究大大拓展了马克思对资本主义认识的全面性和历

---

① 参见 MEGA^2 第四部分第4卷前言。

史性。

  英国重商主义主要关注的理论焦点是社会财富及其源泉问题。他们集中精力研究货币，尤其是贵重金属这一"普遍财富"①。在对这些论著的研究中，马克思逐步弄清楚了一个问题，经济学上理论观点的改变实际上直接来自于社会经济现实的改变。在工业不发达、国内市场狭小、对外贸易作为增加财富的主渠道，这就决定了早期重商主义者论著的特点。在米塞尔登的《自由贸易或贸易繁荣之道》一书中，早期重商主义所特有的观点得到了清楚的阐述，即将货币看作是世界上唯一真实的财富，它具有统治人类的万能力量。而恰恰是随着资本主义物质生产的发展、工业的成长以及货币顺差政策为贸易顺差政策代替，重商主义对货币的偏向才得以克服。马克思在戴维南特和配第的书中直接读到了这种理论变化②。另外，马克思了解到配第创立的统计学，但一针见血地指出资产阶级的统计学在数据上存在问题，本质上是意识形态的"辩护论的"③。

  第二组笔记是李嘉图之后的英国经济学文献。论著作者大多是斯密和李嘉图的解释者，其中既有肯定者，也有否定者。马克思从英裔美国经济学家托马斯·库伯的《政治经济学原理讲义》开始，一直到约翰·斯图亚特·穆勒的《略论政治经济学中某些有待解决的问题》结束。其中还包括托马斯·图克、詹姆斯·吉尔巴特、威廉·科贝特、托马斯·萨德勒、纳索·威廉·西尼尔、威廉·阿特金森、约翰·拉姆赛·麦克库洛赫等人的论著。这些摘录可分为三类问题：一是经济学的一般理论原则，如经济学的对象、方法和经济学重要范畴的规定及其相互作用；二是货币流通、信用流通和危机问题；三是人口问题。通过这种研究马克思意识到，对资产阶级政治经济学的认识，不能脱离资本主义物质生产本身的客观发展。他发现，斯密、李嘉图之所以能够对经济现实与规律作出客观的没有成见的看法，因之于早期资本主义生产方式中物质生产力对落后农业生产的突破。

  马克思的这一研究是从李嘉图的批评者们开始的。其中主要是库伯、

---

① 参见 MEGA² 第四部分第 4 卷，第 20 页。
② 参见 MEGA² 第四部分第 4 卷，第 51 页。
③ 参见 MEGA² 第四部分第 4 卷，第 13 页。

阿特斯金和西尼尔的论著。他们从不同的角度批评李嘉图的劳动价值论，因为这一理论必然导出土地所有者和资本家对工人的剥削的结论。这些资产阶级的辩护者们出于维护其阶级利益，批评李嘉图将劳动价值论与商品价格关联起来，而提出种种关于价值决定的论点，如价值取决于供求关系（库伯、阿特斯金），或者是价值取决于效用（西尼尔）。马克思在这里没有对李嘉图的劳动价值论采取否定性的评论。这一点，已经有别于《1844年经济学哲学手稿》。

这一"前"一"后"的研究使马克思对经济学的本质有了新的看法。更重要的是，他发现必须对资本主义生产方式进行历史的具体的现实的研究。推广开来，面对任何社会历史生活，都只能注意其发生、存在和发展的具体境况，即只有对一定历史条件下的社会历史状况考察才可能是科学的。

第三组摘录是英国空想社会主义者特别是欧文式的经济学家的论著。主要为威廉·汤普逊、布雷和托·娄·艾德门兹等人的著作。在这里，特别是汤普逊从政治经济学出发的社会主义理论论证成为马克思注意的焦点。马克思看到，汤普逊实际上是从肯定李嘉图的劳动价值论出发的："对于财富观念来说，交换价值是不必要的……劳动是财富的唯一父亲"①。在汤普逊的分析中，有这样一个重要的逻辑推论：即既然劳动是社会财富的唯一源泉，那么，为什么每个生产劳动者不能获得自己的全部等价物呢？他分析道："在任何地方，在所有人当中，劳动都是一件价值物品。在任何地方，支付给劳动的价格都是为了延续生存和购买食物。它的唯一的万能商品……劳动增添对物质的渴求。唯有劳动才构成他们的物质财富。"②"材料、建筑物、机器、工资不能给自身价值增加任何东西。追加的东西只来自于劳动本身……在通常的情况下，生产工人的劳动至少有一半被资本家夺走了"③。"只要事物的这种势力支撑的组织继续存在，因而只有一伙人支配着这类生产力"，社会的不公正就不可能消除④。马克思

---

① 参见 MEGA² 第四部分第 4 卷，第 237 页。
② 参见 MEGA² 第四部分第 4 卷，第 238 页。
③ 参见 MEGA² 第四部分第 4 卷，第 240 页。
④ 参见 MEGA² 第四部分第 4 卷，第 240 页。

发现，李嘉图的经济学（劳动价值论）可以"以独特的方式"直接导向否定资本主义制度的社会主义结论！这种社会主义不再是价值判断，而是从大工业中生长起来的现实。

我认为，李嘉图式的社会主义经济学家的总体理论逻辑，恰恰对马克思这个时候历史唯物主义的哲学建构起到了重要的促动作用。①

---

① 张一兵：《政治经济学与社会的最初接合》，载《学术月刊》1998年第10期。

《关于费尔巴哈的提纲》写作时间的判定及其思想史定位
——兼论文献考证与马克思主义思想史研究的关系[①]

姚顺良　夏　凡

作为"包含着新世界观的天才萌芽的第一个文件",马克思在1845年写下的《关于费尔巴哈的提纲》(以下简称《提纲》)在马克思主义哲学史乃至一般的马克思主义思想史上具有极为重要的意义。尽管学者们在对《提纲》的思想史定位和具体文本的理解上还有不同观点,但不容置疑的是,这一文献不仅标志着马克思从"以费尔巴哈为中介批判黑格尔"走向了"以批判费尔巴哈为中介建构新世界观",也标志着马克思的思想发展首次超越了曾经领先于他的恩格斯和赫斯。随后不久,马克思就说服了恩格斯,并且两人合作撰写了正面阐述唯物史观基本观点的《德意志意识形态》,并一举奠定了他的"第一小提琴手"之位。

然而,在近来的研究中,有若干学者试图否定《提纲》在思想史上的里程碑性质。他们断言,《提纲》不是《德意志意识形态》的思想提纲,而仅仅是《神圣家族》中的唯物主义思想的延续。[②]。据说,这个结论是德国文献学专家英格·陶伯特的最新研究成果,是以科学的版本考证为根据的,因而任何不同意这个结论的"马克思文本解读",都属于"无

[①] 原载《马克思主义研究》2008年第8期。
[②] 聂锦芳:《思想的传承、决裂与重构——〈德意志意识形态〉创作前史研究》(下),载《河北学刊》2006年第5期。

视版本研究的新成果"①,都是"想象力丰富"的"大胆假设"和"过度解读"②!

果真如此吗?本文将通过思想史语境中的文献考证,证伪上述观点。这一证伪,不仅不"无视版本研究的新成果",相反,在某种程度上,恰恰是以这些"新成果"为依据的。

一

首先我们来看《提纲》的写作和出版情况。《提纲》写在马克思1844—1847年的记事本第53—57页③上,在马克思生前没有发表。1888年,恩格斯在出版《路德维希·费尔巴哈和德国古典哲学的终结》时,将《提纲》作为附录首次发表。恩格斯不仅加了标题——《马克思论费尔巴哈》,而且对内容加以修改。这些修改,有些只是文字性的,但有些却是思想性的原则问题(本文作者将另文讨论这个问题)。1926年,当时的苏共中央直属的马克思恩格斯研究院出版了《马克思恩格斯文库》第一卷(法兰克福),其中首次收录了马克思1845年写的《提纲》原稿。1932年的《马克思恩格斯全集》历史考证版第一版(MEGA¹)第一部分第五卷、1956年的俄文第二版《马克思恩格斯全集》第三卷和1960年的中文第一版《马克思恩格斯全集》第三卷均同时收录了《提纲》的两个版本。但中文《马克思恩格斯选集》第一版(1972年)只收入了恩格斯

---

① 鲁克俭:《"马克思文本解读"研究不能无视版本研究的新成果——评张一兵"文献学语境中的〈德意志意识形态〉代译序"》,载《马克思主义与现实》2006年第1期。
② 鲁克俭:《再论"马克思文本解读"研究不能无视版本研究的新成果——从〈巴黎手稿〉的文献学研究谈起》,载《马克思主义与现实》2007年第3期。
③ 马克思本人并没有对这个记事本编页码(因此它只是记事本,而不是像《巴黎笔记》、"布鲁塞尔笔记"和"曼彻斯特笔记"那样的"笔记本")。其页码编排,学者们有多种方案。详见[苏]巴加图利亚:《〈关于费尔巴哈的提纲〉和〈德意志意识形态〉》,原载《马克思恩格斯著作研究室科学情报公报》(莫斯科)第12期,第1—70页,引自《马列主义研究资料》1984年第1辑(总第31辑)。本文所引的该记事本页码,依据的是巴加图利亚主编的MEGA²第四部分第3卷采用的新方案。但是在巴加图利亚写的上述论文中对记事本的编页,《提纲》的页码为第51—55页。

的修改稿，1995年的《马克思恩格斯选集》中文第二版才添上了马克思的原稿。

在各版《马克思恩格斯全集》上标明的《提纲》写作时间是1845年春天。其依据是恩格斯晚年的回忆，"在我看来这一思想（引者按：指的是《共产党宣言》阐述的唯物史观的思想）对历史学必定会起到像达尔文学说对生物学所起的那样的作用，我们两人早在1845年前的几年中就已经逐渐接近了这个思想。当时我个人独自在这方面达到什么程度，我的《英国工人阶级状况》一书就是最好的说明。但是到1845年春我在布鲁塞尔再次见到马克思时，他已经把这个思想考虑成熟，并且用几乎像我在上面所用的那样明晰的语句向我说明了。"[①] 因此，恩格斯只是推测在他回到布鲁塞尔之前，马克思就已经完成了《提纲》。

20世纪60年代，巴加图利亚通过对记事本内容、墨水等因素的研究，推测《提纲》可能写于1845年4月5日和7月12日之间。巴加图利亚推测的主要依据是《提纲》在记事本中的位置。他的总假设前提是：材料在记事本中的分布次序就是写下材料的时间顺序。由于《提纲》前面有一个墨水写的书目（44页）全部是英国的图书馆的书目，而且是马克思和恩格斯的字迹交叉写成的，不同于在此之前马克思用棕色铅笔和普通铅笔写的两个书目（36—37页和38—43页），所以这个书目必定写于恩格斯来布鲁塞尔之后。而《提纲》的写作时间也不可能早于恩格斯来布鲁塞尔之后（巴加图利亚认为是1845年4月5日，陶伯特考证为4月中旬，MEGA^{2}为4月中旬）。另外，在《提纲》后面也有一个"英国公共图书馆的书目"（74—83页），显然是在曼彻斯特写下的。巴加图利亚认为，马克思、恩格斯在1845年7月中旬（巴加图利亚认为是7月12日，陶伯特认为是7月8日，MEGA^{2}为7月10日之前）就启程赴英国旅行了，所以《提纲》的写作时间不可能在此之后。巴加图利亚得出结论：《提纲》的写作时间在1845年4月初至7月初。不过，他仍然认为恩格斯的回忆是正确的。巴加图利亚甚至说，由于恩格斯在晚年手头就握有写着《提纲》

[①] 《马克思恩格斯选集》第1卷，人民出版社1995年版，第257—258页。

的"马克思1844—1847年记事本",因此"1845年春"不是恩格斯凭回忆得出的写作时间。①

但问题在于,"春天"这个时间太模糊。从4月初到7月初,都可以算"春天"。准确的写作时间究竟是什么呢?巴加图利亚认为,文献学事实虽然可以确定,但"要从这些事实中作出明确的结论,还是不可能的"②。即便如此,他倾向于4月初。其理由是:写有《提纲》第一条的第53页是以"四行文字"开始的,这四行文字是:

> 神灵的利己主义者同利己主义的人相对立。
> 革命时期关于古代国家的误解。
> "概念"和"实体"。
> 革命——现代国家起源的历史。③

巴加图利亚认为,这四行文字与《神圣家族》相关。比如《神圣家族》第六章第三节的《对法国革命的批判的战斗》这一小节发挥了第一、二、四行文字表达的思想,而第三行文字在《绝对批判的思辨循环和自我意识的哲学》这一小节中得到进一步发展④。鉴于马克思有先做笔记后写著作的治学习惯,所以巴加图利亚认为《提纲》可能是《神圣家族》的准备材料。

巴加图利亚的观点其实是站不住脚的。《神圣家族》早在1845年2月底就出版了,马克思在1845年4月还去写它的"准备材料"干什么?前东德专家英格·陶伯特更倾向于《提纲》是7月初写的,其理由有三:第一,1845年6月25—28日之间出版于莱比锡的《维干德季刊》第二期上刊登了费尔巴哈的文章《因〈唯一者及其所有物〉而论〈基督教的本

---

① [苏] 巴加图利亚:《〈关于费尔巴哈的提纲〉和〈德意志意识形态〉》,载《马列主义研究资料》1984年第1辑(总第31辑)。
② [苏] 巴加图利亚:《〈关于费尔巴哈的提纲〉和〈德意志意识形态〉》,载《马列主义研究资料》1984年第1辑(总第31辑)。
③ 《马克思恩格斯全集》第42卷,人民出版社1979年版,第273页。
④ 《马克思恩格斯全集》第2卷,人民出版社1957年版,第151—158、173—182页。

质〉》，其中费尔巴哈第一次自称"共产主义者"，这是促使马克思阐明自己对费尔巴哈之态度的直接动因。第二，《维干德季刊》第二期还刊登了古·尤利乌斯的文章，把马克思说成是"费尔巴哈创立的观点的深造者"，并认为以费尔巴哈和马克思为一方，鲍威尔为另一方，双方的共同基础是"黑格尔的思辨"，《提纲》的写作与这篇文章对《神圣家族》的批判也有关。第三，赫斯在1845年5—6月间写的批评文章《论德国的社会主义运动》和小册子《晚近的哲学家》里批判了费尔巴哈，这也促使马克思重新审视他对费尔巴哈的立场。①

但我们仔细推敲，就会发现陶伯特咬定"《提纲》应当是马克思在看到《维干德季刊》第二期之后写的"，其文献考证上的证据并不确凿。巴加图利亚在20世纪60年代就说过："不太可能的是，马克思、恩格斯读了费尔巴哈的文章；更不可能的是，这篇文章是《提纲》的写作诱因。"②莱比锡6月底出版的杂志，马克思7月初在布鲁塞尔（去英国前）就看到，是不太可能的。而马克思当时正致力于政治经济学研究（记事本中的书目即是证据），同时打算出版"国外社会主义文丛"（见记事本），他怎么可能看到一篇费尔巴哈的文章就随随便便地表达自己的观点？何况这还是涉及新世界观的重大观点！在国内某些学者眼里，陶伯特关于"《提纲》只可能写在《维干德季刊》第二卷出来之后"的观点，就是从科学的文献考证中得出的马克思学"新成果"了。其实，这只是无法证实却早就被证伪的旧观点。

二

是否看到《维干德季刊》第二期上的费尔巴哈的文章，并不是马克思

---

① ［德］陶伯特：《马克思和恩格斯的〈德意志意识形态〉第1卷的产生史》，原载《卡尔·马克思故居文集》第43辑，特里尔，1990年，引自《马克思恩格斯研究》第17辑，第29—30页。

② ［苏］巴加图利亚：《〈关于费尔巴哈的提纲〉和〈德意志意识形态〉》，载《马列主义研究资料》1984年第1辑（总第31辑）。

是否写作《提纲》的关键因素。马克思的思想发展决不会只是看了某篇文章之后"灵机一动"的结果,而是他从1844年夏天开始的经济学研究、哲学研究和社会主义研究互相支撑、互相推动带来的"深思熟虑"的结果。因此,只有放在马克思这一段时间前后的思想转变的大语境下才能理解《提纲》的写作。事实上,巴加图利亚倾向于《提纲》是4月初写的,陶伯特倾向于7月初,两人都不是从文献考证上得出的结论,而是从文本解读得出的思想史结论!

巴加图利亚比较了《提纲》前10条的内容和《德意志意识形态》的内容,深入解读了《〈黑格尔法哲学批判〉导言》、《1844年经济学哲学手稿》、《神圣家族》、《黑格尔现象学的结构》以及《德意志意识形态》与《提纲》第十一条相关的思想内容,证明《提纲》第十一条是《德意志意识形态》的主旨,而《提纲》中的所有基本原理都可以在《德意志意识形态》中得到反映和进一步发展。[①] 因此,《提纲》恰恰是《德意志意识形态》的思想提纲。如果说,《提纲》是新世界观的基本原理的第一个文件,那么《德意志意识形态》就是第一次全面制定了新世界观[②]。巴加图利亚还证明:一方面,马克思、恩格斯写作《德意志意识形态》的意图在1845年4月就已经形成[③];另一方面,恩格斯1845年4月来到布鲁塞尔后,把费尔巴哈的信转交给马克思,这很可能就是马克思写作《提纲》的直接诱因。

巴加图利亚通过文本解读,判定《提纲》的写作时间是1845年4月。陶伯特提出不同意见的时候,最主要证据也不是来自文献考证,而来自文本解读。她认为,《提纲》中所有的正面表述,无论是"实践"范畴还是

[①] [苏] 巴加图利亚:《〈关于费尔巴哈的提纲〉和〈德意志意识形态〉》,载《马列主义研究资料》1984年第1辑,总第31辑。

[②] [苏] 巴加图利亚:《〈关于费尔巴哈的提纲〉和〈德意志意识形态〉》,载《马列主义研究资料》1984年第1辑,总第31辑。

[③] 巴加图利亚认为有三条证据可以证明《德意志意识形态》的写作意图在1845年4月就确立。第一,1844年12月,马克思就打算批判施蒂纳的《唯一者及其所有物》。第二,1845年4月,恩格斯在《共产主义运动在德国的迅速发展》一文中已经指认鲍威尔和施蒂纳是共产主义的头号敌人。第三,根据燕妮·马克思回忆,1845年夏马克思、恩格斯就致力于《德意志意识形态》的写作。

"人的本质是社会关系的总和",都已经包含在《1844年经济学哲学手稿》和《神圣家族》中了;而《提纲》的新意在于它批判了费尔巴哈的唯物主义和人道主义,这是对《神圣家族》中的唯物主义论题的重述①。由此,陶伯特得出结论:《提纲》的写作不是同《德意志意识形态》有关,而是《神圣家族》的延续。换言之,唯物史观形成过程中的重大转折点不是1845年春天,而是1844年8月底,即马克思和恩格斯开始合作写《神圣家族》!② 陶伯特甚至认为,"马克思和恩格斯1843年底各自独立地完成了向历史唯物主义和共产主义的立场过渡",而"唯物史观的制定工作开始于发表在《德法年鉴》上的几篇文章"。③ 正因为这样,陶伯特才格外看重1845年3—6月间《神圣家族》受到的批判,看重《维干德季刊》第二卷上费尔巴哈的文章对《提纲》的诱因作用,才把《提纲》的写作时间定在1845年7月。这样看来,陶伯特关于《提纲》的"新成果",根本不是从文献学考证能够得出的结论,而是她"思想史结论"先行,文献考证在后的结果。陶伯特在暂时不能得出准确写作时间的情况下,以她对"马克思思想发展的内在逻辑"的理解为依据判断文本的意义。姑且不论陶伯特是否难逃"过度阐释"之嫌,她的研究至少证明了一点:文献考证倘若丧失了思想史维度,就得不出任何有价值的结论。

如果我们沿着陶伯特的思想史思路继续前进,把《提纲》的写作时间向后推到1845年11月也未尝不可。因为《维干德季刊》第二卷上只有费尔巴哈的一篇文章,只有在《维干德季刊》第三卷上(1845年10月16—18日出版),才形成了一个完全的混战:鲍威尔的文章《评路德维希·费尔巴哈》批判施蒂纳和费尔巴哈,批判费尔巴哈"观点的深造者"赫斯、马克思、恩格斯("《神圣家族》的作者"),施蒂纳撰文《施蒂纳的评论者》替自己辩解,同时批判费尔巴哈、赫斯及施里加(布鲁诺·鲍威尔的

---

① [德] 陶伯特:《马克思和恩格斯的〈德意志意识形态〉第1卷的产生史》,载《马克思恩格斯研究》第17辑,第22页。
② [德] 陶伯特:《马克思和恩格斯的〈德意志意识形态〉第1卷的产生史》,载《马克思恩格斯研究》第17辑,第9页。
③ [德] 陶伯特:《马克思和恩格斯的〈德意志意识形态〉第1卷的产生史》,载《马克思恩格斯研究》第17辑,第8页。

追随者，本名齐赫林斯基），费尔巴哈也写文迎战。马克思、恩格斯在布鲁塞尔看到《维干德季刊》第三卷，至少得在11月了。

至于巴加图利亚的结论（《提纲》不晚于7月初，在MEGA^{2}中又说不晚于6月中旬），一来他自己也只是说"可能"，没有说是最终结论（他反而说，最终结论是"不可能的"）；二来，他推测的总假设前提并非无懈可击，材料在记事本中的顺序并不一定严格等同于写作的时间顺序。记事本中许多书目后面都有空白页，这说明有可能先写下后面的内容，再把前面的书目写完。巴加图利亚不得不承认，记事本中已经包含了许多例外。因此，虽然《提纲》后面的书目是在英国写的，但不能证明《提纲》在马克思去英国前就全部写完了！很有可能的一种情况是：马克思写了《提纲》的第一条（或前面几条），然后空出若干页，开始写法国的书目（记事本58—70页），随后又陆陆续续将《提纲》写完。

这一推测至少有以下几个旁证：第一，整个《提纲》的标题"Ⅰ关于费尔巴哈"和提纲第一条（记事本第53页）的编号直到在写第二条（记事本第54页）的时候才加上，说明《提纲》已经不是"一气呵成"的。因此，后面的一些条文有可能是在马克思看见《维干德季刊》第二期上的文章之后（7月以后）写的。第二，《提纲》的第十一条之前有一道横线，把第十一条和第十条分隔开来。这也说明《提纲》很可能不是一次写成的。第三，根据燕妮·马克思的回忆，马克思、恩格斯在1845年夏在酝酿写作《德意志意识形态》，而《提纲》正是其"准备材料"。

三

《提纲》究竟写于何时？并不单纯是文献考证问题，而且是一个思想史问题，关于写作时间的判定与人们对《提纲》内容的不同判读息息相关。巴加图利亚认为《提纲》是《德意志意识形态》的思想提纲（不是写作提纲），因此它是4月初写的。陶伯特认为"《提纲》的写作与《神圣家族》的反响有关"，所以认为它是 7 月初写的。① 我们基于《提纲》和《神圣家族》以及《德意志意识形态》的思想史联系，提出《提纲》写于 1845 年 4 月到 11 月之间的推测。

这里不能不提陶伯特得出她的结论的主要文本根据——马克思写在《提纲》前面的"四行文字"。严格来说，这不叫"四行文字"。在陶伯特参编的德文版《马克思恩格斯全集》第三卷第 538 页上，编者加上了《关于费尔巴哈》的标题。在英文版《马克思恩格斯全集》第四卷上，编者加上了《笔记本中的札记》的标题（中文第一版《马克思恩格斯全集》第 42 卷也是这个标题）。我们现在姑且将错就错，继续称之为"四行文字"。巴加图利亚说得好，不解决"四行文字"问题，就不能阐明《提纲》的历史地位和意义。②

显然，"四行文字"涉及《神圣家族》。巴加图利亚说《提纲》是《神圣家族》的准备材料，闹了个笑话。陶伯特断定《提纲》的写作与《神圣家族》引发的争论有关，倒是有一定的依据。巴加图利亚已经说明《对法国革命的批判的战斗》这一小节与第一、二、四行文字有关，其实，马克思在《神圣家族》中第六章第三节写的《对法国唯物主义批判的战斗》这一节正对应于第三行文字"'概念'和'实体'"。这一小节开头就谈到斯宾诺莎的"实体"③，然后指出鲍威尔把法国唯物主义叫做"法国的斯宾诺莎学派"的说法来自于黑格尔，黑格尔的"哲学史"把法国唯物主义说成斯宾诺莎的实体的实现，而"鲍威尔先生还可以从黑格尔那里知道：如果实体不在其进一步的发展中过渡为概念和自我意识，那它就会成为'浪漫主义'的财产。"④ 陶伯特也大量引用《神圣家族》的文本，以证明"对法国的和英国的唯物主义以及对英国的和法国的社会主义和共产

---

① 据德国青年学者丹尼尔·布朗克（他的《博士论文》是《德意志意识形态》出版史的研究）介绍，陶伯特否认《提纲》和《德意志意识形态》确立了唯物史观，是后冷战时代的意识形态氛围造成的，或者说是她"明哲保身"的产物。尽管如此，前共产党人陶伯特实际上已经被排挤出 MEGA 的编辑工作。
② ［苏］巴加图利亚：《〈关于费尔巴哈的提纲〉和〈德意志意识形态〉》，载《马列主义研究资料》1984 年第 1 辑，总第 31 辑。
③ 《马克思恩格斯全集》第 2 卷，人民出版社 1957 年版，第 158 页。
④ 《马克思恩格斯全集》第 2 卷，人民出版社 1957 年版，第 168 页。

主义的研究"是"唯物史观形成过程中的重要环节"。

但是，上述文本依据充其量不过说明了"四行文字"和接着"四行文字"的《提纲》是《神圣家族》论法国革命与论法国唯物主义等两个论题的延续。然而这并不足以否定《提纲》与《德意志意识形态》的联系。在对法国唯物主义的评价和对费尔巴哈的评价上，《神圣家族》和《提纲》在理论主旨、立场、观点和方法上都截然不同。从理论主旨上看，从《神圣家族》对法国唯物主义和费尔巴哈的双重肯定转向了对法国唯物主义和费尔巴哈的双重批判。《神圣家族》赞扬法国唯物主义而批判17世纪的形而上学；赞扬费尔巴哈，认为只有他才"从黑格尔的观点出发而结束和批判了黑格尔的哲学"①。而《提纲》第一条已经批判旧唯物主义，所谓"从前的一切唯物主义"首先指的是法国唯物主义，其次才是"包括费尔巴哈在内"。《提纲》第三条也批判了法国唯物主义中的"环境决定论"、"教育决定论"。从哲学观点上看，《提纲》第一条表明，旧唯物主义，不管是法国唯物主义还是费尔巴哈的唯物主义，都不再像《神圣家族》中那样，被马克思认为是超越形而上学，高于唯心主义的东西。从政治立场上看，《神圣家族》认定法国唯物主义"直接成为社会主义和共产主义的财产"②，是社会主义和共产主义的哲学基础，费尔巴哈的人类学则为德国的哲学共产主义奠定基础；但是，《提纲》第十条已经讲"旧唯物主义的立脚点是市民社会，新唯物主义的立脚点则是人类社会或社会的人类"③，显然把它们视为资产阶级意识形态！这里的评价已经完全对立于《神圣家族》，而与《德意志意识形态》中关于爱尔维修和霍尔巴赫的理论"同正在进行斗争的而尚不发达的资产阶级相适应"④的看法，以及关于费尔巴哈"和其他的理论家一样，只是希望达到对现存事实的正确理解，然而一个真正的共产主义者的任务却在于推翻这种现存的东西"⑤的批判相一致。

---

① 《马克思恩格斯全集》第2卷，人民出版社1957年版，第177页。
② 《马克思恩格斯全集》第2卷，人民出版社1957年版，第166页。
③ 《马克思恩格斯全集》第3卷，人民出版社1956年版，第8页。
④ 《马克思恩格斯全集》第3卷，人民出版社1956年版，第482页。
⑤ 《马克思恩格斯全集》第3卷，人民出版社1956年版，第47页。

总之，紧挨着《提纲》前面的"四行文字"虽然延续了《神圣家族》中关于革命、唯物主义、社会主义等论题，但是其理论目的、哲学观点和政治立场已经发生了根本变化。事实上，陶伯特本人也承认，《提纲》"明确指出了全部旧的唯物主义（包括费尔巴哈在内）的主要缺点，并且确认旧的唯物主义代表市民社会，这些在《神圣家族》中都没有出现。"① 这样来看，与其说"四行文字"是《神圣家族》的延续，不如说是对《神圣家族》的否定和超越。陶伯特试图以"四行文字"与《提纲》的文献学联系来证明《提纲》是《神圣家族》的延续，恐怕要"竹篮打水一场空"。

四

其实，《提纲》与"四行文字"的关系仅限于"四行文字"和《提纲》第一条写在同一页上，并且"之间没有明显的间隔"而已。两者并不是在同一个时间写下的。陶伯特认为，"四行文字"和《提纲》是马克思在《神圣家族》中试图建构的"现实的人道主义"遭受批评之后的产物。鉴于人们把费尔巴哈唯物主义、人道主义的观点和"德国哲学的社会主义"的观点强加给马克思和恩格斯并因此谴责他们，但《德法年鉴》和《神圣家族》并不持有这样的观点，所以马克思才去写《提纲》。在她看来，既然《提纲》仅仅是马克思对鲍威尔在《维干德季刊》第二期上的文章所做的反应，那么《提纲》就只是《神圣家族》中唯物主义思想的延续，而不是《德意志意识形态》的"提纲"（毫无疑问，她的意思是指"思想提纲"，因为《提纲》不是《德意志意识形态》的写作提纲，就是一目了然的事情）。

事实上，陶伯特不过证明了她力图否定的观点。正因为鲍威尔、施蒂纳、费尔巴哈之间的这场混战与赫斯以及"《神圣家族》的作者"有关，

---

① ［德］陶伯特：《马克思和恩格斯的〈德意志意识形态〉第 1 卷的产生史》，载《马克思恩格斯研究》第 17 辑，第 27 页。

因此《提纲》恰恰构成了《德意志意识形态》的"提纲"（当然是指"思想提纲"）。这是因为写作《德意志意识形态》的最初动因是施蒂纳的《唯一者及其所有物》（1844年11月出版），但直接动因恰恰是鲍威尔在《维干德季刊》第三期上批判费尔巴哈与马克思、恩格斯等人的文章。马克思、恩格斯被迫迎战，为的是表明自己的新世界观，与费尔巴哈、鲍威尔等人划清界限——与鲍威尔划清界限的任务，《神圣家族》已经完成；与费尔巴哈划清界限的任务，私下里已经由《提纲》完成，但公开著作还没有，于是《德意志意识形态》应运而生。如前所说，按 MEGA¹ 版编者维列尔和巴加图利亚的考证，马克思、恩格斯在看到《维干德季刊》第三期后，首先不分章节地批判费尔巴哈、鲍威尔和施蒂纳，即《德意志意识形态》的第一卷第一章《费尔巴哈》的"主手稿Ⅰ"（马克思在手稿上编的页码是1—29页），然后再分出专门批判鲍威尔的第二章《圣布鲁诺》和专门批判施蒂纳的第三章《圣麦克斯》。这就证明了《神圣家族》及其之后的争论构成了《德意志意识形态》写作的动因，也恰恰证明了《提纲》就是《德意志意识形态》的思想提纲。

即使按照陶伯特的"最新考证成果"，这个结论也同样成立。陶伯特认为《德意志意识形态》的写作顺序是这样的：1845年11月底到12月初，马克思和恩格斯首先以一篇驳鲍威尔和费尔巴哈的论战文章来实现他们对黑格尔以后的哲学的批判，而且这篇文章还"包含对自己的历史理论的阐述"。写一本名为《莱比锡宗教会议》的小册子批判鲍威尔、施蒂纳和卢格的计划，则是在这项工作的下一个过程才产生的。① 最终，放弃了批判卢格的计划，并从批判鲍威尔的《圣布鲁诺》中抽出一部分构成"主手稿Ⅰ"（1—29页），从批判施蒂纳的《圣麦克斯》中抽出一部分构成"主手稿Ⅱ"（马克思编的第30—35页），抽出另一部分构成"主手稿Ⅲ"（马克思编的第40—72页），这样组成了第一章"费尔巴哈"的主体部分。简单说来，按照陶伯特的思路，有了《维干德季刊》第二期，才有《提纲》（所以它是7月初写的）；有了《维干德季刊》第三期，才有《德

---

① ［德］陶伯特：《马克思和恩格斯的〈德意志意识形态〉第1卷的产生史》，载《马克思恩格斯研究》第17辑，第45页。

意志意识形态》第一章。《提纲》在思想上是离《德意志意识形态》更近还是离《神圣家族》更近,结论不是很明显了吗?

《提纲》与《德意志意识形态》的侧重点虽有所不同,但根本任务是一致的,都是马克思(和恩格斯)为了清理自己以前的世界观、总结自己的思想演进成果(新世界观),并深化对"德意志意识形态"的批判而写下的。因此,和陶伯特把马克思发表于 1845 年 11 月 20 日的《答布鲁诺·鲍威尔》一文编入 MEGA 第一部分第五卷(《德意志意识形态》专题卷)的做法相比,巴加图利亚要求将《提纲》编入第五卷的建议更"科学"。顺便提一下,巴加图利亚的编辑思路延续了梁赞诺夫的传统;而陶伯特的"马克思学"编辑新思路不但与梁赞诺夫的所谓"苏联马克思学"格格不入,反倒和斯大林时代阿多拉茨基主持下的 MEGA[1] 编辑思路不谋而合。其中缘由,令人深思。

马克思的实践概念

——纪念《关于费尔巴哈的提纲》写作150周年[①]

孙伯鍨

1845年4月,马克思在布鲁塞尔草拟了一个批判费尔巴哈的计划,1888年经恩格斯整理后以《关于费尔巴哈的提纲》(以下简称《提纲》)为题(第一次)发表。这个短短不到1500字的文稿,在现代思想史上所产生的深刻影响却是不可估量的。恩格斯高度评价了这个提纲的理论意义,认为它是包含新世界观天才萌芽的第一个文件。从马克思写作这个"提纲",至今已整整过去了150年,然而它里面所提出的许多基本思想,仍然有着巨大的理论意义和现实意义。对于贯穿"提纲"全文的实践这一概念,是近20年来中国理论界讨论和运用得最多的一个概念。对此,究竟应该作何理解?本文试图作一些说明。

一、实践概念是新唯物主义的基本范畴

如果把《提纲》看作马克思的历史观的骨架或缩影,那么实践概念就是这整个骨架的支点。这就是说,整个马克思主义的历史观都是建立在实践这个最基本的概念之上的。因此,准确地把握马克思的实践概念,对于我们正确领会他的新唯物主义的观点和方法是至关重要的。由于《提纲》

[①] 选自《哲学研究》1995年第12期。

中的实践概念是马克思首先制定的新历史观的基本哲学范畴，因而既不能把它当作普通名词那样作实证性的理解，也不能和形形色色的非马克思主义哲学的实践概念不加区别地作含混、抽象的解释。"提纲"开头就批评了包括费尔巴哈在内的旧唯物主义的直观性，指出它们的主要缺点是不把事物、现实、感性当作人的感性活动，当作实践去理解。马克思认为，费尔巴哈用感性的物质客体代替黑格尔的思辨的思想客体是对的，但是，由于他未能批判地吸收黑格尔辩证法的合理内容，所以就未能进一步用人类感性的物质活动来代替黑格尔的思辨活动。而黑格尔正是借助于这种抽象思维的能动活动来达到他在唯心主义形式下对世界历史的总体把握的。费尔巴哈对黑格尔哲学的批判，仅限于用主宾颠倒的方法克服它的唯心主义性质，以便重新把感性的物质客体确立为主词，而把思维客体变成宾词。结果，他得到的只能一方面是抽象的自然界，另一方面是抽象的人，对于自然界和人，除了极端崇拜和过度夸张之外，他的哲学实际上没有提供更多的东西。之所以如此，是因为他只是把自然界和人看作感性的对象，而不同时看作是感性的活动。费尔巴哈虽然强调人和自然界的统一，但仅仅依靠感性的直观不可能了解人对自然界的能动关系，达到人和自然界的真正统一。真正实现人和自然界的统一的是人的感性的客观活动，即物质生产劳动。这是包括费尔巴哈在内的一切旧唯物主义从未提出并认真研究过的大课题。相反，劳动作为哲学范畴却最早出现在黑格尔的体系中，但黑格尔作为一个唯心主义者"当然是不知道真正现实的、感性的活动的"。因此，作为哲学范畴的马克思的实践概念的首要的和基本的内容，便是表现人对自然界的能动关系的物质生产活动。正是在这个意义上，实践概念的提出才使马克思决定性地超出了费尔巴哈，他不仅抛弃了黑格尔的唯心主义，而且根据唯物主义的原则改造了他的辩证法，从而积极地扬弃和克服了黑格尔哲学。

黑格尔的劳动概念指的是自我意识的纯粹活动，它所表现的能动性不过是思辨思维的抽象能动性，这是马克思所一再指出并彻底批判过的。为了根据唯物主义的原则把黑格尔的抽象劳动范畴改造为"物质实践"范畴，马克思并不像费尔巴哈那样，简单地以思存倒置的方法，用作为自然界的产物的人的感性活动代替自我意识的思想活动，而是首先分析了物质生产活动的各种主客观条件，并在此基础上经过哲学的抽象而提出这一概念的。在这一方面，他无疑得益于对政治经济学的批判研究。必须看到，马克思是从黑格尔和费尔巴哈哲学出发再经过政治经济学而确立他的历史唯物主义的基本观点的。因此，对马克思来说，实践概念绝不是从"人的本质"或"人的特性"中引申出来的人本主义概念，而是从人的现实存在即他们的现实生活关系中概括出来的历史观概念。作为包含着多重现实关系的具体概念，只有结合特定的社会历史条件才能确切地把握它的内容。实践诚然体现着人对自然界的能动关系，体现着人的创造天赋，但是，马克思的实践概念所要表明的还不只是对能动性的这种抽象一般的表述，而是要求具体地分析，在特定的人类发展阶段，人的主体能动性和创造性的发展和发挥取决于哪些现实的社会历史因素。说得简单一点，就是实践所表明的人的能动性和创造性，是一种既受自然制约也受社会制约的主体的能动性。这个主体连同他的活动，一方面受外部自然和自身自然的制约，另一方面又受一定的社会物质生活条件的制约。正是这些制约着主体活动的自然因素和社会因素，为人的能动性和创造性的发展和发挥设置了界限。这个界限虽是有弹性的，而且对于不同的社会阶级和个人也绝不相同，但却是断然存在着的。要突破这个界限，就必须改变人们的物质生活条件和现实社会关系。这就意味着要发展物质生产力和变革社会关系。因此不难理解，马克思恩格斯继《提纲》中提出实践观点之后，在他们合著的《德意志意识形态》中具体阐发新唯物主义历史观理论的时候，引入了生产力和生产关系（"交往关系"）这两个重要范畴，把它们作为制约人的历史发展的基本范畴而特别加以研究。

根据以上陈述，我以为，马克思的实践范畴是指在一定社会关系形式下实现的人和物、主体和客体相统一的能动的生活过程。它既是能动的，也是受动的；既是自由的，也是必然的，是"定在中的自由"，必然中的选择。对马克思来说，实践不仅是不同于人的单纯思想活动的感性活动，更重要的是这种活动同时是受人之外的客观物质条件的制约和决定的。抽去了这一点，就不是马克思主义的实践概念。这个观点，马克思后来在他和恩格斯合著的《德意志意识形态》中反复地加以强调并作了充分的说明。例如《形态》一开始就批评德国唯心主义哲学是没有"前提"的,而唯物史观则必须以"现实的前提"出发,这种前提既不是任意想出的,也不是教条,而是"一些现实的个人,是他们的活动和他们的物质生活条件,包括他们得到的现成的和由他们自己的活动所创造出来的物质生活条件"①。稍后,又说:"它的前提是人,但不是某种处在幻想的与世隔绝、离群索居状态的人,而是处在一定条件下进行的、现实的、可以通过经验观察到的发展过程中的人。只要描绘出这个能动的生活过程,历史就不再像那些本身还是抽象的经验论者所认为的那样,是一些僵死事实的搜集,也不再像唯心主义者所认为的那样,是想像的主体的想像的活动。"② 因此,如果认为马克思的实践概念是他的历史观的基础和出发点,那么就不应该把它理解为脱离外部客观条件的单纯的主体活动,这种活动好像仅仅决定于人自身的观念和意志,而不受外部自然和社会物质条件的制约。在这种仅仅是主体性的活动中,物只能作为被动的一极而出现在结果中,却不能反过来成为原因制约主体的活动。这种理解和马克思本人的观点是截然不同的。在《提纲》中马克思明明指出,人和环境、主体和客体之间的关系是双向互动的。人的实践就是这种互动关系的完整体现。他说:"环境的改变和人的活动或自我改变的一致,只能被看作是并合理地理解为革命的实践。"也就是说,"实践"把人改变环境和环境改变人这两者统一起来了。

如果不是从人的物质生活条件,即人对自然的关系和人对社会的关系中概括出实践概念,而仅仅是从人对自身的关系中引出这个概念,那么实践就不过是"人自身"的纯粹活动,是实现自身意志的单纯行为。人改造自然,就意味着把意志强加于自然;改造社会,就意味着把意志强加于社会。这样的观点,绝不是马克思的观点,而是受到马克思严厉批评的费尔巴哈门徒的观点。例如,曾经是马克思、恩格斯的密友后来又受到他们严厉批评的莫泽斯·赫斯,在哲学上是始终追随费尔巴哈的。在他看来,只要把费尔巴哈哲学和实践联系起来,把他的学说运用到社会生活中去,就

---

① 《马克思恩格斯全集》第3卷,人民出版社1956年版,第23页。
② 《马克思恩格斯全集》第3卷,人民出版社1956年版,第30页。

可以对现存社会进行全面的批判。赫斯之所以未从根本上走出费尔巴哈哲学的阴影，其原因就在于，他不是从客观的社会物质生活过程中概括出实践（活动）概念，而是从人的本质或特性中引出这个概念。正如马克思在批评另一个"真正的社会主义"者海尔曼·泽米希时指出的那样：他不是把人们的特性了解为他们的活动的结果，而是把活动解释为"人的特性"，这样，就"避开个人的现实行动，又躲到自己那种无法表达的、无法理解的所谓特性的怀抱中去了。"这样，也就很容易把这种活动了解为只是由主体作出的"自由活动"，而所谓"自由活动"，按照"真正的社会主义"者的理解，就是"不决定于我们之外的物"的活动。马克思认为，如此这般的"自由活动"，无非是"纯粹的抽象的活动，只不过是活动的那种活动"。①

二、实践概念和人的本质概念

在社会历史领域内，如果说，费尔巴哈哲学的最基本概念是"人的本质"，马克思主义哲学的最基本概念则是"实践"。一般来说，费尔巴哈哲学也可以引进实践概念，马克思主义哲学也可以运用人的本质概念。通过上面赫斯的例子可以看出，实践这一概念可以用来修正费尔巴哈哲学，但事情的本质并未起变化。而马克思本人也从来没有拒绝过人的本质概念。问题在于，究竟从哪里并用什么方法引出这些概念。费尔巴哈的"人的本质"概念是从"人自身"中引出的。对于他来说，人是感性的对象，但仅从感性的直观中他得不出"人的本质"概念。为此，他必须借助于"高级的哲学直观"。于是费尔巴哈就一下子把视线从生活在现实世界中的普通人转移到了作为"类存在物"的大写的人。这种大写的人是从哪里来的呢？是从一个个普通的人抽象出来的吗？不是，恩格斯披露得很正确，费尔巴哈的人是从基督教的上帝那里演化出来的。在他看来，上帝的本质就是异化了的人的本质，只要把它颠倒过来，人的本质就揭示出来了。可

---

① 《马克思恩格斯全集》第 3 卷，人民出版社 1956 年版，第 548—549 页。

见，费尔巴哈的"人的本质"概念是用道德的圣水浸泡出来的，是一个完全不反映人们的现实生活关系的唯心主义概念。当然，费尔巴哈特别是他的正统派弟子，也怀有强烈的改变人的历史命运的欲望，其方法就是唤起人的本质中的最珍贵的感情——爱，用爱的力量来扩大和完善存在于人类生产活动中的协作和交换，以便由现实社会中的分离和竞争变为和谐而自由的合作。这就是赫斯等人从费尔巴哈的"人的本质"出发直接引出的"实践概念"。这里所说的实践只是一种放大了的道德实践，完全不同于马克思的实践概念。

如上所说，马克思的实践概念是从人们的物质生产活动和现实生活关系中抽象出来的，因而它内在包含着人对自然界以及人对社会的双向互动关系。同时，以此为基础他得出了人的本质概念。在马克思看来，人的本质不是"把许多个人纯粹自然地联系起来的共同性"，"不是单个人所固有的抽象物，实际上，它是一切社会关系的总和"①。他批评费尔巴哈撇开人类历史的实际进程（实践），只透过"宗教感情"的面纱观察人，从而把人假定为抽象孤立的人类个体，彼此除了"宗教感情"的联系之外不存在任何客观的、物质的联系，而"没有看到，'宗教感情'本身是社会的产物，而他所分析的抽象的个人，实际上是属于一定的社会形式的"②。可见，在"人的本质"问题上，马克思的观点同费尔巴哈的观点是截然不同的，前者是指存在于一定历史发展阶段和社会形式中的个人的现实本质，后者是想象中的孤立个体的抽象本质。马克思把人的本质看作人的实践的历史发展的产物，费尔巴哈则把人的本质了解为是对人类个体的哲学直观洞察的结果。

费尔巴哈及其正统派弟子也使用"社会"这个概念，然而他们所说的社会是从"人的本质"中派生出来的。对他们来说，"社会"概念不过是"人类"概念的另一种名称。如果说，"人类"概念指的是人类个体的"共同性"或"人性的内在统一性"，那么，"社会"概念指的则是这种"共同性"和"统一性"在现实生活中的体现。他们认为，合乎人的本性

---

① 《马克思恩格斯全集》第3卷，人民出版社1956年版，第5页。
② 《马克思恩格斯全集》第3卷，人民出版社1956年版，第5页。

的生活就是"人类生活",就是"社会的生活"。正是在这个意义上,他们才把自己宣称为社会主义者,而且是"真正的社会主义"者,之所以是"真正的",是因为这种社会主义直接地以"人的本质"为基础。这种直接导源于费尔巴哈哲学的社会主义,被马克思恩格斯称为"哲学的社会主义"而受到无情的批判。

究竟什么是马克思主义意义上的"社会"一词的真正含义,这历来是一个被人们所忽略和不加深究的问题,而如果不首先澄清这个问题,马克思哲学的一些基本问题就不能顺利地得到说明。例如个人与社会的关系问题。人们大概注意到,每当马克思说到"个人",他都指明是"社会的个人"或"社会中的个人"。这并不是一般的修饰之词,而是表明了马克思主义哲学的独特特征和根本观点。在马克思看来,人断然地生活在社会之中,离开人生活于其中的社会就不能理解人。个人只能在想象中才是孤立的,表面独立的个人实际上也是由他们背后的社会关系定位的。那么,照马克思的理解,究竟什么是"社会","社会"和个人之间的关系是怎样的呢?马克思说:"社会不是由个人构成,而是表示这些个人彼此发生的那些联系和关系的总和。"这说明,"社会"并不像自然界那样是存在于个人之外的实体,它并不脱离个人而存在,而仅仅是作为这些个人之间的关系和联系而存在的。但这种联系和关系却并不是由个人派生出来的,而是从人们在物质实践活动中必然发生的相互作用中自发形成起来的。这种联系和关系一旦形成并固定下来,就反过来规定和制约个人的现实行为(实践)。因此,社会不是由个人构成的,而每一代的个人倒是由先前形成的社会所构成的。

因此,说个人是社会的个人,意思就是这些个人是生活在他们彼此间的各种各样的联系和关系中的。这些联系和关系是在历史上形成的,因而客观地存在于个人的意识和意志之外,它无形地制约着人们的活动和思想,人们对于它的起源和历史、它的存在和作用,几乎一无所知,就像"看不见的手",暗中操纵着世间的祸福荣辱。这些联系和关系也随着人们实践活动的发展而发展、变化而变化,但这种发展、变化并不取决于任何个人的意识和意志,而是由人和自然以及人和人之间的错综复杂的相互作用决定的。如果我们谈论的不是抽象的个人，而是现实的个人，那就决不能抛开现实的社会关系，抛开历史的进程来规定人的本质。在现实生活中，人的本质是他生活于其中的社会关系的总和决定的，尽管这种关系一方面是在先前的历史发展中积累起来的、既定的，另一方面又是正在重新创造过程中的、变动着的。正是在这一点上，确立了马克思主义历史观的基本观点和基本原则。也正是在这一点上，不但仅仅把人看作感性对象的费尔巴哈不理解，即使是把人看作感性活动（实践）的赫斯以及许多当代哲学家也不理解。为什么呢？因为他们或者只把实践了解为人的本质力量的实现形式，或者只片面地把实践了解为人对自然界的关系（占有）。而马克思却认为，人的生产和再生产并不局限于创造出物质产品，他们在生产自己的物质产品的同时，也生产着他们之间的关系，而且这种关系反过来决定着他们的生产和需要。因此，人对自然界的占有就不仅是以"劳动"为中介，而且必须以生产的社会关系为中介。在发达的现代社会中，任何个人要想实现对物（人化自然）的占有，必须首先占有物化的社会关系（货币）。这种在生活中至为浅显的真理，在理论上却为许多哲学家所不解。他们依然抛开现实的社会关系，殚精竭虑地去寻找"人的本质"。结果，当然会一无所获。

在《提纲》中，马克思指出："直观的唯物主义，即不是把感性理解为实践活动的唯物主义，至多也只能做到对'市民社会'的单个人的直观。"他还说："旧唯物主义的立脚点是'市民'社会；新唯物主义的立脚点则是人类社会或社会化了的人类。"① 单个人是可以直观到的，单个人的活动也是可以直观到的，而单个人之间的联系和关系却不是直观所能把握的。人们之间的社会关系尽管也是物质的客观的关系，却并不像自然客体那样能成为感性直观的对象，而只能成为思维和理解的对象在观念中被把握。因此，这种关系，对于思辨唯心主义来说，只是一种"实体化了的观念"，一种异化了的自我意识；而对于直观唯物主义和经验主义来说，它不是被归结为抽象的"人的本质"因而重新陷入唯心主义，就是被当作

---

① 《马克思恩格斯全集》第3卷，人民出版社1956年版，第5—6页。

纯粹的虚构而弃置不顾。就像大多数经济学家把价格看作实在的，而把价值（社会关系）看作纯粹的虚构一样。

马克思所以认定"旧唯物主义的立脚点是'市民'社会"，其原因就是它们的全部智慧只能做到对市民社会的单个人的直观，把社会看作貌似独立的个人的集合体，而看不到存在于这些人之间的物质的联系和关系。正是存在于个人之间的这些联系和关系，构成马克思称之为"社会"的那种内容。正是在这个意义上，马克思接着说"新唯物主义的立脚点则是人类社会或社会化了的人类。"这就是说，新唯物主义即历史唯物主义不是以孤立的个人为观察点，而是以个人之间的现实的社会关系为观察点。这里所说的社会既不是脱离单个人的抽象物，也不是单个人的简单集合体，而是有着特定的社会关系体系和结构形式的人类共同体。从这种"社会化的人类"出发，和从以物质生产为基本形式的社会实践出发是一致的。值得提及的是，现在有些自称是要弘扬马克思的实践观点、批判直观唯物主义的人，同样只满足于用抽象的"感性活动"代替同样抽象的"感性对象"，而无视个人之间的物质联系和关系。这就同赫斯等人一样，在实际上仍然没有摆脱直观唯物主义的立场。对于他们来说，"人"和"社会"都还是一种抽象。

三、从实践出发就是从实际出发

有人企图在马克思和恩格斯之间制造分歧，说马克思以人为中心，所以从实践出发，恩格斯以物为中心，所以从自然界出发。这完全是误解，这样的分歧是根本不存在的。其实，他们既不是片面地以人为出发点，也不是片面地以物为出发点，两人都是从实际出发。如果研究的是自然现象，实际就是自然客体和自然规律。尽管人类接近自然客体和自然规律的途径唯一地只能通过实践，但所要研究的客观实际依然是自然界。这在马克思和恩格斯之间是不存在分歧的。但如果研究的是社会现象，那么实际就不是自然物而是人类的社会实践，这种社会实践构成了人们的现实生活内容，即他们的社会存在。这在马克思和恩格斯之间也是没有分歧的。

研究社会生活首先进入视线的便是人。旧唯物主义把人看成是自然界的产物，并且在一定意义上承认人和自然客体一样也是"感性的对象"，这也是毋庸置疑的。但到此为止他们就踏步不前了。因此，一进入社会生活，他们的唯物主义就再也难以坚持下去了。他们和德国唯心主义一样，把自然界和历史截然对立起来，找不到从自然界通向历史的道路，好像不存在"自然的历史和历史的自然"。正是在这个关键问题上，马克思引进了以物质生产为主导形式的实践概念。马克思认为，如果不是把历史仅仅了解为政治史和文化史，而首先是人类物质生活的生产发展史，那么历史的创造者首先就是体现着物质生产活动的人类实践。这种实践的主体是人，客体是自然。单有作为主体的人还不能有生产、有实践；单有作为客体的自然也不能有生产、有实践。为了使生产和实践成为现实，必须把两者统一起来。而既然物质生产活动是人类存在的永恒基础，因此人的存在就不能仅仅立足于他自身，他必须双重地存在着。这在人类历史的原始阶段表现得至为明显。在这时，"人双重地存在着：主观上作为他自身而存在着，客观上又存在于自己生存的这些自然无机条件之中"①。人的劳动和劳动的物质资料（包括自然的和人的劳动创造的）之间原始统一，如何在历史发展过程相分离、相对立，两者的分离又如何在各种不同的社会形式下实现对立中的统一，这个问题正是马克思一生从事哲学和经济学研究的主要关注点。因为，照马克思的看法，人类社会中一切奴役现象都是从这种分离和对立状况中产生出来的。他的研究之所以集中在这一点上，就是因为这是人的切身命运之所系。

在《提纲》中，马克思批评费尔巴哈虽致力于把宗教世界归结于它的世俗基础，但对世俗基础的矛盾却没有丝毫理解。正是这种矛盾导致了世俗基础的自我分裂，使世界二重化为宗教世界和现实世界。马克思认为，仅仅把宗教的本质归结为"人的本质"并没有真正揭露出宗教的秘密。主要的事情应当是，从揭露贯穿人类现实生活和历史进程中的矛盾出发，从

---

① 《马克思恩格斯全集》第 46 卷上册，人民出版社 1979 年版，第 491 页。

理论上说明宗教产生的真正原因。马克思这里所说的矛盾，从根本上来说，就是物质生产实践中人和物、主体和客体、劳动者和劳动资料的分离和对立。这种分离和对立从原始社会末期开始，经历了奴隶制、封建制和资本主义制度的历史发展，达到了它的最极端的形式。在这种形式下，一方面是高度膨胀了的个人利益和对这种利益的疯狂角逐，另一方面是完全被挤出了尘世生活而转入云霄的普遍的共同利益。于是世界就被彻底地二重化了，它被分裂为现实的私人利益的世界和虚幻的普遍利益的世界。费尔巴哈满足于宣布这种虚幻世界的非宗教性质，把它归结为"人的本质"，但仍然不能抹去它的纯粹想象的虚幻性。因此，从物质实践出发还是从人的本质出发，就是马克思的新唯物主义和费尔巴哈的直观的旧唯物主义主要分歧点。从物质实践出发就是从物质生产活动中的现实矛盾出发，从个人间的具体的一定的社会关系出发，也就是从客观的社会实际即唯物主义的立场出发。在这个基础上，宗教的以及一切唯心主义的神秘理论都能得到合理的解决。反之，如果从抽象的"人的本质"出发，则除了对抽象的人的崇拜之外，不可能得到更多的结果。到头来，仍然是这个"纯粹经院哲学"的老问题：人是什么？半是天使，半是魔鬼？出路只有一个，就是彻底抛弃这些经院哲学的烦琐争论，回到人的实践的观点上去。所以马克思说："人的思维是否具有客观的真理性，这并不是一个理论的问题，而是一个实践的问题。"[①] 在实践的基础上能够解决"人的本质"之类的问题，离开了这个基础，它就是一个"无法表达的、无法理解的"思辨哲学问题。把一切个人所共有的关系说成是"人的本质"的产物，而不是反过来，把人的本质和本性理解为这些现实关系的产物，这正是费尔巴哈等人的直观唯物主义的致命错误。而现今的一些哲学家们，却一方面拼命地攻击直观唯物主义，另一方面又醉心于抽象的"人的本质"概念，把它看作万流归宗的核心和基础。这是一个露骨的矛盾，然而却是事实。

在马克思看来，在社会领域中，实践的观点其实就是唯物主义的观点，从实践出发就是从客观实际出发。他认为，共产主义就是"实践的唯

[①] 《马克思恩格斯全集》第46卷上册，人民出版社1979年版，第3页。

物主义",因为它要求把唯物主义原则和实践原则统一起来。这就是说,应该把共产主义了解为人类的物质实践即现实历史运动的合乎规律的结果,而不是像费尔巴哈及其门徒那样,仅仅把它看作是从"人的本质"规定中逻辑地推演出来的。所以他最后指出:"哲学家们只是用不同的方法解释世界,而问题在于改变世界。"① 这当然不是说以往的哲学家们都不想改变世界,而是说他们虽有改变世界的愿望,但实际上并不能改变世界,充其量只能用不同的方法解释世界。其原因就是他们在社会领域中无一例外的都是唯心主义者。费尔巴哈不懂得把唯物主义原则和实践原则统一起来,因而在理解社会生活时依然是一个唯心主义者。他的弟子们力图把他的哲学和英法的社会主义学说结合起来,结果得到的仍然是一个建立在唯心主义基础上的怪胎——"真正的社会主义"。这种社会主义学说虽然在德国当时也曾风行一时,甚至连恩格斯都一度为之高兴,但马克思却一眼就看出它是毫无前途的。因为他深刻地认识到:"从思维过渡到现实,也就是从语言过渡到生活的整个问题,只存在于哲学幻想中,也就是说,只有在那种不会明白自己在想像中脱离生活的性质和根源的哲学意识看来才是合理的。"② "脱离生活的性质和根源的哲学意识"总想通过改变观念、寻找仿佛能够震撼心灵的词句来重塑它所标示的客观现实。这自然是本末倒置,不会有什么结果的。正因为如此,马克思便决心走出哲学,投身到实际生活和人类历史发展的研究中去。他从黑格尔出发,经过费尔巴哈,终于彻底抛弃了德国哲学所构筑的意识形态教条,创立了崭新的唯物主义历史观。这种新唯物主义不是从意识形态的前提中产生的,而是从现实的前提中产生的。它不谋求建立起一种圆融自足的概念体系,也不企图树立任何不变的教条,它在本质上是一种接近现实、把握现实的方法,这种方法绝不是从哲学所特有的智慧中引出的,而是从生动实际、发展变化着的生活现实中引出的。它也指向着社会主义的理想目标,但并不认为社会主义学说能够直接从哲学中产生出来,不管这种哲学是否是关于人的。真正科学的社会主义只能建立在历史科学和经济科学的坚实的基础之上。哲学

---

① 《马克思恩格斯全集》第 46 卷上册,人民出版社 1979 年版,第 6 页。
② 《马克思恩格斯全集》第 46 卷上册,人民出版社 1979 年版,第 528 页。

所能提供的只能是研究历史的方法。为这种研究提供指南。正是在这一点上，马克思恩格斯和先前的朋友们分道扬镳了。正如马克思自己所说的："许多曾以哲学为出发点的德国共产主义者，正是通过这样的转变过程走向了并且继续走向共产主义，而其他那些不能摆脱意识形态的羁绊的人，将终生宣传这种'真正的社会主义'。"①

马克思和恩格斯明确地说过：共产主义对我们说来不是现实应当与之相适应的理想，而是那种消灭现存状况的现实的运动。这个运动的条件是由现有的前提产生的。② 这并不是说共产主义不是一种理想，而是说理想有两类。一类是上文说的那种"现实应当与之相适应的理想"，另一类则是从现实的前提和条件中引出的理想。前一种理想是脱离实际生活的纯粹头脑的产物，后一种理想是和现实运动的规律相一致的。马克思在谈到这种理想时指出："个人的全面发展，只有到了外部世界对个人才能的实际发展所起的推动作用为个人本身所驾驭的时候，才不再是理想、职责等等，这也正是共产主义者所向往的。"③ 个人的全面发展在其实现的条件具备以前，对于共产主义者来说，当然是一种理想、一种职责，而一旦具备了实际的条件，它就不再仅仅是理想。也就是说，共产主义者的理想与信念必须时刻建立在对现实历史运动的深刻理解和各种客观情势的冷静估量与正确认识的基础之上，一旦放弃了对外部世界的分析研究，任何理想与信念都会变成纸上谈兵。这也就是在事隔一个半世纪之后，邓小平同志再度强调马克思主义的实践原则的重大意义所在。总之，我们不应该忘记：坚持实践原则就是坚持唯物主义原则，就是彻底洗刷唯心主义。对于唯心主义，马克思的批判是不遗余力的。他说："在唯心主义者看来，任何改造世界的运动只存在于某个上帝特选的人的头脑中，世界的命运取决于这个把全部智慧作为自己的私有财产而占有的头脑在宣布自己的启示之前，是否受到了某块现实主义的石头的致命打击。"④

---

① 《马克思恩格斯全集》第46卷上册，人民出版社1979年版，第537页。
② 《马克思恩格斯全集》第46卷上册，人民出版社1979年版，第40页。
③ 《马克思恩格斯全集》第46卷上册，人民出版社1979年版，第330页。
④ 《马克思恩格斯全集》第46卷上册，人民出版社1979年版，第630页。

实践：在何种意义上成为马克思科学方法论的基石
——经济学视域中的《关于费尔巴哈的提纲》①

张一兵

1845年4月，马克思在《1844—1847年记事笔记》中写下《关于费尔巴哈的提纲》（以下简称《提纲》）。恩格斯曾直接指认这一文本就是马克思主义新世界观的"天才萌芽"。可是，经典作家怎么也不会想到，多年来，《提纲》会在不同的理论逻辑中被完全异质地解读着，甚至产生出截然对立的语境来。以我的诠释结果，《提纲》实际上是马克思第一次自觉地、有策略地真正打破旧有的人本主义异化史观逻辑，促使科学认识革命飞跃的最初发生，也是它导致了马克思思想的第二次重大转变——马克思主义哲学新视界最初地平之呈现。② 在这一点上，阿尔都塞（Althusser Louis）和科莱蒂（Colletti Lucio）的观点包含了重要的合理成分，但这里发生的不是简单的认识"断裂"，而是非常性量变之上的质的认识飞跃。马克思没有也不可能完全抛弃他原来的思想特质和他关注的所有重大理论与现实问题，而是在一个全新的理论构架中科学地重写重构了。在本文中，笔者想转换一种视角，即从马克思当时经济学研究的特定思想进程来反观《提纲》的真实语义。

---

① 原载《学习与探索》1998年第6期。
② 关于马克思早期思想发展的二次转变说特别是我们与阿尔都塞观点的差别，请参见孙伯鍨《探索者道路的探索》，安徽人民出版社1985年版；也可见张一兵：《马克思历史辩证法的主体向度》，河南人民出版社1994年版。

一、马克思哲学新视域中的实践意味着什么？

依恩格斯的说法，《提纲》是包含着新世界观萌芽的天才提纲。我以为，恩格斯这一理论指认中，"萌芽"一词是关键词，它在界定：《提纲》是马克思整个科学世界观的真正"起源"和初始发生，但不是完成（《德意志意识形态》一书才是新建构的具体实施过程）。对此，阿尔都塞说"《关于费尔巴哈的提纲》所宣告的新的哲学立场仅仅是一项宣言；它并没有被和盘托出"是基本正确的。① 倒不是宣言，马克思的《提纲》根本不是打算公开"宣告"的，这仅仅是马克思自己革命性思想实验的一个记录。因此，我认为既不能弱化也不能简单地拔高《提纲》的地位。并且，从我这里再现的马克思文本间构成的特殊语境看来，传统研究中那种对《提纲》第一条的过于偏爱的意向性解读是值得商榷的。

关于第一条，被诠释得太多。其语义基本似乎是普遍认同的：实践与主体性。可是，我觉得这一诠释是可疑的。这是由于，马克思《提纲》中被抽象理解和从语境中割裂出来的第一条，并不是马克思哲学新视界的核心所在！因为第一个用感性的活动来同时消除黑格尔和费尔巴哈局限性的人并不是马克思，而是赫斯。如果仅仅以第一条中的主体性实践来确证马克思主义哲学新视界，马克思主义哲学真的就变成了赫斯主义（"实践人道主义"）了。并且，这种被抽象理解的实践完全可以用《1844年经济学哲学手稿》中的抽象劳动来替换，就如南斯拉夫"实践派"和我们一些"实践人道主义"者所已经做过的那样。② 抽象的非历史的实践哲学和实践唯物主义绝不是马克思主义哲学！

在几个月之后写下的《德意志意识形态》中，马克思恩格斯批评格律

---

① ［法］阿尔都塞：《保卫马克思》，顾良译，商务印书馆1983年版，第267页。
② 施米特正确地提出过，马克思恩格斯去世以后，是拉布里奥拉第一个从切什考夫斯基那里接过了"实践哲学"，从而影响到葛兰西（参见施米特《历史与结构》，重庆出版社1993年版，第83页注2）。然后通过西方马克思主义传给东欧的"新马克思主义"，70年代中转日本后才进口我国。

恩（Grünberg Carl）抄袭"赫斯的明显的错误"。什么错误？这就是以为，"只要把费尔巴哈和实践联系起来，把他的学说运用到社会生活中去，就可以对现存社会进行全面的批判了"①。马克思恩格斯那时才直接说，赫斯的东西"带有非常模糊的和神秘主义的性质"。有意思的是，此时赫斯正与马克思恩格斯一同写作《德意志意识形态》（第二卷第五章）！还有一个重要的文本证据：1845年1月20日恩格斯写信给马克思说："说到施蒂纳的书，我完全同意你的看法，我以前给你写信的时候，还受到对该书直接印象的很大影响，而在我把它放在一边，能多多地思考以后，我也发现了你所发现的问题，赫斯（他还在这里，两星期前我在波恩同他谈过一次）动摇一阵之后，也同你的结论一致了。"②发现了什么问题？赫斯动摇什么？按照我的解读，这正好是马克思要解决的问题。施蒂纳批判费尔巴哈的"类"本质是对的，但他的根本错误不仅仅是说了利己主义的个人，新世界观当然也不是恩格斯在以前（1844年11月19日致马克思的信）所说的，只要"从经验主义和唯物主义出发"，"从个别物中引申出普遍物"就行了，而是真正摆脱后来马克思恩格斯所讲的"非历史主义的抽象"，客观地进入历史的现实的具体的社会情境。顺便提一句，泽勒尼（J. Zeleny）在论及马克思与赫斯的思想关系时用了一个意味深长的题目，"仅使费尔巴哈成为实践的并不够"。在此，他比我们的一些"实践人道主义"学者要深刻得多。③

另一个更为重要的方面，过去对《提纲》的讨论基本上都是在哲学视域中进行的。似乎马克思的思想革命首先是纯哲学的变革，这种变革常常被狭义地解释为是马克思对两种哲学话语的改造和嫁接：即除去唯心主义的黑格尔的辩证法加上消解过机械性的费尔巴哈的唯物主义，就等于辩证唯物主义。其实从我们上面已经进行的讨论来看，过去的这种判断基本上是不准确的。马克思第二次重大思想转变，科学方法论的确立并不仅仅是

---

① 《马克思恩格斯全集》第3卷，人民出版社1956年版，第580页。
② 《马克思恩格斯全集》第27卷，人民出版社1972年版，第16页。
③ [捷]金德里希·泽勒尼：《马克思的逻辑》，荣新海、肖振远译，张峰校，中共中央党校出版社1986年版，第185页。

哲学逻辑的单向度进展结果,而是一个复杂的理论建构的产物。在这个总体研究视域中,最重要的是马克思自己的经济学进展。如果从这样一个新的视角中去定位马克思的哲学突变,其主导性理论基础正是《布鲁塞尔笔记》前期研究(2月)的经济学语境,从马克思这一研究的中心看,主要是政治经济学学说史的研究。其中最重要的写作文本,就是我们已经解读过的《评李斯特》一文。①

以我的看法,马克思《提纲》中的实践规定并不是哲学意义上切什考夫斯基的实践和赫斯的行动哲学的简单指认,而是马克思自己在经济学研究中对社会物质活动的肯定,具体来说,就是从狭义的经济学语义上"工业"(在《评李斯特》中那种特设性的正在创造现代世界历史进程的资本主义物质生产方式)向一般的"社会的物质活动"的总体——实践的过渡。经过一种哲学历史观的提升,马克思在《评李斯特》一文中所讲的那种人类主体通过物质创造活动,"占有他自己的和自然的力量,使自己对象化,为自己创造人的生活的条件"的"工业",才升华为一个一般的哲学总体规定,这就是社会物质活动。有着具体的、历史的和现实的社会物质发展基础的实践,才是马克思新世界观的真正起点。马克思新唯物主义的实践规定,不是形成于简单的抽象的哲学演绎,而是丰厚的社会经济历史积淀的结果,这是长期以来被人们所忽略的重要方面,也是西方马克思主义人本学家和实践人道主义者们之所以误读马克思的根本原因之一。

这样,《提纲》的更重要的方面恰恰是对实践本身的规定性:这又是历史性、现实性和具体性的特定的社会情境。而实际上,马克思的社会历史实践本身的另一个重要的自我规定则是它的客观制约性问题。马克思这里是通过环境作用于人、反对抽象的"活动"表现出来的(还有第三条)。可见,马克思真正提供的既不仅仅是主体性,也不仅仅是活动,而是历史的、现实的和具体的一定的人类社会主体和活动。所以,当施米特(Alfred Schmitt)说"社会实践的具体性"是马克思哲学新视界的真正对

---

① 张一兵:《〈评李斯特〉解读》,载《江苏社会科学》1995年第6期。

象和出发点时，他是正确的。① 当他进一步说马克思哲学革命的意义在于取消了一切抽象的本体论时，施米特是深刻的。这也是说，马克思不仅否定观念本体论，也否定了费尔巴哈抽象的特质和人的本体论，最终还否定了赫斯和他自己原来那种抽象的实践和劳动的本体论！马克思在这里否定了一切逻辑本体论。在这一意义上马克思主义哲学恰恰是反体系的。

第一条除去已经充分解读过的那种既反对一切旧唯物主义，又反对一切唯心主义的"从主体方面去理解"的对象性的感性实践活动以外，我请读者注意在第一条最后一句出现的"'革命的'、'实践批判的'"的定语。因为如前所述，我们从第一个思想实验的语境中，已经知道从费尔巴哈再进到对象性的感性活动本身并不是马克思的发现，而是赫斯的理论王牌。第一条的主要内容首先是肯定赫斯的思路！当然实践活动是对的，是通向哲学新视界的入口和基石，或者是过渡性的逻辑起点。② 但实践绝不能是赫斯那种"非历史主义的抽象"东西，因此马克思特别强调说，费尔巴哈不了解的实际上是社会实践的革命性和批判性。这里的"革命"可以理解为变革的意思，但从同一页上方的《札记》的语境看，革命性不是仅仅指认一种不变的感性活动基础，而是指特定社会历史条件下的特殊实践构境。再加之马克思已经从经济学的研究中看到，否定现实的资本主义社会，重要的不是"一种范畴代替另一种范畴"的伦理价值冲击，而"只有通过社会的物质活动才有可能"！③ 所以，如果用实践唯物主义来指认马克思主义哲学，这只能是一种历史的现实的具体的实践唯物主义，一种革命的批判的实践唯物主义。

---

① [德] A. 施米特：《马克思的自然概念》，欧力同、吴仲昉译，商务印书馆1988年版，第31页。
② 吴晓明博士也注意到了这一点，但却不够准确地指认为马克思恩格斯在《德意志意识形态》的"实践的唯物主义"一语。因为在马克思恩格斯那里，赫斯哲学中作为抽象逻辑规定的实践是具有过渡性的，它只是马克思哲学新视角的入口，根本不是旧哲学意义上的逻辑本体。而意在指认马克思主义哲学功能性质，关注具体社会历史实际变革意义上的"实践的唯物主义"（＝"共产主义的唯物主义"）却不能说是过渡性的。参见吴晓明：《历史唯物主义的主体概念》，上海人民出版社1993年版，第146页。
③ 《马克思恩格斯全集》第42卷，人民出版社1979年版，第255页。

二、马克思的认识论发生了什么质变？

《提纲》第二条的内容是认识论，但恐怕不仅仅是传统理解中单纯作为真理标准的实践尺度。与上述我们讨论过的马克思第一思想实验中的第二点相关，这也是在实践基础之上对黑格尔现象学认识辩证法的重新肯定。思维的客观真理性，不是像费尔巴哈那样简单地颠倒一下主谓逻辑关系就能解决的，因为其中有一个实践结构的问题。依第一条的逻辑，原来那种"他本人"的主观认知活动实际上是以实践的感性活动为基础的，这样，黑格尔的错误首先是把人的物质实践变成人的认知活动，再把这种认知活动及结构变成逻辑本质，实践的此岸性就等于概念的彼岸性。康德是被诓骗过去的！可费尔巴哈把黑格尔颠倒过来时，实践同样被丢掉了，思维被基立于感性直观的物相（抽象的人与自然）之上，概念的彼岸性与客观现实一起被打倒。这样，康德是被绕过去的。马克思说，思维的此岸性和现实性是一个实践问题，费尔巴哈的物相（客体与直观对象）是实践造成的此岸性，历史的现实的具体的社会实践又是正在通向彼岸的桥梁。

更重要的方面是，马克思这一新认识论的基础同样必须从他此时的经济学研究来反观。如果仅仅将实践视为人的一般感性活动，并以此作为认识基础，这仍然是在哲学逻辑中完成的说明。这就会使人把个人的行为指认为实践，进一步也可以把现存的社会物质活动作为实践，政治斗争也可以是实践，并以此来确证认识的真伪性。其实，这都不是马克思对实践最深层的科学确定。因为在马克思此时的《布鲁塞尔笔记》的前期研究中，在古代经济发展与现代资本主义经济发展的对比性观察里，他已经在着眼于社会经济进程中真正变革世界的现代工业生产。因为如果说，农业社会自然经济中的物质生产的本质只还是依附于自然运动之上的加工和获得优选后的自然产品，人类主体还是自然过程中的被动受体；而现代资本主义商品经济中，现代社会经济世界是人的工业生产的直接创造结果，工业实践活动及其实践结构已经成为我们周围世界客体结构重要构件，自然物质对象第一次成为人类主体全面支配的客体，财富第一次真正摆脱自然的原初性，而在社会实践的重构中成为"社会财富"。我们不再简单直观地面对自然对象，而更多的是能动地面对工业实践的产物。物相第一次直接是人类实践的世界图景，人们通过能动的工业（科学技术）实践，更深刻地超越感性直观，面对物质世界越来越丰富的本质和规律。这才是马克思实践标准的真实社会历史内涵。也是在这里，康德的现象学认识论和黑格尔的唯心主义认识论才被彻底驳倒了，康德与黑格尔认识论中最重要的合理内核才被科学地批判继承了。相比这一点，赫斯已经是无法达及马克思哲学的新地平了。

再回到文本中去，《提纲》中的第三、五、八条的语境就会十分清晰了。从上面我们呈现的马克思的全新经济学视域看，马克思自然会批判他在《神圣家族》中肯定的法国唯物主义者。这是马克思从本质上真正超越自然唯物主义的开始，他从工业的发展中深刻地意识到，"环境是由人来改变的"。人改变环境这一命题，从哲学本质上定位并不属于农业生产时期人类主体对外部对象的有限改造，即使是有人定胜天的壮语，这种改变也不是总体性。人能够真实地改变环境，从而使我们周围的世界成为人的实践的产物，只是属于工业时代的社会实践。"环境的改变和人的活动或自我改变的一致，只能被看作是并合理地理解为革命的实践。"① 不是泛指人与对象的一般能动关系，而是现代工业在确立人类主体在全部客体世界中主导地位的真实指认。这一历史性的定位，对于理解马克思这里所讲的人与环境的实践关系是尤为重要的。

也因此，马克思就能直接批评"费尔巴哈不满意抽象的思维而喜欢直观；但是他把感性不是看作实践的、人的感性的活动"。在自然唯物主义那里，直观的感性成为他们反对唯心主义思辨逻辑武器，如果退一步说，直观感性在人们面对自然对象时还有一定的说服力（从根本上说，这还是错误的，因为自然对象也是由实践呈现于人的主观视界的），而面对社会历史和人类生活，自然唯物主义就会一败涂地，要么是简单的唯心史观，

---

① 马克思：《费尔巴哈》，人民出版社1988年版，第84页。

要么是社会生存中实体性物相的直观指认。因为他们无法理解,"全部社会生活在本质上是实践的"①。我以为,只是在这个时候,马克思才理解了政治经济学中那种社会唯物主义。更重要的是,他第一次真正在哲学意义上提升了社会唯物主义中所隐性包含的合理因素。这不是一个简单的认识论问题,而已经是历史唯物主义哲学逻辑的前提了。

三、历史的现实的具体的科学方法论之最初建构

《提纲》中的第六条和第七条提供了马克思哲学新视界中最重要的内容:历史的现实的和具体的分析方法。正是在这一方面,我们说马克思主义哲学是一种科学的功能性方法,即毛泽东所定位的"活的立场、观点和方法",它告诉我们的是如何客观地历史地观察人与对象、人与人的历史性能动关系。

这两条中马克思虽然写的是费尔巴哈,但心里真正要超越的却是赫斯和自己不久前的逻辑构架:即人本主义的非历史的抽象方法,尽管它已经是在为无产阶级革命寻求根据,尽管是从费尔巴哈进到了劳动(以及《神圣家族》和《评李斯特》中的工业和实践)。当然,因为此时赫斯还是一度领先于马克思恩格斯的同路人,马克思不便直接将矛头指向赫斯(如一年后在与赫斯共同撰写《德意志意识形态》一书时,出现了赫斯既是作者又是被批判对象的微妙情形)。马克思已经意识到,赫斯的实践人道主义从根本上并没有超出费尔巴哈!其重要的原因就是,赫斯的实践(也可加唯物主义的后缀)和"真正的"社会主义仍然是以抽象的"人"为基底的。这种抽象的不属于任何时代和社会的实践和人,本质还是德国"市民社会"之上的意识形态!马克思自己原来的"人"和"劳动"何尝又不是如此呢?在那里,理论逻辑显性的表层是从费尔巴哈进到实践和生产,可是深层的先

---

① 马克思:《费尔巴哈》,人民出版社1988年版,第85页。

验人本学逻辑方法，却使哲学对经济现实的投射重新坠入一种隐性的唯心主义历史观。请注意，第六条和第七条的深层思考语境开始逐渐显露出来了。

表面上看，这里是批判费尔巴哈哲学的第三个要素——"人"（第一是抽象的自然，在第一条中解决了；第二是抽象的直观，在第二条和第五条中解决了），解读的大逻辑思路并没有错。可是以我刚刚呈现的语境，问题就又复杂得多。这里的第一句是"费尔巴哈把宗教的本质归结为人的本质"，以往，马克思对此是直接肯定的，可是这里逻辑定位有大的异质性了。马克思对费尔巴哈作为复归基地的人的主体类本质发难了（当然也是针对马克思自己巴黎《手稿》中的人的本质）！"但是，人的本质并不是单个人所固有的抽象物，在其现实性上，它是社会关系的总和。"依我之见，马克思这里是对一切先验的非历史非现实非具体的主体类本质的有意图颠覆和解构。传统哲学中那种形而上学的逻辑本体论，第一次在这里被宣布为非法的。无论它以什么新概念出现（劳动、生产、实践无一例外，因为这在马克思以前都由赫斯使用过），只要还是在制造一种"撇开历史的进程"的抽象的主体本质，都会是非科学的。我以为，马克思的这一批判是对古典人道主义的根本否定，"内在的、无声的"类本质，是文艺复兴以来全部资产阶级启蒙思想的根本逻辑支点，天赋人权和天赋理性正是将"许多个人自然地联系起来的共同性"，这也是资本主义"市民社会"的现实本质。费尔巴哈的问题正出在这里，他无意识地反映了现实的资本主义社会关系（抽象的"爱"），但以此去确证一种永恒的人类主体本质，费尔巴哈不知道，哪怕他声称拥护共产主义（如1845年他的政治立场转变），但仍然改变不了他的哲学背后隐性的资产阶级意识形态性质。赫斯又何尝不是如此呢？因为他们不可能真正对资本主义的现实本质（还不是词句）进行批判，所以他们的立脚点自觉或不自觉的只能是资本主义"市民社会"（第十条）。① 更谈不上通过可行的革命途径去"改变"这个

---

① 美国学者麦金太尔（Alasdair MacIntyre）近期发表《一条未走之路》，其中指认马克思在《提纲》中的思想变革主要是"超越市民社会的立场"，这一观点是有一定道理的。麦金太尔在此文中从现实社会主义实践的重大挫折中试图重解马克思，许多论见值得我们深究。此文中译文见《国外社会科学》1995年第6期。

世界了（第十一条）！

我们不难发现，从一定的"社会历史进程"出发，绝不是一种在传统哲学思路中能够承袭的规定性。所以我又得指认，这是马克思经济学研究中的一种解悟。通过《布鲁塞尔笔记》的前期研究，马克思最大的收获就是了解了西方经济史的整体，以及这种与经济发展每一个具体时段相适应的政治经济学理论。因为这是马克思《布鲁塞尔笔记》中主要对象麦克库洛赫（John Ramsay McCulloch）《论政治经济学》、佩基奥（Count Pecchio）的《意大利政治经济学史》、加尼尔（Garnier）的《政治经济学的各种体系》、布朗基（Louis-Auguste Blanqui）的《欧洲政治经济学从古代到现代的发展》等书的主要线索。在《评李斯特》中，马克思才会认识到资产阶级经济学只能是资本主义经济现实的反映，"只是给这一社会制度提供相应的理论表现"[①]。他才能正确地注意到，资产阶级政治经济学的现实出发点只能是现实的市民社会，"而对这个社会的各个不同发展阶段可以在经济学中准确地加以探讨"[②]。马克思也才可能将"目前的工业理解为一个过渡的时期"。只有从这种现实的社会历史生活的真实了解中，马克思才第一次发现，人类主体只能是一定社会历史条件的现实的个人，人的本质只能是一定社会历史条件下形成的一切社会关系的总和，实践只能是一定社会历史条件下的历史性的实践，观念只能是一定社会历史条件下现实生活的历史性的社会观念（这个"一定的"社会历史特殊情境也是后来海德格尔那种总是在世关系中的"亲在"的出发点）。

我认为，马克思一句人的本质在其现实性是"一切社会关系的总和"，实际上也宣布了一个新的哲学时代。马克思哲学新视界的初始地平是在这里出现的：这就是对人类主体、人类社会实践及其观念的历史的现实的具体的真实限定。这里更多的不是从哲学逻辑起步的思辨，而是马克思现实经济研究语境中面对真实历史的必然结果。也是在这里，他才真正改造了黑格尔的历史辩证法，黑格尔那种一切观念逻辑都是具体的自我发生运动，现在成了属于一定社会形式的个人及活动，成了具体的社会产物，成

---

① 《马克思恩格斯全集》第42卷，人民出版社1979年版，第252页。
② 《马克思恩格斯全集》第42卷，人民出版社1979年版，第249页。

了暂时的一定现实性上的人对自然、人与人之间的社会关系之总和。这个"一定的"人类社会实践为核心的历史唯物主义方法，才是马克思哲学新视界的真正秘密。理解了这一点，才能真正弄懂马克思思想革命的意义，才能读懂《德意志意识形态》，才能理解马克思为什么在《致安年科夫》中一连用了七个"一定的"，才能理解《哲学的贫困》中马克思为什么在批判蒲鲁东时反复说"历史的"和"暂时的"，才能理解《共产党宣言》中对赫斯"真正的社会主义"抽象实质的批判。

我觉得，列宁后来说马克思主义哲学不是历史唯物主义，而是历史唯物主义时，他是真正领悟到这一真谛的。再后来，当海德格尔（Martin Heidegger）说，马克思真正结束了一切形而上学本体论时，他也从界外一个层面上读懂了马克思。[①] 可是，那些在今天还在鼓吹非历史的实践哲学和实践人道主义的人们，真的读懂马克思的科学文本了吗？

---

① 孙周兴选编：《海德格尔选集》下卷，上海三联书店1997年版，第1244页。

实践范畴的历史语境与历史唯物主义[①]

胡大平

实践范畴在马克思主义中具有不可替代的地位。然而，和其他一些重要范畴一样（"异化"、"批判"等），实践也具有前马克思的思想传统，并且在青年马克思的哲学盟友——青年黑格尔派的理论中反复出现。因此，当我们指认马克思主义的实质是"实践唯物主义"时，如果不界定马克思理论研究的不同时期所使用的"实践"范畴的历史语境，并标注出其内涵，是不能从根本上凸显马克思哲学变革的实质的。因为，在马克思那里，区别于传统的实践立场正是其哲学变革的一个具体的内容。作为独立、抽象而自为存在的范畴，无论采取何种形式出现，都只是一个没有历史、没有内容、苍白的本体论术语。这种抽象的范畴，只是一种思辨活动的产物，它们"离开了现实的历史就没有任何价值"。依赖这些"脚手架"建构起来的历史观，不是揭示而是遮蔽了作为现实的生活过程本身的历史。

一、马克思之前的"实践"语境和早期马克思的"实践"概念

马克思在走向马克思主义者的过程中，其理论首先受到了西方文化的

[①] 原载《南京大学学报》1999年第3期。

哺育。以《博士论文》为标志，当他开始真正地涉足哲学时，他就已经是一种黑格尔意义上的较为成熟的哲学家。这一特点，使得马克思早期许多重要的哲学范畴都必须在这一背景上得到解释，而不是其后来的政治经济学语境。这也是我们解读马克思的"实践"概念所必须坚持的一个原则。

关于马克思与青年黑格尔派运动关系的大量研究已经证明，马克思在其最初政治观点的哲学表达上受到了这一运动代表人物的影响。这也正是青年马克思"实践"观点的最重要背景。典型的是费尔巴哈，这位第一个揭穿黑格尔秘密的"隐士"，当他指出"神学秘密是人本学"时，他已经站到"客观的、活生生的或历史的事实"之上，获得了18世纪法国唯物主义立场的高度，从而能够将黑格尔的"思辨哲学"、"颠倒"过来一语破的："思维是从存在而来的，然而存在并不来自思维。"① 如果撇开具体的历史语境，这毫无疑问也是辩证唯物主义最重要结论之一。但是，在谈到自己哲学的特点时，费尔巴哈意味深长地说："只有在实践哲学之领域内，我才是唯心主义者。"② 如果简单地联系马克思后来对费尔巴哈的批评，我们很可能将这里的"实践哲学"与历史唯物主义等同。况且，后来葛兰西也直接用实践哲学来指称马克思主义。但是，将这里的实践等同于历史唯物主义的实践显然是不妥的，因为，费尔巴哈的"实践"，和我们现在日常使用的历史唯物主义实践是有着本质不同的。事实上，在包括费尔巴哈在内的青年黑格尔派那里，"实践"还只是使世界和现实生活合理化的另一种称呼，它是中世纪以后的文化革命（葛兰西语）的产物，和"宗教"有着内在的联系。因此，在青年黑格尔派那里，它和宗教批判具有某种意义上的一致性。他在《基督教的本质》中强调"宗教的基本立场，是实践的立场"③。正是在这一点上，他才在这本书1843年的第二版说自己是个唯心主义者，因为此时，他在"实践上"仍然是个有神论者。

---

① 《费尔巴哈哲学著作选集》上卷，荣震华、李金山译，商务印书馆1959年版，第115页。
② ［德］费尔巴哈：《基督教的本质》，荣震华译，商务印书馆1984年版，第13页。
③ ［德］费尔巴哈：《基督教的本质》，荣震华译，商务印书馆1984年版，第249页。

也正是这一背景，宗教的批判被青年黑格尔派视为其政治实践的最佳形式。施特劳斯在其著名的《耶稣传》1864年再版序言中写道，这本书的主题与形式的关系在于宗教批判是"解决政治问题的最安全、最有效的办法"①。这无疑是当时青年黑格尔派的普遍认识。

如果说这种实践是旨在进行政治表达而进行的理论实践，那么在青年黑格尔派运动那里，还有一种更为直接的"实践"表达，这就是从切什考夫斯基发端的"实践（praxis）哲学"立场。这种立场强调哲学活动本身要"成为一种实践的哲学……对社会生活施加直接影响的并且在具体活动范围内发展未来的哲学"②。这一思路紧接着体现在赫斯的"行动哲学"之中。它的核心，按卢格的话来讲就是：实践是理论方面的群众运动。③

青年黑格尔派的这种实践立场，对于马克思不仅具有理论的吸引力，而且就是马克思自己的一种理论立场。在《博士论文》中，他指出："哲学的实践本身就是理论的"，并期望"世界的哲学化"。④ 这一起点决定了马克思在介入现实政治时，虽然在具体的理论观点上与青年黑格尔派其他成员之间存在着一定的差异，但他选择的方式与他们的"批判"是一致的，具体地体现在其1842—1843年的理论研究中。如在1842年发表的《第179号"科伦日报"社论》中重述了其《博士论文》的"世界哲学化"的立场。⑤

对于马克思而言，如果说他此时的政治实践与其对实践的理论看法是一致的话，那么，这种实践形式的局限性也就深刻地蕴含在这种一致之中。他很快就看到"合乎理性的准则只能从事物的本质中取得"这种"理论论证"，不仅不会直接引起他期望的"大炮的回答"，而且必然会在现

---

① ［奥地利］列奥·施特劳斯：《耶稣传》，吴永泉译，商务印书馆1981年版，第14页。
② 转引自［英］戴维·麦克莱伦：《青年黑格尔派与马克思》，夏威仪、金海民、陈启伟译，商务印书馆1982年版，第10页。
③ 转引自［英］戴维·麦克莱伦：《青年黑格尔派与马克思》，夏威仪、金海民、陈启伟译，商务印书馆1982年版，第10页。
④ 《马克思恩格斯全集》第40卷，人民出版社1982年版，第258页。
⑤ 《马克思恩格斯全集》第1卷，人民出版社1956年版，第121页。

实面前出丑。当他离开《莱茵报》从而宣告以自由报刊为核心的政治实践的失败时，他也就同时对所信奉的（黑格尔的）"理性国家观"产生了怀疑。在对黑格尔《法哲学》的批判中，他认识到："市民社会就是现实的政治社会"，① 从而由理性政治转向现实的利益。这个唯物主义转折使马克思回到人间大地，他强调"批评家可以把任何一种形式的理论意识和实践意识作为出发点，并且从现存的现实本身的形式中引出作为它的应有的和最终目的的真正现实"②。但是，这一转变并没有使马克思立即获得后来的实践立场，而只换了一个出发点，从黑格尔的"理性"走向"现实的人"——这个现实的人，他将之归于费尔巴哈。他说："我们的全部任务只能是赋予宗教问题和哲学问题以适合于自觉的人的形态，像费尔巴哈在批判宗教时所做的那样。"③

因此，虽然在1843年马克思就充分认识到："国家、社会产生了宗教即颠倒了的世界观，因为它们本身就是颠倒了的世界。"④ 但是，他并没有揭示这种颠倒是如何发生的，更为重要的是，他并没有意识到他所面对的这个金钱世界，商品、货币、资本等都历史地成为世俗的宗教（这是他后来在《资本论》中阐发出来的观点）。因此，他对现实课题的"实践"解决，只不过是通过法国革命的形式来提升德国的落后，从而达到"人的高度的革命"⑤。

从以上简单的历程，我们可以看出，到《〈黑格尔法哲学批判〉导言》创作为止，马克思的"实践"思想，只是经过青年黑格尔派折射出来的西方文化传统的"合理化安排世俗生活"的现实的行动，这个行动，它必须依赖于一种"准则"——无论是黑格尔从理性推衍出来的"绝对国家"，还是费尔巴哈的感性的"人"。而作为"实践"的哲学，充其量只不过是依赖这种准则对现实的"批判"。

---

① 《马克思恩格斯全集》第1卷，人民出版社1956年版，第394页。
② 《马克思恩格斯全集》第1卷，人民出版社1956年版，第417—418页。
③ 《马克思恩格斯全集》第1卷，人民出版社1956年版，第452页。
④ 《马克思恩格斯全集》第1卷，人民出版社1956年版，第460页。
⑤ 《马克思恩格斯全集》第1卷，人民出版社1956年版，第484页。

二、《关于费尔巴哈的提纲》和《德意志意识形态》中的实践概念和实践思想

如果把《关于费尔巴哈的提纲》（以下简称《提纲》）视为马克思的历史哲学理论的骨架或缩影，那么，实践概念就是这个骨架的支点。作为哲学范畴的马克思的实践概念的首要的和基本的内容，便是表现为人对自然界的能动关系的物质生产活动。①

为了说明这一实践的规定，我们必须重新回到1844年的马克思。在1844年7月末，马克思写道："一个哲学的民族只有在社会主义里面才能找到适合于它的实践，因而也只有在无产阶级身上才能找到解放自己的积极因素。"② 从这一论断，我们看出，马克思已经将实践具体化为社会主义的运动，这可以视为其在《〈黑格尔法哲学批判〉导言》等文献中已经论证了无产阶级历史使命之后的必然。我们强调的，这个社会主义绝非马克思所直接面对的德法社会主义思想，而是经过经济学研究以后，马克思改造了费尔巴哈人道主义而形成的"实践的人道主义"（即共产主义）。③ 正是在这里，马克思的"实践"规定性和实践思想都已经发生了很大的转移——由《1844年经济学哲学手稿》阐发而由围绕这一手稿的经济学研究支持。这一时期，马克思在涉足经济学时，他抓住了劳动——"自由的生命表现"和"我的真正的、活动的财产"——这一经济哲学范畴进入了现实的资本主义世界，虽然他没有能够克服非历史的"真正人"的幻想，但是却从经济学的"实践"语境——工业——开始表现出向历史的语境的过渡。他指出："自然科学却通过工业日益在实践上进入人的生活，改造人的生活，并为人的解放作准备，尽管它不得不直接地完成非人化。工业

---

① 孙伯鍨：《马克思的实践概念》，载《哲学研究》1995年第10期。
② 《马克思恩格斯全集》第1卷，人民出版社1956年版，第174页。
③ 《马克思恩格斯全集》第1卷，人民出版社1956年版，第174页。

是自然界同人之间，因而也是自然科学同人之间的现实的历史关系。"① 这个他以重点号标出来的工业，正是其后来研究的出发点。在《神圣家族》一书中，他对"批判的批判"讽刺道："只要它从历史运动中排除掉人对自然界的理论关系和实践关系，排除掉自然科学和工业，它就能够达到即使是才开始的对历史现实的认识吗？"或者它认为："它不去认识（比如说）某一历史时期的工业和生活本身的直接的生产方式，它就能真正地认识这个历史时期吗？"② 这种表达所内含的意义已经接近了其后的正面表述。因此，他强调的这个"现实的历史关系"正是走入《提纲》的门槛。它的重要性立即在其后的研究中表现出来，在《提纲》之前，马克思研究了李斯特，在其留下的评论李斯特《政治经济学的国民体系》一书的手稿中，马克思深刻地看到，古典经济学的缺陷并不在于他们不提供价值，而是简单地论证了："工业资本家和地租所得者在他们的活动中，在他们的实际生活中，是受利润、受交换价值所支配，而不是受对'政治状况'和'生产力'的考虑所支配"③，而"在现代制度下，生产力不仅在于它也许使人的劳动更有效或者使自然的力量和社会的力量更富于成效，而且它同样还在于使劳动更加便宜或者使劳动对工人来说生产效率更低了"④。正是在"现代制度下"，费尔巴哈的"类"与现实的人对立着。因此，必须清算这种低于历史本身的理想，只有这样才能实践地解放人类本身。这正是《提纲》形成的最重要背景。

从上述背景看，在《提纲》中，马克思虽然用了"实践（praxis）"这个范畴，其规定性并不是对哲学意义上切什考夫斯基的实践和赫斯的行动哲学的简单指认，而是马克思自己在经济学研究中对社会物质活动的肯定。也就是从狭义的经济学语义上"工业"在（《评李斯特》中那种特设性的正在创造现代世界历史进程的资本主义物质生产方式）向一般的"社会的物质活动"的总体——实践的过渡。经过一种哲学历史观的提升，马

---

① 《马克思恩格斯全集》第1卷，人民出版社1956年版，第128页。
② 《马克思恩格斯全集》第2卷，人民出版社1957年版，第191页。
③ 《马克思恩格斯全集》第42卷，人民出版社1979年版，第255页。
④ 《马克思恩格斯全集》第42卷，人民出版社1979年版，第263页。

克思在《评李斯特》一文中所讲的那种人类主体通过物质创造活动，"占有他自己的和自然的力量，使自己对象化，为自己创造人的生活的条件"的"工业"，才升华为一个一般的哲学总体规定，这就是社会物质实践。①

这样，《提纲》的更重要的方面恰恰是对实践本身的规定性：又是历史性、现实性和具体性的特定的社会情境。实际上，马克思真正提供的既不仅仅是主体性，也不仅仅是活动，而是历史的、现实的和具体的一定的人类社会主体和活动。也就是马克思自己所说的"每个时代的个人的现实生活过程和活动"②。

我们认为，有着具体的、历史的和现实的社会物质发展基础的实践，才是马克思新世界观的真正逻辑起点。马克思新唯物主义的实践规定，不是形成于简单的抽象的哲学演绎，而是丰厚的社会经济历史积淀的结果。这是长期以来被人们所忽略的重要方面。这也是西方马克思主义人本学家和实践人道主义者们之所以误读马克思的根本原因之一。历史唯物主义的实践规定，仅从《德意志意识形态》（以下简称《形态》）出发，我们就可以得到以下三个层次。

第一，承接《提纲》的实践规定，在《形态》中，马克思提出"实践的唯物主义"作为共产主义的代名词，这里的实践，不再是抽象的历史活动，而是特定历史条件下的历史主体的自我解放活动，这一活动的特征在于"全部问题都在于使现存世界革命化，实际地反对并改变现存的事物"，这一活动由两个方面组成：一是由"历史关系，是由工业状况、商业状况、农业状况、交往状况促成的"、"一种历史活动"，也即马克思所指的"物质活动"或"物质实践"；③二是，根据物质活动的不同发展阶段，"清除实体、主体、自我意识和纯批判等无稽之谈"，这是马克思在《形态》之中所做的工作，即意识形态批判。这两种活动直接表现为在一定历史条件下主体自觉推动历史进步的两个方面的行动，即我们后来常说的实践理论两个方面，我们可以称之为实践的当前层次。后来，这种实践

---

① 张一兵：《经济学语境中的〈提纲〉》，载《学习与探索》1998年第5期。
② 《马克思恩格斯选集》第1卷，人民出版社1995年版，第74页。
③ 《马克思恩格斯选集》第1卷，人民出版社1995年版，第74—75页。

的层次在葛兰西那里被理解为争夺文化领导权的斗争,卢卡奇的反对物化意识的斗争,阿尔都塞的科学反对意识形态的斗争。他们将第一个方面简单地纳入了第二个方面之中,而忽视了马克思所强调的第一方面——主体的物质活动,从而陷入一种纯理论的批判活动中。

第二,作为马克思历史观的前提的特定物质条件下的人的物质生产,由于它是"整个现存的感性世界的基础",离开它,"不仅在自然界将发生巨大的变化,而且整个人类世界以及他自己的直观能力,甚至他本身的存在也会很快就没有了"。① 因此,这是作为个体和历史存在方式的实践的基本规定。正是在这个基本规定的基础上,人的需要的产生,人口的生产,社会关系的生产以及意识的生产,都表现为历史的实践形式,或实践的历史层次。正是在这一意义上,语言具有实践的特征。② 作为实践的基本规定,它为当前层次实践的两个方面提供历史的前提和基础。

在马克思那里,实践的这两个层次是内在地统一着的。当代实践,它是以"生产力的普遍发展和与此联系的世界交往为前提的",也就是说,当代实践的前提是全部历史成果,只有如此,这一实践才是历史的和现实的。正是基于这一认识,马克思才在《形态》中科学地指出,"到目前为止的'批判'",特别是青年黑格尔派运动,它是一种虚构的"解放"活动。因此,他借用费尔巴哈的话语指出:对于无产阶级的"实践"来说,它只不过是"通过革命使自己的'存在'同自己的'本质'协调一致"。③

第三,更深层地,马克思的实践的当前语境和"革命"有着不可分割的联系,对于"革命"的理解和马克思的共产主义思想是分不开的。在这里,马克思已经将共产主义理解为"对我们来说不是应当确立的状况,不是现实应当与之相适应的理想",而"是那种消灭现存状况的现实的运动"。在马克思看来,这一"革命"不仅仅是"夺取政权,以便把自己的利益说成是普遍的利益",那只不过是"它在初期不得不如此做的","迄今为止的一切革命始终没有触动活动的性质,始终不过是按另外的方式分

---

① 《马克思恩格斯选集》第1卷,人民出版社1995年版,第77页。
② 《马克思恩格斯选集》第1卷,人民出版社1995年版,第21页。
③ 《马克思恩格斯选集》第1卷,人民出版社1995年版,第86—97页。

配这种活动，不过是在另一些人中间重新分配劳动，而共产主义革命则针对活动迄今具有的性质，消灭劳动，并消灭任何阶级的统治以及这些阶级本身"①。在这里，我们通过对"革命"语境进行确定从而发现，马克思的实践同样具有未来倾向性，这个倾向性已经摆脱了其自己早期那个"应该"的指导语境，也不是以在一般历史哲学上对未来的纯粹抽象为指导的，而表现出在历史基础之上的对现存状况的深刻的主体批判，这正是其成熟时期经济学研究著作（特别是《1857—1858年经济学手稿》）的科学批判的基础。② 这种主体批判，一方面直接表现为反对资本主义的物化的斗争和实践的当前层次直接统一起来；另一方面同时也是主体本身深刻的自我改造，这种自我改造不仅表现为基于历史发展规律而坚持一个伟大理想，而且反对理论的僵化。这一特征充分体现在列宁、毛泽东、邓小平等革命领袖的社会主义实践中。也正是在这一点上，我们才可能说，马克思的后期批判不是人学的而是科学的，从而我们可以看出对马克思作简单的人学定位的非法性。

三、对马克思哲学进行"实践唯物主义"
解释的主体性之误

从上文分析中，我们可以得知，历史唯物主义的实践思想具有丰富的内涵，事实上，只有坚持从"一定的、历史的、具体的"历史条件出发，才能分析现实的实践形式。

如果仅仅以《提纲》第一条中的主体性实践来确证马克思主义哲学新视界，马克思主义哲学真的就变成了赫斯主义（"实践人道主义"）了，这种被抽象理解的实践完全可以用《1844年经济学哲学手稿》中的抽象劳动来替换。这一点，恰恰就是抽象的实践本身所决定的。当南斯拉夫

---

① 《马克思恩格斯选集》第1卷，人民出版社1995年版，第85—91页。
② 卢卡奇也看到了这一点，所以在为其主体性寻找价值依赖时，他强调了区分未来倾向性与现实事实之间差异的重要性。参阅［匈］卢卡奇：《历史与阶级意识》，杜章智、任立、燕宏远译，商务印书馆1992年版，第271页。

"实践派"以"实践"整合马克思主义之时,他们并不是没有意识到这一问题,但是他们为了反对现实的实践却有意地走上马克思已经否定的道路(当然,这取决于他们没有能够对马克思的"实践"作出科学的理解)。马尔科维奇指出:"必须把实践(praxis)同关于实践(practice)的纯认识论范畴区分开来。'实践'(practice)仅指主体变革客体的任何活动,这种活动是可以异化的。而'实践'(praxis)则是一个规范概念,它指的是一种人类特有的理想活动,这种活动就是目的本身,并有其基本的价值过程,同时又是其它一切活动形式的批判标准。"① 这一实践(praxis)和劳动的关系是,"只有劳动成为自由的选择,并为个人的自我表现和自我完善提供一种机会时,劳动才成为实践(praxis)。"② 如果说实践是一种"理想"活动的话,那么站在这一立场上观察世界,这个世界就是异化的;同样,现实世界的劳动也是异化的。前者回到黑格尔,后者重述了《1844年经济学哲学手稿》的逻辑。这样的话,《提纲》本身也只是《1844年经济学哲学手稿》的简单逻辑延续,换了一种表达罢了。那么,《提纲》所实现的哲学变革又在哪里呢?

抽象的非历史的实践哲学和实践唯物主义绝不是马克思主义哲学!它所表达的只是在工业文明压迫下的主体性申诉。它是马克思之前赫斯等人以及马克思早期的主体性批判逻辑的直接继续。这种逻辑在本世纪的重新兴起与第二国际有关。从历史辩证法的客观逻辑来看,第二国际从表面上坚持了马克思的科学。但是,他们在教条地坚持这种科学时,丢弃了马克思主义实践思想最重要的东西,这就是在特定的历史条件下推动历史进步的问题。而从理论上批判第二国际的"西方马克思主义"早期代表人物,如葛兰西、卢卡奇和柯尔施,都无一例外地过分地强调了主体性。但是实践哲学本身丢掉的却是作为历史唯物主义实践的基本方面——物质活动。客观地讲,当代西方工业文明进一步发展时,人的发展基本采取了马克思

---

① [南]马尔科维奇、波德洛维奇编:《南斯拉夫"实践派"的历史和理论》,郑一明、由跃厚译,重庆出版社1993年版,"导论",第23页。
② [南]马尔科维奇、波德洛维奇编:《南斯拉夫"实践派"的历史和理论》,郑一明、由跃厚译,重庆出版社1993年版,"导论",第24页。

所预见的那种可能。因此，主体性批判作为必然的选择成为西方马克思主义进行社会批判的理论工具。

作为南斯拉夫社会批判理论的"实践"，代表着一种典型。这种典型的最大特征在于，对现实教条的批判中首先肯定了人作为"实践存在"的事实，并以此重建理论和实践的统一性。但是，这意味着回到了柯尔施的起点——以理论为核心建立起理论实践的统一并以此反对以"科学"面貌出现的"正统马克思主义"。由于政治原因，这一起点在他们那里整整比西方马克思主义先驱迟了 30 年。实践（praxis）而不是实践（practice），作为其理论的基础。当然这一界定，也就意味着，他们陷入阿多诺（Adorno）所批判的"概念拜物教"之中。

无论是实践哲学，还是实践唯物主义，这种对马克思的解释在中国都不是原发性的。这就提醒我们在简单地认同一种解释或依赖一种解释必须注意其和原先背景的历史关系，这构成在当代中国历史条件下坚持与发展马克思主义的一种关键。当我们自己强调"实践是检验真理的唯一标准"时，我们内生的需要是在理论上清除教条主义的作风，而这一点与西方马克思主义的发端具有内在的一致性，但如何向前走这一问题却必须有不同的答案。如果简单地说，在当代西方基于高度发达的生产力而建设起来的物质文明伤害了人类自身，如马尔库塞批判的"发达工业社会的意识形态"，而必须重新找回那个失落的主体是一种必然的话；那么，这样的主体在我国尚未形成，因为与落后的土地相适应的只是一种局限于土地的人与人之间的依附关系，在这种关系下，我们找回的那个"类"（主体）也只能是与之一致的"片面的能力与粗糙的丰富性"。1980 年，在题为《党和国家领导制度的改革》的讲话中，邓小平同志十分尖锐地批评了国家体制中存在着的官僚主义、权力过分集中、家长制现象等弊端，他在谈到家长制时指出："不少地方和单位，都有家长式的人物，他们的权力不受限制，别人都要唯命是从，甚至形成对他们的人身依附关系。"这种"历史非常悠久的一种陈旧社会现象"给党带来了很大的危害。[①] 这种陈旧的封

---

① 《邓小平文选》第 2 卷，人民出版社 1994 年版，第 330、331 页。

建的东西，为什么能够在高级的社会形态中发生并且具有普遍性？这一问题在纯粹的社会关系领域是得不到科学的解释的。如果我们从现实的历史条件（特别是经济条件）出发，那我们将会看到我们社会主义这个高级的生产关系背后的落后的生产力与物质基础。就家长制而言，它是与狭隘的农业生产联系在一起的，只要这一基础存在，它就不可能从根本上被人为地消灭。在这里，我们同样可以看到经济改革的历史必然性。也就是说，作为当代社会主义实践形式的改革，只有在科学的历史辩证法之上才能得到正确的理解。从我们特定的历史条件出发，我们就会发现，以市场为导向的经济体制改革，它不是旨在寻回一个失落的价值主体，而是建构一个真正的历史主体得到诞生的历史条件。这是当前人学讨论所必须注意到的一个问题。同时，另一方面，我们也必须更为深刻地看到市场经济本身在提供巨大的物质进步手段的同时，它也带来人的"异化"。从这一点看，我们强调市场不是目标而是手段，通过这种手段我们建设起强大的生产力，从而为社会主义批判资本主义提供可靠的物质基础。

这样，回到实践本身，在当前，我们重新回到马克思，并不是要讨论该给他一个什么样的贴切的标签，而是在历史辩证法指导下，回答在具体的历史条件下如何坚持马克思实践精神的问题。

马克思哲学革命关键环节的历史原象
——从《未来哲学原理》到《关于费尔巴哈的提纲》[1]

刘怀玉

在马克思主义哲学创立史和现代人类思想史上,"包含着新世界观天才萌芽"的《关于费尔巴哈的提纲》(以下简称《提纲》),具有改宗换代的伟大革命意义。但这篇"匆匆写成的供以后研究用的笔记"(恩格斯语)在内在结构与微观思路上,究竟与其所批判的文本之间具有怎样的关系?马克思对此从未作过专门与正式的交代。正如恩格斯后来所解释的,(《德意志意识形态》)"关于费尔巴哈的一章没有写完","旧稿中缺少对费尔巴哈学说本身的批判"[2]。而弄清这个问题,对于准确和细致地理解马克思哲学革命最关键、最重要环节的历史原象则至关重要。

一、从费尔巴哈的《未来哲学原理》到批判费尔巴哈的"未来哲学原理"

诚如某些专业史家所言,费尔巴哈最有影响的著作是1841年发表的《基督教的本质》,但被马克思和恩格斯著作引用得最多、对他们影响最大的费尔巴哈著作却是《关于哲学改造的临时纲要》(1842)和《未来哲学

---

[1] 原载《河北学刊》2006年第6期。
[2] 《马克思恩格斯选集》第4卷,人民出版社1995年版,第212页。

原理》（以下简称《原理》）（1843）①，其中，后一本书涉及费尔巴哈对思辨哲学最详细的批判。"费尔巴哈不仅仅是，而且在马克思看来，也许主要不是一个宗教异化的批判家。费尔巴哈独特的地方是他的人本学。"②费尔巴哈《原理》的人本学原理和社团原理对马克思来说具有"过渡性的首要意义"③。事实上，在《提纲》中，马克思所批判的"费尔巴哈"正是自己曾经最青睐的那个对人的本质进行人本主义阐述的费尔巴哈。马克思针对人本学原理提出了自己的社会实践观点，针对人的社团理论提出自己的人的本质理论。当阅读《提纲》时，我们应该时刻想到：这是一位正在浏览费尔巴哈《原理》的批判者。并且，《提纲》所批判与面对的"费尔巴哈"主要是《原理》的作者，而《提纲》其实是马克思自己的"未来哲学原理"。

《原理》一书前半部分的主要内容是关于近代或者"以往哲学"是如何理性地消化神学的。在费尔巴哈看来，"以往哲学"问题的实质是不理解哲学在本质上是"神学的"，而神学的谜底就是"人学的"。德国古典哲学正在完成把神学理论地转变为人学的事业。该书后半部分阐述的则是哲学如何从神学变成人学，即"未来的"哲学原理。简言之，《原理》前半部的重点是批判近代哲学如何消化形而上学，并使之成为人学，即把神学改造成为斯宾诺莎意义上的"自然理性的唯物主义"，以及黑格尔的"同样是理性的、但却是思辨的"神学的唯心主义，指出了对神学与形而上学的这场改造的失败以及重新确立感性原理的重要性。费尔巴哈认为，新原理的前提"必须是以对近代哲学的明确的认识为前提"④，要知道，费尔巴哈此前曾撰写了几大卷从培根到斯宾诺莎、从莱布尼兹到贝尔的近代哲学史，哲学功底非同一般。

---

① ［英］麦克莱伦：《青年黑格尔派与马克思》，夏威仪等译，商务印书馆1984年版，第91页。
② ［英］麦克莱伦：《青年黑格尔派与马克思》，夏威仪等译，商务印书馆1984年版，第111页。
③ ［匈］A.阿提拉：《费尔巴哈和青年马克思》，见沈真主编：《马克思恩格斯早期哲学思想研究》，中国社会科学出版社1982年版。
④ ［德］费尔巴哈：《费尔巴哈哲学著作选集》上卷，荣震华、李金山译，商务印书馆1984年版，第121页。

如果说《基督教的本质》一书旨在对基督教进行哲学人本主义的批判，把宗教的本质说成是感性的人的本质："人是宗教的始端，人是宗教的中心点，人是宗教的尽头"①，那么《未来哲学原理》（以下简称《原理》）则把矛头进一步瞄向德国古典哲学——思辨哲学是另外一种理性的神学，理性的基督教。费尔巴哈的任务是把对宗教的哲学批判进一步深化为对思辨哲学的人本主义哲学批判。而马克思在这里认为，更深一层次的问题是把对哲学的人的批判变成对人的哲学的现实社会历史批判，从一种理论批判飞跃成实践的、哲学的批判。

从《提纲》的思路来看，马克思所关心的并非尔巴哈笔下"这些原理的任务，就是从绝对哲学中，亦即从神学中将人的哲学的必要性，亦即人类学的必要性推究出来，以及通过神的哲学的批判而建立人的哲学的批判。"② 费尔巴哈指出，未来哲学的使命是将哲学从僵死的精神境界重新引导到有血有肉的、活生生的精神境界中去，使它从美满的、神圣的、虚幻的精神乐园堕入多灾多难的现实人间。为了达到这个目的，哲学需要一种人的理智和人的语言。对此，马克思在《巴黎手稿》中曾给予了高度的称赞，他指出，费尔巴哈的伟大功绩是"证明了哲学不过是变成思想的并且经过思考加以阐述的宗教，不过是人的本质的异化的另一种形式和存在方式；从而，哲学同样应当受到谴责"③。模仿康德《未来形而上学导论》的费尔巴哈认为，其《原理》"是不会没有后果的"，但没想到这个所谓的"后果"之一就是两年之后的马克思对费尔巴哈这个《原理》的毁灭性批判。马克思的《提纲》不再关心费尔巴哈对"以往哲学"的批判，而是选择了将费尔巴哈的"未来的"哲学作为批判对象。马克思并不认为费尔巴哈的哲学是"未来的"，在他看来，它们根本就是"从前的"。

马克思认定，费尔巴哈的哲学仍然是"近代的"，而并非新的哲学。因此，他用了一个费尔巴哈式的语言来批判费尔巴哈，即"从前的哲学包

---

① ［德］费尔巴哈：《费尔巴哈哲学著作选集》下卷，荣震华等译，商务印书馆1984年版，第222页。
② ［德］费尔巴哈：《费尔巴哈哲学著作选集》上卷，荣震华、李金山译，商务印书馆1984年版，第121页。
③ 《马克思恩格斯全集》第42卷，人民出版社1979年版，第158页。

括费尔巴哈的哲学的主要缺点是……"马克思选择了与费尔巴哈所谓"旧哲学"类似的"从前的哲学",是急于表明自己的哲学与以往哲学之间的异质性。我们必须注意,马克思写作《提纲》时的一个决定性的语境是施蒂纳对费尔巴哈的毁灭性批判(《唯一者及其所有物》),并一语中的地指出了费尔巴哈与马克思同样是"人本主义者",它彻底动摇了青年黑格尔派(包括马克思《手稿》中)所坚持的人本主义的哲学史观与历史观信念。施蒂纳的"唯一者"以极端的哲学唯我论方式,漫画式地瓦解了全部德国古典哲学的人本主义哲学逻辑,使得在客观上不可能再有类本质哲学的历史合法性,进而开启了现代新人本主义(首先是存在主义)的新时代。第二个语境是马克思同时开展的经济学研究(其主要心得就是《布鲁塞尔笔记》①)对他的哲学世界观的深刻影响。

马克思一开篇就批判了费尔巴哈哲学的两个基本误区:一是费尔巴哈把"感性"和"自然"看作唯物主义的首要原则,而指责唯心主义的最大问题是抽象;二是认为基督教的本质错误是采取了所谓"实践的"主观立场。费尔巴哈把实践当作"主观的"、"宗教的"、"世俗的"乃至于"自私自利的"同义词,一股脑儿把主观世界全部拱让给神学与唯心论。在马克思看来,唯物主义并非一般地肯定感性自然,而是突出感性的实践原则之首要意义。实践是革命的、批判的活动,而不是基督教的,也不是市民社会的活动。总之,马克思准确地揭示了费尔巴哈哲学的致命缺陷:一是只懂得感性直观的和自然的客观性,而忽视实践的客观性和感性的社会历史特征;二是把"实践"同"主观"、同"自私自利"画等号,将其

---

① 1845年2月3日,马克思从巴黎迁居布鲁塞尔,随即重新开始研究政治经济学,先后写下了一些摘录笔记,史称《布鲁塞尔笔记》。我们这里所说的"笔记",特指马克思在写《德意志意识形态》以前的,即7月以前的经济学笔记。其中,我们把2月写下的三册笔记本称作是《布鲁塞尔笔记A》(包括毕莱、萨伊、西斯蒙第、麦克库洛赫、加尼耳、布朗基、佩specialties奥等人的论著摘录),而把1845年5月至7月所写的另外一些经济学笔记即第二批共四册笔记称作《布鲁塞尔笔记B》(包括西尼尔、施托尔希、布阿吉贝尔、罗德戴尔、日拉丹、拜比吉、尤尔和罗西等人著作的摘录)。同年7月至8月,马克思和恩格斯一起第一次访问英国,期间马克思又写下了一批经济学摘录笔记,即《曼彻斯特笔记》(九册)(包括西第、图克、伯克、布雷、欧文、汤普逊和利培特等人著作的摘录),而《德意志意识形态》的直接语境则是《布鲁塞尔笔记B》以及《曼彻斯特笔记》。

白白送给神学与唯心论,而不懂得革命的、客观的社会实践,尤其是实践的总体性的社会历史意义;三是把宗教与唯心论本质还原为人的本质,尚不清楚其实这仍然是一种抽象,哲学的更为根本的任务是要指出这种人的本质的次生性与社会历史规定的现实本质。费尔巴哈没有认清哲学的实践的品格,所以一味地强调其不同于宗教的理论与直观的特性。因此,马克思说费尔巴哈仅仅是用另外一种方式"解释"这个世界,而放弃用实践改造世界,以及把彼岸世界改造为此岸世界的努力。

值得注意的是,马克思《提纲》的写作思路和逻辑顺序与费尔巴哈《原理》的文本结构并不一致,此时的马克思已不同以往,他感兴趣的不再是《原理》对以往哲学之否定的革命意义。所以,《提纲》首先瞄准的就是《原理》后半部分的开始,以及《基督教的本质》第二部分的开头,即"宗教的基本立场"。

二、从宗教实践观到革命实践观

《提纲》的核心任务是批判费尔巴哈的人本主义哲学,马克思始终关心的问题焦点是批判费尔巴哈感觉哲学何以不懂得实践的、革命的、根本的意义。马克思的实践观所提供的新东西,既不仅仅是主体性,也不仅仅是活动,而是历史的、现实的和具体的、一定的人类社会主体及活动。

马克思首先批判了《原理》所确立的第一个"新哲学"原则:"具有现实性的现实事物或作为现实的东西的现实事物,乃是作为感性的对象的现实事物,乃是感性事物。"真理性、现实性和感性的意义是相同的(**真理=现实-感性**)。只有一个感性的实体,才是一个真正的、现实的实体。只有通过感觉(并不是通过思维本身),一个对象才能在真实的意义之下存在。

> 一个对象,一个现实的对象,只有当我们遇到一种对我发生作用的东西时,只有当我的自我活动——如果我是从思维的立场出发的

话——受到另一个东西的活动的限制、阻碍时,才呈现在我们面前。对象的概念,只不过是另外一个自我的对象。但是只有通过感觉,自我才成为非我,对象才成为对象①。

正是上述几段文字促动马克思写下了如下著名论断:包括费尔巴哈在内,"从前的一切唯物主义……的主要缺点是,对对象、现实、感性,只是从**客体**的**或者直观**的形式去理解,而不是把它们当作**感性的人的活动**,当作**实践**去理解,不是从主体方面去理解"。"费尔巴哈想要研究跟思想客体确实不同的感性客体,但是他没有把人的活动本身理解为**对象性的**活动"。当然,马克思十分清楚,费尔巴哈并非不知道实践,而是心中对实践怀着一种从宗教哲学批判角度出发的坏印象——那是"卑污的"犹太人的活动。因此,马克思接着批判了《基督教的本质》的观点——费尔巴哈何以不理解实践?

在论述"犹太教中创造的意义"时,费尔巴哈开宗明义地说,创造仅只具有一个利己主义的目的和意义。"创世之目的,仅仅是为了以色列。世界是为了以色列人而被造出来的"②。"直到今天,犹太人他们的原则仍然是**最实践**的处世原则,是利己主义。并且是**以宗教为形式的利己主义**"。世界是"我要"的世界③。这与其说是"主观性原则",不如说是"**利己主义**原则"④。推而言之,"宗教的基本立场,是**实践**的立场,在这里,也即**主观的**立场"。"宗教的立场是实践的或主观的立场"⑤。费尔巴哈认为:"人是**为了直观世界**而生的。理论之立场,就意味着与世界的**和谐相处**。

---

① [德]费尔巴哈:《费尔巴哈哲学著作选集》上卷,荣震华、李金山译,商务印书馆1984年版,第166页。
② [德]费尔巴哈:《费尔巴哈哲学著作选集》下卷,荣震华等译,商务印书馆1984年版,第354页。
③ [德]费尔巴哈:《费尔巴哈哲学著作选集》下卷,荣震华等译,商务印书馆1984年版,第146—147页。
④ [德]费尔巴哈:《费尔巴哈哲学著作选集》下卷,荣震华等译,商务印书馆1984年版,143页。
⑤ [德]费尔巴哈:《费尔巴哈哲学著作选集》下卷,荣震华等译,商务印书馆1984年版,第224—225页。

在这里，只有感性的想象力，才是**主观的**活动，也即人于中满足**自己**，让**自己**自由地活动的那种活动。在这里，在满足自己的同时，人也让自然安静地存在下去；他仅仅由**属自然的材料**来构成他自己的空中楼阁和富有诗意的宇宙创成说。"① "希腊人从学术上来观察自然，他们在星辰之和谐的运行中听到属天的音乐；他们凭空幻想出一个产生万物的大洋，由此就仿佛看到自然以维纳斯的形态出现。与此相反，以色列人只从实惠的观点看待自然；他们仅仅在口腔中对自然发生兴趣；仅仅在吃吗哪时他们才认识他们的上帝"②。有感于此，费尔巴哈毫不留情地谴责道："如果人仅仅立足于实践的立场，并由此出发来观察世界而使实践的立场成为理论的立场时，那他就是跟自然不睦，使自然成为他的自私自利、他的实践利己主义之**最顺从的仆人**……**功用主义**、效用，乃是犹太教之至高原则。"③

与之保持明显的互文性，费尔巴哈在《原理》中指出，近代哲学的任务就是将神学转变成为人本学，这个把上帝人化的宗教方式或实践方式就是新教，但新教只是"实践地"而没有"理论地"批判上帝，新教在理论上只是承认上帝在彼岸的存在，而哲学的任务却是要"理论地"把上帝作为此岸的对象来批判。德国思辨哲学的任务就是把宗教的、彼岸的上帝变成此岸的对象，把天国的问题**理论地**化解为现实的对象④。针对费尔巴哈的这些让人费解的"高论"，马克思写到，真理的问题并不是一个"理论的"问题，而是一个"实践的"问题。"人的思维是否具有客观的真理性，这不是一个理论的问题，而是一个**实践的**问题。人应该在实践中证明自己思维的真理性，即自己思维的现实性和力量，自己思维的此岸性。关于思维——离开实践的思维——的现实性或非现实性的争论，是一个**纯粹**

---

① [德] 费尔巴哈：《费尔巴哈哲学著作选集》下卷，荣震华等译，商务印书馆1984年版，第144—145页。
② [德] 费尔巴哈：《费尔巴哈哲学著作选集》下卷，荣震华等译，商务印书馆1984年版，第146页。
③ [德] 费尔巴哈：《费尔巴哈哲学著作选集》下卷，荣震华等译，商务印书馆1984年版，第144—145页。
④ [德] 费尔巴哈：《费尔巴哈哲学著作选集》上卷，荣震华、李金山译，商务印书馆1984年版，第122页。

经院哲学的问题。"①

紧接着，费尔巴哈说，近代哲学只是从神学出发的，不过是融化和转变为哲学的神学而已。思辨哲学的本质无非是"理性化了的、实在化了的、现实化的上帝的本质，思辨哲学是真实的、彻底的和理性的神学"②。上帝的本质的、主要的特性就是思辨哲学的主要特征。作为上帝的上帝，作为精神实体的或抽象实体的上帝，是"非人的"，"非感性的"实体。神学将人的立场当作上帝的立场，思辨神学则把上帝的立场视为人的立场或思想家的立场。

经过一阵冗长的对神学与思辨哲学"捆绑式"批判之后，费尔巴哈把笔锋一转，开始作全面的哲学史总结与审判了：黑格尔的哲学只是摆脱了对象性的、感性的、纯粹精神的唯心论，是康德与费希特的唯心论的完成。黑格尔哲学是近代哲学的完成，而"新哲学是黑格尔哲学的实现"③。新哲学也就是费尔巴哈的哲学，其历史必然性及存在理由源自对黑格尔的批判。新哲学就是批判黑格尔与近代哲学的非感性的实体而发扬感性的原则。黑格尔"在抽象的黑暗中承认现实的光明，乃是一种矛盾——在否定现实中承认现实。新哲学是不以抽象的方式，而以具体的方式思想具体的事物，是就现实的现实性，是以适合现实本质的方式，承认现实是真实的，并且将现实提升为哲学的原则和对象。因此新哲学才是黑格尔哲学的真理，才是整个近代哲学的真理"④。

在费尔巴哈看来，新哲学从旧哲学中产生出来的历史必然性或发生史就是："照黑格尔说，具体的概念，理念最初只是抽象的，只是思维的要素——理性化了的创世以前的上帝。然而上帝既然有所表现，有所启示，既然化为现实，转化为实在，那么理念也就同样地实在化了：黑格尔哲学

---

① 《马克思恩格斯选集》第1卷，人民出版社1995年版，第55页。
② [德] 费尔巴哈：《费尔巴哈哲学著作选集》上卷，荣震华、李金山译，商务印书馆1984年版，第123页。
③ [德] 费尔巴哈：《费尔巴哈哲学著作选集》上卷，荣震华、李金山译，商务印书馆1984年版，第147页。
④ [德] 费尔巴哈：《费尔巴哈哲学著作选集》上卷，荣震华、李金山译，商务印书馆1984年版，第164页。

乃是转化为一种逻辑过程的神学史，但是，如果我们一旦随着理念的实在化而进入实在论的范围，如果理念的真理就在于它是实在的，就在于它是存在的，那么我们就当然要将存在当作真理的标准：只有现实的，才是真实的。然而我们要问：什么东西是现实的呢？只有思想中的东西是现实的吗？只有思维，理智的对象是现实的吗？可是这样我们就并没有越出抽象的理念范围一步。思维的对象也就是柏拉图的理念了，内心的对象也就是世外天国信仰的对象，想象的对象……如果真正严肃地对待思维或理念的实在性，就必须将一个异于思想本身的东西加到思想上面，换句话说：思想必须是实在化的思想，有异于未实在化的、单纯的思想——必须不只是思维的对象，而是非思维的对象。思想的实在化，正是思想否定自身，不再是单纯的思想；那么这个非思维，这个有别于思维的东西究竟是什么？就是感性的事物。"①

在马克思眼里，费尔巴哈以感性的物质客体替代黑格尔思想客体的做法无疑是对的，但遗憾的是，他没能批判地吸收黑格尔辩证法里合理的内容，从而也就不可能更进一步用人类感性的物质活动来替代黑格尔的思辨活动。其实，黑格尔正是借助这种抽象思维的能动活动来达到在唯心主义形式外壳底下对世界历史的总体把握的。可见，费尔巴哈对黑格尔哲学的批判，最终还是停留在用主宾颠倒的方法来克服其唯心主义性质，重新把感性的物体客体确立为主词，而把思维客体变成实词。由此，费尔巴哈得到的只能一方面是抽象的自然界，另一方面是抽象的人。他的哲学，除了对"自然界"和"人"进行极端崇拜及过度夸张之外，实际上没有提供更多的东西。费尔巴哈之所以如此，皆因他仅仅将自然界和人看作感性的对象，而非同时是感性的活动。费尔巴哈固然也强调了人与自然界的统一，但仅仅依靠感性的直观还不能够了解人对自然界的能动关系，并达到人与自然界的真正统一。那么，能够真正实现人与自然界之统一的，只能是人的感性的客观活动，即物质生产劳动。这是包括费尔巴哈在内的一切旧唯物主义从未能提出并认真研究的重大课题。

---

① ［德］费尔巴哈：《费尔巴哈哲学著作选集》上卷，荣震华、李金山译，商务印书馆1984年版，第164—165页。

通过对《原理》前半部分和《基督教的本质》的深入解读，马克思得出了如下结论：费尔巴哈是从宗教上的自我异化，从世界被二重化为宗教世界和世俗世界这一事实出发的，他做的工作是把宗教世界归结于它的世俗基础，但他却无法从社会历史实践中、从世俗自我的分裂与自我矛盾中去理解这圣俗二重化。"费尔巴哈不满意抽象的思维而喜欢直观，但是他把感性不是看作实践的、人的感性的活动"。因为他无法理解，"全部社会生活在本质上是实践的"①。这个前提的确立，使马克思完成了其哲学逻辑深层中一个十分重要的转变，即从人学主体辩证法向以客观实践为基点的历史辩证法的转变。他不再从黑格尔式的否定之否定中逻辑地引出批判性，而是立足于社会历史实践自身的内在矛盾运动及其解决（历史辩证法的具体建构是在后来的《德意志意识形态》中完成的）。他在新的哲学视界中提出，要在资本主义自身的经济过程，特别是这个过程本身的客观现实矛盾中，去寻找那种造成社会"自我分裂"（原来的"异化"）的真实原因。并且，只有在无产阶级的革命实践中客观地消除这一原因，才能真正克服该社会症结。"环境的改变和人的活动或自我改变的一致，只能被看作是并合理地理解为革命的实践。"②

三、从市民社会的感性直观到现代社会的实践批判

在接下来的后半部分中，费尔巴哈系统地阐述了自己新哲学的感性真理观：新哲学建立在爱的真理上、感觉的真理上；在爱中、在一般的感觉中，人人都承认新哲学的真理。新哲学的基础本身就不是别的东西，而只是提高了的感觉实体。旧哲学的格言是：不被思想的东西，就是不存在的；新哲学则认为，不被爱的，就是不存在的。爱是存在的标准——真理和现实的标准。旧哲学的出发点是自我的抽象实体；新哲学是愉快地、自

---

① 《马克思恩格斯选集》第 1 卷，人民出版社 1995 年版，第 56 页。
② 《马克思恩格斯选集》第 1 卷，人民出版社 1995 年版，第 55 页。

觉地承认感性的真理，新哲学是光明正大的感性哲学。只有感性的对象、直观的对象、知觉的对象，才是无可怀疑地、直接地确实存在着的。这确实应了马克思的话，费尔巴哈只是"用不同的方式解释世界"。

再如，费尔巴哈在《原理》中指出："新哲学并不是以无本质无色彩无名称的理性为基础，而是饱沃人血的理性为基础的"。又说"新哲学完全地、绝对地、无条件地、无矛盾地将神学溶化为人本学，换言之，融化于完整的现实的人的本质之中"。对此，马克思无情地批判说，费尔巴哈没有看到"宗教感情"本身是社会的产物，而他所分析的抽象的个人则是属于一定的社会形式的。

在接着下面的内容中，费尔巴哈系统地阐述了人区别于动物的本质，但主要是从人与动物的感觉的区别上而言的。对于费尔巴哈来说，人与动物之所以不同，决不只在于人有思维，从根本上说，人的整体本质是有别于动物的。人并不是一种特殊的实体（如同动物），而是一种自由全面的活动的实体，人的感觉是全面的，所以并没有动物的片面性发展。"新哲学将人连同作为人的基础的自然当作哲学的唯一的，普遍的最高的对象——因而也将人本学连同自然科学当作普遍的科学。"[①] 这些观点曾深刻地影响马克思《手稿》中的基本观点，但在此马克思对这些肯定不再感兴趣了。这些条目中流露出来的观点其实也正是马克思《提纲》中所批判的费尔巴哈"不懂得人的现实性本质"的表现：一种建立于人的基础上的哲学最终不可能是唯物主义，一种建立于自然基础之上的唯物主义不可能是彻底的唯物主义。

在《原理》的部分篇幅中，费尔巴哈确实关注了人的社会本质，甚至直接指出每个人都是社会交往的产物："孤立的、个别的人，不管是作为道德的实体或作为思维的实体，都未具备人的本质。人的本质只是包含在团体之中，包含在人与人的统一之中。但是这个统一只是建立在自我和你

---

① ［德］费尔巴哈：《费尔巴哈哲学著作选集》上卷，荣震华、李金山译，商务印书馆1984年版，第184页。

的区别的实在性上面的。"① "孤独性就是有限性和限制性，集体性则是自由和无限性。孤独的人是人（一般意义之下）；与人共存的人，'自我'和'你'的统一，则是上帝。"黑格尔式的绝对哲学家类似专制君主说："朕即国家"，"我就是存在"，"我就是真理"。而费尔巴哈所自称的人性哲学家则完全相反，他们指出，"我"固然是在思想中，固然作为哲学家，却是与人共存的人。"真正的辩证法并不是寂寞的思想家的独白，而是'自我'和'你'之间的对话。"② "三位一体"曾经是绝对哲学和宗教的最高神秘和中心点，但从历史和哲学可以证明，"三位一体的秘密，乃是团体的秘密，社会生活的秘密——'自我'之必须有'你'的秘密——乃是这样一个真理……凡单独的本身都不是一个真正的，完善的，绝对的实体。"所以，"哲学最高的和最后的原则，因此就是人与人之间的统一。一切本质关系都只是这个统一的各种不同的类型与方式"。③ 这几条马上可以让人想到马克思所作的批判："旧唯物主义的立脚点是市民社会，新唯物主义的立脚点是人类社会或社会的人类"。"直观的唯物主义，即不是把感性活动理解为实践活动的唯物主义至多也只能达到对单个人和市民社会的直观。"而此半年前马克思还在《手稿》中热情称赞说，费尔巴哈"创立了**真正的唯物主义**和**现实的科学**，因为费尔巴哈使'人与人之间的'社会关系变成了理论的基本原则"④。这里，马克思之所以认定"旧唯物主义的立脚点是市民社会"，原因就在于它们的全部智慧只能做到对市民社会的单个人的直观，把社会看作貌似独立的个人的集合体，而看不到存在于这些人之间的物质的联系和关系。正是存在于个人之间的这些联系和关系构成了被马克思称为"社会"的那部分内容。也正是在这个意义上，马克思接着提出，"新唯物主义的立脚点则是人类社会或社会的人类"。换句话

---

① ［德］费尔巴哈：《费尔巴哈哲学著作选集》上卷，荣震华、李金山译，商务印书馆1984年版，第185页。
② ［德］费尔巴哈：《费尔巴哈哲学著作选集》上卷，荣震华、李金山译，商务印书馆1984年版，第185页。
③ ［德］费尔巴哈：《费尔巴哈哲学著作选集》上卷，荣震华、李金山译，商务印书馆1984年版，第185—186页。
④ 《马克思恩格斯全集》第42卷，人民出版社1979年版，第158页。

说，新唯物主义即历史唯物主义并不以孤立的个人为观察点，而是以个人之间的现实的社会关系为观察点。此处所说的社会既不是脱离单个人的抽象物，也不是单个人的简单集合体，而是有着特定的社会关系体系和结构形式的人类共同体。从这种"社会的人类"出发，和从以物质生产为基本形式的社会实践出发是一致的。

与《原理》的思路观点大体相应，费尔巴哈在以前的《哲学改造的临时纲要》一文第64段写道："'人'这个名称的意义，一般只是指带有他的需要、感觉、心思的人，只是指作为个人的人，异于他的精神，一般地说，异于他的一般社会性质——例如异于艺术家、思想家、著作家、法官，似乎**人所特别具有的基本特性**并不在于他是思想家、艺术家、法官等等，似乎艺术界、科学界等等各界的人是**在他之外的**。思辨哲学在理论上确定了这种人的主要特性与人的分离，从而将完全抽象的性质神圣性质化为独立的实体。"① 当费尔巴哈把人的社会本质当作思辨哲学的一般抽象的实体加以批判时，马克思则肯定了人的客观而抽象的社会本质：

> 费尔巴哈把宗教的本质归结于人的本质。但是，人的本质不是单个人所固有的抽象物，在其现实性上，它是一切社会关系的总和。
>
> 费尔巴哈没有对这种现实的本质进行批判，因此他不得不，(1) 撇开历史的进程，把宗教感情固定为独立的东西，并假定有一种抽象的——**孤立的**——人的个体。(2) 因此，本质只能被理解为'类'，理解为一种内在的、无声的、把许多个人**自然地**联系起来的普遍性。②

单个人是可以直观到的，单个人的活动也是可以直观到的，然而单个人之间的联系和关系却不是直观所能把握的。人们之间的社会关系尽管也是物质的客观的关系，却并不像自然客体那样能够成为感性直观的对象，

---

① ［德］费尔巴哈：《费尔巴哈哲学著作选集》上卷，荣震华、李金山译，商务印书馆1984年版，第117—118页。
② 《马克思恩格斯选集》第1卷，人民出版社1995年版，第56页。

而只能成为思维和理解的对象,在观念中被把握。因此,对于思辨唯心主义来说,这种关系只是一种"实体化了的观念",一种异化了的自我意识;而对于直观唯物主义和经验主义来说,它被归结为抽象的"人的本质",因而重新陷入唯心主义,即被当作纯粹的虚构而弃之不顾,就像许多经济学家把价格看作实在的,而把价值(社会关系)看作纯粹的虚构一样。马克思曾就此作过深刻的批判分析,他说:"人们在其中生产自己生活的并且不以他们为转移的条件,与这些条件相联系的必然的交往形式以及由这一切所决定的个人的关系和社会的关系,当他们以思想表现出来的时候,就不能不采取观念条件和必然关系的形式,即在意识中表现为从一般人的概念中、从人的本质中、从人自身中产生的规定。人们是什么,他们的关系是什么,这种情况反映在意识中就是关于人自身、关于人的生存方式或关于人的最切近的逻辑规定的观念。"① 这样一来,就把物质的社会关系转变为观念的抽象,把个人之间的现实关系转变为"人"的联系,把一定的个人关于他们自身关系的思想转变为他们关于"人的本质"的思想。于是,在对生产与需要之间的各种关系和矛盾进行研究时,他们却茫然不知所措,只好躲进最后的避难所——"人的本质"中去,至于什么是"人的本质",古往今来的哲学家们无不为此耗尽心力,仍然说不出多少确定的内容来。所以,马克思不无遗憾地说:"有一点令人费解,为什么德国人如此令人难以置信地夸耀自己关于人的本质的智慧,虽然他们的全部智慧、对于三个普遍特性——悟性、心灵和意志——的承认,从亚里士多德和斯多葛派起就已是尽人皆知的了。"②

马克思之前的人本主义哲学最核心的方面即是关于人的本质的抽象理解。康德的理性是"隐性的上帝",是"不死的人";黑格尔的绝对精神则是抽象的上帝与同样"不(会)死的人"。黑格尔把实体,即真实—真理,理解为主体与绝对精神,费尔巴哈则把绝对精神这个抽象的上帝理解为人的"类存在"。马克思进一步把绝对精神及其世俗化版本的人类理解为现实的社会的人。在某种程度上说,只有马克思关于人和社会的科学理

---

① 《马克思恩格斯全集》第 3 卷,人民出版社 1956 年版,第 199—200 页。
② 《马克思恩格斯全集》第 3 卷,人民出版社 1956 年版,第 606 页。

解才能走入历史辩证法。因此，关于这两个方面的理解也就成为《提纲》的重要内容。正是马克思那一句人的本质在其现实性上是"一切社会关系的总和"宣布了一个新的哲学时代。马克思哲学新视界的初始地平线就是在此出现的：这就是对人类主体、人类社会实践及其观念的历史的、现实的、具体的限定。也是在这里，他真正改造了黑格尔的历史辩证法，黑格尔所说的那种一切观念逻辑都是具体的自我发生的运动，现在成了属于一定社会形式的个人及活动，成了具体的社会产物，成了暂时的、在一定现实性上的人对自然、人与人之间的社会关系之总和。这个"一定的"人类社会实践为核心的历史唯物主义方法，才是马克思哲学新视界的真正奥秘所在。

在《原理》的最后两段，费尔巴哈总结性地指出："旧哲学具有两重真理，一是自为的，不关心人的真理，即哲学；一是为人的真理即是宗教。作为人的哲学的新哲学则不然，它主要的也是为人的哲学，新哲学对理论的独立性和尊严并不妨碍，甚至与理论高度协调，本质上具有一种实践倾向，而且是最高意义下的实践倾向。新哲学代替了宗教，它本身包含着宗教的本质，事实上它本身就是宗教。""从前的各种改造哲学的企图，只是在方式上或多或少地与旧哲学有所不同，而不是在种类上与旧哲学有所不同。而一种真正的新哲学，即适合于人类的和未来的需要的独立的哲学，其不可缺少的条件则是在于它在本质上与旧哲学不同。"①

马克思正是以反讽的方式，模仿费尔巴哈《原理》的语气，写下了文章最后的结论："以往的哲学家们只是用不同方式解释世界，而问题在于改造世界。"

总之，《提纲》的思路大致如下：马克思首先批判了费尔巴哈的感觉哲学何以不懂得实践的、革命的、根本的意义，无法解决真理的标准问题；接着，马克思指认费尔巴哈的宗教感情论无视实践的社会本质；最后，再从哲学的功能层面上阐述哲学作为意识形态的根本缺陷在于只能是解释世界，却无法实践，即无法改变世界。可以说，马克思道出了全部形

---

① ［德］费尔巴哈：《费尔巴哈哲学著作选集》上卷，荣震华、李金山译，商务印书馆1984年版，第186页。

而上学和哲学的阿基利斯之踵。马克思在《提纲》最后实际上已经意识到，任何一种哲学如果把自己局限在纯粹哲学史范围内，它所完成的思想革命，充其量只是以往哲学形态的颠倒与变种，而不可能实现哲学的超越或终结。他的著名《提纲》第11条所表达的就是一种坚决告别纯粹的哲学意识形态，从而走向现实历史科学视野的决心。这才有了思想史真正的革命——历史唯物主义（《德意志意识形态》与《哲学的贫困》）。

《关于费尔巴哈的提纲》：
历史、理论和文本[①]

周嘉昕

作为"包含着新世界观的天才萌芽的第一个文件"，《关于费尔巴哈的提纲》（以下简称《提纲》）是马克思文本中为数不多可以直接用来作为哲学本体论建构的依据。然而，正如既有研究所表明的那样：就"实践唯物主义"而言，《提纲》中对于"实践"概念的使用恐怕只能算作一个"孤证"；在"实践是马克思主义哲学首要的和基本的观点"理解基础上，学界更多关注的是马克思"实践"概念内蕴的社会历史性的前提或维度。近年来有关"生存论"马克思主义的探讨，历史唯物主义（唯物史观）、辩证唯物主义的辨析、马克思政治经济学批判和《资本论》哲学的研究等等，都被可以归结为这一诉求中结出的理论硕果。这也正为我们170年后重新阅读马克思1845年写下的这"十一条论纲"奠定了坚实的基础，开启了新的视域。本文尝试回到马克思主义哲学的复杂历程中去，结合马克思与唯物主义的关系，以及"实践的唯物主义"的得失，寻求一种激活《提纲》文本和当代学术话语内在关联的可能。

一、《马克思论费尔巴哈》与
"唯物主义"传统的建构

众所周知，《提纲》存在两个版本，一是马克思自己在1845年写下的

[①] 原载《山东社会科学》2015年第7期。

《关于费尔巴哈的提纲》,二是恩格斯修订出版的《马克思论费尔巴哈》,1886年作为《路德维希·费尔巴哈和德国古典哲学的终结》(以下简称《费尔巴哈论》)的附录出版。这两个版本中最先问世的反倒是后者。恩格斯自己是这样描述《提纲》的发现过程的:"旧稿(《德意志意识形态》)中缺少对费尔巴哈学说本身的批判;所以,旧稿对现在这一目的(说明马克思恩格斯自己同黑格尔、费尔巴哈的关系)是不适用的。可是我在马克思的一本旧笔记中找到了十一条关于费尔巴哈的提纲,现在作为本书附录刊印出来。这是匆匆写成的供以后研究用的笔记,根本没有打算付印。但是它作为包含着新世界观的天才萌芽的第一个文件,是非常宝贵的。"① 而前者,也就是马克思自己写下的提纲,却是到了1924年才由梁赞诺夫在《马克思恩格斯文库》第一卷中公开发表。

也就是说,《提纲》本身作为研究的笔记,马克思并没有打算将其公开问世,而是由恩格斯出于理论总结和阐发的需要,才加工整理出版的。那么,这就提出了一个尖锐的问题:恩格斯的《马克思论费尔巴哈》与马克思的《关于费尔巴哈的提纲》之间,到底是怎样一种关系?很多研究从文本变化的角度出发,围绕恩格斯对于马克思原文的修改进行了细致的考察和分析。但是笔者这里打算首先追问的是,暂且承认恩格斯无论在文字表述还是哲学理解上都与马克思存在一定的差异,但我们更应该思考的是为什么过了40年之后恩格斯才想起来要去重新翻阅《德意志意识形态》手稿,为什么是在19世纪80年代这样一个特定时期,恩格斯才想到要回顾费尔巴哈这个位于黑格尔哲学和马克思恩格斯观点之间的"中间环节"?

虽然恩格斯自己用"没有过机会"这样的说法一笔带过,但是结合马克思本人是在创作《资本论》的过程中(参阅1858年马克思关于《逻辑学》的通信、1859年恩格斯为《政治经济学批判》所作的书评、著名的《资本论》第二版跋等)才重新"发现"或者说"回到"黑格尔的话,我们会发现:《马克思论费尔巴哈》的问世本身与恩格斯此时所肩负的理论重任有着密切的关联,这就是要在19世纪中叶庸俗唯物主义和新康德主

---

① 《马克思恩格斯选集》第4卷,人民出版社2012年版,第213页。

义逐渐成为思想主流的背景下，通过强调黑格尔辩证法的重要性来捍卫《资本论》以及马克思的"唯物主义历史观"。在此过程中，恩格斯和当时的马克思主义者所面对的理论任务是，既要说明政治经济学批判的方法与黑格尔辩证法的差别，又要强调唯物主义辩证法与机械论的经验主义的"形而上学"的不同。在这个意义上，借用马克思恩格斯自己的话说，"和黑格尔比起来，费尔巴哈是极其贫乏的。但是，他在黑格尔以后起了划时代的作用"[①]；费尔巴哈的唯物主义，"与其说是深刻的，不如说是机智的"[②]。

具体说来，恩格斯《马克思论费尔巴哈》的整理和出版面对的是这样一种思想史氛围：较之马克思恩格斯1845年写作《神圣家族》时期同"青年黑格尔派"的争论，随着自然科学的发展（机械唯物主义、进化论）和实证主义思潮的兴起，"唯物主义"在19世纪中期以来正在产生越来越广泛的新的影响。因此，"唯物主义"首先不是一个可以源自所谓"朴素唯物论"的古老哲学传统，也并非18世纪法国唯物主义者和马克思主义者的专利，而是一个正在建构中的哲学传统和社会思潮。例如，在被称为"唯物主义的19世纪60年代"里，新康德主义者朗格就曾专门撰写了一部名为《唯物主义史及其当代重要性的批判》的著作[③]。19世纪50年代以来普遍流行的是福格特、摩莱肖特和毕希纳的"科学唯物主义"（或者更准确地说，"庸俗唯物主义"），到了60和70年代，海克尔更是将达尔文的进化论进入其中[④]。面对这样一种社会历史语境，恩格斯面前的一个重要任务就是要利用并改造这一传统的建构，为马克思主义的传播和运用提供可能；同时，更加重要的是要在这一传统的建构中，将《资本论》中重新发现或是"头足倒置"过来的辩证法植入其中。在某种程度上

[①] 马克思：《卡·马克思论蒲鲁东（给约·巴·施韦泽的信）》，见《马克思恩格斯全集》第16卷，人民出版社1974年版，第29页。
[②] 《马克思恩格斯选集》第4卷，人民出版社2012年版，第232页。
[③] 参见 Frederick Lange, *The History of Materialism and Criticism of Its Present Importance*, London: Kegan Paul, Trench, Trubner & Co, Ltd, 1925, p. vi.
[④] 参见 Frederick Gregory, "Scientific versus Dialectical Materialism: A Clash of Ideologies in Nineteenth-Century German Radicalism", *Isis*, Vol. 68, No. 2 (Jun., 1977), p. 207.

说，恩格斯所阐发的"唯物主义历史观"及"唯物主义辩证法"都可以被看作是马克思主义"时代化"的第一批成果。这也就解释了为什么马克思自己并没有怎么提过"唯物主义"的问题，而更多是在限定的意义上使用"物质的"这一表述，如"物质生活的生产和再生产"、"物质生产方式"等。

也正是在这样一个艰苦的理论实践过程中，恩格斯特别强调了马克思对费尔巴哈的批判，因为：首先费尔巴哈是除英国的经验论者和法国的机械唯物主义者外，"德意志"唯物主义的重要代表（尽管费尔巴哈从来不会认为自己是"唯物主义者"），"他在黑格尔以后起了划时代的作用"；其次，正是借助于费尔巴哈，包括马克思恩格斯在内的"青年黑格尔派"通过"返回到唯物主义观点"而实现了"同黑格尔哲学的分离"；也就是说，费尔巴哈是用来界划马克思同黑格尔方法的重要"中间环节"，但由于费尔巴哈在历史观上同样是"观念论"（唯心主义）者，因此这个"半截子的唯物主义者"也只能是一个"中间环节"。因此，马克思对费尔巴哈的批判就责无旁贷成为恩格斯建构"唯物主义辩证法"，或者说一种全新的辩证的唯物主义理论传统的重要依据。

需要注意的是，虽然恩格斯直接投身于甚至可以说开启了通过参与建构"新唯物主义"传统来总结、传播马克思主义哲学的理论实践，但是就"辩证唯物主义"理论体系的形成来说，恰恰不是恩格斯而是狄慈根、拉法格、普列汉诺夫等人，打开了新的理论之门。正如有研究已经指出的那样，是普列汉诺夫第一个使用了"辩证唯物主义"概念。在他看来，"'辩证唯物主义'这一术语，它是唯一能够正确说明马克思的哲学的术语"[1]。当然，这并不意味着"辩证唯物主义"体系的确立。众所周知，所谓"辩证唯物主义历史唯物主义"（Diamat），只是到了20世纪30年代才在苏联的马克思主义哲学研究中最终确立下来，标志是斯大林的《论辩证唯物主义历史唯物主义》一文和米丁的哲学教科书。严格说来，在第二国际的马克思主义理论家那里，对于马克思主义理论的命名更多是"唯物

---

[1] ［苏］罗森塔尔主编：《马克思主义辩证法史》，汤侠声译，人民出版社1982年版，第443页。

史观",只不过这种"唯物史观"的特征一是"唯物主义",二是"辩证法"。经过苏联马克思主义研究有关辩证论和机械论、米丁派和德波林派的争论后,今天作为常识意义上的"辩证唯物主义"才彻底替代了"唯物史观"或"历史唯物主义"成为马克思主义哲学方法的代名词。

在此过程中,随着"唯物主义"由"形容词"变为"名词",被建构起来的"辩证唯物主义"传统也就被反向注入了马克思恩格斯早期文本的阐释之中,费尔巴哈在马克思恩格斯唯物主义转变中的作用也就得到了更多的凸显。相应的,马克思主义哲学的确立过程就应该到马克思向唯物主义的转变中去寻求。在苏联马克思主义哲学史的正统理解中,"马克思关于费尔巴哈的提纲乃是他在前一时期(从1843年借助于费尔巴哈转向唯物主义到1845年初《神圣家族》的发表)提出的诸原理(辩证唯物主义和共产主义世界观)的进一步发展和总结;这个提纲也提出了新的问题,表述了辩证唯物主义和历史唯物主义的新思想"[①]。这些所谓的"新思想"更多指的是在《德意志意识形态》形成的"完整看法的唯物史观"。也就是说,在传统苏联的辩证唯物主义历史唯物主义体系中,作为科学世界观的辩证唯物主义问世的标志是马克思恩格斯1845年合作出版的《神圣家族》,而作为辩证唯物主义在社会历史领域中的"推广应用"的历史唯物主义则是在《德意志意识形态》中最终形成的。《提纲》这份"包含着新世界观的天才萌芽的第一个文件"不过是"推广应用"过程中的一个环节而已,而"实践"概念的理论作用也仅限于认识论之中。与此针锋相对的是,《提纲》和作为本体论意义上的"实践"概念的重要性反倒得到了所谓"资产阶级哲学家"更多的关注和强调。

二、一个"实践唯物主义"的文献"孤证"

纵观20世纪20年代以来马克思主义哲学的发展历程,我们大多可以

[①] [苏] 纳尔斯基、波格丹诺夫、多夫楚克等编:《十九世纪的马克思主义哲学》(上),金顺福、贾泽林等译,中国社会科学出版社1984年版,第201页。

清晰地梳理出诸如《1844年经济学哲学手稿》（以下简称《手稿》）、《1857—1858年经济学手稿》（以下简称《大纲》）、《德意志意识形态》等文本研究的历史演进。如1932年后，随着《手稿》两个版本的几乎同时问世，很快在西方学界引发了"青年马克思"或"两个马克思"的争论，这种以人本主义逻辑争夺马克思思想解释领导权的倾向，在上世纪60年代后逐渐退潮。一方面是阿尔都塞对人本主义的批评，另一方面是苏联马克思主义哲学形成史研究成果的问世。也正是在这一过程中，《德意志意识形态》的重要性得到了凸显，并且逐渐替代《手稿》成为东西方马克思文本研究交锋的焦点话题，直至世纪之交仍然如此。与人本主义思潮相关，但又更为复杂的是《大纲》和《资本论》的研究，当然，《大纲》在文本上引发的争议最小，但却实际上构成了20世纪60年代以后西方左翼话语中最为重要的马克思文本依据。

相形之下，《提纲》的研究似乎比较暧昧而尴尬。除了布洛赫之外，我们竟很难直接想起有谁专门讨论过《提纲》，即便事实上《提纲》本身是一篇不断被引用的文献，"实践"也是一个经常被提起的概念。这种情况之所以发生，一方面是因为《提纲》自身格言式的写作方式给阐释者留下了太多可供发挥的空间，因而《提纲》本身在理论阐发中往往是"高大上"般以某一条或某句话的深刻启发或创意改写的方式存在；另一方面，也更加重要的是，由于《提纲》"夹缝"式地存在于《神圣家族》和《资本论》之间，或者说《手稿》和《德意志意识形态》的"理论高峰"（不管是马克思自身思想发展的"断块山"，还是马克思主义哲学史研究造成的"褶皱山"）之间，对于《提纲》的研究更多地同马克思主义哲学总体方法界定结合在一起，而非对《提纲》本身直接的研究。

正如上文提到的那样，在"辩证唯物主义历史唯物主义"体系下，《提纲》是在首先确立唯物主义原则的"基础"，利用"实践"概念"补充"不同于机械论唯物主义（带有与辩证法相对立的"形而上学"属性）的辩证能动性。当然，这种能动性本身也具有一定的社会历史条件作为前提。在笔者看来，这样一种"辩证唯物主义"理解在很大程度上是以梅林和普列汉诺夫为典型的第二国际理论传统的系统化。在这样一种赋予费尔巴哈以优先地位的"诠释定向"①中,《神圣家族》被看作是"第一部公开发表的马克思主义著作",而其中的唯物主义基础和共产主义立场,马克思早在1844年初已然具备。

作为对这一梅林-普列汉诺夫"诠释定向"的直接批判,在西方马克思主义的早期理论代表,如卢卡奇和柯尔施那里,《提纲》和"实践"则直接体现了黑格尔式的马克思思想阐释要求。在《物化与无产阶级意识》一文最后,卢卡奇指出:为了克服物化,"马克思在他的《关于费尔巴哈的提纲》里所提出的答案在于是哲学变为实践……这实践具有它的客观的结构上的前提,具有它的另一面,那就是认为现实是'过程的集合体',认为较之经验的僵化的物化的事实,历史发展的倾向代表的虽然是产生于经验本身的,因此决不是彼岸的,但确实是一个更高级的、真正的现实"②。为了阐发这样一种"作为哲学原则的实践",卢卡奇还曾批判了恩格斯"把工业和实验看作是实践"的理解。柯尔施虽然也将马克思主义的哲学称为辩证唯物主义,但他认为:《关于费尔巴哈的提纲》与马克思恩格斯的后期著作一样,强调了"新唯物主义"(辩证唯物主义)与"哲学唯物主义",即"通常的、抽象的和非辩证的唯物主义"之间的对比和区别。在某种意义上,我们可以发现:同卢卡奇和柯尔施所提供的《提纲》中"新唯物主义"和"实践"概念理解的遥相呼应,海德格尔也曾为马克思进行过辩护。在《关于人道主义的书信》(1946年)中,海德格尔写道:"唯物主义的本质不在于一切只是素材(物质)这一主场中,而是在于一种形而上学的规定中,按照此规定讲来一切存在者都显现为劳动的材料。劳动的新时代的形而上学的本质在黑格尔的《精神现象学》中已预先被视为无条件的制造之自己安排自己的过程,这就是通过作为主观性来体会的人来把现实的东西对象化的过程"③。

回到20世纪中叶的马克思思想研究中去,在很大程度上构成《手稿》

---

① 吴晓明:《形而上学的没落》,人民出版社2006年版。
② [匈]卢卡奇:《历史和阶级意识》,杜章智、任立、燕宏远译,商务印书馆1992年版,第297页。
③ 孙周兴选编:《海德格尔选集》(上),上海三联书店1996年版。

中"马克思第二次降世"的思想语境，同时又受《手稿》的公开问世和"青年马克思"讨论推动的，是20世纪中叶在西方思想中普遍出现的一种人本主义思潮。与之相并行的，是"实践"与"异化"凸显为这一时期西方马克思主义研究的两个理论关键词。其中，最具代表性的除了萨特有关"实践"问题的阐发和布洛赫对于《提纲》的"具体的人本主义"阐释外，应当说就是南斯拉夫"实践派"对于斯大林辩证唯物主义体系的批判和实践辩证法的探讨。在此过程中，"实践"与"历史"、作为认识论范畴的实践（practice）与作为本体论范畴的实践（praxis）、"实践"与"生产"（劳动）之间的对勘构成了问题的焦点。从这一讨论出发，或者说作为这一讨论的延伸与回应的，是如何在彰显这样一个"实践"概念的本体论意义的同时，避免陷入一种对于"实践"的抽象的"唯心主义"理解。或者说，在反对苏联"辩证唯物主义"框架下作为唯物主义辩证"补充"的"实践"观基础上，又警惕这样一种"实践"沦为抽象的价值悬设，抑或缺乏社会历史内容的空洞的主体性，即卢卡奇所说的"抽象的、唯心主义的实践概念"。这一思考焦点回溯性地反映在马克思文本和思想的分期问题上，我们可以看到：对于大多数持这样一种"实践哲学"的学者来说，往往将《手稿》中对于黑格尔辩证法的"批判性改造"同《提纲》中以"实践"为核心的新唯物主义更为紧密地结合起来；但与此同时，也特别注重通过《资本论》（拜物教批判）特别是20世纪60年代以后才广为流传并得到研究的《大纲》（"物化"问题），来为这样一种批判性的"实践"概念注入社会历史性维度。

正是在这个意义上，笔者尝试将西方学界曾经出现的马克思与海德格尔的勾连，以及通过追溯哲学史上"实践"和"生产"的关联来为本体论意义上的"实践"奠基，历史唯物主义、唯物史观和辩证唯物主义的概念辨析，包括"资本逻辑"问题的探讨和《资本论》研究的复兴，看作是一种面对上述共同的问题指向，基于不同的思想资源和学术旨趣，多元并进的理论态势。有趣的是，在此过程中，《提纲》的研究包括马克思主义哲学方法的探索，都开始距离《资本论》越来越近，而对《神圣家族》持一定的谨慎态度。当然，一个有趣的例外是：马克思恩格斯文献研究专家、MEGA² 编者陶伯特曾经根据马克思《提纲》写作原文中，紧挨在"提纲"之前的四行文字和《提纲》的写作时间，来证明这"十一条论纲"更多是关涉《神圣家族》写作所引发争论的回应，而非与《德意志意识形态》的计划有关。对此，笔者的态度是：我们确实应该尊重文献学专家所提出的历史和文本事实，但也必须看到，文本的命运在很大程度上并不是由文献自身所决定的，而同研究者和诠释者的"理论前件"往往有着更为紧密的关联。不过，这一文献研究的成果所引发的争论，倒是提醒我们：从"实践"的文本依据出发或可提供一种对于在国内学界曾经引发广泛讨论的"实践唯物主义"问题的理论反思。

纵观马克思恩格斯的生平和文本，套用一个考古学的术语，我们可以说：对于"实践唯物主义"来说，《提纲》只能算作一个"孤证"，缺乏充分而有效的文本依据来相互映衬和佐证。因为"实践"概念只是偶尔出现于马克思的《博士论文》、《手稿》和《德意志意识形态》等早期文本之中。在以《资本论》为代表的大量成熟时期的著作中难以觅得"实践"范畴的踪影。因此，"实践唯物主义"较为明显地体现了"理论反注文本"的特征。熟悉马克思文本的学者同样会说，马克思没有使用过"辩证唯物主义"和"历史唯物主义"，甚至很少使用"唯物主义"和"辩证法"——较之马克思卷帙浩繁的著作，"辩证法"的出现也可谓是凤毛麟角，那么是不是意味着"辩证唯物主义"或"历史唯物主义"也是一种"理论反注文本"呢？对于这一问题较为得体的回答可能是：问题的关键不在于是否存在"理论反注文本"，而在于"怎样的"理论以"怎样的"方式反注文本。如果是抽象地设定或被动地接受某种教条化的理论，然后以"Ctrl + F"的方式寻得某些词句来证明，那么这种做法注定是要遭到摒弃的。但如果是在"通晓思维和历史的成就的基础上"，通过科学的文本考察和方法自省，而形成理论思维和文本证据的有机结合，那么，这种"反注"就不仅可行而且必要。在马克思写下《提纲》170年之后，恩格斯发表《马克思论费尔巴哈》将近130年之后，马克思主义哲学研究的最新进展，也呼唤着对于《提纲》的一种既不同于"辩证唯物主义历史唯物主义"（Diamat）也不同于"实践唯物主义"的新的理论"反注"。

三、今天该如何使用《关于费尔巴哈的提纲》？

概而言之,在《提纲》的阐释史上存在这样一种尴尬的逻辑交叠。一方面,是第二国际理论家以及苏联"辩证唯物主义"理论遵循恩格斯建构"新唯物主义"传统的努力,但却受到经济决定论思潮的影响,在"唯物主义'基础'+辩证法'补充'"的意义上来定位《提纲》。这也就导致了,这种理解模式虽然源于19世纪下半叶马克思主义阐释和捍卫的直接需要,但却在重塑马克思早期思想发展的过程中,形成了所谓的"一次转变论"观点甚至是"辉煌史观"的倾向①。也正是在这个意义上,《提纲》不过是此前"已经提出的诸原理"的进一步发展,并且"提出新问题"、"表述新思想"罢了。

另一方面,基于对上述理解的不满,以卢卡奇、柯尔施和葛兰西为代表的西方马克思主义早期理论,已经有意识地反对这种"唯物主义"的实证(物化)和直观色彩,更加强调的"历史辩证法",进而将《提纲》中的"实践"理解为马克思主义哲学的核心范畴。在《手稿》和《大纲》公开问世之后,以及人本主义成为西方学术话语的显性逻辑的背景下,《提纲》的重要性得到了进一步的强化。较之苏联学者的看法,对《提纲》的理解反倒显得更接近于恩格斯的判断,"新世界观天才萌芽的第一个文件"。这一点在布洛赫从《手稿》出发定义《提纲》的尝试中一览无余。然而,为了避免"重新陷入唯心主义的直观"(卢卡奇语),这种理解模式中的《提纲》却不得不以或隐或现的方式重新诉诸《资本论》及其手稿,特别是"价值形式"和"拜物教"批判,来为"实践的辩证法"或"实践哲学"提供一种唯物主义的属性。做一个不恰当的类比,就是"辩证法'本体'+唯物主义'属性'"。

回到今天的思想语境,重新阅读《提纲》、理解马克思的"实践"概

---

① 张一兵主编:《马克思哲学的历史原像》,人民出版社2009年版。

念，第一个需要关注或者说自省的问题是：我们到底应该在何种意义上理解马克思主义哲学的本质？特别是在"物质本体论"和"实践唯物主义"相竞争的意义上，应当如何说明马克思主义哲学中存在的对于社会历史过程的唯物主义分析与针对现实资本主义非人本质的批判之间的内在关联？或者换句话说，在事实分析的土壤上如何能够开出价值批判的鲜花？在这个意义上，包括俞吾金教授"实践诠释学"的阐发，张一兵教授关于《提纲》中"实践"以工业现代性为基础的观点，以及新世纪以来国内学界关于历史唯物主义的重新理解，《资本论》哲学思想的探讨，都可以看作是后辩证唯物主义实践唯物主义"竞争"时代，马克思主义哲学本体论研究最新推进的理论问题映现。而这些成果也为我们重新阅读包括《提纲》在内的马克思恩格斯早期文献，阐发马克思主义哲学中科学性和批判性二者的内在关联，搭建了全新的方法论构架。在笔者看来，这一方法论构架的一个重要的外观就是在政治经济学批判中深化对马克思主义哲学的理解。

具体而言，这一方法论构架的搭建显然并不是要我们像西方价值形式论学者巴克豪斯那样，直接性地将马克思对政治经济学批判方法的批判套用到对《提纲》，特别是第四条的直接改写中去。[①] 而是说，从马克思在《资本论》中所实现的政治经济学批判，以及这一批判从开始探索到最终形成的思想史历程，来理解以《提纲》为代表的马克思恩格斯早期文献在马克思主义哲学形成过程中的地位和作用，并对包括"实践"和"异化"在内的一系列概念范畴给出科学的评估。因此，对于《提纲》的理解，需要关注的第二个问题就是马克思的思想分期或马克思主义哲学形成史上的阶段性划分与《提纲》的定位问题。这也是直接关乎《提纲》理解的一个重要问题，包括如下两个层面。

其一是从所谓"青年马克思"问题延伸而来的马克思早期思想发展与成熟时期理论之间的关系问题，简单说来就是1848年之前历史唯物主义的形成与《资本论》中资本主义批判科学理论制订之间的关系问题。尽管马克思自己在1859年已经提供了经典表述，恩格斯也给出了"两个伟大

---

① Hans-Georg Backhaus, "Zur Dialektik der Wertform", *Beitraege zur marxistischen Erkenntnistheorie*, Herausgeben von Alfred Schmidt, Suhrkamp Verlag, 1969.

发现"的说法，但是由于19世纪资本主义现实的变化和马克思恩格斯问题域的转换（从哲学到政治经济学），这一问题的讨论牵涉到方方面面的复杂问题，并且正如前面已经提到的那样，问题本身在不同的马克思主义理论阐释模式中进一步复杂化了。可以说，到今天为止这一问题仍然没有得到彻底的解决，仍需要我们不断探索。

其二是马克思早期思想发展过程中的理论转变问题，从苏联学者强调"一次转变"和《神圣家族》，到西方"马克思学"推崇《手稿》和"青年马克思"，再到现在已经逐渐成为共识的"两次转变"和"《提纲》—《德意志意识形态》"历史唯物主义确立的看法，我们会发现：《提纲》的定位发生着潜在的滑动，而且直接牵涉《提纲》与《神圣家族》、《德意志意识形态》和《手稿》等早期文献之间的理论关系和文本梳理。因此，如果我们能够对《手稿》、《神圣家族》、《形态》这些文献之间的关系给出某种新的判断，那么关于《提纲》定位的尴尬或者说游移也许就会迎刃而解。

为了实现这一要求，一个比较切实的手段是对《提纲》中马克思所提到或使用的一系列范畴，而非仅仅是"实践"、"新唯物主义"、"改变世界"这样一些传统研究中不断被重复提起的词句加以仔细的甄别。考察马克思在《提纲》中对这些范畴的使用，以及追踪这些范畴在马克思早期文献甚至是《资本论》及其手稿中的使用情况，尤其是术语的转换和含义的改变，我们或许可以为今天《提纲》的新的定位，甚至是马克思主义哲学本质的新的理解提供某种逻辑支撑。这也构成了今天重新阅读《提纲》的第三个需要关注并实现的问题。在笔者看来，除了"实践"等已经研究中经常关注的范畴外，"对象"和"对象性活动"、"现实性"、"二重化"和"自我分裂"、"人"和"个人"（个体）、"市民社会"等范畴（按照在《提纲》中出现的顺序排列）就是这样一些值得我们关注，甚至是可以为我们带来"范式"转变的概念范畴。受篇幅所限，仅举"对象"（Gegenstand）和"个人"（Individuen）两例来说。

依照《提纲》原文，"实践"的含义是"对象性的活动"，而且马克思多次提到了从"实践"出发理解"对象"和"对象的（客观的）真理性"。而"对象"这一术语本身一方面是黑格尔,尤其是费尔巴哈著作中的关键词,另一方面在写作于《提纲》一年之前的《手稿》中也扮演了重要的理论角色(如对象化和异化的区分)。如果我们回到费尔巴哈对黑格尔的批判,强调"人"作为感性的对象性的存在是哲学的真正的出发点,以及马克思在《手稿》中"劳动的对象化"的具体展开和"黑格尔辩证法批判"中关于"对象性"的分析,可以发现:在"对象性活动"这一术语的背后,不仅是从对象"物"到对象性"活动"(实践)的推进,更重要的是"对象"和"对象性活动"背后的"社会关系"关联和"历史进程"维度。也就是说,"对象性活动"的术语所蕴含着的不仅仅是一种主客体相结合的行动,或是"主观见之于客观的活动"的抽象理解,而是面对"一定的"对象采取"一定的"形式的"一定的"活动。

当然,这一点仅仅在《提纲》的文本中是无法被直观的。但结合《手稿》,特别《手稿》的写作顺序,对于马克思批判"黑格尔辩证法和整个哲学"部分中所发生的写作上与经济学内容的交叠和理论逻辑上的推进(从推崇费尔巴哈到肯定"黑格尔辩证法的积极的环节"①)的说明,《提纲》中"对象"范畴的社会历史维度,及其对于费尔巴哈用法的超越,也就不难理解了。同时,向后延伸到《形态》中有关"物质生产"的说明,作为"对象性活动"的"实践"概念在历史唯物主义形成中所起到的重要作用也就不难理解了。

另一个可以作为佐证的例子是马克思对"人"(mensch)和"个人"(individuen)的不同用法。毫无疑问,"人"或者更准确地说"人类"概念是马克思早期思想发展的一个核心概念,"人类解放"本身就是马克思孜孜以求的目标。但是1843—1845年间马克思所理解的"人类"显然带有强烈的费尔巴哈色彩。在《提纲》中为了与之相区分,马克思一是在第六条中特意强调"人类"本质是"一切社会关系的总和",二是同时强调"旧唯物主义的立脚点是市民社会,新唯物主义的立脚点则是人类社会或

---

① 马克思:《1844年经济学哲学手稿》(附有按照手稿写作顺序编排的文本),人民出版社2014年版。

社会的人类"①。有趣的是，马克思在提到"市民社会"和费尔巴哈"直观的唯物主义"的时候，还是用了另外一个与"人类"不同的"个人"（个体）的说法。并且马克思认为费尔巴哈的失误就在于不能理解这一"抽象的个人"、"单个人"、"抽象的—孤立的—人的个体"的秘密。显然，这可以同"对象"概念理解上的推进有关。既然费尔巴哈的"对象性存在"缺乏一种社会历史的维度，那么他对于"人类"的理解就不过是一种"市民社会"基础上的"单个人"的直观。问题的关键则是对"社会关系"的考察。

对照《形态》的理论叙述（包括马克思自己的修改过程），正是在这一维度上，马克思才开始将"现实的个人"作为"历史的前提"，其内在指向是作为具有社会关系维度的"对象性活动"，即"物质生活的生产和再生产"。可以说，正是在"人类"和"个人"的理解及使用方式上，内在地体现了马克思青年时期的哲学探索，以及这种探索同政治经济学研究之间的复杂关联。

综上所述，《提纲》本身具有文本写作的特殊性——马克思笔记本中留下的十一条格言，概念术语带有同时代人相互影响的强烈痕迹；具有理论逻辑的特殊性——处于马克思思想发展的转型期，被恩格斯称作"包含着新世界观天才萌芽的第一个文件"；具有历史流传的特殊性——被后世的马克思主义者用作建构特定的思想传统、阐发哲学本体论的主要，尽管是相对略显单薄的文本依据。因此，在阅读《提纲》的过程中，我们必须格外谨慎，在历史、理论和文本的结合中把握马克思主义哲学的方法论本质，进而对《提纲》的文本和逻辑本身进行阐发。可以说，无论是"辩证唯物主义"还是"实践唯物主义"范式下对于《提纲》的"反注"和"使用"都已经遭遇到了自身的问题困境，在马克思主义哲学的科学性或者说现实历史维度，与规范性或者说价值批判维度之间，无法提供一种令人信服的理论"接合"方案。那么，我们不妨透过政治经济学批判研究所开启的马克思主义哲学本体论阐发的新的理论棱镜，在充分利用马克思恩

---

① 《马克思恩格斯选集》第1卷，人民出版社1995年版，第56、57页。

格斯早期文本研究成果的基础上，尝试提供某种关于《提纲》的新的可能的阐释。也正是在此过程中，马克思青年时期复杂的理论探索进程、马克思主义哲学与唯物主义的关系、马克思对于资本主义物化现实的超越之路，或可以得到更为清晰的厘定。

从分工到现实的世界历史

——《德意志意识形态》中一种经济学的现实批判话语[①]

张一兵

在我们过去对《德意志意识形态》的研究中，人们主要关注了马克思创立历史唯物主义一般原则的基本哲学理论内涵。这也是所谓广义历史唯物主义的一般逻辑。实际上，如果我们不带先见地认真阅读《德意志意识形态》第一章的文本，并不难发现与上述一般哲学表述相区别的理论思路，即直接从分工出发，基于欧洲经济发展史对资本主义所有制的现实批判。这是一种直接源发于马克思初步肯定经济学研究的科学批判话语，也是狭义历史唯物主义开始建构的直接理论基础。我注意到，这恰恰是以往马克思哲学研究中极易忽略的理论层面。

一、马克思科学批判话语中分工的地位

我已经说过，在马克思建构自己历史唯物主义新视域的过程中，《德意志意识形态》第一章第一手稿和第四手稿的开始都是以一种一般性的逻辑设定表明自己的哲学新视域与旧哲学的异质性，这就是历史性社会存在情境的"本体性"确证[②]。可是，我发现马克思这种一般哲学理论设定在两个不同手稿写作中都是以一种突然的断裂分延开来，重新出现的理论阐

[①] 原载《江苏社会科学》1998年第6期。
[②] 张一兵：《马克思历史唯物主义的历史概念》，载《哲学研究》1998年第9期。

述变成对现实历史的直接描述，并且与第一种非批判的理论逻辑表述不同，马克思的这种历史性阐述直接转换成一种新的科学实证批判。为了论述的便利，我们将前一种理论阐述设定为"逻辑1"，将后一种批判性思路称为"逻辑2"。正是在这第二种批判性思路中，马克思恰恰是从一个重要的问题引发出新的理论视角的。这个新问题就是分工。这个分工，取代了原来在人本主义话语中的异化规定。异化是一个哲学逻辑规定，而分工是一个经济学的实证概念。这是一个重要的微观转换。当然我们后面还会指出，马克思这种从分工出发的思路还存在一定的问题。

分工，是一个在过去任何哲学中都无法找到的概念，它首先是一个经济学的问题。具体来说，这是斯密经济学研究的入口。在斯密等人那里，分工作为手工业工场内部的劳动分工，是与生产率和交换联系在一起的。总体上，资产阶级早期政治经济学对分工是持肯定态度的，固然斯密等人也注意到了由劳动分工导致的工人的片面性，但从分工本身并没有直接引出根本的批判张力，特别是对整个现实社会历史的批判。马克思在走出人本主义逻辑之后，他总是想从实证科学出发。所以在历史唯物主义的哲学一般认证之后，他始终想着哲学的本质"不是解释世界，而要改造世界"。批判性还是他的主要理论目的。但离开了人本主义价值批判的逻辑本质倒置（劳动异化史观）之后，他必然在经济学语境中重新回到《1844年经济学哲学手稿》（以下简称《1844年手稿》）第一笔记本所否定的思路：即恩格斯那种从经济学逻辑本身出发的客观描述（话语2）[①]。于是，他不再从哲学上着眼于人的某种类本质的丧失与复归、人性与非人性的逻辑矛盾，而是回落到现实的社会经济生活特别是具体物质生产所生发出来的客观对立与矛盾之中。这是价值批判与科学现实批判在出发点和总体逻辑上的根本不同。在马克思当时的经济学认识水平上，他直观地指认社会经济生活中各种矛盾都由于分工造成的（在《曼彻斯特笔记》中，马克思直接读到英国社会主义者欧文等人"消灭分工"的观点。与他们不同的是，马

[①] 张一兵：《青年马克思的人本主义社会现象学》，载《江汉论坛》1998年第8期。

克思的观点是直接从经济学出发的)①。于是，分工成了第二种批判性思路的起点。具体来说，分工突现在第一手稿的一般表述之后和第五手稿的理论阐释开始之前。由分工，导引出一种历史性的社会批判，这就是走向资本主义世界历史的四种所有制批判。

需要再做一点说明的是，马克思这个时候对经济学分工问题的了解，还停留在斯密的手工业劳动分工的水平上。因此他的大多数分析还是不够深入和准确的。比如，马克思还无法正确区分分工的不同性质和不同的历史形式。马克思对分工问题的科学解决是1857年以后的经济学研究中才完成的。注意这一点是重要的。

首先，我们来看马克思这里分工问题的引出。回到《德意志意识形态》第一章第一手稿的文本，在马克思说明了历史的第三个也是非"本体性"的因素——意识的产生和发展之后，分工突然出现了。而分工在文本中的突现，立即使马克思的前面那种一般哲学理论阐释（逻辑1）转换成对真实历史直接面对的批判性的逻辑2（固然这种面对由于马克思当时的历史知识和经济学研究的进度，多少还带有一定的猜想性质）。马克思的逻辑2是从意识本身的历史发展同体生发出来的。作为"我对我环境的关系是我的意识"，开始只是对早期社会历史中人与物和人与人"狭隘联系"的意识，后来随着生产的发展，人的这种狭隘的"部落意识获得了进一步的发展和提高"②。马克思这里对意识的描述，已经不同于前面对人的历史性存在情境的一般界定，而是引入了真实历史发展的参数。即意识本身在生产基础上的具体变化。说到这里，马克思突然话锋一转，"与此同时分工也发展起来了"。这个"与此同时"开始就是现实历史的客观描述。在马克思这时的理解中，"分工起初只是性行为方面的分工，后来由于：天赋（例如体力）、需要、偶然性等等而自发地或'自然形成'分工。分工只是从物质劳动和精神劳动分离的时候才真正成为分工。"③ 前者

---

① 马克思：《曼彻斯特笔记》，见《马克思恩格斯全集》历史考证第二版（MEGA²），第四部分第4—5卷。
② 马克思：《费尔巴哈》，人民出版社1988年版，第26页。
③ 马克思：《费尔巴哈》，人民出版社1988年版，第26页。

是自然分工，后者是社会分工的一个主要方面。① 于是马克思指认道，正是由于分工才造成了生产力、社会状况和意识三个因素之间的客观矛盾。换句话说，"要使这三个因素彼此不发生矛盾，则只有消灭分工"！很显然，马克思这里的分析并非十分准确。因为分工作为生产力的一种技术层面的运作方式，即劳动分工本身是不可能被消灭的。确切地说，马克思实际要消灭的是束缚人的奴役性的劳动的社会分工，即劳动者分工。这表明了马克思对经济学范畴初步使用中的某种不确定性。这些问题，马克思是在后来的经济学研究中才逐步弄清楚的。

第一，分工同时产生了劳动及产品的不平等分配，这也就产生了所有制。第二，分工的发展也产生了单个人（或单个家庭）的利益与所有相互交往的个人的共同利益之间的矛盾。第三，分工，"这种社会活动的固定化"必然造成社会存在中的物役性②。这是因为，分工出现后，"每一个人就有了自己一定的特殊的活动范围，这个范围是强加给他的，他不能超出这个范围：他是一个猎人、渔夫或牧人，或者是一个批判的批判者。只要他不想失去生活资料，他就始终应该是这样的人"。在这样的社会发展中，分工所导致的"社会活动的这种固定性，我们本身的产物聚合成一种统治我们的、不受我们本身控制的、与我们的愿望背道而驰的并抹杀我们打算的物质力量"。在这里，马克思还专门作了一个特设说明："这是过去历史发展的主要因素之一"。在后面的第三章中，马克思将这种外部力量更准确地定位为"一切实际的财产关系的真实基础"的生产关系，但是"在分工的范围里，这些关系必然取得对个人来说是独立的存在"③。或者换句话说，即"在一定的、当然不以意志为转移的生产方式内，总有某些异己的不仅不以分散的个人而且也不以他们的总和为转移的实际力量统治着人们。"④

为什么会这样？马克思解释道："受分工制约的不同个人的共同活动

---

① 马克思：《费尔巴哈》，人民出版社1988年版，第27页。
② 马克思：《费尔巴哈》，人民出版社1988年版，第28页。
③ 马克思：《费尔巴哈》，人民出版社1988年版，第29页。
④ 《马克思恩格斯全集》第3卷，人民出版社1956年版，第421页。

产生了一种社会力量，即扩大了的生产力。因为共同活动本身不是自愿地而是自然形成的，所以这种社会力量在这些个人看来就不是他们自身的联合力量，而是某种异己的、在他们之外的强制力量。关于这种力量的起源和发展趋向，他们一点也不了解：因而他们不能再驾驭这种力量，相反地，这种力量现在即经历着一系列独特的、不仅不依赖于人们的意志和行为反而支配着人们的意志和行为的发展阶段。"① 紧接着这一段话，马克思立刻作出一个极重要的逻辑确认：即这就是过去他用异化来指认的东西！"用哲学家易懂的话来说"，就是"异化"！这大概也是为什么马克思在此总是否定性地指认分工，而不是像后来首先肯定分工的进步意义，然后再历史地说明分工在私有制条件下造成的奴役性关系的原因。分工的理论角色，是从经济科学中能确认的恶之源。马克思的逻辑转换在这里明确地显现出来，他在力图用科学的经济学规定取代哲学价值规定。"异化"是价值评判（应该不存在的是），分工是现实结构（是）。为此，马克思在后面的第三章中直接批判施蒂纳，因为他根本不能理解真实发生的历史真相：即"个人利益变为阶级利益而获得独立存在的这个过程中，个人的行为不可避免在受到物化、异化，同时又表现为不依赖于个人的、通过交往而形成的力量，从而个人的行为转化为社会关系，转化为某些力量，决定和管制着个人，因此这些力量在观念中就成为'神圣的'力量。"② 施蒂纳"只是把一切现实的关系和现实的个人都预先宣布为异化的（如果暂时还用一下这个哲学术语），把这些关系和个人都变成关于异化的完全抽象的词句。这就是说，他的任务不是从现实的个人的现实异化和这种异化的经验条件中来描绘现实的个人，他的做法又是：用关于异化、异物、圣物的空洞思想来代替一切纯经验关系的发展。"③ 这呈现了一种根本的异质性。

固然这种努力还是不成熟的。这毕竟代表了马克思试图走向真实历史的一种全新的方向。马克思接下去说明了一个新的结论，即消灭异化与分

---

① 《马克思恩格斯全集》第 3 卷，人民出版社 1956 年版，第 275 页。
② 马克思：《费尔巴哈》，人民出版社 1988 年版，第 29—30 页。
③ 《马克思恩格斯全集》第 3 卷，人民出版社 1956 年版，第 273 页。

工的必要条件。为了能够更具体地彰明这个结论与人本主义逻辑结果的异质性，我们先中断此处的文本分析，去看一下马克思逻辑2的具体历史展开，即从分工出发观察社会历史不同所有制的客观描述。然后，我们在这一历史进程的结尾上重新回到这一中断处。

二、分工与历史发生的四种社会所有制形式

首先是马克思在第五手稿中的一段历史性分析。这主要说明了资本主义以前的三种所有制形式（应该说明两点：一是马克思此时并不知道还存在一个没有阶级和所有制的原始社会；二是马克思此处描述的仅仅是西欧的经济社会发展史线索）。在马克思的这里文本的写作顺序上，他是先完成了关于资本主义所有制的历史分析（第三章中的论述，后来在修改文本时选用在第一章第三手稿中），然后才在第五手稿中补充这一部分的描述。这里为了阐述的需要，我们在此颠倒了原有的写作顺序。

我们看到，在第五手稿中，除去与第四手稿相同的引言部分，与第四手稿第三页开始的逻辑1不同（这在第一手稿中是突然断裂开来的），马克思在第五手稿的第三页又一次从分工开始建构逻辑2。在第五手稿第二部分一开始，马克思立刻说："一个民族的生产力发展的水平，最明显地表现在该民族分工的发展程度上。"而"某一民族内容的分工，首先引起工商业劳动同农业劳动的分离，从而也引起城乡的分离和城乡利益的对立。分工的进一步发展导致商业劳动同工业劳动的分离。同时，由于这些不同部门内部的分工，共同从事某种劳动的个人之间的分工也越来越细致了。"① 马克思这里讲的是社会的劳动分工。并且比前面的分析更加准确、全面和接近经济学（历史现实）。马克思主要想说明，"分工的阶段依赖于当时生产力的发展水平"②。而"分工发展的各种不同阶段，同时也就

---

① 《马克思恩格斯全集》第3卷，人民出版社1956年版，第317页。
② 马克思：《费尔巴哈》，人民出版社1988年版，第11页。

是所有制的不同形式"①。也就是说，分工本身的每一个不同阶段还决定了"个人与劳动材料、劳动工具和劳动产品有关的相互关系"②。"分工从最初起就包含着劳动条件——劳动工具和材料——的分配，也包含着积累起来的资本在各个私有者之间的劈分，从而就包含着资本和劳动之间的分裂以及所有制本身的不同的形式。"③

以马克思当时的经济学和历史知识，他提出了三种前资本主义所有制形式。一是"部落所有制"。这是与生产的不发达阶段相适应的最早的自然分工之上的所有制。也是马克思前面曾经提到的那种家庭中的性别分工的进一步社会扩大，即从家庭奴隶制走向奴隶社会的对抗性所有制。二是"古代公社所有制和国家所有制"。这种所有制是由于几个部落联合为一个城市而产生的，这里仍然存在着奴隶制，"动产私有制和后来的不动产私有制已经发展起来了"。此时，"分工已经比较发达。城乡之间的对立已经产生，国家之间的对立也相继出现"。三是"封建的或等级的所有制"。马克思说，"中世纪的起点在农村"，这里出现的是以土地占有为基础的封建等级制。在城市中，出现了"同业公会所有制"，即"行会"。这种手工业的封建组织是一种和农村等级制相似的等级制。另外，封建的所有制的主要形式，"一方面是地产和束缚于地产上的农奴劳动，另一方面是拥有少量资本并支配着帮工劳动的自身劳动"。这两种所有制的结构都是由"狭隘的生产关系——小规模的粗陋的土地耕作和手工业式的工业——决定的。"④

第四种所有制，即资本主义现代私有制是在第三手稿中描述的。如上所述，这是从第一卷后面的第三章中移来的。原在"新约"部分的"作为资产阶级社会的社会"和"暴动"二目之间⑤。这一部分内容，实际上是一部资本主义经济发展史的改写，生产发展导致交往关系变革的历史。这也是一种批判的历史哲学的重新改写。这里的话语完全属于马克思在

---

① 马克思：《费尔巴哈》，人民出版社1988年版，第82页。
② 马克思：《费尔巴哈》，人民出版社1988年版，第11页。
③ 马克思：《费尔巴哈》，人民出版社1988年版，第11—12页。
④ 马克思：《费尔巴哈》，人民出版社1988年版，第74页。
⑤ 马克思：《费尔巴哈》，人民出版社1988年版，第14页。

《1844年手稿》中有意避开的古典经济学。所以它也是马克思逻辑2最重要的展现。我们来看一下马克思这里的描述。分工是这一逻辑2描述的理论中轴线,交往与生产力是历史矛盾的内驱力,而理论的目标指向则是资本主义形成和发展的三个时期中由资本的世界市场完成建构的所谓世界历史。

马克思对第一个时期的说明,是从城市与乡村的对立开始的。马克思将其称为"物质劳动和精神劳动的最大一次分工"。在人类社会历史的进程中,它也是"随着野蛮向文明的过渡、部落制度向国家的过渡、地方局限性向民族的过渡而开始的,它贯穿着文明的全部历史并一直持续到现在"。马克思还指认,"城乡之间的对立是个人屈从于分工、屈从于他被迫从事的某种活动的鲜明反映"①。这种奴役性的屈从,导致了相互对立的"城市动物"和"乡村动物"。马克思认为,只要这种"凌驾于个人之上的力量还存在,私有制也就必然会存在下去。"最后,马克思说,"城市和乡村的分离还可以看作是资本和地产的分离,看作是资本不依赖于地产而存在和发展的开始,也就是仅仅以劳动和交换为基础的所有制的开始。"②这已经直接是经济学的描述了。

第一个时期,马克思是说明欧洲中世纪后期城市中的经济发展进程,这实际上是西方资本主义最早的发展。起点是行会制约下的手工业劳动者与"自然形成的等级资本",接下去是分工进一步扩大为"生产与交往的分离",这表现为商人阶层的形成。正因为"交往"由一个特殊的阶层专门操持,商业的交往得到充分的发展,这直接促进了城市的生产与分工的发展,也促进了城市间的相互交往,在这种交往中,"最初的地域局限性开始逐渐消失"③。这还是建立在经济学描述上的一种历史肯定。

以马克思这时的分析,城市之间的分工的直接结果就是工场手工业的产生,这就是资本主义的最初发生。在这里,首先是脱离了旧有的生产形式(行会束缚)的劳动,以及从自然形成的等级资本发展而来的商人资

---

① 《马克思恩格斯全集》第3卷,人民出版社1956年版,第403—452页,在第410页处。
② 马克思:《费尔巴哈》,人民出版社1988年版,第50页。
③ 马克思:《费尔巴哈》,人民出版社1988年版,第51页。

本。马克思说，这是现代意义上的资本。并且，他发现，商业资本从"一开始就是活动的"①。商业的活动资本，也叫动产（而在《1844手稿》中马克思对此是持怀疑态度的）。这时，原来在行会中存在于帮工和师傅之间的"宗法关系"开始为工场手工业中的工人与资本家之间的"金钱关系"所取代②。

第二个时期开始于17世纪中叶，一直持续到18世纪终结。这是工场手工业进一步发展的阶段。与此相同步的是由殖民主义商业交往所开辟出来的"世界市场"，商业与航运的发展。此时，工场手工业仍然是脆弱的，依赖于商业的扩大或缩小。马克思注意到，虽然资本的运动在加快，但由于世界市场还被分割成许多部分，国家之间的壁垒、生产本身的不灵活和尚不发达的货币制度，都严重影响了资本的流通。所以，此时的手工业生产者和商人如果"同后一时期的商人和工业家比较起来，他们仍然是小市民"③。可无论如何，资本有很大一部分丧失了它原来带有的自然的性质。

第三个时期被马克思称之为"大工业"的发展阶段，即"利用自然力来为工业服务，采用机器生产以及实行最广泛的分工"的时期④。只是在这个新的阶段上，资本主义"大工业创造了交通工具和现代的世界市场，控制了商业，把所有的资本变成为工业资本，从而使流通加速（货币制度得到发展）、资本集中"。正是这个大工业，"它首次开创了世界历史，因为它使每个文明国家以及这些国家中的每一个人的需要的满足都依赖于整个世界，因为它消灭了各国以往自然形成的闭关自守的状态。"⑤ 世界历史是由大工业创造的，这是对"德意志意识形态"那种观念的世界历史的最沉重的打击。"它使自然科学从属于资本，并使分工丧失了自己的自然性质的最后一点痕迹。它把自然形成的关系一概消灭掉（只要在劳动的范围内有可能做到这一点），并把所有自然形成的关系变成货币的关系"。一直到这里，我们能看出马克思是在肯定资本主义大生产在建构出新的世界历

---

① 马克思：《费尔巴哈》，人民出版社1988年版，第53页。
② 马克思：《费尔巴哈》，人民出版社1988年版，第55页。
③ 马克思：《费尔巴哈》，人民出版社1988年版，第56页。
④ 马克思：《费尔巴哈》，人民出版社1988年版，第59页。
⑤ 马克思：《费尔巴哈》，人民出版社1988年版，第59页。

史。可是，这并不是他的真正目的。马克思还是要批判资本主义，但这一次，不再是从人的劳动异化中引申出来那种价值否定，而是从经济运动本身的客观趋势中确认资本主义灭亡的根据。

首先，资本主义大工业以自动化系统创造"大量的生产力"，以至于"私有制成了它们发展的桎梏"。其次，资本主义大工业消灭了各民族的特殊性，特别是创造了"一个真正同整个旧世界相脱离并与之对立的阶级"，这就是无产阶级①。更重要的是，"大工业不仅使工人与资本家的关系，而且使劳动本身都成为工人不堪忍受的东西"。生产力的客观发展正在直接否定资本主义的生产关系。这正是马克思在第一手稿中逻辑2论说分工与异化关系时那两个客观条件的具体的历史性诠释。这一次，从资本主义走向共产主义，决不再是通过扬弃劳动异化和人的类本质的复归，而是真实的历史（经济）发展的结果了。这就是由资本主义大工业自己创造出来的世界历史性生存中人类解放的现实可能性。好，现在我们可以再回到上一目第一手稿的文本中断处了。

在第二目的文本中断处，马克思在第一手稿的逻辑2中，对分工必然出现人所创造的东西反过来物役人的"异化"现象，他立即说，这种"异化"只有在具备两个"实际前提"之后才会消灭：这就是刚才我们看到的在资本主义大工业的发展进程中产生的无产阶级的出现和这种"异化"成为不能忍受的革命的对象。②在当时的马克思看来："个人力量（关系）由于分工而转化为物的力量这一现象，不能靠人们从头脑里抛开关于这一现象的一般观念的办法来消灭，而是只能靠个人重新驾驭这些物的力量，和消灭分工的办法来消灭。"③这实际上也是重新确认了，共产主义实现的客观前提只能是"生产力巨大增长与高度发展"所构建的世界历史性存在。这个由现实资本主义大工业建构出来的世界历史性生存，是对逻辑1中对人类社会历史存在的现代具体确认。

首先，"这种生产力的发展（随着这种发展，人们的世界历史性的而

---

① 马克思：《费尔巴哈》，人民出版社1988年版，第60页。
② 马克思：《费尔巴哈》，人民出版社1988年版，第60—61页。
③ 马克思：《费尔巴哈》，人民出版社1988年版，第30页。

不是地域性的存在已经是经验的存在了）之所以是绝对必需的实际条件",是由于如果没有这种物质生产的发展,那就"只会有贫穷、极端贫困的普遍化"。这样,在争夺生活必需品的斗争中,一切旧的东西还会重新出现。共产主义还会是一句空话。

其次,也只有生产力的这种普遍发展,"人们之间的普遍交往才能建立起来",这样,才可能出现世界历史性的人与人的丰富交往关系。因为,"各个相互影响的活动范围在这个发展进程中越是扩大,各民族的闭关自守由于日益完善的生产方式、交往以及因交往而自然形成的不同民族之间的分工消灭得越是彻底,历史也就越是成为世界历史"。这是一个实际的物质过程。①

再次,也由于这种生产力的巨大发展,在人类自身的人主体生存中,"地域性的个人为世界历史性的、经验上普遍的个人所代替"②。也就是说,"单个人随着自己的活动扩大为世界历史性的活动,越来越受到对他来说是异己的力量的支配（他们把这种压迫想象为所谓宇宙精神等等的圈套）,受到日益扩大的、归根到底表现为世界市场的力量的支配"③。"每一个单个的人的解放的程度是与历史完全转变为世界历史的程度是一致的"。这样,个人才能"摆脱种种民族局限性而同整个世界的生产（也同精神的生产）发生实际的联系,才能获得利用全球的这种全面的生产（人们所创造的一切）的能力"④。"各个人的全面的依存关系、他们的这种自然形成的世界历史性的共同活动的最初形式,由于共产主义革命而转化为对下述力量的控制和自觉的驾驭,这些力量对他们来说却一直作为一种异己的力量威慑和统治他们"⑤。这是共产主义的前提。很显然,马克思走向共产主义的途径已经成为一种现实的历史发展的道路:"无产阶级只有在世界历史意义上才能存在,就象它的事业——共产主义只有作为'世界历史性'的存在才有可能实现一样。而各个人的世界历史性的存在,也就是

---

① 马克思:《费尔巴哈》,人民出版社 1988 年版,第 65 页。
② 马克思:《费尔巴哈》,人民出版社 1988 年版,第 33 页。
③ 马克思:《费尔巴哈》,人民出版社 1988 年版,第 30 页。
④ 马克思:《费尔巴哈》,人民出版社 1988 年版,第 33—34 页。
⑤ 马克思:《费尔巴哈》,人民出版社 1988 年版,第 34 页。

与世界历史直接相联系的各个人的存在。"①

三、一个简单的理论评述

我们知道,古典经济学的理论抽象是在社会经验基础上的归纳,斯密、李嘉图都已经在抽象出资本主义生产方式中各种非直观的社会关系和经济规律,这是这一社会的本质抽象(一般)。在古典经济学中,已经出现了一种本质认识论:配第在"政治价格"后面找出"自然价格";布阿吉贝尔在"市场价值"后面找出"真正的价值"。重农主义的自然秩序是理想资本主义社会秩序。斯密的"看不见的手"不过是丢掉封建外观的自然秩序,它第一次明确指出了人类社会历史中存在着不以个人的意志为转移的客观规律。问题在于,资产阶级经济学家却把资本主义生产方式这种历史性的一般(资本主义的特殊的一般)抽象成非历史的一般,即误认为是永恒的自然规律了。固然,马克思在从哲学人本主义转换到历史唯物主义的过程中,其理论逻辑的基础是经济学而不是传统旧哲学,但是,马克思则科学地超越了资产阶级政治经济学的局限性,因为历史唯物主义从一开始就是一种历史的科学抽象,历史唯物主义哲学的出发点是历史性的社会本质(一般)。当然,在《德意志意识形态》的具体表述中,逻辑1是纯粹的历史抽象的结果,而逻辑2则是这种抽象还原于经济现实的实证批判。马克思已经转到了历史唯物主义的立场,进行了最基本的科学的哲学概括,但由于没有真正理解古典经济学的内在学理逻辑,特别是还没有自己独立的经济科学,这也就不可能有真实的历史视域。重要的是,我发现马克思在《德意志意识形态》的逻辑2中,他放弃了1844年以前他时常运作的现象学批判。这种放弃不是一种逻辑上的自觉,而是马克思此时还不可能从经济学事实中科学地弄清楚资本主义经济生活中的本质与现象的关系,具体来说,也就是资本关系在发生学意义上的历史形成(这一点马

---

① 马克思:《费尔巴哈》,人民出版社1988年版,第34页。

克思是在1857—1858年的经济学科学建构中才真实地完成的，也由此才完成了历史唯物主义更深一层的具体的历史形成的抽象，同时再一次建构了科学的历史现象学的内在批判）。

这是由于，资本主义经济现实本身的"假象化"，这不是观念的颠倒，是经济现实本身的在历史发生中的逐步变异和假象化（科西克后来将其称为"伪世界"）。在这种历史发生学的变异中，资本主义社会的本质（资本的生产关系）被遮蔽起来，交换关系仿佛成为主导性的东西，人与人的关系被历史地颠倒为物与物的关系成为事实本身，并被不断地神化。这就必然出现资产阶级的拜物教意识形态。人们在资本主义经济现实不再能看到真相，而只能执迷于外在的物相。这是所有资产阶级经济学家历史地停下脚步的地方。也是马克思必须向前走的出发点。可是，我不得不说，在马克思写作《德意志意识形态》时期，由于经济学研究进程本身的限制，他还不可能完全达到这种理论水平。所以，在我们已经看到的第一章手稿中，逻辑1是马克思对一般社会存在和本质的抽象表述；逻辑2则是他以科学的认识论尺度，对现实经济运行的历史批判。但是这种批判认识论由于缺少认识资本主义社会经济学所必需的现象学逻辑，以至于这种实证批判过于简单：生产力发展之上的分工引出经济与社会的客观矛盾对立。生产力的发展会在更高的层次上消灭分工和对立。

马克思后来曾经说过，人体解剖是猴体解剖的钥匙。马克思的这个比喻中，人体是指最复杂的经济关系与运行机制（大工业的最高观测点，今天是信息社会中的数码存在），具体来说，这个"人体"也就是经济学意义上李嘉图对大工业经济关系的抽象。而猴体则是前资本主义社会的社会关系和运动，即从古代—重商主义—重农主义—斯密的经济抽象。马克思只有在经济学本身站到李嘉图所达到的最高历史水平，他才有可能第一次从大工业（"人体"）真实地解剖全部史前社会（"猴体"）的历史发展的本质和规律，科学的政治经济学理论和历史唯物主义本身的历史确证才有可能真正完成。这是马克思在1857—1858年经济学研究中实现的新的思想革命中达到的。所以，我以为，在理解《德意志意识形态》时应该注意这样几个问题：

第一，马克思在《德意志意识形态》确立的广义历史唯物主义，主要揭示了物质生产是人类生存的一般基础，这是永恒的自然必然性。但现代经济活动（以交换为目的的经济活动和关系总体）并不是永恒的。而产品以商品形式在社会交换中实现出来的一个经济整体是在一定的历史条件下才可能出现的，市场经济的客观力量决定性地成为主导性关系，这也是历史性的（例如价值规律出现于商品经济中）。经济决定论错就错在这里。狭义历史唯物主义是对经济力量颠倒地决定人与社会这样一种特定的历史情境的指认。在《德意志意识形态》中，马克思还是假托分工为线索的经济与社会矛盾对资本主义进行批判，他还无法科学地描述古典经济学特别是李嘉图那种透过交换关系到生产关系科学抽象，即去掉物的外观，把握本质，从流通到生产。在《德意志意识形态》中，马克思还时常使用赫斯的交往关系。实际上，交往不等于交换。生产关系决定交换关系，只是在资本主义生产方式中交换关系才能成为统治的关系。交换关系是表象，生产关系才是本质。

第二，这样，马克思在《德意志意识形态》中对广义历史唯物主义的一般表述（主要是逻辑1），是一部抽象出来的社会历史本质的逻辑。一定的意义上，它是"无现象"的，即不是可以直接在生活中指认的东西。生产、再生产、生产力和社会关系都不是可见的实体存在，特别是作为社会本质的生产方式是不能用感性经验直接证实的东西。在历史的发生发展过程中，这种历史存在及其本质都是被历史地建构起来的。而在马克思当时所面对的现实资本主义社会中，社会的一切本质关系都被遮蔽的。我们不能简单用常识去指认广义历史唯物主义的一般原则，否则，就会发生一种误读，即以直观现象和实体化的感性描述替代了历史唯物主义的本质说明。同时，广义历史唯物主义，还不完全等于马克思后来在《1857—1858年经济学手稿》中创立的，把本质与现象合一起来历史现象学和狭义历史唯物主义。

马克思主义哲学新视界的初始地平

——新版《费尔巴哈》(《德意志意识形态》第一章手稿) 研究[①]

张一兵

近几年，国内关于马克思主义哲学本质的讨论是步步深入的。可是我觉得，在不少论者的讨论中，带倾向性的"语录摘编"多于体现马克思主义哲学整体思路的"逻辑"，这是问题一。问题二，一些热衷于"实践唯物主义"的论者，仅仅把自己的言论系于马克思的《关于费尔巴哈的提纲》（下简称《提纲》），主要是它的第一条，而不去深入研究马克思这一《提纲》的具体实现——马克思恩格斯所著的《德意志意识形态》（尤其是它的第一章）。问题三，就是有的论者涉及《德意志意识形态》一书，可却无视这一文献的最新重译本的重大变化。这是我们的研究不能真正深入的重要原因之一。应该指出，在这一研究方向上，某些西方马克思主义者从马克思的《提纲》第一条向《1844年经济学哲学手稿》的倒退逻辑是不足取的。特别是他们将马克思与恩格斯对立起来的神话，在新的文献资料面前已不攻自破。我以为，无论在哪个意义上，在当前认真深入地研究《德意志意识形态》（特别是其中马克思恩格斯第一次完整表述自己哲学新视界的第一章手稿），都成为我们马克思主义哲学研究极其重要和十分紧迫的任务。今年[②]，正值马克思恩格斯撰写《关于费尔巴哈的提纲》、《德意志意识形态》150周年，这里发表此文，也示纪念。

---

① 原载于《南京大学学报（哲学·人文·社会科学）》1995年第1期。
② 批1995年。——今注

一

现在摆在我们面前的《德意志意识形态》第一章手稿的中文版单行本——《费尔巴哈——唯心主义观点与唯物主义观点的对立》①（下简称《费尔巴哈》，与原有的中文版《马克思恩格斯全集》第三卷相比，不管是结构或内容上都有重要的变化。在现在的这个版本中，马克思恩格斯原有的五个手稿被划分为四个部分。第一章手稿的五个相对独立的手稿，按时间顺序分别为：最初写下的具体说明哲学新视界的第一手稿的29页，现在被编为第二部分。然后是从已成稿的第三章中两处抽取的第二、三手稿计43页，现在被编为第三、四部分。最后是马克思恩格斯在完成大部分手稿后，两次起草的全章引言和新世界观的总体概括的第四、五手稿，现在被整合编辑为第一部分。同时，新版手稿还恢复了马克思恩格斯原稿上的许多重要注释和说明，并对手稿作出了一些近似文献学的说明。在这一版中，新增了一万余字的新内容。②

对现在编译手稿第一部分的理解是十分重要的，这也是以往的研究里争论和分歧最多的部分。在新编版本中，第一部分手稿是第四、五手稿特殊接合的结果③。以我个人的理解，第四、五手稿实际上是马克思恩格斯在制定完哲学新视界后，试图再从总体逻辑上概括一下自己的新观点的两个不同角度的努力。对于这一部分手稿内在逻辑结构的正确理解及其重要性，长期以来一直为人们所忽视，即使在新编译本问世后，仍然存在着某种相当不准确的估判。在新编手稿的设计者巴加图利亚眼中，这一部分手

---

① 《德意志意识形态》第一章手稿新编译中文单行本——《费尔巴哈》一书，由人民出版社1988年首版。
② 这主要参照了由苏联学者巴加图利亚准备、勃鲁什林斯基编辑的新编俄文译本。参见苏联《哲学问题》杂志1965年第10、11期。详见张一兵：《德意志意识形态第一章手稿的结构》，载《理论学习月刊》1992年第10期。
③ 在我们现在的新译本中，不恰当地去掉了两个文本接合记号，人为造成了不同文本视界边界的主观消失。关于这一点可参见日本学者广松涉的文献版：《德意志意识形态—手稿复原、新编辑版》，河出书房新社1974年版。以及1965年的苏联巴加图利亚版。

稿不过是马克思恩格斯的两个未完成的誊写稿，第五手稿又是第四手稿的修订。遗憾的是所有新译版本（德文和中文版）都接受了这种说法。我不能接受这种设定，因为我认为这种理解严重低估了这一部分手稿的意义。

依我之见，第四手稿和第五手稿不能被简单视为马克思恩格斯对第一章手稿的誊抄（仅仅从引言的内容或字迹工整的程度上作出判断是不足为据的），而是他们在基本理出新哲学基本构架后，打算（1）为第一卷改写一个"开头"（引言），以说明他们在第一卷中所进行的哲学批判的针对性；（2）为第一章中（其实也是全书）他们阐发的正面观点再加写一个"开头"（概论）。引言部分的内容是十分清楚和确定的，因为第四、五手稿在这一部分上是一致的，可是，两个手稿在相同的引言之后却出现了两种从不同的思路出发的"开头"。这是理解该问题的难点所在。

第四手稿一共五页。引言占去两页多一点，这一部分值得注意的是第二页最后删去的一段话："因此，在我们对这个运动的个别人物进行专门批判之前，首先提出一些能阐明他们的共同思想前提的一般意见。这些意见足以表明我们在进行批判时所持的观点，而表明我们的观点对于了解和说明以后各种批评意见是必要的。我们这些意见正是针对费尔巴哈的，因为只有他才多少向前迈进了几步，只有他的著作才可以 debonne foi［认真地］加以对待。"① 从这种针对性出发去阐明自己的正面观点，自然就形成了一个从"人"出发并以驳论为着眼点的理论表述的概要思路。这也是我称之为从解决问题的视角所进行的理论表述。这里的"人"的出发点并不是马克思主义哲学新视界的理论起点，而是批判费尔巴哈等人旧哲学根本错误的特定表述出发点。关于这一点是很值得我们格外注意的。下面，我们不妨随着这条思路做一个逻辑探索。

我们发现，在第四手稿接下去的理论表述中，马克思恩格斯实际上是针对"德意志意识形态"由现象至本质逐步回答三个问题，即什么是社会历史发展的现实主体？什么是社会存在的本质？什么是社会存在中决定性的东西？用最简洁的语言来确定，"这是一些现实的个人，是他们的活动

---

① 马克思、恩格斯：《费尔巴哈》，人民出版社1988年版，第6页，注1。

和他们的物质生活条件,包括他们得到的现成的和由他们自己的活动创造出来的物质生活条件"①。再指明一下,马克思恩格斯把"有生命的个人的存在"作为第一个需要面对的"前提",有极大的针对性。个人是黑格尔在总体理念演进中极力泯灭的;人类又是费尔巴哈等人哲学的逻辑起点,马克思恩格斯不想回避这个看起来似乎是社会历史基石的"人"。这个起点是相当精彩的。他们直截了当地说,费尔巴哈等人作为人之存在的那种人本身的自然存在("个人的肉体组织")和个人与自然的直接依存性,并不是人类社会历史的本质方面。因为人类个体的生命需要阳光、空气和火、水完全与动物是相似的。即使在这一视角上,人类社会历史的开端("历史记载")"都应当从这些自然基础以及它们在历史进程中由于人们的活动而发生的变更出发"②。这样,马克思恩格斯实际一上来就首先否定了费尔巴哈等人的哲学本质基石,即自然的人类个体。同时,问题变得需要重新确证了:什么是人?!或者用科学的语言来说,即什么是人不同于其他动物的类的不同质点?

我们看到,马克思恩格斯这里在做一个逻辑层次很深的辩解,因为在马克思不久前的《1844年经济学哲学手稿》(恩格斯的《政治经济学批判大纲》)中,"人"正是社会历史的主体,人的类本质被确定为理想化的劳动。现在马克思和恩格斯要批判费尔巴哈等人的人本主义逻辑,还要"自我清算"。关键是划清界限。这也是马克思恩格斯为什么不得不把"人"作为自己新世界观的表述出发点(不是科学逻辑的起点)的重要原因。

那么,什么是人的现实的历史的内在规定性(质)呢?马克思和恩格斯先是后退一步,我们"可以根据意识、宗教或随便别的什么来区别人和动物"。全部唯心主义都在以意识为基本点,而费尔巴哈、鲍威尔等在以人的情感关系和异化了的宗教为基本点来区别人与动物。③这在一般特性的界定上并不错,我们的确可以由此获得人与动物在某一个方面上的不同

---

① 马克思、恩格斯:《费尔巴哈》,人民出版社1988年版,第10页。
② 马克思、恩格斯:《费尔巴哈》,人民出版社1988年版,第10页。
③ 马克思、恩格斯:《费尔巴哈》,人民出版社1988年版,第10页。

特点。而这种界定还可以是一个在外延上无限伸展的空间，但是，这都不是人之所以是人而区别于动物的最重要的质的规定性。在马克思的哲学新视界中，只有"一当人开始生产自己的生活资料的时候（这一步是由他们的肉体组织所决定的），人本身就开始把自己和动物区别开来"①。请注意，这丝毫没有什么人应该具有的某种抽象的类本质，即使是"生产"也不是人应该具有的，而是人类历史从动物生存（"肉体组织"的生物内驱力所致）历史性地跨出这一步"开始生产"那一刻，人才历史地、具体地、现实地获得了这种新的人类社会生存的质的规定性。人类社会存在是在长期物质发展的一定阶段——通过现实的生产历史地突现的。②

首先，人不再像动物那样直接取之于自在的自然母亲（直接的自然依存性），而是通过生产（实践）的中介，获得"他们所需要的生活资料"，这里包括自然基础"在历史进程中由于人们的活动而发生的变更"，当然自然因此丧失其自在性成为新的人的生存物质条件，同时还有由人"自己的活动创造出来的物质条件"，这主要是全新的人工"自然"和新的社会客体环境。其次，人不再从属于自在的自然过程总体，而因生产活动本身"间接地生产自己的物质生活本身"③。需要说明的是，由于人类在自身发生的初期，社会历史并不是直接地有意建构的，而是自然发生的。马克思恩格斯这里的"间接地"一词使用是相当精确的。

依我之见，马克思恩格斯虽然在这里是要界定"生产"是人的内在规定性，但却同时获得了社会存在（或"社会生活"）这一新的范畴。人，不仅是自然存在的肉体组织，人主要是一种新的生存形式，人就是自己的社会生活。正是历史发生的生产才使人最终脱离了动物（自然界），也由于生产才造成了人类社会历史的开天辟地。有了生产，才有了动物所没有的社会交往工具——意识和语言，才有了属于人类社会生活的宗教和其他一切人所独有的东西。马克思恩格斯在向我们表明，人的确是具体的现实的个体，但人的总体规定性却不是个体的特性，而是由生产形成的新的群

---

① 马克思、恩格斯：《费尔巴哈》，人民出版社1988年版，第8页。
② 张一兵：《突现的社会存在层系》，载《福建论坛》1992年第4期。
③ 马克思、恩格斯：《费尔巴哈》，人民出版社1988年版，第12页。

体生活。人是个体，但社会生活中结合起来的人才是历史的现实的具体的人，人之所以确立成为历史主体恰恰由于他自身构成的社会性生产活动。马克思恩格斯这里是说，在社会历史过程中，人的确是主体，但是人的真实主体性恰恰是由于生产（实践）获得的。因而在人类社会历史存在中，相对于抽象的主体——人的自然存在（不仅是人口），相对于抽象的客体——人的社会物质环境（不仅是地理环境，还有工业与文化创造的环境），作为社会生产实践活动结合起来的人们，特别是他们构筑起历史本体过程的物质活动本身才是真正意义上的主体（固然开始是无意识的）。同时，相对于人类主体的主观活动，这又是社会存在中最重要、最具决定意义的客观存在。

我们需要指出，马克思恩格斯以生产来界定人，这还是社会现象的初级层次上的一般规定性。生产可以把人从动物中界划出来，可以分立出异质的主体与客体，可是这还并非抓住了人的本质和社会的具体本质。马克思恩格斯的逻辑表述又向前推进了。接着刚才我们的分析，在社会存在中，人的生产实践是最重要的，但生产并不是一个混沌无序的总体，也不可能仅仅停留在抽象的一般规定，任何生产实践都是具体的有序的，不过是一定的生产的内在结构组织和动态格局的功能实现，这就是生产方式。① 即马克思所说的，在社会生产活动中存在着的"人们用以生产自己必需的生活资料的方式"。这个生产方式"首先取决于他们得到的现在的和需要再生产的生活资料本身的特性"，同时，也与"个体的肉体存在的再生产"有关，更重要的是这个生产方式"在更大程度上是这些个人的一定的活动方式、是他们表现自己生活的一定方式、他们的一定的生活方式"。② 这就是说，一方面生产的有序结构是生活物质资料的历史特性决定的，可另一方面，生产方式更表现了人们创造社会历史的主体活动的新的有序性。

正是这个人的活动中形成的生产方式历史地制约着人，制约着人的生产活动之外的全部生活和各种社会交往关系（含思想关系），而这个由一

---

① 马克思、恩格斯：《费尔巴哈》，人民出版社1988年版，第12页。
② 马克思、恩格斯：《费尔巴哈》，人民出版社1988年版，第13页。

定生产方式制约的全部特定社会关系的总和，就构成了人的具体的现实的历史的本质。这是马克思从人的社会质的规定向社会本质的过渡，因而，生产方式也是社会存在的具体本质。依我的观点，马克思主义哲学新视界的核心正是这个作为生产实践内在结构的生产方式。① 于是，"个人怎样表现自己的生活，他自己也就怎样。因此，他们是什么样的，这同他们的生产是一致的——既和他们生产什么一致，又和他们怎样生产一致"②。

请注意，马克思恩格斯的没有编序号的五页纸的第四手稿到这里突然中止了。这个中断有几种可能。一是从这一思路出发的概述已基本完成，由此可直接过渡到第一手稿中以批判费尔巴哈为起步的系统表述；二是觉得第四手稿的概述还需要作些补充；三是感到从这一思路出发进行概要与后面的系统表述在逻辑上并不完全一致，因此需要重新再写一个"开头"。从手稿的具体研究中，我倾向于第三种可能。让我们再来具体分析一下。第五手稿的61页手稿被恩格斯编上了1—5序号。引言部分共写了四页半。前两页与第四手稿基本相同，但是从第二张（大约是第三页开始）马克思和恩格斯加写了作为引言的三页多新的内容。小标题换成了"A、一般意识形态，特别是德意志意识形态"。接下去是关于"德意志意识形态"一大段具体说明。请注意，这里不仅仅只是（或者"主要"）针对费尔巴哈，而是批判整个"德意志意识形态"。③ 引言中新增的这一段文字的最后是一个理论过渡段："这些哲学家没有一个想到要提出关于德国哲学和德国现实之间的联系问题。"④ 这一段显然使引言更加完整了。但是，手稿至此（第五页）却中断了（第五页下半部分为空白，第六页是从另一张纸上重新开始的）。

下一页重新开始的一段文字（第五手稿的第3张—第4张）。是一段独立的理论表述。这一表述是从历史进程的具体发展来说新世界观的，这与上述第四手稿紧接引言的那段论述正好是从两个不同视角出发的。前者

---

① 张一兵：《实践格局》，载《社会科学研究》1991年第4期。
② 马克思、恩格斯：《费尔巴哈》，人民出版社1988年版，第13页。
③ 马克思、恩格斯：《费尔巴哈》，人民出版社1988年版，第13页。
④ 马克思、恩格斯：《费尔巴哈》，人民出版社1988年版，第7—9页。

是从社会的结构性（共时性）视角入手，依现象逐步深入本质的逻辑分析思路；而后者则是从社会历史的过程性（历时性）视角出发，用部落、古代和封建所有制三种社会形态的具体发展过程来进行理论说明的。这段文字的地位显然容易引起争议。从我们的新编译本看，编者假设了马克思恩格斯在第五手稿引言之后应加入原第四手稿中未删除的那段表述，在结构论述之后，再从过程入手进行历史分析。最后，由第五手稿的小结收尾。

可是，从这段文字的具体分析来看，这种假设是难以站住的。因为，马克思恩格斯在这段表述中不是在进行理论概括，而是一种十分具体的关于社会形态的实际分析。从全章的内容来看，与这一表述相接的应该是从第三章移来的第三手稿的开始。现在第三手稿正好缺少了编号为第36—39张的手稿，有没有可能是恩格斯誊抄了这一段表述打算放到前面去的呢？恩格斯将第五手稿编号为第1—5号，并与第一手稿直接连接起来，他把第一手稿29页编为6—11号。可是马克思又划掉了恩格斯的编号，将第一手稿重编为第1—29号，并由此经过第二手稿一直编到第三手稿的最后——第72号。我发现，日本学者广松涉1974年编译的《费尔巴哈》日文版将这一段文字直接移到了第三手稿的开始处，很可能也是出于上述我的新假设。

按照我的新假设，马克思和恩格斯的第五手稿是总体概述的另一种历史性思路，即从历史运演中得出新世界观的结论。需要注意的是，这第五手稿的概述不再是驳论性（即解决问题式）的阐发，而直接是自己正面的总括了，在这一点上，第五手稿的思路更接近后面（第一至三手稿）的哲学新视界的具体阐发（关于这一点，文本的显性意向十分清楚，这里恕不赘述）。

从文稿的修改意见看，马克思恩格斯十分重视这个作为第一章正面观点制定后的总体表述，虽然第四、五手稿都是未完成的，但从两个手稿已经表述出来的基本观点，我们可以获得马克思主义哲学新视界最重要的一般原则：第一，社会历史的主体是"从事着实际活动的人"；第二，人不过是他们自己以生产活动为基点的实际社会生活（存在）；第三，在人的客观社会存在中，无论是从结构性的角度还是从过程性的动态方面生产方式都是决定性的因素；第四，人基于生产交往的社会关系是一切社会关系的基础；第五，人的意识不过是他们意识到了的实际生活。同时，在全部总体表述中，马克思恩格斯关于哲学新视界的制定阐发都遵循一个全新的理论特征：即历史性、现实性和具体性的原则。而这个本质特征群的唯一来源就是历史地、现实地、具体地运动着的人类社会实践。实践，是马克思恩格斯超越费尔巴哈（及一切旧哲学），创立马克思主义新世界观的根本理论质点。

二

第一手稿（现新编译本的第二部分）是马克思恩格斯全面制定自己新世界观的主要内容，这也是第一章手稿中关于马克思主义哲学基本构架最先完成和最系统完整的"正面表述"。如前所述，在这一部分手稿中，原来马克思恩格斯是要完成两个理论任务，一是全面批判费尔巴哈，以清算自己"以前的哲学信仰"；二是全面说明自己创立的哲学新视界。第一项任务明显未能完成，当然这不是讲在这部分手稿中没有批判费尔巴哈，而是说没有像第二、三章那样，对费尔巴哈的学说本身进行具体的批判。① 这显然是一个需要另泼大量笔墨才能完成的理论任务。

现在留下的第一手稿，从内容上可分为两个部分，第一部分（第1—10页）是从解决问题的角度，针对德国哲学，特别是费尔巴哈的自然唯物主义，马克思恩格斯所进一步确证了新世界观的逻辑基石——实践及其实践唯物主义的理论起点。第二部分内容（第11—29页），是马克思恩格斯将自己的哲学新视界从"提纲"的一般逻辑表述，实现为历史的现实的具体的系统理论表述，全面建构了新世界观的初始形态。

十分可惜的是，第一部分手稿的十页竟然遗失了五页半，而这些手稿的内容却恰恰是十分关键的。从目前遗稿的总体情况来看，这一部分虽然

---

① 后来恩格斯曾经写道，第一章"对费尔巴哈的学说没有批判"。参见：《马克思恩格斯全集》第21卷，人民出版社1965年版，第412页。

批判了费尔巴哈哲学的错误实质，但不是对费尔巴哈整个学说的专门批判，而是马克思恩格斯站在新世界观的立场上，以驳论的形式（针对费尔巴哈）奠定了新世界观的重要前提，在这一点上，正好与第四手稿的思路是一致和互补的。我们知道，费尔巴哈哲学的核心有三个：一是"自然"对象；二是"人"；三是人的直观（意识）。这也正是马克思的"提纲"所抓住的三个主要理论质点。我们发现，第一手稿的这一部分内容几乎就是"提纲"的具体展开！

"提纲"的第一条就是从批判费尔巴哈的自然对象和感性世界的观点开始的。不难看到，正是这个"提纲"的第一条受到了后来不少自称是"马克思的子弟"的偏爱。这倒并不是1880年恩格斯发表"提纲"时出现的情况，而是1932年以后，特别是马克思《1844年经济学哲学手稿》发表后，突现在某些西方马克思主义者那里的特定情况。我已指出过，西方马克思主义者也反对西方"马克思学"的"两个马克思"的论点，但他们坚持用"人本学的马克思主义"来注释全部马克思主义文献。因此在"提纲"的研究上，他们采用了一种回溯的逻辑，即通过从"提纲"向《1844年经济学哲学手稿》理论倒退，以后者的逻辑构架来设释前者。所以，"提纲"的第一条成了他们否定"自然辩证法"，批判恩格斯的主要依据。① 这是一条带有人本主义色彩的哲学逻辑。我不得不说，在今天我们的一些热衷于"实践唯物主义"和"实践人道主义"的同志那里，也有类似的事情发生。

按照我的理解，"提纲"是《德意志意识形态》的思想提纲，是马克思主义哲学新的入口，自然也就是第一手稿正面表述的前提了。我们发现，第一手稿的第一部分的表述正好与"提纲"的思路是吻合的，我们不妨将这二者融合起来讨论。

"提纲"的第一条在这里被扩展了，费尔巴哈对"感性世界"（自然对象）的错误理解得到了更加具体的分析。在马克思和恩格斯看来，费尔巴哈关于外部世界的理解有两点局限性："一方面仅仅局限于对这一世界

---

① 参见张一兵：《折断的理性翅膀》，南京出版社1990年版，第5章。

单纯的直观,另一方面仅仅局限于单纯的感觉。"(这显然是原来"提纲"中第1条和第5条的共同指涉)。因为,费尔巴哈没有把客观自然界面向人的感性现象(注意,不是西方马克思主义所说的自然物质存在),"当作感性的人的活动,当作实践去理解,不是从主体方面去理解……他不是把感性看作实践的、人类感性的活动。"马克思的用词是十分科学和精当的,他不是说自然物质存在本身是人的产物,而是说人所面对的(直观中的)感性自然界或者他周围的感性世界。马克思从来没有这样一种意思,即全部自然物质存在是人的实践产物,这实际上是一个非科学的命题。马克思恩格斯批评费尔巴哈把人周围经过人的实践作用过的周围自然环境,或经过实践的"眼睛"(更准确地说,是实践的历史棱镜)中介过的自然界感性图景,理想化地变成某种天然物质存在。也因此,马克思恩格斯说他总是"求助于外部自然界,而且是那个尚未置于人的统治之下的自然界"①。这是一个需要认真界定的命题,因为这个命题后来被某些西方马克思主义者和人本学家用来反对马克思主义哲学的唯物主义本质,成为他们滑向人本主义逻辑误区的第一个阶石。

马克思指出,费尔巴哈的这种局限必然导致这样一个结果,即用非历史的观点去观察外部世界。"当费尔巴哈是一个唯物主义者的时候,历史在他的视界之外;当他去探讨历史的时候,他不是一个唯物主义者。"②(请注意,这里的"历史"不是指狭义的社会历史观,而是思想理论逻辑上的历史规定)。正是在这种情况下,"他没有看到,他周围的感性世界决不是某种开天辟地以来就已存在的、始终如一的东西,而是工业和社会状况的产物,是历史的产物,是世世代代活动的结果"③。这显然是马克思在"提纲"第一、五条对费尔巴哈批评的具体说明。

但是,就是这一段表述本身也必须进一步地加以确证。实际上,马克思这里所称的周围的自然界有两个规定,一是"以地球为中心的"(恩格斯语)的人的自然环境,不是泛指全部自然物质存在;二是说现在作为在

---

① 马克思、恩格斯:《费尔巴哈》,人民出版社1988年版,第9页。
② 马克思、恩格斯:《费尔巴哈》,人民出版社1988年版,第42页。
③ 马克思、恩格斯:《费尔巴哈》,人民出版社1988年版,第22页。

社会历史中现实存在的，人所面对的周围的自然环境，即构成社会存在物质基础的那部分自然。这是马克思所说的人的感性世界的内涵。关键在于，马克思指出，这一部分"外部自然界的优先地位仍然保持着"，并且，上述"感性世界"是实践的结果这一命题"当然不适合于原始的、通过 genertio aeguivoca［自然发生］的途径的人们"①。因为对于早期刚刚从自然界脱胎而来的人类的生存，"自然界几乎还没有被历史的进程所改变"②，当然就无法说人面对的自然环境是人的实践的结果了。

我们继续读道："先于人类历史而存在的那个自然界，不是费尔巴哈生活其中的自然界，这是除去在澳洲新出现的一些珊瑚岛以外今天在任何地方都不再存在的、因而对于费尔巴哈来说也是不存在的自然界。"③这里所说的"不存在"，并不是说没有经过实践作用的自然是不存在的，而是说费尔巴哈把已经作为历史结果的、人们周围的自然环境视为是自在的天然存在物是理想化的，这种虚假的天然自然是不存在的。就像马克思恩格斯在后面章节中批评施蒂纳那种"人对自然的幻想关系"，马克思恩格斯是说这种主观的幻想关系本身不存在，但他们当然承认"由工艺和科学所决定的人对自然的现实关系"④。很显然，这是一个特设说明，这绝没有任何其他外延上的扩展，也绝推不出人的实践范围之外的自然物质是不存在的结论。这里的意思十分清楚，自在性的自然界，在人类历史进程中是一个不断缩小的部分，"每当有了一项新的发明，每当工业前进一步，就有一块新的地盘从这个领域划分出去，而能用来说明费尔巴哈这类论点的事例借以产生的基地，也就越来越小了"⑤。而对今天在社会存在中活动的现实的人来说，情况就大不一样了。人类生存环境中的周围自然无不是实践的结果。马克思恩格斯特别指出："只有人被看作是某种与自然界不同的东西时才有意义"，这就是说，周围的自然界（"感性世界"）成为实践的结果，是指人区别于动物，从人类社会历史的确立开始的。这是一种重要

---

① 马克思、恩格斯：《费尔巴哈》，人民出版社1988年版，第20页。
② 马克思、恩格斯：《费尔巴哈》，人民出版社1988年版，第21页。
③ 马克思、恩格斯：《费尔巴哈》，人民出版社1988年版，第26页注1。
④ 《马克思恩格斯全集》第3卷，人民出版社1972年版，第202页。
⑤ 马克思、恩格斯：《费尔巴哈》，人民出版社1988年版，第21—22页。

的客观实践生存中的逻辑关系。

一方面，就是这种被实践作用过的自然，也并没有因为人的活动而丧失其客观存在的意义（因此，"在这种情况下，外部自然界的优先地位仍然保存着"。），它只是丧失了自然物质本身的"自在性"，而不过是通过实践获得了新的、经过"中介"的客观存在形态，即人的实践中介的自然存在。其实，不少论者仅仅注意到问题的这一个方面，而忽略了马克思关于感性世界和我们周围自然界的第二方面，即人工"自然"部分。如果说第一方面是除去"澳洲新出现的珊瑚岛"和某些原始森林中未开垦的处女地之外，人在实践中集中利用和优选自然的过程，如手稿中谈到的"樱桃树只是由于一定的社会在一定时期的这种活动才为费尔巴哈的'感性确定性'所感知"。果树原来是天然生长的，它们成为人们专门食用的集中培育的果园却是商业和工业的结果。① 那么，第二方面则是人的实践创造出来的新的物质存在形式。这不是说，人在实践中造出新的物质，而是天然物质在人的实践中按照人的效用取向发生的客观结构重组。这就是马克思在一个比喻中所指的"费尔巴哈在曼彻斯特只看见一些工厂和机器，而一百年以前在那里却只能看见脚踏纺车和织布机；或者他在罗马的康帕尼亚只发现一些牧场和沼泽，而奥古斯特时代在那里却只能发现到处都是罗马资本家的茂密的葡萄园和别墅。"② 这里的情况，除去葡萄园，其他都是人的实践活动的直接结果。这是马克思恩格斯"感性世界"的第二方面的内容。在人类社会历史的实践进程中，这一部分物质环境是人类社会存在中更重要更直接的依存基础，它体现为社会存在中生产力的量的部分和物质生活条件的实体部分。

马克思恩格斯在这里批评费尔巴哈的理论意向可以概括为这样一个逻辑关系式：我们周围的感性世界在社会实践的发展中，已经不断从自在自然成为人的自然环境。③ 虽然一般自然先于人而现实存在，但人的实践活动却又在一个新的基础上成为我们这个感性世界的前提。所以，"这种活

---

① 马克思、恩格斯：《费尔巴哈》，人民出版社1988年版，第42页。
② 马克思、恩格斯：《费尔巴哈》，人民出版社1988年版，第20页。
③ 马克思、恩格斯：《费尔巴哈》，人民出版社1988年版，第21页。

动、这种连续不断的感性劳动和创造、这种生产，正是整个现存的感性世界的基础，哪怕它只中断一年，费尔巴哈就会看到，不仅在自然界发生巨大的变化，而且整个人类世界以及他自己的直观能力，甚至他本身的存在也会很快就没有了"①。

第一手稿的第一部分，从现有的手稿内容看，主要是以驳论的形式说明了作为费尔巴哈哲学前提的"自然"和"直观"（从逻辑上去看，还应包括"人"的问题）的真实本质，从而也奠定了实践这一新的科学唯物主义世界观的基石。在这一部分的表述中，我们明显感到了"提纲"的内驱力。马克思恩格斯几乎是重申了："对实践的唯物主义即共产主义者来说，全部问题都在于使现存世界革命化，实际地反对并改变现存的事物。"② 实践是马克思主义哲学新视界的逻辑起点，自然被作为一个先在的物质前提被扬弃在自身的内部。在新的哲学逻辑中，实践取代旧唯物主义的抽象物质，于是，实践与自然（物）相对，实践与人（主体）相对，实践与观念相对。人类社会实践历史地现实地具体地引申出一个全新的哲学构架。这就是以下第一手稿的第二部分内容，也是全部手稿中最重要的部分：马克思恩格斯系统地表述他们哲学的基本构架。

三

我们已经看到，在第四手稿（含第一手稿的前半部分）中马克思恩格斯的总体表述中，他们遵循了一条逻辑运演中的从抽象到具体、从现象到本质逐层深入的方式：先是"人"，透过人的自然存在以生产划定人的社会生存质，再从社会存在中深入到其中起着关键作用的生产方式。而在第一手稿第二部分以及第二、三手稿里，马克思恩格斯对哲学新视界基本构架的表述，却是以历史的逻辑来建构的。在这个哲学基本构架的表述中，马克思恩格斯始终坚持了一种总体逻辑抽象与历史过程现实发展的真实统

---

① 马克思、恩格斯：《费尔巴哈》，人民出版社1988年版，第21页。
② 马克思、恩格斯：《费尔巴哈》，人民出版社1988年版，第19页。

一。这一次，是马克思恩格斯对自己的这种新的从客观实践的科学世界观构架——在社会历史领域中的历史唯物主义和历史辩证法逻辑思路的完整阐发。当然，这个阐发是有理论重心的，即以确定社会历史存在和发展的现实基础为主线的。因此，在这里新的哲学世界观的主要功能是科学反映外部世界的一般认识论和一般方法论。马克思恩格斯在这里主要是在揭示社会历史存在和客观基础和运动的一般规律。我将其称之为历史辩证法的客体向度。① 以我的认识，这也是我们传统哲学解释框架理解马克思主义哲学特别是历史唯物主义的主要基础。

哲学新视界基本构架是从理论的出发点的确定开始的。这个出发点即是人的现实生活的生产与再生产。请注意，这并不是黑格尔那样的纯粹观念，这个出发点恰恰与社会历史的初始发生合一的。马克思主义哲学新视界的理论逻辑始终是与历史统一的。在此，我们又要进行一个重要的逻辑界定：即马克思主义哲学新视界中理论出发点与逻辑起点的关系问题。

其实我们在上一节的论说中，由于理论确证的需要，我们是将"提纲"与马克思恩格斯这里的论述融合在一起进行讨论的，这样我们无意就弱化了一个在马克思恩格斯《德意志意识形态》第一章手稿中已经出现的重要情况：即马克思恩格斯在这里对哲学新视界的阐发中已经没有再从"提纲"中的实践出发，而是从社会历史中的物质生产出发了。这大概也是我们传统哲学解释框架和现在在热衷于"实践唯物主义"的一些论者长期以来忽视的一个重要情况。实际上，马克思在"提纲"中的确将实践作为自己新世界观的总体逻辑起点，但当他进一步确立自己的理论框架时，就没有再将这个抽象的具有总体性的范式作为自己理论的出发点。原因非常简单，首先是一旦他们进入具体的历史过程，社会实践本身就进一步分解为一个复杂的多层面人类主体行为系统了，而在历史的现实的具体的社会

---

① 这当然也是马克思恩格斯此时的理论重心。但并不是马克思主义哲学初始逻辑视界中的唯一思路。以我所见，就是在这同一手稿中，马克思恩格斯原来那种关心人类主体生存状态的批判性思考——主体辩证法话语中的劳动异化理论并不是简单地消失了，而是在新的科学基础上转型为一种科学批判性，即历史辩证法的主体向度。当然，在这里它只是以一种隐性话语的形式潜在地存在，并主要表现在本文没有直接解读的第三手稿中。关于这一点，可参见张一兵：《马克思历史辩证法的主体向度》，河南人民出版社1995年版。

实践中，人类主体通过物质活动改变自然对象的生产和再生产过程就成为具体的真实基础了。我以为，从实践的总体范式向生产和再生产的范式的过渡是从总体逻辑向具体理论运演的回归。前者是马克思主义哲学总体理论框架的逻辑起点，而后者则是理论建构特别是历史唯物主义和历史辩证法学说的具体的理论出发点。这两者是不矛盾的。

其次，也是问题更重要的一个理论质点："提纲"中的从主体出发是特指从人类能动的客观物质实践出发，这是说明新视界不同于一般唯物主义的根本质点。即在同是第一性的一般对象物质和人们改变物质对象的历史的现实的具体的感性物质活动中，马克思更强调后者的逻辑基始性。这是他观察整个世界的新的基点。但是，当他们回到具体的社会生活过程中时，"提纲"中原来那种与对象相对的广义的主体方面（实践活动）却再一次发生逻辑层面上的微观分化，即马克思进而去确定在自然物质前提之上的人类社会存在中的基始因素——物质生产与再生产，这是历史本身的起点。在这里，原来在逻辑总体上作为（对外部对象对立的）主体方面中的物质生产活动却在一个新的理论层面上被确定为狭义的社会历史的客体方面！并且是社会客体方面（马克思的狭义的社会客体是包括了在实践中介了的自然物质基础之上，人类的一切客观社会活动以及社会物化存在；而与此相对应的则是不同于广义人类社会主体的狭义主体，即现实的历史的具体的个人）中"第一级"的东西！这个"第一级"不仅仅是物质客观性，而是社会物质存在中基础性和归根到底的决定性。① 这一点，是十分重要的。所谓"实践本体论"的误释特别是这种观点与马克思哲学新视界的差别，在这里就一目了然了。"实践本体论"是从广义的主体方面走向抽象人的主体性，而马克思是从实践走向历史的客观物质生产基础。

这样，马克思主义哲学新视界科学理论起点就必然是人的现实生活的生产与再生产。对此，马克思恩格斯是这样进行理论厘定的。首先马克思恩格斯还是从"一切人类生存的第一个前提"开始，这个前提是"人们为了能够'创造历史'必须能够生活。但是为了生活，首先就需要吃喝住穿

---

① 后来马克思在《1857—1858年经济学手稿》中，将其确定为社会存在中的第一级和原生的方面。参见《马克思恩格斯全集》第46卷上册，人民出版社1979年版，第47页。

以及其他一些东西。因此第一个历史活动就是生产满足这些需要的资料,即生产物质生活本身,而且这是这样的活动,一切的一种基本条件,人们单是为了能够生活就必须每日每时去完成它,现在和几千年前都是这样。"① 这就是科学历史观的逻辑起点。"任何历史观的第一件事情就是必须注意上述基本事实的全部意义和全部范围,并给予应有的重视。"② 很显然,新世界观不是从哲学家的思辨开始的,而是从一个孩童都知晓的常识开始的。人类历史的现实起点是物质生活资料的生产。这同时也就是马克思主义哲学的基点!

当然,物质生产并不是一个孤立的事件,它本身的发生和运动都是一个过程。所以,"第二个事实是,已经得到满足的第一个需要本身、满足需要的活动和已经获得的为满足需要用的工具又引起新的需要。这种新的需要的产生是第一历史活动"③。新需要是生产的结果,但又是生产顺利推进的内在要求,而这种新的需要的实现则构成再生产过程。当然这里的再生产不仅仅是一般的简单再生产,而是由新需要构成的生产质的发展。这显然是给予这个人类社会基础的一个动态性支点。

其三,物质生产虽然是人类历史的现实起点,但它并不是人类社会存在的直接目的,生产是为了维系"人的生存",使之"能够生活"。所以处于初始历史起点上的生产本身的第三个方面("关系")即是人类主体本身的生产与再生产。"每日都在重新生产自己生命的人们开始生产另外一些人;即繁殖。"④ 人的生产也包含双重因素,一是人类主体自身的自然生产过程,二是主体之间的某种自然关系("主体际"联系)。人的自然生产即是通过生育,而人的主体关系一开始是从人的自然(血缘)关系开始的。"这就是夫妻之间的关系,父母和子女之间的关系,也就是家庭。这种家庭起初是唯一的社会关系,后来,当需要的增长产生了新的社会关系而人口的增长又产生了新的需要的时候,这种家庭就成为从属的关系

---

① 马克思、恩格斯:《费尔巴哈》,人民出版社1988年版,第23页。
② 马克思、恩格斯:《费尔巴哈》,人民出版社1988年版,第23页。
③ 马克思、恩格斯:《费尔巴哈》,人民出版社1988年版,第23页。
④ 马克思、恩格斯:《费尔巴哈》,人民出版社1988年版,第24页。

了。"① 其实，家庭也是最早的生产单位，在人类历史的原始阶段上，人的生产恰恰成为主导的因素，物质生产不过是从属的方面。但随着生产本身的发展，这一状态很快就被打破了（关于这两种生产的关系的科学说明，马克思恩格斯在多年以后重新作了更加精细的分析）。

在这里，马克思恩格斯还专门作了一个特设说明："不应该把社会活动的这三个方面看作是三个不同阶段，而只应该看作是三个方面……从历史的最初时期起，这三方面就同时存在，而且就是现在也还在历史上起着作用。"② 马克思恩格斯是要指出，上述三个方面的内容实际上是处于"原始的历史关系"起点上人的生产的三个因素，并且是"同时存在的"。

在说明了历史的现实基础之后，马克思恩格斯在此之上说明了由此产生的第四个重要因素，即人与人之间在自然关系之外的客观的社会关系。马克思恩格斯说："生命的生产——无论是自己生命的生产（通过劳动）或是他人生命的生产（通过生育）——立即表现为双重关系：一方面是自然关系，另一方面是社会关系。"③ 作为原初历史过程第四个因素的社会关系（第二个总体因素），在这里主要是指"许多个人的共同活动，至于这种活动在什么条件下、用什么方式和为了什么目的而进行，则是无关紧要的"④。这里的社会关系是广义的（马克思恩格斯有时用社会状况来替代它），它实际上包括生产关系和其他社会关系。而这里的"无关紧要"说明了社会关系的被决定性。由什么决定？"一定的生产方式或一定的工业阶段始终是与一定的共同活动的方式或一定的社会阶段联系着的，而这种共同活动方式本身就是'生产力'；由此可见，人们所达到的生产力总和决定着社会状态，因而，始终必须把'人类历史'同工业和交换的历史联系起来研究和探讨。"⑤ 人们怎样生产的方式就是生产力，即人对自然关系的实践功能度。生产力决定生产关系，进而制约全部社会状态和人类历史。并且，人类历史从"一开始就表明了人们之间是有物质联系的。这种

---

① 马克思、恩格斯：《费尔巴哈》，人民出版社1988年版，第24页。
② 马克思、恩格斯：《费尔巴哈》，人民出版社1988年版，第24页。
③ 马克思、恩格斯：《费尔巴哈》，人民出版社1988年版，第24页。
④ 马克思、恩格斯：《费尔巴哈》，人民出版社1988年版，第24页。
⑤ 马克思、恩格斯：《费尔巴哈》，人民出版社1988年版，第24页。

联系是由需要和生活方式决定的，它的历史和人本身的历史一样长久；这种联系不断采取新的形式，因而就表现为'历史'"①。

第五个因素（第三个总体因素）是与全部上述社会存在相对应的人们的意识。马克思恩格斯这里关于意识的说明，是从历史发生学的视角所进行的更加详尽的科学说明。②

到这里为止，马克思恩格斯实际上勾画了哲学新视界中原始社会历史关系的五个基本因素（从总体上是三个因素），呈现了一个人类社会发生时的基本结构。在接下去的论述中，一般的历史勾画为一种更加深层的历史逻辑矛盾分析替代了。马克思恩格斯发现，现实的社会基本构成并不是以往哲学家们所设想的某种简单的组合，是什么"怪影"、"最高存在物"之类的驱使物，社会历史的真实本质是由生产发展过程本身的具体的、现实的、历史的内在矛盾决定的。很显然，马克思恩格斯在说明历史的时候，从来不从抽象的理论角度去评说，还是历史地、现实地、具体地去透视历史，以把握现实历史发展的内在脉搏。这是马克思主义哲学新视界的最重要的逻辑思路！

马克思恩格斯指出，生产力（三个因素）、社会状况和意识三个总体因素在现实的历史过程中不是简单联结的，而是"彼此之间可能而且一定会发生矛盾"③。它们之间是由于人类社会历史的生产活动的特定水平发生特定的矛盾关系。这种矛盾关系（当时马克思恩格斯尚未考虑原始社会的情况）的发生因之于特定的劳动分工。如前所述，这里的分工不是个人的社会分工，而是在特殊意义上使用的劳动分工，并以此生出"不平等的分配"，终而产生私人占有制——所有制。在一定的意义上，"分工和所有制表达的是同一件事情，一个是就活动而言，另一个就活动的产品而言"④。而当个人利益与交往中出现的"共同利益"发生矛盾时，国家就以"虚幻的共同体"的形式出现了。同时，整个意识的发生和存在在现实社会历史

---

① 马克思、恩格斯:《费尔巴哈》，人民出版社1988年版，第24—25页。
② 张一兵:《我对环境的关系是我的意识》，载《天府新论》1992年第5期。
③ 马克思、恩格斯:《费尔巴哈》，人民出版社1988年版，第27页。
④ 马克思、恩格斯:《费尔巴哈》，人民出版社1988年版，第28页。

中,又总是表现为统治阶级的思想,即意识形态!整个第二手稿都详尽说明了这个问题。

马克思恩格斯对自己哲学新视界基本构架的系统阐发,最后落在一段小结性的文字上。从第一手稿第24页开始的这一表述集中阐发了四个原则性的观点。

首先是对上述关于哲学新视界的系统正面表述的一个经典概括。所以马克思恩格斯用了"由此可见"一词:"这种历史观就在于:从直接生活的物质生产出发阐述现实的生产过程,把同这种生产方式相联系的、它所产生的交往形式即各个不同阶段上的市民社会理解为整个历史的基础。从市民社会作为国家的活动描述市民社会,同时从市民社会出发阐明意识的所有各种不同理论的产物和形式,如宗教、哲学、道德等等,而且追溯它们产生的过程。"① 在这第一段表述中,马克思恩格斯实际上说明了新世界观的基本轮廓。这里有三个逻辑要点:其一,是全部理论的出发点,即"直接生活的物质生产",前面我们已经看到这个"现实的生产过程"包括物质生产和再生产以及人的自身生产三个环节,其中物质生产是核心。其二,一定生产方式所产生的交往关系(市民社会)是"整个历史"的基础。这里的"历史"不是一般意义上的指称,而是马克思恩格斯在前面第13页手稿上所说的,人的社会关系"不断采取新的形式,因而就表现为'历史'"之意。② 其实,这就是在说,以物质生产关系为核心的经济结构是其他一切社会结构的基础。其三,是全部社会结构制约意识结构的形式和发展。

第二个原则性论点是新世界观的一个总体原则,即"这种历史观和唯心主义历史观不同,它不是在每个时代中寻找某种范畴,而是始终站在现实历史的基础上;不是从观念出发来解释实践,而是从物质实践出发来解释观念的东西。"③ 请注意,马克思恩格斯这里的表述命意是十分深邃的,他们没用一般唯物主义的从物质(感性对象)出发去解释观念,而是用

---

① 马克思、恩格斯:《费尔巴哈》,人民出版社1988年版,第36—37页。
② 马克思、恩格斯:《费尔巴哈》,人民出版社1988年版,第25页。
③ 马克思、恩格斯:《费尔巴哈》,人民出版社1988年版,第37页。

了"从物质实践出发"（此处又是在总体逻辑高度上的实践）。马克思还在手稿这段文字边上加了边注："费尔巴哈"。马克思在"费尔巴哈"几个字下画了横线，这实际上是说明这一原则的特设理论指涉，即新世界观不仅反对一般的社会历史精神驱动论，而且（或者说重点）克服费尔巴哈之类虽然从物质出发，但由于直观和非历史性的病症，在一种表面上是唯物主义形式中重新坠入一种隐形历史唯心论。这是一个十分重要的理论质点。

第三个原则性论点说明了人类社会历史发展的决定性前提和主体创造性的关系，即"这种观点表明：历史并不是作为'产生于精神的精神'消融在'自我意识'中而告终的，而是历史的每一阶段都退到一定的物质结果，一定数量的生产力总和，人和自然以及人与人之间在历史上形成的关系，都遇到前一代传给后一代的大量生产力、资金和环境，尽管一方面这些生产力、资金和环境为新的一代所改变，但另一方面，它们也预先规定新一代的生活条件，使它得到一定的发展和具有特殊的性质。"① 这说明，新视界仍然坚持历史决定论，因为在社会历史的每一个现实阶段上，我们都不可避免地会遇到人在改变自然和改造自身中所形成的现实生产力，以及被特定的历史改变了物质环境（含人的自然环境和社会环境），而这正是人类主体现实生存和活动的客观前提。因为这预先规定了主体活动的"条件"，有限度的"一定发展"和"特殊的性质"。当然，马克思恩格斯并不坚持机械决定论，因为社会历史只是客体环境在"新的一代"的实践改变中向前发展的。

所以，最后马克思恩格斯又回到一个总体关系，即社会历史主体与客体的双向建构。又一个"由此可见"，"这种观点表明：人创造环境，同样，环境也创造人"。② 很显然，这是"提纲"第三条的理论质点。这表明了哲学新视界与一切唯心主义和旧唯物主义历史观的极重要的双重分界点。马克思恩格斯说："历史不外是各个时代的依次交替。每一代都利用以前各代遗留下来的材料、资金和生产力；由于这个缘故，每一代一方面

---

① 马克思、恩格斯：《费尔巴哈》，人民出版社1988年版，第37页。
② 马克思、恩格斯：《费尔巴哈》，人民出版社1988年版，第37页。

在完全改变了的环境下继续从事所继承的活动,另一方面又通过完全改变了的活动来改变旧的环境。"①

在以上对《费尔巴哈》手稿的分析中,我们实际上只是尝试性地提炼了隐匿在手稿中的马克思主义哲学新视界的初始视界。而且主要是概述和解析了马克思恩格斯第一次系统表述他们新世界观的基本逻辑线索,也可以说在摆脱了传统马列原著中那种以原理反注经典文献的惯性框架后,第一次揭示了《德意志意识形态》第一章手稿的真实逻辑结构和马克思主义哲学的一些最重要的本真思考要点。按照我的理解,马克思的哲学新视界其实并不是一种板块式的体系,它本身就是一种活生生的立场、观点和方法。在这个意义上说,马克思主义哲学恰恰是反体系的。马克思主义哲学的本真意义是一种科学的历史实践观点:即实践唯物主义的历史哲学。这里的历史哲学不是狭义的历史观,而是从社会历史实践不断向前滚动着的棱镜透视一切,实践的历史唯物主义是马克思主义哲学的唯一形态。它要求我们从社会实践所内含的客观唯物主义原则和能动的辩证原则出发,历史地、现实地、具体地探寻人类主体实践参与和作用的外部事物的本质和规律,以及人类社会历史自身的辩证发展过程。

---

① 马克思、恩格斯:《费尔巴哈》,人民出版社1988年版,第32页。

科学地理解人在社会历史发展中的主体地位
——《德意志意识形态》读后①

张一兵

《德意志意识形态》是马克思恩格斯第一次完整表述他们新世界观的一部十分重要的文献。我以为，在我们以往的研究中，《德意志意识形态》一书中一个非常重要的哲学逻辑线索被有意无意地弱化了，具体点说，这个逻辑有两个相互联结的要点：一是关于人在社会历史过程中的主体地位问题，这是历史辩证法的重要内容；二是上述哲学逻辑命意在现实中的落点，即人类的自我解放、政治解放和走向最终全面解放——共产主义的问题。其实，在马克思的哲学新世界中，共产主义正是人类在漫长的历史过程中，不断改造外部世界同时不断确立自己的最终现实指向。

一

众所周知，就是在1845年春天以前，马克思虽然已经从意识形态站到了无产阶级革命的立场上（大约自1843年《德法年鉴》时期始），但他用以确证这种革命根据的理论框架还仍然带有整个旧哲学的沉重逻辑枷锁。在《1844年经济学哲学手稿》中，一方面，那种从现实出发的客观描述逻辑随着马克思对现实研究的深入，已经在逐步地萌生泛化；但另一

---

① 原载《人文杂志》1994年第2期。

方面，马克思此时的总体哲学框架还深嵌着人本主义先验逻辑设定。马克思认定，人最重要的"类本质"是自由自主的、创造性的劳动活动，可是他却将这种劳动设定为一种人类主体应该具有的先验本质，并以此去逻辑地衡量私有制社会，特别是资本主义社会中人的主体生存状况。于是，在他描述现实历史的时候，黑格尔—费尔巴哈式的劳动本质异化复归构架的逻辑运演，就替代了现实的社会历史发展。虽然在这个逻辑推论的最后，马克思获得了他所急切需要的无产阶级起来革命的理论根据（劳动异化的扬弃就直接是共产主义），但这毕竟不是科学社会主义。这正是马克思创立科学世界观前在自己原有的思想领地中必须超越的最后一个台阶。

必须特别指出的是，在一些马克思主义哲学史论者那里，他们虽然正确看到了马克思思想进程中发生于1845年春天的理论革命（法国学者阿尔都塞极端地表述为"认识论上的断裂"，即从人道主义意识形态框架转换到马克思主义哲学的科学理论框架）：在《关于费尔巴哈的提纲》和《德意志意识形态》中，马克思和恩格斯再一次从费尔巴哈的人本异化史观走向新世界观，从一般共产主义走向科学社会主义。可是，这些论者同时断言，马克思在《1844年经济学哲学手稿》中的思考逻辑（关注人的自身发展的主体地位——共产主义）被彻底抛弃了。这可能也是我们长期以来忽略这一重要理论线索的主要原因之一。我认为，马克思和恩格斯一贯重视的人在社会历史发展中的主体地位问题，没有因为新世界观的创立而被抛弃，而是在新的理论基础上被重新科学地说明了。人的自身发展的主体地位以及这一问题与共产主义目标的内在关联，正是《德意志意识形态》的一条重要理论线索，这也是全部马克思主义哲学特别是历史辩证法问题的一个极为重要的逻辑层面。①

马克思恩格斯在《德意志意识形态》中论说这一主题的理论出发点，

---

① 我已就马克思恩格斯关于人类主体地位的历史丧失问题，即人类社会历史发展的"似自然性"问题作过专门的探讨。参见张一兵：《马克思社会历史发展似自然性的特设规定》（《哲学研究》1991年第2期）；《恩格斯社会历史发展能动性辨识》（《南京大学学报》1991年第4期）。

是对费尔巴哈、施蒂纳等人抽象人本主义逻辑构架的否定。这也是马克思恩格斯对自己"从前哲学信仰"的清算。① 应该指出，马克思恩格斯在这里的论说，与他们的正面表述历史观的起点正好是互补的：在历史唯物主义的前提中，他们着力在说明现实的人是什么，而在这里，他们则在说"人"不是什么！在作为《德意志意识形态》写作提纲的《关于费尔巴哈的提纲》中，我们首先看到了这一思路的起步，这主要表现为对费尔巴哈人学理论的"认真对待"。②

在马克思看来，费尔巴哈的人类逻辑是从"人"开始的：第一，这种人是"撇开历史进程"，"并假定出一种抽象的孤立的——人类个体"；于是有了第二个关于人的本质的逻辑设定："本质只能被理解为'类'，理解的一种内在的、无声的、把许多人自然的联系起来的共同性。"③ 人的本质正是一种对理想化的"单个人所共有的抽象物"，一种人人都具备的感情关系。并且，这种关系在历史的变迁中异化为某种"宗教感情"，虽然费尔巴哈批判宗教的实质是人的颠倒，但他却把宗教实质回落到另一种抽象的人的本质上，这种"'人'、'纯粹的、真正的人'似乎是世界历史的最终的目的，宗教是异化了的人的本质，人的本质是人的本质和万物的尺度"④。他却没有看到，"'宗教感性'本身是社会的产物，而他们分析的抽象的个人是属于一定的社会形式的。"⑤他根本不理解，人的本质的现实存在不过是一定历史条件下人的"一切社会关系的总和"⑥。

施蒂纳几乎是"无条件地接受了费尔巴哈的幻想"，所以他也"不断地把'人'作为单独行动的个人强加于历史，"似乎这种抽象的"人"创造了历史。⑦ 施蒂纳"把'人'当作过去历史的积极主体"，可是他的这

---

① 《马克思恩格斯选集》第2卷，第8页。
② 马克思、恩格斯：《费尔巴哈》，人民出版社1988年（1988年，《德意志意识形态》第一章手稿由人民出版社出版重编的单行本。本文凡引用第一章的文字，均采用这个新编译本），第6页。
③ 《马克思恩格斯全集》第3卷，人民出版社1972年版，第8页。
④ 《马克思恩格斯全集》第3卷，人民出版社1972年版，第576页。
⑤ 《马克思恩格斯全集》第3卷，人民出版社1972年版，第8页。
⑥ 《马克思恩格斯全集》第3卷，人民出版社1972年版，第8页。
⑦ 《马克思恩格斯全集》第3卷，人民出版社1972年版，第259—260页。

个"'人'只是概念、现象的另一个名称而已"①。

马克思和恩格斯极为深刻地指出，费尔巴哈和施蒂纳是在用这种抽象的人（先验的人的本质），"来代替过去每一历史阶段中所存在的个人，并把他描述成历史的动力。这样，整个历史被看成是'人'的自我异化过程，实际上这是因为，他们总是用后来阶段的普通个人来代替先前阶段的个人并赋予先前的个人以后来的意识。由于这种本末倒置的做法，即一开始就撇开现实条件，所以就可以把整个历史变成意识的发展过程了"。而"根据这种观点，历史总是遵照在它以外的某种尺度来编写的；现实的生活生产被描述成某种史前的东西，而历史的生活则被说成是某种脱离日常生活的东西，某种处于世界之外和超于世界之上的东西"。在费尔巴哈、施蒂纳那里，历史成了某种"人的本质"、"类"的"单纯的先入之见的历史，成为关于精神和怪影的神话"。在实质上，这就使"思辨的观念、抽象的观点变成了历史的动力"，②这当然是唯心主义！马克思恩格斯在此对费尔巴哈等人抽象人本主义异化逻辑的批判，同时也是一种更加深刻的自我批评（"清算"）。大家知道，马克思哲学世界观的第一次转变，即从黑格尔那种倒置的逻辑转到以现实的市民社会去说明国家与法；其二，马克思又摒弃费尔巴哈"过多地注重自然"，而较少研究社会历史的缺点，从而萌生了一条从现实的社会存在说明观念以及整个上层建筑组织的独特思路。当然，后者此时不过是内含在前者中的新的总体否定性，而没有成为现实的哲学理论构架。在后来的《1844年经济学哲学手稿》和《神圣家族》中，这两种逻辑的内在冲突达到了白炽化的程度，这真实反映了马克思从费尔巴哈再走向新世界观的过渡。我们看到，这种理论冲突的直接结果就是全部人学异化史观构架的爆裂，原来的马克思思想中处于非支配地位的科学的客观逻辑在革命中占据了上风。所以，马克思恩格斯在《关于费尔费巴哈的提纲》和《德意志意识形态》中的一个前提性理论侧重面，就是通过批判黑格尔，进而批判费尔巴哈和自己1843—1844年以后的总体哲学构架，并以此凸显新世界观确立的革命意义。所以我们说，马

---

① 《马克思恩格斯全集》第3卷，人民出版社1972年版，第332页。
② 《马克思恩格斯全集》第3卷，人民出版社1972年版，第76—77页。

克思恩格斯在这里批判费尔巴哈的人学异化史观的一些重要逻辑要点，的确也是他们自己自觉的自我反思。

因为在《1844年经济学哲学手稿》中，抽象的理想化的劳动也是一种先于历史而存在的人的"类本质"，这同样是在要求"你们应该是一种与你们实际的样子不同的人"。显然，人类社会历史成了劳动异化和复归的历史。此时的马克思是用"劳动"这样一个"在历史之外的尺度"来解释现实，以人的本质异化的观念来说明私有制的不合理，并以劳动异化的扬弃来获得共产主义这种应该确立的状态。我们说，马克思恩格斯这种深刻的自我清算，表明了他们与整个旧哲学决裂的真实心境和决心，这也是他们创立新世界观必须踏过的关键性台阶。可是，我们这里要进一步深究的问题倒不再是马克思是否抛弃了以前的哲学信仰（这一点我们已经解决了），而是马克思在新世界观的创立中（德意志意识形态），是否同时抛弃了他在1843—1844年所关心的人类自身发展的主体地位问题[①]？是否把作为人的最终解放——共产主义从哲学中界划出去了？我认为，克服人本主义异化史观与科学地说明人的主体地位问题是两个不同的理论问题。但在我们以往的研究中，这二者往往被严重混淆了，并同时作为旧哲学的残壳被抛弃了。其实，马克思在哲学变革中抛弃了作为总体构架的异化史观，但绝没有同时否定人的历史发展状况这一重要的现实，而是在新世界的框架内重新科学地说明了这一问题。这也是我们重新发现的《德意志意识形态》哲学构架中的一条重要的逻辑线索。

二

在马克思恩格斯关于唯物史观的正确表述中，他们是在说明现实的人，现实个人的活动和发展的总体情况。生产、生产方式和上层建筑都是现实人的活动构成的，绝不是什么离开人而运转的独立的客观物质过程。

[①] 《马克思恩格斯全集》第3卷，人民出版社1972年版，第332页。

这是我们在此要描述的新的逻辑线索的科学基础。在以上我们看到的马克思恩格斯对费尔巴哈等人的批判中，他们主要说明了"人"不是什么，而从肯定的意义上说，人"不是某种处于幻想的与世隔绝的、离群索居的人，而是处在现实的、可以通过经验观察到的、在一定条件下进行的发展过程中的人"①。人只能通过现实发生的生产获得区别于动物的社会存在的质点。所以，人就是他们的"实际生活过程；人是什么主要取决于他们生产什么和怎样生产"，"取决于他们进行生产的物质条件"。这样，所谓人的本质就必然是人在特定历史条件下全部社会关系的总和。而对于"人"自身的理论确证和思考，也就只能从人们的现实生活中引申出来，而绝不是相反。同时，关于人自身的生存和发展状况也是如此，人类主体自身的历史发展状况都是受一定的生产力水平和生产方式制约的。比如人的能力就不是某种先在的应该具有的东西，也不是上帝的赋予，而是一定社会生产力历史发展的结果，人改造自然的能力，人与人相互作用的能力，人的现实创造和想象力都只能"取决于他生活于其中的生产和交换关系"②。人的自由还是如此。"人们每次都不是在他们关于人的理想所决定和所容许的范围之内，而是在现有生产力所决定和所容许的范围内取得自由的。"③ 人们选择权利往往是受到他们生活本身的条件制约的。为此，马克思还举过一个例子，如一位当时的爱尔兰农民所面临的选择只有两种：或者吃马铃薯或者饿死，"而在这种选择中，他并不永远是自由的"④。总之，在马克思看来，人的主体特性的发展正是由历史发展本身来推动的。

---

① 《马克思恩格斯全集》第3卷，人民出版社1972年版，第262页。这一段表述很可能被一些人用来说明马克思主义哲学革命变革是在1843年，由此引出马克思主义就是人道主义（"巴黎手稿"）的推论。实际上，这里马克思是在指出鲍威尔、卢格等人连从唯心主义转到一般唯物主义的立场都没有实现，所以马克思才说只有唯物主义者费尔巴哈才是可以"认真对待"的（同上，第20页注1）。马克思的哲学新视界首先是针对费尔巴哈的旧唯物主义的，而不是一般唯心主义。新的世界观的创立，正是建立在对隐匿在费尔巴哈一般唯物主义逻辑背后的那种隐形主义的否定之上的！
② 我以为，重视人的主体地位问题是马克思的一贯思路，这一线索可以追溯到马克思的青年时期的前期。参见张一兵：《析马克思社会历史发展似自然性的特设规定》，载《哲学研究》1991年第2期。
③ 《马克思恩格斯全集》第3卷，人民出版社1972年版，第132页。
④ 《马克思恩格斯全集》第3卷，人民出版社1972年版，第228页。

如果一个人的生活资料"使他只能牺牲其他一切特性而单方面地发展某一特性，如果生活条件只提供他发展这一种特性的材料和时间，那么这个就不能超出单方面的、畸形的发展。任何道德说教在这里都不能有所帮助"①。

行文至此，一些读者会很自然地断言，你看，马克思的确是抛弃了人的观念，他摒弃了整个关于抽象的人的本质，以及把现实人的生存状态逻辑地判定为"非人"的理论思路。是的，问题的关键正在这里，马克思是否在1845年春天的哲学革命中，将他对人的主体状况和人类主体在现实中的不合理状态（"非人"）的关注一并从哲学逻辑中清除出去了呢？我认为，马克思恩格斯《德意志意识形态》一书中的真实思路对这种独断是否定的。在《德意志意识形态》一书中，马克思恩格斯仍旧十分关心人类在社会历史发展中的主体地位，并在科学的理论基础上历史地分析了人类主体地位的丧失和重新获得的现实可能性，这个逻辑思路恰恰是历史辩证法主客体关系问题的核心内容。②

为了更清晰、明确地把握马克思的思想，我们不妨采取一种回溯式的论述方法来再现这一重要逻辑线索。经过仔细研究，我们发现马克思原来曾经用黑格尔和费尔巴哈方式透视过的历史现象，现在被科学的客观逻辑再次描述了。马克思指出，在人类社会发展的过去历史中（一直到资本主义社会，马克思称之为"自发形成"或"自然形成"的史前社会），由于狭义的社会分工不是出于自愿，而是历史的自发生成，"那么人本身的活动对人来说成为一种异己的，与他对立的力量，这种力量驱使着人，而不是驾驭着这种力量"③。在这样的社会发展中，"我们本身的产物聚合成一种统治我们的、不受我们本身控制的、与我们的愿望背道而驰的并抹杀我们打算的物质力量"④。在这里，马克思还专门作了一个特设说明："这是

---

① 《马克思恩格斯全集》第3卷，人民出版社1972年版，第507页。
② 《马克思恩格斯全集》第3卷，人民出版社1972年版，第355—356页。
③ 第二国际的首领们大大地忽略了这一点，导致了机械的经济决定论，而西方马克思主义的一些学者正确地看到了这一方面，但却又将其夸大到相反的错误极端。参见张一兵：《折断的理性翅膀》，南京出版社1990年版，第317—319页。
④ 马克思、恩格斯：《费尔巴哈》，人民出版社1988年版（1988年，《德意志意识形态》第一章手稿由人民出版社出版重编的单行本。本文凡引用第一章的文字，均采用这个新编译本），第16页。

过去历史发展的主要因素之一"①。

我们需要弄清楚,马克思这段表述的真实含义是什么?首先,马克思这里所讲的统治、背道而驰和抹杀人类主体地位的物质力量明显不是在谈论社会存在的一般基础,也不在说明人类主体活动的一般物质条件,如前面我们曾引证的,人们活动的那种"一定的物质的不受他们的任意支配的界限、前提和条件"或每个社会历史阶段所遇到的"预先规定新的一代的生活条件,使之得到一定的发展和具有特殊的性质"的一定的物质生活条件。因为这些前提性基础,只要人类存在一天,它们就是永远无法摆脱和超越的。我们发现,在这里马克思不是站在原来那种逻辑线索,即对社会历史总体进程的观察视角上,而是转换到一种从人的主体地位的角度来重视人与自己对象的关系了。如果前者是历史唯物主义的一般原则,这里则是突出了历史辩证法的规定。在这一新的理论视角上,马克思恰恰正是在向历史现实索要人的现实主体地位。这一次不是先验的"应该"了,而是历史现实发展的必然结果了。

其次,我们应当意识到,马克思这里关注的"个人力量(关系)由于分工转化为物的力量"的现象②,不正是不久前他在《1844年经济学哲学手稿》中愤怒斥责的"人的本质异化"吗?是的。很显然,这里又出现了一个十分关键同时又必须认真界定的理论质点。西方的一些学者(如"西方马克思主义")认为马克思在这里仍然没有放弃《1844年经济学哲学手稿》的哲学逻辑构架,只不过是"换了一种说法"罢了。这实在是一种极大的理性弱智。我认为,马克思在《德意志意识形态》中没有放弃的不是人本主义异化史观,而是对资本主义社会中这种主体与客体的历史性颠倒,以及不合理的私有制现象的正视,但他却的的确确在一个全新逻辑视界中来看待这一客观历史现象了。马克思明确将自己以前的那条人学异化

---

① 马克思、恩格斯:《费尔巴哈》,人民出版社1988年版(1988年,《德意志意识形态》第一章手稿由人民出版社出版重编的单行本。本文凡引用第一章的文字,均采用这个新编译本),第29页。

② 马克思、恩格斯:《费尔巴哈》,人民出版社1988年版(1988年,《德意志意识形态》第一章手稿由人民出版社出版重编的单行本。本文凡引用第一章的文字,均采用这个新编译本),第29页。

史观（虽然比费尔巴哈施蒂纳等人的人学更接近现实一些）称之为"人头脑中抛开这一现象的一般观念的做法"。他在借用一下"异化"这个术语（为了使当时的德国哲学家容易理解）的意义上说，现在恰恰需要颠倒一下逻辑，即"从现实个人的现实异化和这种异化的经验条件中来描述现实的个人"①。

这里还有一个逻辑相似点，即马克思像《1844年经济学哲学手稿》一样，反对资产阶级学者试图把资本主义这种不合理的剥削制度说成是所谓"永恒的自然规律"，力图抹杀这种人丧失主体地位的状况的历史暂时性；但这里更重要的是一个大的不同点，在《1844年经济学哲学手稿》中，马克思是从异化的逻辑来说明私有制（分工）的现实，而现在，他则是从社会发展的生产方式运动来现实说明私有制和"异化"。也因此，马克思才同样在"借用"的意义上说："'人的'这一正面说法是同某一生产发展的阶段上占统治地位的一定关系以及由这种关系所决定的满足需要的方式相适应的。同样，'非人的'这一反面说法是同那些想在现有生产方式内部把这种传统关系以及在这种关系中占统治地位的满足需要的方式加以否定的意图相适应的，而这种意图每天都由这一生产发展的阶段不断地产生着。"② 马克思这一段表述是十分精彩精深的。可是，我们当然能够看到两种截然不同的逻辑结果：其一是《1844年经济学哲学手稿》中，马克思在抽象伦理学的逻辑视角上评判主体丧失自身地位的异化现象的不合理；而这里，马克思却首先历史地说明了这种人的主体地位丧失的必然性（历史合理性），同时，再从历史的现实发展中，在代表新的生产力的社会本身的内在驱动中（无产阶级要求推翻资本主义的"新意图"）客观揭示人丧失主体地位的不合理性，以及人如何在新的社会趋向中（共产主义）重新获得这一主体地位的现实可能性。

---

① 马克思、恩格斯：《费尔巴哈》，人民出版社1988年版（1988年，《德意志意识形态》第一章手稿由人民出版社出版重编的单行本。本文凡引用第一章的文字，均采用这个新编译本），第29页。

② 《马克思恩格斯全集》第3卷，人民出版社1972年版，第296页。

三

在《德意志意识形态》中,我们还看到了马克思恩格斯在创立新世界观后第一个关于社会历史形态的表述。马克思提出了社会所有制(社会形态的范畴的前身)发展的四种形式(阶段):(1)部落所有制;(2)古代公社所有制和国家所有制;(3)封建的或等级的所有制;(4)资本主义所有制,以及作为未来社会的共产主义。我们知道,在此之前,马克思曾在1843年提出过"古代—中世纪—'新时代'",在《1844年经济学哲学手稿》中,则提出过"异化前人类—异化社会—共产主义"的设想,而在这里,马克思从生产方式内在结构的尺度,按照当时他掌握的史料,对人类社会历史进程进行了客观描述。正是在这个历史描述之后,我们可以看到马克思在我们称之为历史发展的主客体关系的视角上,对上述历史进程作了一重要的逻辑说明。

十分可惜的是,这个重要逻辑说明的第一部分(四页手稿)被老鼠的牙齿"批判了"①。我们不得不从这一思路的一个断面开始我们的分析。马克思在这里的分析是以生产工具为基点的,这实际上也是以生产力现实发展为尺度的。我们看到,马克思把上述所有制形式的前三个形态(部落的、古代的和封建的所有制)称之为自然产生的社会形态,而将自资本主义始的人类历史称之为文明创造的社会形态(共产主义则是与整个"所有制形式"社会根本对立的新型社会)。我们推断,马克思在断开的手稿之初,很可能先是对上述历史描述从两种不同的社会形态("自然产生"的和"文明创造的")的生产发展本身作了一般性的对比分析。

在这之后,马克思才又仔细说明了这两种社会形态中主体状况的不同点。这种不同点有八个差别。第一,自然产生的生产工具(耕地、水等)

---

① 马克思、恩格斯:《费尔巴哈》,人民出版社1988年版(1988年,《德意志意识形态》第一章手稿由人民出版社出版重编的单行本。本文凡引用第一章的文字,均采用这个新编译本),第317页。

使"各个个人必然聚集在一起",而文明创造的工具却使人本身变成了生产工具的一部分,"与现有的生产工具并和在一起。"这是说明前一种情况下,人还在依靠主体自身的结合力量;而后者则使人依存于人造的外在工具的力量。第二,所以在第一种情况下,"各个个人受自然界的支配,在后一种情况下,他们则受劳动产品支配。"前者是表明人的主体地位尚未确定,总体上人还受自然规定,这是自然产生的社会从前史中带来的;后者中的人虽然已在创造出的物质经济环境中确立了自身,但从深层看,人却又开始受到自己产物的奴役,虽然从"自然产生"到"文明创造"是现实的社会进步,不是什么"人性"的丧失,但这种社会进步中的人类主体地位仍然是虚假的。第三,在前一种情况下,"财产(地产)也表现为直接的自然产生的统治,而后一种情况下,则表现为劳动的统治,特别是积累起来的劳动即资本的统治"。这是马克思对第二条的进一步说明:前者是一些人对私有土地的占有,可以直接统治另一些人,后者是由于私有资本的占有,一些人通过资本间接地统治另一些人。这是绝大部分人的主体地位的二度沦丧,除去外部力量对人的支配之外的人对人奴役的"二次方"。这是马克思这种对比性分析中最重要的三个方面。① 在以后的五个对比分析中,一方面马克思说明这两种社会形态在人与人的关系(血缘关系和交换关系;人与自然的交换和人与人的交换)、分工(体脑分工和是否建立在分工基础上的工业)以及社会控制(人的控制和通过货币的控制)等方面的差异。

在进行了这种对比性研究之后,马克思把重心转到了对"后一种情况"的专门研究上。他先从资本主义社会的性质入手,从社会发展的一定

---

① 后来在1859年(《政治经济学批判》序言),马克思进一步概括为(1)亚细亚社会;(2)古代社会;(3)封建社会;(4)资本主义社会,并将其确定为"社会经济形态"的四种形式,此外还有共产主义。1881年(给查苏里奇的信),在新的史料之上,他又进一步说明了一条"原生的社会形态"(公社是它的最后形态)——"次生的社会形态"(社会经济形态)——共产主义历史分期。同样,在这两种历史进程的背后(马克思的1857—1858年经济学手稿),我们也发现了另一条以主客体关系为尺度的"三大社会形态":"人的依赖性的社会"——"物的依赖性的社会"——"人的自由发展的社会"。前两个社会形态是人类社会发展的"必然王国",后一个社会形态是"自由王国",又是"两大形态"了。这是一个十分复杂的理论问题,对此笔者将另文详述。

阶段上深入考查了分工、交往所引起的私有现象，以及这种现象在现代导致的劳动分裂。接下去，马克思重新回到主体与客体的关系这条线索上。他发现了现代社会中存在的两个事实：第一，"生产力表现为一种完全不依赖于各个个人并与他们分离的东西，"第二，"这种生产力好象具有一种物的形式，并对个人本身来说它们已经不再是个人的力量"，而颠倒地表现为物的力量。① 这里是说，主体与客体的地位被倒置了。可是，这是在什么意义上说的，或者主客颠倒的发生和确定相对于什么标尺？！这显然已经不是那种人应该先天具有的类本质。这是一个非常关键的问题。

我们发现，在这里，马克思提出了作为衡定主体与客观关系的一个新的科学核心概念，这就是自主活动（selbstbe—tatigung 又译"自我活动"）。应该说，这个概念初看起来与《1844年经济学哲学手稿》中的理想化"劳动"有相近点，但实际上，这是马克思在哲学新世界中说明人类自身发展主体地位的一个新的现实尺度。我认为，马克思的这个自主活动范式有两个逻辑层面。其一，是指人类自身的主体活动或主体地位，这是一种近于抽象的界定。其二，自主活动是人的现实地改造外部世界的具体的、历史的、现实的创造活动。马克思认为，人的自主活动在历史中的真实状况实际上是一个不断历史地确立和实现的过程，而不是一种人类先验的应该具有的类本质（或主体状态）。

马克思指出，人们后来发现在过去的历史中，人们生活背离自主活动中的非主体状况（"非人的状态"）本身恰恰是历史的现实结果。这是因为，"人们进行生产的一定条件是同他们的现实的局限状态，同他们片面存在相适应的，这种存在的片面性只是在矛盾产生时才表现出来，因而只是对于后代存在。这时人们才觉得这些条件是偶然的桎梏，并且把这种视上述条件为桎梏的意识也强加给先前的时代"②。而"这些不同的条件，起初是自主活动的条件，后来却变成了它的桎梏的旧交往形式被适应于比

---

① 《德意志意识形态》第一章手稿的第四部分，缺少原页码的第36—39页。
② 马克思、恩格斯：《费尔巴哈》，人民出版社1988年版（1988年，《德意志意识形态》第一章手稿由人民出版社出版重编的单行本。本文凡引用第一章的文字，均采用这个新编译本），第65页。

较发达的生产力，因而也适应于进步的个人自主活动方式的新交往形式所代替；新的交往形式又会成为桎梏，然后又为别的交往形式所代替"①。这就是历史了，这就是人为"本身力量发展的历史"了。

四

请注意，在这里马克思并没有在总体上否定人的自主活动这个重要的人类生存的主体状况，而是科学地说明了这个主体状态本身不是什么应该具有的本体状态，自主活动的确定和实现是人类自身发展的过程。特别需要指出的是，马克思从来没有将人类在现实生活中还不能真实确立自己的主体地位的状况（"史前"社会中的主客颠倒现象）视为永恒的一般历史规律。马克思认为，正是社会历史发展本身开辟了人类真正获得自己主体地位的现实可能性。这也是在高度发达的生产力水平之上，彻底消除了一切剥削制度特别是否定了资本主义私人占有制之后，真正的人类社会历史发展就开始了。而共产主义就是这个人类历史新纪元的起点。

在马克思看来，现代资本主义的发展虽然使人开始逐步通过自己的努力，改变了先前历史阶段那种总体上"自然形成的关系"，形成了人的共同活动所构成的新的社会力量（扩大了的生产力），但是，"因为共同活动本身不是自愿地而是自然形成的，所以这种社会力量在这些个人看来就不是他们的自身的联合力量，而是某种异己的、在他们之外的强制力量。关于这种力量的起源和发展趋向，他们一点也不了解；因而他们不能再驾驭这种力量，相反地，这种力量现在却经历着一系列独特的、不仅不依赖于人的意识和行为反而支配人们的意识和行为的发展阶段"②。这就是原来青年马克思所称的"异化"了，即主体尚未确立自身主体地位的现实的

---

① 马克思、恩格斯：《费尔巴哈》，人民出版社1988年版（1988年，《德意志意识形态》第一章手稿由人民出版社出版重编的单行本。本文凡引用第一章的文字，均采用这个新编译本），第49页。

② 马克思、恩格斯：《费尔巴哈》，人民出版社1988年版，第65页。

"颠倒"的主客关系。

由于资本主义的发展造成了一个巨大的物化系统,这个由人创造的但却表现为非人的力量的发展,"是自发地进行的,就是说它不服从自由联合起来的个人的共同计划";同时,"这种发展是非常缓慢的",生产力的发展已经受到了一种对抗性的阻滞力;最后,资本主义社会中人的发展并无法改变长期以来主体受制于客体的总体状态,反而使这种颠倒大大加剧了。在另一方面,也正是资本主义社会的发展已经在自身内部,创造和提供了一种人类真正确立自我主体地位的现实可能性,可是资本主义生产方式由于自身的性质却无法真正实现这种彻底的人的解放(按照马克思原来的说法,资产阶级革命只是完成了人的"政治解放")[1],因此,这还必须再通过一次新的革命来解决这个问题。

在当时的马克思看来,"个人力量(关系)由于分工而转化为物的力量这一现象,不能靠人们从头脑里抛开关于这一现象的一般观念的办法来消灭,而是只能靠个人重新驾驭这些物的力量,和消灭分工的办法来消灭。"[2] 在这个现实的历史发展为基础的革命中,"各个个人的全面的依存关系、他们的自然形成的世界历史性的共同活动的最初形式,由于共产主义革命而转化为对下述力量的控制和自觉的驾驭,这些力量对他们来说却一直作为一种异己的力量威慑和统治他们"[3]。也只有在这个新的历史阶段上,人"才能够获得自己充分的、不再受限制的自主活动,而这种自主活动就是对生产力总和占有以及由此而来的才能总的发挥"[4]。并且,"只有在这个阶段上,自主活动才同物质生活一致起来,而这点又是同各个人向完整的个人的发展以及一切自发性的消除相适应的"[5]。同样是在这个新的

---

[1] 马克思、恩格斯:《费尔巴哈》,人民出版社1988年版(1988年,《德意志意识形态》第一章手稿由人民出版社出版重编的单行本。本文凡引用第一章的文字,均采用这个新编译本),第34页。
[2] 《马克思恩格斯全集》第1卷,人民出版社1956年版,第429页。
[3] 马克思、恩格斯:《费尔巴哈》,人民出版社1988年版(1988年,《德意志意识形态》第一章手稿由人民出版社出版重编的单行本。本文凡引用第一章的文字,均采用这个新编译本),第75页。
[4] 马克思、恩格斯:《费尔巴哈》,人民出版社1988年版,第76页。
[5] 马克思、恩格斯:《费尔巴哈》,人民出版社1988年版,第65页。

人类自身发展时期中，个人自由地联合起来，"它是个人的这样一种联合（自然是以当时已经发达的生产力为基础的），这种联合把个人的自由发展和运动的条件置于他们的控制之下"①。而在这种新的"真实的集体的条件下，各个个人在自己的联合中并且通过这种联合获得自由"②。

我们清楚地看到，共产主义和根本消灭一切私有制（和狭义的劳动分工），是《德意志意识形态》一书中关于人自身发展逻辑线索的最后一个环节。但在这里，共产主义不再像《1844 年经济学哲学手稿》中那样，表现为一种理论逻辑的推论，而是一种现实的历史客观趋势的反映。"共产主义对我们来说不是应当确立的状况，不是现实应当与之相适应的理想。我们所称为共产主义的是那种消灭现有状况的现实的运动。"私有制的否定也不再是因为它是"非人"的，而受到某种伦理意义上的批评，而是成为社会历史发展达到一定质点后的客观变革要求。

共产主义并不是某些人头脑中想象出来的"人的本质"概念的产物，"而是和生产力相适应的"③。"共产主义和所有过去的运动不同的地方在于：它推翻一切旧的生产关系和交往关系的基础，并第一次自觉地把一切自发产生的前提看作前人的创造，消除这些前提的自发性质，使它们受联合起来的个人的支配"。也正是在那时，即"到了外部世界对个人才能的实际发展所起的推动作用为个人本身所驾驭的时候"，共产主义就不再是理想，而是现实。在那个现实的历史发展中，人才真正确立了自己的主体地位，成为历史的主人。

---

① 马克思、恩格斯：《费尔巴哈》，人民出版社 1988 年版（1988 年，《德意志意识形态》第一章手稿由人民出版社出版重编的单行本。本文凡引用第一章的文字，均采用这个新编译本），第 65 页。
② 马克思、恩格斯：《费尔巴哈》，人民出版社 1988 年版，第 31 页。
③ 马克思、恩格斯：《费尔巴哈》，人民出版社 1988 年版，第 18 页。

历史唯物主义方法论视野中的"现实的个人"[①]

——对《德意志意识形态》小束手稿的文本学解读

张义修

《德意志意识形态》是标志着历史唯物主义诞生的重要文献之一。而在《德意志意识形态》第一卷后期增补、修订的手稿中,即在广松涉称为"小束手稿"[②]的部分,出现了"现实的个人"(wirklichen Individuen)概念。这一概念直接牵涉对历史唯物主义基本原则的不同理解:有观点认为,历史唯物主义正是从"现实的人"出发,历史是围绕"人"而展开的;亦有学者坚持历史唯物主义是从生产实践出发,并由此超越了人本主义。

实际上,从文本的原初语境来看,马克思恩格斯关于"现实的个人"的论述,既重申了历史唯物主义的总体分析框架,更自觉而鲜明地将历史唯物主义新世界观指认为一种"方法",而这一方法正是从现实的生产实践出发的。一句话,"现实的个人"的提出,并非聚焦于"人"本身,而是直接指向新世界观的"方法"问题。

[①] 原载《南京大学学报》2011年第6期。
[②] 日本学者广松涉将《德意志意识形态》费尔巴哈章的手稿按照创作时间分为两个部分:在《德意志意识形态》的创作初期完成的17张为"大束手稿";后来修订、增补费尔巴哈章的7张为"小束手稿",其中5张有{1}—{5}的纸张编号,另两张被广松涉称为{1}{2}。鉴于版本编辑方面的特殊优势,本文主要依据广松涉《新编辑版〈德意志意识形态〉》的中译本《文献学语境中的〈德意志意识形态〉》([日]广松涉:《文献学语境中的〈德意志意识形态〉》,彭曦译,南京大学出版社2005版)。

一、"现实的个人"的提出是对历史唯物主义新世界观的重申

通过对总体性文献语境的考察，笔者发现，"现实的个人"的提出，不是停留于对"人"的抽象刻画，而是全面地强调了历史唯物主义的总体分析框架，特别是坚持了物质生产的历史基始性。

且让我们从文献的基本情况说起。作为一部未完成的著作，《德意志意识形态》的文献情况十分复杂，不同版本的文献编排思路各异①。特别需要强调的是："现实的个人"虽然被编在书中开头部分，但就创作的真实过程而言，恰恰是马克思恩格斯后来修订、增补费尔巴哈章时才提出的新概念。而且，在德文原文中，"现实的个人"（wirklichen Individuen）实际上只出现过一次。那么，究竟哪些手稿构成关于"现实的个人"的原初语境呢？

不同于目前人民出版社《德意志意识形态》各版本的编排思路②，笔者认为，与"现实的个人"相关的是 {1} {2} 和 {5} 三张手稿，而且这三张手稿在内容上具有一种连贯性。{1} {2} 先是关于"站在德国以外的立场上来考察一下这些喧嚣吵嚷"的引言，接着以"1. 一般意识形态，特别是德国哲学"为题，到"这种交往的形式又是由生产决定的"结束。手稿 {5} 是一段总括性、导论性的文字，以"由此可见，事情是这样的"起笔，到"这里我们只举出几个我们用来同意识形态相对照的抽象，并用历史的例子来加以说明"结束。③ 这三张手稿不仅对现实的、在一定条件下从事实际活动的"人"进行了反复阐释，并且区别于其他手稿

---

① 《马克思恩格斯全集》中文第一版的《德意志意识形态》主要依据1926年阿多拉茨基版编排，对原始手稿进行了"不必要的和没有充分根据的"重新拼接；《费尔巴哈》单行本则主要依据1965年巴加图利亚版，纠正了前者的一些错误（马克思、恩格斯：《费尔巴哈》，人民出版社1988年版）。
② 即将小束手稿中 {3} {4} 关于分工与所有制的段落放在 {1} {2} 和 {5} 之间。
③ [日] 广松涉：《文献学语境中的〈德意志意识形态〉》，彭曦译，南京大学出版社2005版；马克思、恩格斯：《费尔巴哈》，人民出版社1988年版。

中的宏观历史叙事，展现出一种从微观个体辩证展开的崭新论述方式。

特别具有启发意义的是，广松涉基于对前后期手稿的比较研读，提出这三张手稿中的"历史科学"论述与大束手稿第 11—16 页（按马克思的编页）的历史唯物主义论述具有"对应性"。因此广松版《德意志意识形态》将这部分手稿作为大束手稿的改订异稿，以双联页形式排印，以便读者进行比较。① 而通过对比分析，我们可以非常清晰地发现，"现实的个人"的相关论述绝不是完全独立的崭新段落，而恰恰构成对大束手稿中相关论述的一次对应性的重申。这种对应性在德文原文中看得更加清楚。通过这种对比分析，我们也可以进一步确证历史唯物主义的分析框架和核心范畴。

其一，"现实的个人"的相关论述重申了历史的"第一个前提"（die erste Voraussetzung），即人的最基本的生命持存。在大束手稿中，马克思恩格斯指出："一切人类生存（Existenz）的第一个前提，也就是一切历史的第一个前提，这个前提是：人们为了能够'创造历史'，必须能够生活（zu leben）。"而小束手稿也指出："全部人类历史的第一个前提无疑是有生命的（lebendiger）个人的存在（Existenz）。"② 可见，大束手稿和小束手稿中两次对社会历史的分析都选择了以历史的"第一个前提"为表述起点，继而进入"第一个历史活动"。

其二，"现实的个人"的相关论述重申了"第一个历史活动"（die erste geschichtliche Tat），即物质生产。大束手稿紧接着"第一个历史前提"提出："第一个历史活动就是生产满足这些需要的资料，即生产物质生活本身。"而在小束手稿中，也是紧接"前提"写道："这些个人的第一个**历史**行为……在于他们开始**生产自己的生活资料**。"并且还指出："人们生产自己的生活资料，同时也间接地生产着自己的物质生活本身。"③ 可见，马克思恩格斯在两次论述中，不仅都坚持一切历史的基始性条件是物质生产，而且都清晰地指出，这种物质生产不仅是物质生活资料的生产，同时也是物质生活本身的生产。

---

① ［日］广松涉：《文献学语境中的〈德意志意识形态〉》，彭曦译，南京大学出版社 2005 版。
② ［日］广松涉：《文献学语境中的〈德意志意识形态〉》，彭曦译，南京大学出版社 2005 版。
③ ［日］广松涉：《文献学语境中的〈德意志意识形态〉》，彭曦译，南京大学出版社 2005 版。

其三,"现实的个人"的相关论述强调了作为社会历史分析的核心范式的"生产方式"。大束手稿在论述了四重原初历史关系后指出:"由此可见,人们之间一开始就有一种物质的联系。这种联系是由需要和生产方式决定的,它和人本身有同样长久的历史","人们之所以有历史,是因为他们必须**生产**(produzieren)自己的生命,而且必须用**一定的**方式(bestimmte Weise)来进行。"而小束手稿则进一步论述了对生产方式进行考察的重要意义,并且指出:"由此可见,事情是这样的:以一定的方式(bestimmte Weise)进行生产(produktiv)活动的一定的个人,发生一定的社会关系和政治关系。"①

其四,大小束手稿的相关段落在论述的总体结构上具有一致性。大束手稿以物质生产与再生产为起点,先后论述了四重原初的历史关系、意识的社会关系本质,得出生产力、社会状况和意识矛盾运动的结论;而小束手稿阐述了作为历史起点的生产及人的生产方式,进而阐述了人的生产活动与社会结构以及国家的联系、意识的物质生活基础,指出受生产力和交往形态制约的人是意识的生产者。②

以上种种,绝不是简单的文字巧合。这不仅是文意的重现,更是思想的确认。如果考虑到｛1｝｛2｝｛5｝作为第一章开头与导论的文本性质,这也就意味着:在《德意志意识形态》中,历史唯物主义的总体分析框架不仅第一次得到了正面阐发,而且还被系统性地重申与强调了一次。这有力地确证了《德意志意识形态》在新世界观形成过程中的重要理论地位。而坚持物质生产的历史基始性,也正是我们理解"现实的个人"这一概念所不能离弃的总体语境和首要原则。

二、"现实的个人"的提出是对 历史唯物主义方法论的逻辑导引

以上论证了"小束手稿"中"现实的个人"的相关论述与大束手稿

---

① [日]广松涉:《文献学语境中的〈德意志意识形态〉》,彭曦译,南京大学出版社2005版。
② [日]广松涉:《文献学语境中的〈德意志意识形态〉》,彭曦译,南京大学出版社2005版。

中论述的总体一致性。现在，更进一步的问题在于，如何理解二者之间存在的差异呢？特别是，差异恰恰直接表现在"从何出发"的问题上：在大束手稿中，历史唯物主义的出发点被标明为"直接生活的物质生产"，而小束手稿中却指出"我们的出发点是从事实际活动的人"；在大束手稿中，马克思恩格斯以鲜明的对比揭示了历史唯物主义"不是从观念出发来解释实践，而是从物质实践出发来解释观念形态"，而小束手稿却以对比的方式写道："前一种考察方法从意识出发，把意识看作是有生命的个人。后一种符合实际生活的考察方法则从现实的、有生命的个人本身出发，把意识仅仅看作是**他们的**意识。"① 我们必须直面这一问题：历史唯物主义的出发点由生产实践变成"人"了吗？"现实的个人"的提出是为了修正之前的阐述吗？

笔者认为，答案是否定的。想要化解词句的冲突，除了坚持文本的总体语境，还须深入分析小束手稿特殊的创作意图与文本性质。总的来说，在大束手稿中，马克思恩格斯实现了对新世界观的初次正面阐述，而在小束手稿中、在全文的开头，他们则试图为新世界观作一个更具区分度的"导论"。因此，"现实的个人"的提出绝不是对大束手稿中具体表述的直接修订，而是具有更强的导引功能。也就是说，这是两个不同层面的论述。

其一，小束手稿中之所以阐释"人"，是出于阐明自己与费尔巴哈、施蒂纳之间对立的需要。施蒂纳以"我"反对"人"、以个体（Individuum）反对"类"的尖锐批判，对马克思的人本学逻辑构成致命冲击，对马克思的哲学革命起到了巨大的促进作用。从德文原文来看，"个人"（Individuen，恰恰是施蒂纳的 Individuum 的复数）的密集出现，首先是在大束手稿的第三部分，即关于现代分工下个人主体性丧失及共产主义的段落中，而这一部分原本正是针对施蒂纳的。② 可以想见，在面对施蒂纳和构思《德意志意识形态》开头的过程中，马克思恩格斯意识到：想要真正

---

① ［日］广松涉：《文献学语境中的〈德意志意识形态〉》，彭曦译，南京大学出版社2005年版。
② ［日］广松涉：《文献学语境中的〈德意志意识形态〉》，彭曦译，南京大学出版社2005年版。

清算从前的哲学信仰，阐明与德国哲学的对立，① 就必须清楚阐明新世界观与费尔巴哈和施蒂纳的双重异质性。要完成这一任务，对"人"的说明也就成为了焦点。因此在小束手稿中，马克思恩格斯通过对比的形式，对历史唯物主义的"人"予以多角度的澄清：与费尔巴哈所设想的不同，"人"（Menschen）并非处于某种虚幻的封闭和固定状态，而是在一定的条件之下、在现实的发展过程之中；历史唯物主义的考察也不是像施蒂纳那样，把意识看作有生命的单个的个体（Individuum），而是从"现实的、有生命的个人（Individuen）"出发，"把意识仅仅看作是**他们的**意识。"② 可见，小束手稿虽然没有严格区分"人"（Menschen）与"个人"（Individuen）两个概念，但不难体会到其鲜明的针对性。

其二，进一步来说，马克思恩格斯与费尔巴哈、施蒂纳的对立不是仅就"人"的问题，而是思想方法的根本对立。在这里，新世界观被明确指认为一种"方法"，从而彰显了历史唯物主义的方法论自觉。1844年底，恩格斯在致马克思的信中这样谈到施蒂纳带来的启发："我们必须从**我**，从经验的、肉体的个人出发，不是为了像施蒂纳那样陷在里面，而是为了从那里上升到'人'。只要'人'不是以经验的人为基础，那么他始终是一个虚幻的形象。"③ 请注意，恩格斯虽然谈到了"人"，但实际上他是在反思自己的"思想方法"——汲取施蒂纳批判的合理性，告别费尔巴哈的人本学，从现实的"个人"上升到"人"，而不是用哲学的"人"反观"个人"。到了小束手稿重新思考新世界观时，马克思恩格斯已经多次、明确指出，历史唯物主义是一种异质于全部旧哲学的"考察方法"（Betrachtungsweise）："德国哲学从天国降到人间；和它完全相反，这里我们是从人间升到天国。"也正是在"方法"的层面上，他们才真正与一切旧哲学界划开来，这样，"历史就不再像那些本身还是抽象的经验论者所认为的那样，是一些僵死事实的汇集，也不再像唯心主义者所认为的那样，是想

---

① 马克思：《〈政治经济学批判。第一分册〉序言》，见《马克思恩格斯全集》第31卷，人民出版社1998年版。
② ［日］广松涉：《文献学语境中的〈德意志意识形态〉》，彭曦译，南京大学出版社2005版。
③ 恩格斯：《恩格斯致马克思（1844年11月19日）》，见《马克思恩格斯全集》第47卷，人民出版社2004年版。

象的主体的想象活动。"①

其三,"现实的个人"的提出,是试图通过澄清"前提"的方式,为历史唯物主义的"方法"作进一步的理论辩解,即说明"从生产出发"本身何以成立。从小束手稿"历史科学"论述的修改过程可以看出,马克思恩格斯在这里并不急于正面说出历史唯物主义的一些重要原则(意识形态与社会历史的关系、第一个历史行动是生产等),而是斟酌叙述策略,为新世界观的出场作更充分的理论铺垫,对已阐发过的新世界观本身的合法性作进一步的说明。回到原文,"现实的个人"是这样出场的:"我们开始要谈的前提并不是任意想出来的,不是教条,而是一些只有在想像中才能撇开的现实前提(wirkliche Voraussetzungen)。这是一些现实的个人(wirklichen Individuen),是他们的活动和他们的物质生活条件,包括他们已有的和由他们自己的活动创造出来的物质生活条件。因此,这些前提可以用纯粹经验的方法来确认。全部人类历史(Menschengeschichte)的第一个前提无疑是有生命的个人(此处'个人'原文为 menschlicher Individuen 即人类的诸个体)的存在。"②

大束手稿中的那句"我们首先应当确定一切人类生存的第一个前提,也就是一切历史的第一个前提"本身是未加论证的,在这里则获得了一次逻辑清晰的说明:从"现实前提"到"现实个人",再从"人类历史前提"到"人类个人"。个人的肉体存在、自然关系是最基础性的现实,基于此,进入社会历史进程的"人",便首先凸显为对自身自然需要的能动满足,即物质生产,"一当人开始**生产**自己的生活资料,即迈出由他们的肉体组织所决定的这一步的时候,人本身就开始把自己和动物区别开来。"③

其四,"现实的个人"的相关论述与其说是对"人"的强调,不如说是对"现实前提"的哲学自觉。字里行间,马克思恩格斯试图通过"这些前提可以用纯粹经验的方法来确认"、"由他们的肉体组织所决定的"等

---

① [日]广松涉:《文献学语境中的〈德意志意识形态〉》,彭曦译,南京大学出版社2005版。
② [日]广松涉:《文献学语境中的〈德意志意识形态〉》,彭曦译,南京大学出版社2005版。
③ [日]广松涉:《文献学语境中的〈德意志意识形态〉》,彭曦译,南京大学出版社2005版。

表述，甚至通过列举人的生存的各种自然条件来强调说明："生产"作为历史基始和出发点，绝不是出于某种思辨规定或生产崇拜，而只不过是对人的自然存在、自然需要和能动力量的现实承认。应该说，这里的表述方式受到了异质于德国哲学的经验主义和经验实证性研究的影响。实际上，此时的马克思恩格斯在方法论上已经与德国思辨哲学不在同一条轨道上了。正是在政治经济学研究的语境中反思德国哲学，使他们不禁感到真正唯物主义的世界观"**没有前提是绝对不行的**，它根据经验去研究现实的物质前提，因而最先是**真正批判的世界观**"①。这种对"现实前提"的哲学自觉，是新世界观的合法性所在，亦构成其革命性所在。换句话说，历史唯物主义"从生产出发"的合法性，究其根本，不在于理论叙述层面的逻辑推演，而在于其思想方法层面的现实前提性。②

可见，"现实的个人"的提出不是对"生产"的线性否定，毋宁说是对作为真实历史起点、亦即历史唯物主义方法论逻辑起点的"生产"的一种逻辑导引。小束手稿对现实的"个人"或"人"的反复界划，从"一定的个人"辩证展开的社会历史叙事，并不是为了强调"人"，而是为了强调"这种考察方法并不是没有前提的"③，强调"跳出哲学的圈子并作为一个普通的人去研究现实"④，强调直面历史主体的现实生存实践。

三、"现实的个人"的论述超越了抽象的人本主义异化史观

由上可见，"现实的个人"的相关论述并没有陷入对"人"的抽象讨

---

① 马克思、恩格斯：《德意志意识形态》，见《马克思恩格斯全集》第3卷，人民出版社1960年版。
② 浏览费尔巴哈章的德文原文也可以发现，在这一部分小束手稿中，"现实的（wirklich）"出现的频率明显增高，甚至高于"个人"（Individuen）概念。
③ ［日］广松涉：《文献学语境中的〈德意志意识形态〉》，彭曦译，南京大学出版社2005版。
④ 马克思、恩格斯：《德意志意识形态》，《马克思恩格斯全集》第3卷，人民出版社1960年版。

论，而退回到人本主义的思路中。不过，这一部分手稿的确为我们理解历史唯物主义视域中的"人"提供了极重要的资源，即以"生产"和"生产方式"揭示了历史主体的基本规定和解放道路。

为了更好地理解新世界观中的"人"，让我们先对相关的思想史背景作一个简略勾勒。一方面，英法启蒙主义原子式个人的社会观，从未原封不动地移植到德国的思辨土地。"人"与"客观世界"的二元化诠释，并不符合马克思的思维方式。因此，施蒂纳提出的先在于总体的"唯一者"才会对青年黑格尔派和马克思的类哲学思路产生巨大冲击。当然，后来马克思恩格斯进一步认识到，施蒂纳所说的"唯一者"的秘密仍然不过是市民社会中"德国小资产者"①的利己主义个人说教，这种由资产阶级利益所决定的观点其实和费尔巴哈还是一路的。相比而言，"旧唯物主义的立脚点是市民社会，新唯物主义的立脚点则是人类社会或社会的人类"②。另一方面，历史唯物主义的超越性亦不在于抽象的讨论人的本质是社会关系的总和。因为在黑格尔那里，社会便不是孤立个体的简单集合，而是由个人辩证展开的历史过程："属于一个个体的具体存在的是他的种种基本利益、他同他人和世界一般的种种本质的和特殊的经验性关系的总和。这种总体性构成他的现实性。"③黑格尔的这种总体性思路，将个人存在寓于更为宏大的历史使命（即绝对精神的自我实现）之中，对马克思的社会历史观有重要的影响。那么，历史唯物主义究竟是如何立足于"人类社会或社会的人类"的？新世界观对"人"的理解是怎样的呢？

其一，恰恰在"跳出哲学"之后，正是现实的生产实践，构成了"现实的个人"的内在质性特征。从"现实的个人"的前提说明到"人"的历史性绽出，人类社会历史在生产实践中才真实地起步。历史唯物主义尽管须臾不曾离弃对"人"的关怀，但在具体的理论分析运演中，却从不停留于任何孤立的"人"。理解"人"，就意味着理解人的实践过程，此所

---

① 马克思、恩格斯：《德意志意识形态》，《马克思恩格斯全集》第3卷，人民出版社1960年版。
② 马克思：《关于费尔巴哈的提纲》，《马克思恩格斯全集》第3卷，人民出版社1960年版。
③ [德]黑格尔：《精神哲学——哲学全书·第三部分》，杨祖陶译，人民出版社2006年版。

谓"在思辨终止的地方，在现实生活面前，正是描述人们实践活动和实际发展过程的真正的实证科学开始的地方"①。这就是历史唯物主义的"人"与"生产实践"的辩证关系。在后来的《经济学手稿（1857—1858年）》的导言中，马克思开篇写道："在社会中进行生产的个人，——因而，这些个人的一定社会性质的生产，当然是出发点。"② 这也印证了现实个人与生产实践的内在一致性。历史唯物主义正是在这里超越了启蒙主义的"自然状态"假设和德国思辨哲学的抽象人学。"决不是人这个神圣概念，而是处在现实交往中的现实的人创造了经验关系，只是在后来，在事后，人们才把这些关系虚构、描绘、想像、肯定、确认为'人'这一概念的启示。"③ 在这一点上，黑格尔尽管看到了人的社会历史性，但也把事情颠倒了，因为真正现实活动的人从未隶属于某个先在范畴的统治。

其二，必须突破经验的物性世界，深入到一定的生产方式之中，才能对人们真实的历史性生存予以本质性的把握。④ 相比旧哲学，新世界观的确更加关注生产，但从不是出于对单纯经济增长的兴趣，而是出于对人的现实生活的关注："人们生产自己的生活资料，同时也间接地生产着自己的物质生活本身。"而新世界观对生产方式的考察，更从来不是实证性的经济学研究，而是一种深刻的哲学指认："这种生产方式不应当只从它是个人肉体存在的再生产这方面来加以考察。更确切地说，它是这些个人的一定的活动方式、是他们表现自己生活的一定方式、他们的一定的**生活方式**（Lebensweise）。个人怎样表现自己的生活，他们自己也就怎样。因此，他们是什么样的，这同他们的生产是一致的——既和他们生产**什么**（was）一致，又和他们**怎样**（wie）生产一致。"其实在大束手稿中，"生产方式"已经被指认为一定的社会历史得以展开的有序结构："人们之所以有

---

① ［日］广松涉：《文献学语境中的〈德意志意识形态〉》，彭曦译，南京大学出版社2005年版。
② 马克思：《经济学手稿（1857—1858年）》，见《马克思恩格斯全集》第30卷，人民出版社1995年版。
③ 马克思、恩格斯：《德意志意识形态》，《马克思恩格斯全集》第3卷，人民出版社1960年版。
④ 张一兵：《马克思历史辩证法的主体向度》，武汉大学出版社2010年版。

历史,是因为他们必须生产自己的生命,而且必须用一定的方式来进行。"① 而在小束手稿这里,我们更加清晰地看到了"生产方式"所蕴含的深刻的主体关照:对历史唯物主义而言,我们是怎样,取决于我们的生活方式和我们的生产方式是怎样。

其三,作为人类解放学说的历史唯物主义,不仅坚持生产实践之于现实的人的生活的基础性,更将历史主体的解放可能寓于对"生产方式"的科学考察之中。因为"就是在一定的、当然不以意志为转移的**生产方式**内,总有某些异己的、不仅不以分散的个人而且也不以他们的总和为转移的实际力量统治着人们"②。马克思恩格斯此时已经意识到:处于一定的社会历史条件中的人,绝不可能通过主体自身直接性的变革(无论理论上是契约论的还是异化论的)来实现解放,而唯有通过生产方式的变革才有希望。可以说,"生产方式"链接起了历史唯物主义观察社会历史发展的客体向度与关注人类生存情境的主体向度③。也正是对"生产方式"的历史性考察使历史唯物主义彰显出深刻的批判性,超越了旧唯物主义对市民社会的直观,而真正立足于"人类社会或社会的人类"。

当然,此时马克思恩格斯尚未实现对资本主义生产方式的科学理解,在《德意志意识形态》中,他们试图用"分工"概念解释个人自主性的丧失,并主张通过联合"消灭分工"。诚如后来恩格斯所回忆的:"这种阐述只是表明当时我们在经济史方面的知识还多么不够。"④ 但是,作为历史唯物主义的核心范式,"生产方式"已经从根本上超越了异化史观:不再用"异化"去批判现实,而是用现实去解释和动摇"异化"。⑤ 人类解放的历史进程,不是立足于主体去批判生产世界,而恰恰是将主体的历史性生存奠基于真实的生产进步和历史发展之上。这一点,在后来马克思致

---

① [日] 广松涉:《文献学语境中的〈德意志意识形态〉》,彭曦译,南京大学出版社2005年版。
② 马克思、恩格斯:《德意志意识形态》,《马克思恩格斯全集》第3卷,人民出版社1960年版。
③ 张一兵:《马克思历史辩证法的主体向度》,武汉大学出版社2010年版。
④ 恩格斯:《路德维希·费尔巴哈和德国古典哲学的终结》,见《马克思恩格斯选集》第4卷,人民出版社1995年版。
⑤ 张一兵:《马克思历史辩证法的主体向度》,武汉大学出版社2010年版。

安年科夫的信中体现为:"这个历史随着人们的生产力以及人们的社会关系的愈益发展而愈益成为人类的历史。"①

小束手稿关于"现实的个人"的论述,不仅实现了对历史唯物主义的方法论凸显,而且也为马克思恩格斯自己的社会历史研究划定了科学的边界,正如他们所说:"对现实的描述会使独立的哲学失去生存环境,能够取而代之的充其量不过是从对人类历史发展的考察中抽象出来的最一般的结果的概括。这些抽象本身离开了现实的历史就没有任何价值……它们绝不提供适用于各个历史时代的药方或公式。"② 因此,当我们再次面对《德意志意识形态》第一章大束手稿的时候,必须清醒意识到:历史唯物主义的真义在于方法。

---

① 马克思:《马克思致帕维尔·瓦西里耶维奇·安年科夫(1846年12月28日)》,见《马克思恩格斯全集》第47卷,人民出版社2004年版。
② [日]广松涉:《文献学语境中的〈德意志意识形态〉》,彭曦译,南京大学出版社2005版。

一定的历史的暂时的：
科学批判理论的新基点
——解读《马克思致安年科夫信》[①]

张一兵

1846年12月28日，马克思十分郑重地致信给俄国自由派作家巴·瓦·安年科夫，作为他11月1日来信论及蒲鲁东经济与哲学研究问题的答复。[②] 我们知道，这一时刻，正是马克思恩格斯刚刚实现哲学变革，并在共同完成了《德意志意识形态》一书的第二卷和第一卷的大部分内容后，马克思十分艰难地写作和修改那至关重要的第一章的时刻。而与此同时，马克思已经开始全身心地投入到经济学的革命性探索中去了。准确地描述，这是马克思恩格斯在初步实现第一个伟大发现，同时开始第二个伟大的科学革命的过渡时期。依我之见，实际上马克思在修改《德意志意识形态》第一章手稿的最后时期，已经直接意识到一个问题：新的哲学视域固然可以观望到科学社会主义批判与建构真正的桅杆，可是，现实的科学批判和无产阶级革命的实现途径，却只能由经济学和历史学的实证研究才能达到。我将确证，马克思这封书信是他在1845年超越赫斯的抽象实践唯物主义之后另一个极关键的理论飞跃：通过对蒲鲁东哲学中那种双重唯心史观的批判，特别是对他经济观念论的超越，即那种表面上承认社会生活中经济力量起决定作用，而实质为抽象观念先导的理论批判——方法论

---

① 原载《江汉论坛》1997年第2期。
② 马克思：《致安年科夫》，《马克思恩格斯全集》第27卷，人民出版社1972年版，第476—488页。

隐性唯心史观的最终颠覆。如果说，从《关于费尔巴哈的提纲》到《德意志意识形态》解决了方法论历史唯物主义的确立，在这里，马克思则更关心如何科学地引出新的现实批判张力，这一文本的关键理论定位是"解放的物质条件引出的批判性认识"。这也是马克思最终从哲学批判向批判性经济学和历史学研究转变的真实理论进展。

众所周知，蒲鲁东是与马克思恩格斯1840年以后关系十分密切的极少数思想家之一。虽然马克思恩格斯对蒲鲁东立足于小资产阶级立场的许多基本理论错误提出了批评，但蒲鲁东承袭古典经济学和圣西门那种肯定经济力量是社会发展的重要基础，特别是从经济学上批判私有制的观点得到了马克思恩格斯的充分肯定。这一点一直到1844年9—11月间创作的《神圣家族》中仍然明显地表现出来。但是，在1845—1846年马克思恩格斯已经通过批判费尔巴哈和赫斯的方法论上的隐性唯心主义，进而创立了科学方法论的唯物史观后，蒲鲁东在他们正在进入的经济学领域中，抛出了一个用黑格尔哲学构架建构出来的政治经济学体系。"为了给力求阐明社会生产的真实历史发展的、批判的、唯物主义的社会主义扫清道路，必须断然同唯心主义的政治经济学决裂，这个唯心主义政治经济学的最新体现者，就是自己并没有意识到这一点的蒲鲁东。"[①] 恰巧是以马克思下决心对蒲鲁东的经济学进行批判之前，他收到了安年科夫的信。于是，就有了今天放在我们面前的这封著名的书信。

我们发现，马克思的这封信的确十分重要。言其重要，一是它出现在马克思写作《德意志意识形态》第一章手稿的最后时刻，它可以准确地表现马克思在这一未完成手稿创作中的真实思想和新的想法；二是从中能发现他的理论建构之后最后界划对象，即蒲鲁东的经济学研究中的唯心主义。这是对赫斯那种抽象实践唯物主义哲学的方法论唯心主义批判后，再一次对经济学研究的隐性唯心史观的逻辑剥离。这使得马克思的哲学新视域再一次也是最终确立起来了。最后，与不久后正式发表的《哲学的贫困》一书不同，由于是个人书信，因而这一文本没有任何外在牵制因素，

[①]《马克思恩格斯全集》第19卷，人民出版社1963年版，第248页。

所以也会最真实地再现马克思的原初思想语境。

　　以我的理解，《德意志意识形态》的主体是确立历史唯物主义的最重要的原则，虽然马克思也在此基础上重新建构了异质于人本主义异化逻辑的新批判思路，但如何再在科学的基点上引出现实批判的接合点上，并没有完成理论缺环上的最终连结。正是在这一书信中，马克思通过对蒲鲁东的哲学经济学的批判，才确定了科学批判理论的全新基础。也是在这里，历史唯物主义与历史辩证法才真正统一起来，这是马克思主义哲学新视域的最终完成，也由于获得了这种对哲学的科学定位，马克思才有可能走向他第二个伟大的发现，即经济科学中剩余价值理论，这也是实证研究之上的科学批判话语的创立。

　　说它是一种话语，是表明马克思在1847年以后不再直接以哲学逻辑的方法批判现实，哪怕是一种科学的哲学世界观！马克思的哲学新视域仅仅是一种方法论的历史唯物主义和历史辩证法，它的合法存在仅仅作为历史研究、经济学和政治研究的方法论引导，并以一种隐性的方法发生在实证研究中的功能运转。所以，这只是一种方法论话语，马克思恩格斯后来多次谈到"哲学的终结"都是意在这一语义。它的最大针对性就是赫斯和蒲鲁东式的隐性唯心史观。但在蒲鲁东这里，不同于赫斯的地方是他的双重唯心主义历史观，即显性的观念决定论与隐性的方法论的唯心主义。因在赫斯那里，在基本理论逻辑的分析中，面对社会历史生活时他已经站在一般历史唯物主义的立场上，但赫斯的这种唯物主义却仍然是一种抽象的原则，生产及其人们之间的物质交往和经济活动的运行都是一种理论的逻辑设定，并且是某种贯穿全部历史的不变公式。而马克思发现，这种看起来像是历史唯物主义的东西，究其实质却仍然是方法论上的隐性唯心主义。因为，这还是在用观念逻辑来重构历史现实！固然这种观念的内容可能是正确的。而蒲鲁东与赫斯相比则更糟糕得多。因为他在一般理论层面仍然是观念决定论的，在他看来，社会历史的发展是所谓"无人身的理性"之实现。这是他用来装扮自己经济学"高论"的思辨气势哲学外壳。他甚至没有意识到黑格尔观念唯心主义的非法性。马克思后来的《哲学的贫困》主要是批判蒲鲁东的经济学，而在这封书信中，马克思则重点批判他的双重唯心主义历史观。我发现，马克思主要不是批判蒲鲁东那种明显的黑格尔观念决定论，而重点是在分析他经济学的方法论中隐含的深层唯心主义，这是一种抽象的逻辑先导性。我认为，也是在对蒲鲁东那种抽象唯物主义的反省中，马克思最后抛弃了以哲学直接面对历史面对经济现实的做法。这是对哲学新视域的最后一个重要界定：即哲学的合法地位问题。包罗万象式的，指认一切存在领域的概念体系（"形而上学"），用通俗的话说，就是所谓"一般规律"已经不是马克思关注的问题。哲学就是一种方法，它只是一种思考的前提，而不能直接替代现实，如经济哲学、历史哲学和政治哲学。马克思不会再做一次黑格尔。他必须再一次与蒲鲁东划一条很深的理论界限。这就是他写给安年科夫信中所要阐明的主要问题了。下面，我们就来解读马克思这一重要的理论文本。

依上所析，我们首先需要认真关注的就是，在此时的马克思眼里，蒲鲁东的经济学研究中的唯心主义是如何表现的？当我们去阅读作为马克思这一文本论说对象的蒲鲁东的《贫困的哲学》一书时，可以非常轻易地发现两个表面的基本理论质点：一是蒲鲁东始终在批判资本主义私有制的掠夺本质，二是从来都在着眼于社会历史的经济生活与经济发展的法则性。这是原来马克思恩格斯都基本肯定的东西。同时，我们也能明显地看到蒲鲁东那已经显得十分陈旧的黑格尔式的外在观念决定论。说它十分陈旧，是因为在当时的德国进步思想界，由于费尔巴哈的作用，几乎整个原来从青年黑格尔派分化出来的思想群体，都已经实现了从唯心主义向一般唯物主义的转变。人们不会再可笑地搬出黑格尔的神学观念逻辑，直接为自己的理论建构服务。可是在蒲鲁东的这本讨论经济学的书中，"普遍理性"、"上帝的假设"和"永恒不变的本质"之类的东西随处可见，并且常常以黑格尔的外在思辨形式直接表述出来。实际上，这种显性的唯心主义是当时德国的一般进步思想家都能识别的。面对蒲鲁东的这种东西，马克思真是有些哭笑不得，因为在他看来，蒲鲁东并没有真正理解黑格尔的辩证法，但却将黑格尔的辩证法漫画式地到处搬用。马克思说："蒲鲁东是天生地倾向辩证法的，但是他从来也不懂得真正科学的辩证法。"① 这里的"科学辩证法",是1845年以后马克思再一次重新回到黑格尔所获得的哲学新视域,也就是作为方法论唯物史观核心的真正彻底的历史辩证法。

我发现,蒲鲁东那种明显的黑格尔式的外在唯心主义错误,并不是马克思这一文本关注的理论焦点。马克思更深地抓住了他双重唯心主义的另一面。正是由于蒲鲁东没有理解从黑格尔辩证法中重生出来的科学辩证法的本质,所以他还犯了更深一层方法论上的唯心主义错误。这就是当蒲鲁东面对经济学研究时,一方面在满怀激愤地批判资本主义,可另一方面却又在将资本主义生产方式中历史地出现的社会关系之反映的经济范畴永恒化。这使得蒲鲁东嘴上说要抛弃的东西,却正更紧地拥在怀中。为什么会出现这种怪异的现象呢?还是让我们到马克思的文本中去寻找答案。

在这封书信的开始,马克思首先指出,蒲鲁东这本书之所以是一本"坏书",并非由于蒲鲁东的经济学研究中依据了一种可笑的哲学,而"因为他没有从现代社会制度的联结(dngrenement)"中去了解现代社会制度②。我认为,马克思这里使用的这个"联结"是独具匠心的,这不是指随便什么社会的关系或结构,而是特指一种一定历史条件下真实存在的社会特定情境构成(黑格尔的"定在"在历史唯物主义中的重建,后来海德格尔的"亲在"也是在这里获得了深刻的启示)。这可能是马克思在写作《德意志意识形态》最后时刻悟出的东西。为什么?我们接下去看马克思的解析。

马克思从一个所有谈论社会历史的思想家使用最频繁的一般概念入手,这就是"社会"。依他所见,社会不是什么蒲鲁东所说的"人类无人身的理性"。"社会——不管其形式如何究竟是什么呢?是人们交互作用的产物。"③ 马克思的这个"交互作用的产物",是在否定蒲鲁东将社会看成一种先验主体的看法,马克思认为,社会不过是在特定时期、由特定的人们以特定的方式进行的特定性质的活动相互作用总体。这样,人类社会的

---

① 《马克思恩格斯全集》第16卷,人民出版社1964年版,第36页。
② 《马克思恩格斯全集》第27卷,人民出版社1972年版,第476页。
③ 《马克思恩格斯全集》第27卷,人民出版社1972年版,第477页。

存在必然总是一种由一定的现实人类主体活动历史地建构成的。这个理论规定可让我们立即想到《关于费尔巴哈的提纲》第六条中对人的本质的说明,即人的本质只能是一种在其现实性上人的一切社会关系的总和。这有一种很深的一致性。如果说在《提纲》中,马克思的说明还是原则的,这里却是一种详尽的确证:马克思说:"在人们的生产力发展的一定状况下,就会有一定的交换(commerce)和消费形式。在生产、交换和消费发展的一定阶段上,就会有一定的社会制度,一定的家庭、等级或阶级组织,一句话,就会有一定的市民社会。有一定的市民社会,就会有不过是市民社会正式代表的一定政治国家。"① 先说明一点,很显然马克思不是在描述一般的历史规律,而是面对现代历史中的一个理论说明,因为等级、阶级、市民社会和政治国家都不是贯穿历史的东西。我们看到,马克思在这里很突出地集中使用了八个"一定的"定语(在整个文本中,马克思使用了近15处"一定的"、"既定的"词语)。我发现,这个"一定的"规定实际成了马克思历史唯物主义和历史辩证法表述中一个最重要的界定,它的话语内涵就是历史的现实的具体的分析原则和本质规定。毫无疑问,马克思这里当然是强调了历史唯物主义的客观性原则和生产力发展的历史决定论的方面。可是相对于我们指认过的蒲鲁东的双重唯心主义历史观,他并不是在一般地批评蒲鲁东那种黑格尔式的显性观念决定论(这一点在《神圣家族》中已经基本完成了。而是在着重说明历史唯物主义和历史辩证法的从一定社会现实进行具体研究的方法论话语),以批判蒲鲁东更深一层方法论上的隐性唯心主义历史观,即抽象地面对社会历史特别是社会经济和政治的发展。这个"一定的"方法论规定,正是前面马克思讲的那种具体的"联结"的语境背景。现在我们知道,马克思这时已经在面对任何事物与现象时,不仅仅看到物质第一性,而且是在历史的一定联结中把握这种基始性。历史唯物主义的前提不仅仅是社会存在决定社会意识,而恰恰是一定的社会存在决定一定的社会意识!这才是马克思最终超出一切历史观中旧唯物主义的地方,这也是马克思这一文本的论说重心和基本语境

---

① 《马克思恩格斯全集》第27卷,人民出版社1972年版,第477页。

真谛。

　　为什么要求从这个"一定的"出发？马克思在文本的第二个逻辑层面上，接着又作了具体的分析：这是由于人们决不能自由选择某一社会形式。为什么？说到底是由于人们不能自由选择自己的生产力，这也是一个更为基础性的观点，马克思分析过，物质生产力是全部人类社会历史的基础。"因为任何生产力都是一种既得的力量，以往的活动的产物。所以生产力是人们的实践能力的结果，但是这种能力本身决定于人们所处的条件，决定于先前已经获得的生产力，决定于在他们以前已经存在，不是由他们创立而是由前一代人创立的社会形式。"① 马克思在此连续地使用了三个"决定于"，来加强逻辑语境的递进和深一层的基始性作用。马克思表示，历史的确是人类主体的实践能力创造的，作为历史基础的生产力是人类主体实践能力的结果。可是，人类主体的这种实践能力又是决定于人们所处的特定的历史条件。这个"条件"又是决定于先前已经获得的特定的生产力，并且决定于"在他们以前已经存在"的特定的社会形式。这三个"决定于"的核心是生产力发展水平的特定历史性。人类主体通过实践创造历史，而这种创造本身又是历史发展状况制约的。马克思认为，只是在一定的历史断面上，人利用已有的生产力为新的生产服务，这就形成一个历史的联系，"就形成人类的历史"。一定的现实生产力的发展状况，正是马克思面对人类历史生活和观念唯一的出发点，再比之于这里的蒲鲁东，马克思的这种深层分析也不是针对他的显性唯心主义的历史观，而又是在穿过他的显性唯心主义假思辨，达及一种对更深一层方法论隐性唯心主义的颠覆，即蒲鲁东在面对社会历史的经济问题时那种抽象的方法论。蒲鲁东没有意识到，抽象地面对经济现实这种逻辑是他无意识地从古典经济学那里非批判地承袭来的，而这种非历史地对待社会生活的方法论，正是资产阶级市民社会意识形态的本质，其要害恰恰是对资本主义生产方式永恒性的假想，这种方法论上的隐性制约，比起他在表面上那无数激动的批判性论道要关键得多。所以显然他看起来在批判资本主义，而实际上却是在

---

① 《马克思恩格斯全集》第27卷，人民出版社1972年版，第477—478页。

一个更深的理论层面上论证资本主义的永恒性。这恰恰是蒲鲁东无法理解的辩证法。

文本的第三个理论层面，也是最重要的理论质点，就是马克思从社会历史动态发展的角度，进一步说明了历史进步的必然性和导引出科学批判理论的真实出发点。在文本的最后一部分中，马克思主要批评蒲鲁东总是在谈论所谓"永恒的规律"，这就使他在面对资本主义生产方式时，错误地将其中许多历史的经济范畴假想成永恒的天然的东西。固然"蒲鲁东先生不是直接肯定资产阶级生活对他来说是永恒的真理。他间接地说出了这一点，因为他以观念形式表现资产阶级关系的范畴。既然资产阶级社会的产物被他想象为范畴形式、观念形式，他就把有些产物视为自行产生的、具有自己生命的、永恒的东西。可见，他并没有超出资产阶级的视野"①。这也就是说，蒲鲁东实际上没有意识到，他虽然在批判资本主义，但隐性逻辑前提却在论证它的超历史性，"仿佛这个一定的生产方式的产物一直会存在到世界末日似的"②。"他不是将经济范畴看作是历史的、与物质生产的一定发展阶段相适应的生产关系的理论表现，而是荒谬地把它看做历来存在的、永恒的概念，这就表明他对科学辩证法的秘密了解得多么肤浅，另一方面又是多么赞同思辨哲学的幻想，而且，他是如何拐弯抹角地又回到资产阶级经济学的立场上去。"③

而依马克思的深刻见解，"人们借以进行生产、消费和交换的经济形式是暂时的和历史的形式。随着新的生产力的获得，人们便改变自己的生产方式，而随着生产方式的改变，他们便改变所有不过是这一特定生产方式的必然关系的经济关系"④。应该看到，马克思在此也批评蒲鲁东在经济研究中"混淆了思想和事物"的错误，因为蒲鲁东的历史"进化"和经济范畴还是"在他头脑中的排列秩序"，这里有黑格尔式永恒理性（"为了发展自身而使用的工具"）的影响。但马克思着重批评的是蒲鲁东将分

---

① 《马克思恩格斯全集》第27卷，人民出版社1972年版，第485页。
② 《马克思恩格斯全集》第27卷，人民出版社1972年版，第480页。
③ 《马克思恩格斯全集》第16卷，人民出版社1972年版，第31—32页。
④ 《马克思恩格斯全集》第27卷，人民出版社1972年版，第478页。

工、机器和所有制等不同问题视为抽象的经济范畴的观点，指出这种错误的实质是"没有理解把资产阶级生产所具有的各种形式结合起来的联系，不懂得一定时代中生产所具有的各种形式的历史的和暂时的性质"。历史的进步（包括社会主义）不是人们观念（伦理学的价值论）中的好与坏决定的，而是"人们在发展其生产力时，即在生活时，也发展着一定的相互关系，这些关系的性质必然随着这些生产力的改变和发展而改变的"①。马克思甚至以奴隶制的好与坏为例，说明了一定的生产关系的历史合理性和必然性。这实际上也是说，即使资本主义生产方式是不合理的（"坏"），但这正是由特定的生产力发展水平必然造成的！这种历史的必然性同时也是历史的暂时的，只有生产力的进一步发展（造成社会主义的客观前提）才能真正消灭它，资本主义绝不可能在观念中加以改变。所以，就是"适应自己的物质生产水平而生产出社会关系的人，也生产出各种观念、范畴，即这些社会关系的抽象的观念的表现。所以，范畴也和它们所表现的关系一样不是永恒的，这是历史的和暂时的产物"②。

我注意到，马克思在文本后半部分的关键性阐释中，五处使用了"历史的、暂时的"词语。我以为，在这一重要的语境中，他是想界划出一种新的现实科学批判逻辑。这就出现了一个需要进行历史界说的理论质点。在以往的社会批判中，特别是资产阶级启蒙思想家大多自觉或不自觉地运用人本主义的逻辑范式：即"应该"与"是"的矛盾中引出的批判张力。"应该"往往被规定为人类生活理想化的本真存在状态，这是一种本质性的价值悬设和超越性的引导范式。而"是"则是现实生活与人的世俗存在，相对于人的理想状态，这种"现有"往往是败坏的与蜕化的。这就像神学中的此岸性现世苦海，或启蒙精神所批判的中世纪专制下的非人现状。基督教通过引人指认现世的物与罪恶，使人出世而达到彼岸的上帝之城。与此相反，所有的启蒙思想家则都让人从天赋人权中看到现世生活在神学强制下的自否性，而主张更加入世地舒展人的天然本性，这个地上天堂就是资本主义的实现。费尔巴哈了不起的地方，是进一步证明了神学的

---

① 《马克思恩格斯全集》第 27 卷，人民出版社 1972 年版，第 482 页。
② 《马克思恩格斯全集》第 27 卷，人民出版社 1972 年版，第 484 页。

上帝之城不过是人的本质的异化,那个基督教的"应该"只能在回落人间大地上才能真正实现。可以看到,正是这种"应该"与"是"的逻辑差距才导出一种强烈的批判张力。1844年时青年马克思的劳动异化理论固然已经开始批判资本主义,但深层逻辑上也是依循了这种旧式的人本主义思路。马克思提出劳动才是人应有的本质,而资产阶级作为地上天堂的资本主义现实的私有制仍然导致了人与自己本质的异化,所以资本主义是应该被打倒的,共产主义是真正人道主义的实现。马克思在那里提出的作为"历史之谜"的六大矛盾,其本质还是"应该"与"是"的矛盾,其逻辑思路的内驱力还是价值悬设的超越性。从根本上说,这种从先验本质出发的方法还是隐性唯心主义历史观!

当然,与资产阶级启蒙思想家本质不同的是,马克思那时已经站在无产阶级的政治立场上言说,也转到了一般基始性的唯物主义观点,但他的哲学逻辑方法却仍然是非科学的。1845年以《关于费尔巴哈的提纲》为突现点的哲学变革,其实质正是对这种方法论唯心主义的最后超越,即方法论的历史唯物主义的真正确立。可是马克思面前仍然存在着一个棘手的问题:确认了历史唯物主义的从现实出发,否定了任何抽象的价值悬设,再从何处生发出对现实资本主义批判的张力?由于马克思当时主要是确立历史观中的方法论唯物主义原则,而对如何从现实中再引导出科学的批判张力这一问题,并没有重点展开说明。虽然他也在《德意志意识形态》第一章第一手稿第一页上就谈到了"'解放'是一种历史活动",并且,在第三手稿中他引入了一个替代"非异化本真生存"的"自主活动",试图建构一种异质于人本学逻辑的现实的批判思路,现在看来,这还是不成熟的。而在这里,马克思已经获得了一种新的看法:彻底的唯物主义必然是革命的历史辩证法,从一定的具体现实出发,必然会通过发现所有人类社会具体存在的历史和暂时性,进而达到对客观现实的科学批判认识。这无须再经过任何哲学理论逻辑的预设。革命的历史辩证法也必然是彻底的历史唯物主义!从客观历史辩证法运动中必然引出最深刻最彻底的批判性,这也是《德意志意识形态》第一章第一手稿中"对实践的唯物主义者即共产主义者来说,全部问题都在于使现存世界革命化,实际地反对并改变现在的事物"一段话的真实内涵。马克思此时离开理想化的"应该"回到现实的"是",不是要简单地唯物主义地反映现实,而是要真实地改变这个"是"。并且,这种改变不是从哲学或伦理的"应该"引出,而是要从现实的"是"中引出科学的"应该"。马克思理论思路中这种新批判张力的基点可以概括为一种新的理论质点:"能有"。这个"能有"实际上也就是现实中生成出来的现实进步可能性("能有"的观点,直接受益于我的师兄姚顺良教授1995年10月在"马克思主义实践论与中国特色的社会主义"讨论会上的发言)。

以我已经作出的研究结果,马克思在1845年哲学变革中最重要的质变内核,并不是停留在抽象的实践规定上,而恰恰是通过深刻理解了黑格尔的历史辩证法,进而批判费尔巴哈的基始性唯物主义和赫斯的抽象实践唯物主义才达及的科学唯物史观。马克思那时意识到,"和黑格尔比起来,费尔巴哈是极其贫乏的"[①]。这种态度与《1844年经济学哲学手稿》明显是不一样的,因为他已经发现,旧唯物主义中基始性唯物论的原则在方法论上仍然可能是隐性唯心主义的,当他们将"自然"、"物质"抽象化,并将"实践"与"生产"非历史化地作为历史永恒不变的基础时,并从此引出对现实的批判时,这仍然是无意识观念优先的。这在社会历史层面上,还是没有超出资产阶级市民社会的意识形态立场。而马克思这时通过理解黑格尔哲学逻辑的革命本质,已经在历史唯物主义的基础上重新获得了历史辩证法。马克思看到,黑格尔哲学中那种历史辩证法的本质,就是指认了所有观念都只是历史必然性(绝对理念)的一定表现,在历史性的运动过程面前,没有任何固定和永恒不变的东西,当马克思将黑格尔的观念历史辩证法重新颠倒过来,并奠基于历史唯物主义之上时,他才真正发现,唯物主义必须由历史辩证法从内部来建构!历史唯物主义也不是抽象地指认历史中某种不变的物质基始,而是运用历史辩证法去真实地面对人类社会生活中的每一具体的客观情境,以发现一定的、历史的和暂时的人类物质生活及其一定的、历史的和暂时的观念映现。在这一点上,作为一

[①] 《马克思恩格斯全集》第16卷,人民出版社1964年版,第29页。

种方法论的历史唯物主义与历史辩证法是完全统一的。它不是两个东西！马克思后来说历史辩证法的本质是革命的，也就是说由于唯物主义地承认人类社会生活的历史性，因此辩证法将批判一切试图将一定的历史结构（生产方式）永恒化的做法。历史辩证法永远是批判的。更重要的是，历史辩证法不再立足于观念性的价值超越，而立足于"解放的物质条件"，原来人本主义的"应有"与现有的矛盾在一种历史的现实可能性——"能有"中统一起来了。批判不再外在于现实，而只能从现实的解放可能中引导出来。具体到马克思此时的思想，对资本主义的批判就不能从任何良好的愿望引出，而只能从大工业生产的新的解放的物质条件中引导出来。这就是马克思与赫斯、蒲鲁东等人更深一层的差别。正如马克思后来所说的那样，蒲鲁东"同空想主义者一起追求一种所谓'科学'，以为由此可以先验地构想出了一个能'解决社会问题'的公式，而不从历史运动的批判的认识中，即不从本身就产生了解放的物质条件的运动的批判的认识中引导出科学"①。

依我之见，这个"解放的物质条件的运动的批判的认识中引导出科学"是极为关键的，因为马克思最终建立了一种"应该"与"是"缝合的桥梁，即只是从实证的现实科学研究中才能引发出来的新的现实批判张力！我认为，这是马克思科学批判话语的真正创立，这也就是马克思致安年科夫这一书信的最重要的理论真谛。

---

① 《马克思恩格斯全集》第16卷，人民出版社1964年版，第32页。

历史唯物主义与政治经济学的最初接合
——蒲鲁东与马克思的《哲学的贫困》①

张一兵

1847年，马克思撰写并发表批判蒲鲁东的《哲学的贫困》。这部重要的著作是马克思主义经典文献中发表最早的文本，以马克思的看法，马克思主义的新世界观与马克思主义经济科学的"决定性的东西"，都是通过这一文本第一次公开问世的。可令人遗憾的是，长期以来我们并没有给予这一论著以足够的理论关注和深入的文本解读。本文在此对其发生的历史语境特别是蒲鲁东的思想，以及《哲学的贫困》一书的文本进行一些初步的研究，以期更加深入的研讨视域出现。

一、蒲鲁东与《贫困的哲学》

当1846年蒲鲁东写下《贫困的哲学》并自认为他第一个用哲学的观点为经济学提供了内在理论结构的同时，马克思此时已经开始了对政治经济学第二阶段的研究，在创立历史唯物主义的同时，马克思在一个全新的角度上面对资产阶级政治经济学，并进入马克思主义政治经济学理论和科学社会主义理论的建构过程。这是一个重要的理论过渡时期：一方面，马克思彻底摆脱了人本主义哲学构架，在历史唯物主义的现实方法中科学地

---

① 原载《中共福建省委党校党报》1999年第1期。

面对历史;另一方面,马克思已经正确地理解了研究政治经济学的科学前提,根本上转变了他对古典经济学的基本认知态度,但还没有直接开始自己独立的政治经济学理论研究。所以,这使得马克思在这个时期的论著都很自然地存在一种过渡性质。即科学的方法和研究前提与尚没有解决经济学具体理论问题的矛盾性。所以,特别是对马克思这一阶段关于具体经济学和历史问题的看法,只能采取历史的指认,不能夸大其理论逻辑语境的意义。这是我们一定要注意的问题。

马克思和恩格斯在1846年5月5日致信蒲鲁东,邀请他参加国际社会主义的通讯组织,并请蒲鲁东担任该组织在巴黎的通讯工作。① 可是,蒲鲁东当月写给马克思的回信中,明确表示反对社会主义者用革命的手段来建立新的社会制度,他主张"通过经济的组合把原先由于另一种经济的组合而逸出社会的那些财富归还给社会。换句话说,在政治经济学中使财产的理论转过来反对财产"②。当然,他是在承认现实社会的前提下,用温火式的改良来医治资本主义。同时,蒲鲁东明确表示愿意同马克思进行不同观点的讨论。蒲鲁东在给马克思回信的时候,他的新著《贫困的哲学》已经要问世。正是在这本书中,蒲鲁东自认为他用哲学真正拯救了政治经济学,即既批判了政治经济学的"保守主义",又批评了社会主义的"激进主义"。他真是以神性的名义在拯救世界。

在读蒲鲁东原来写下的《什么是所有制》一书时,人们往往被作者那种大无畏的精神所打动。可在蒲鲁东的这部新作中,我们绝对看到的是另一幅面孔。原来那个质朴的为无产阶级请命的斗士不见了,现在是一位打着上帝的旗号,与资产阶级大讲"调合"的漫画式的"思想大师"。这对于还在对蒲鲁东加入社会主义阵营存有一线希望的马克思,无疑是一种哭笑不得的感觉。

在《贫困的哲学》一书中,蒲鲁东的理论出发点不再从人出发的公正,而是与上帝等质的一种"普遍理性",即对社会规律的认识。③ 以我

---

① 《马克思恩格斯全集》第27卷,人民出版社1972年版,第464—465页。
② [德]蒲鲁东:转引自马克思:《哲学的贫困》,人民出版社1961年版,中译文序,第10页。
③ [德]蒲鲁东:《贫困的哲学》,徐公肃、任起莘译,商务印书馆1961年版,第5页。

的见解，蒲鲁东后来从格律恩那多少也知道了一些黑格尔哲学。可是，这位迟到的学生与马克思甚至整个德国的青年黑格尔派的先进方向不同，他不是从黑格尔绝对理念背后的神正论复归于人，而是从现实走向神学。这是大前提上的背道而驰。所以，开篇之初，他就声称："社会历史无非是'上帝观念的一个长期的确定'，一个人类命运的逐步启示"。不过，与古代的那种认识不同，蒲鲁东是通过"科学理性"来确认的神性，并将这种神学的假设作为他经济学研究的前提。如果人的劳动是上帝创世的继续，那么，蒲鲁东的理论就是在现实中"替天行道"。显然，蒲鲁东的这种理论前提足以说明他对当时欧洲哲学特别是对基督教文化之批判的寡闻。

如果说在《什么是所有制》一书中，蒲鲁东的理论基础还是法哲学，兼有一些经过中介的政治经济学观点（主要是不准确的劳动价值论）。那么，《贫困的哲学》倒真的是他第一次这般投入经济学理论。蒲鲁东对经济学的理论定位也是有意思的。他明确说明，经济学是一种新的哲学。这种口气乍一看有点像西斯蒙第，可意思却是另样的。"经济科学依我来看是形而上学的客观形式和实现。"谁研究劳动和交换的定律，谁就是真正的、专门的形而上学者。这是"一种富有逻辑性的科学或是一种富有具体性的形而上学，根本改变了过去哲学的各项基础"①。这显然是一笔糊涂账。因为，如果在黑格尔那里资产阶级市民社会中经济现实的本质和运动规律，实际上是绝对观念的历史实现的一个现代高点，可蒲鲁东的头脑就没有那么清楚了："社会经济的全部历史都写在哲学家的著作里"②。"在经济学家看来，事实就是真理，唯一的理由是因为它就是事实，是有形的事实。在我们看来，情形正相反，事实决不是有形物，因为我们不知道有形物这几个字是什么意思，我们知道事实是无形观念的有形表现。"③ 在费尔巴哈以后的这种极简单而粗糙的显性唯心主义文字，真是令人哭笑不得的。可这却是蒲鲁东用哲学来教训贫困的经济学家的法宝。遗憾的是，他并没有真正学到黑格尔哲学的内在辩证法，只是学来一点外在的皮毛，即

---

① ［德］蒲鲁东：《贫困的哲学》，徐公肃、任起莘译，商务印书馆1961年版，第37页。
② ［德］蒲鲁东：《贫困的哲学》，徐公肃、任起莘译，商务印书馆1961年版，第178页。
③ ［德］蒲鲁东：《贫困的哲学》，徐公肃、任起莘译，商务印书馆1961年版，第142页。

正反合（肯定、否定、否定之否定）的矛盾调合三段式。

在第一章中，蒲鲁东同时反对政治经济学和社会主义。他认为，现实资产阶级社会中的劳动和交换已经自发地普遍地组织起来，政治经济学给了我们这个组织的基本原理，并以人权维护这个社会的运转；而社会主义则认为这个组织是产生出罪恶、压迫和贫困的根源，因而它必然是"过渡性质的"。一是完全肯定，二是彻底推翻的否定。蒲鲁东的立场是想说明，政治经济学是建立在社会事实之上的"社会科学"，因为它说明了社会的现象和现象之间的关系，即规律。这应该是一种研究的前提，因为"如果没有政治经济学的深刻批判和不断地发展，社会主义将是一筹莫展"①。"社会主义里面没有任何东西不是政治经济学所有过的"②。比如，由政治经济学揭示的劳动是价值的唯一来源理论。一切价值都由劳动产生的。社会主义的意义在于它看出了政治经济学的非批判性，因此社会主义必然在反对政治经济学。在经济学中这就表现为资本生产力与劳动生产力二元对立。蒲鲁东认为政治经济学和社会主义都是极端和片面的，高明的他要第三个原则：即作为否定之否定出现的协调原则。③ 即承认政治经济学的事实，但纠正它的错误，"使事实与权利协调起来"，从而得到"秩序"。④

第二章是蒲鲁东用哲学对经济学的"拯救性"讨论。讨论围绕着政治经济学中最重要的价值理论而展开。蒲鲁东直接提出，"价值主要地是显示出一种社会关系"，"甚至可以说只有通过社会性交换，再联系到它的天然状态才能形成它的功用，才能体会到它的价值概念"。⑤ 价值分为使用价值与交换价值。使用是交换的必要条件，去掉交换使用即等于零。蒲鲁东发现这是一对客观矛盾，并且，"二律背反是政治经济学的主要性质"⑥。在蒲鲁东眼里，过去所有的经济学家都是理论上的弱智，他们只能直观地看到经济学中的正题或者反题。这是由于经济学家都不懂哲学。"价值的

---

① ［德］蒲鲁东：《贫困的哲学》，徐公肃、任起莘译，商务印书馆1961年版，第48页。
② ［德］蒲鲁东：《贫困的哲学》，徐公肃、任起莘译，商务印书馆1961年版，第259页。
③ ［德］蒲鲁东：《贫困的哲学》，徐公肃、任起莘译，商务印书馆1961年版，第50页。
④ ［德］蒲鲁东：《贫困的哲学》，徐公肃、任起莘译，商务印书馆1961年版，第61页。
⑤ ［德］蒲鲁东：《贫困的哲学》，徐公肃、任起莘译，商务印书馆1961年版，第63页。
⑥ ［德］蒲鲁东：《贫困的哲学》，徐公肃、任起莘译，商务印书馆1961年版，第70页。

本质是绝对可以调和的"。① 这又是黑格尔的矛盾之调合，正，反，合。这才出现了政治经济学迄今为止的最高点：构成价值的发现。构成价值正实现和调合了使用价值和交换价值的矛盾本质，供给与需求使使用价值与交换价值相接触并且调和，这两者在商业的构成中实现。在交换中，形成比例关系，进入这一构成与实现的要素就是价值，配合后的多余部分是非价值。"价值是在生产者与生产者之间通过分工与交换两种方式自然形成的社会之中，是构成财富的各种产品的比例性关系：人们把它叫做产品的价值，乃是一种公式，用货币记号来指出该产品在总财富里所占的比例。"② 构成价值是一个合题，功用与交换不可分形地结合在一起，这也是综合价值或社会价值，即真正的价值。"价值是通过它在供1与求1之间的一种连续的摇摆现象而达到的一种绝对的经济规律"。就这样，蒲鲁东自认为创造了政治经济学有史以来最伟大的革命。

从第三章开始，一直到第七章，是蒲鲁东所描述的经济进化的五个时期。分工是经济进化的第一个阶段，这本身是经济学的二律背反。第二个阶段是机器，机器是分工的对立物。第三个阶段是竞争，竞争是经济的调节，并为价值构成所需要。蒲鲁东在这里批评共产主义取消竞争，他认为问题不在消灭竞争，而是使竞争得到平衡和监督。第四时期是垄断，"由于垄断，人类才占有了地球"③。第五个时期是警察或捐税。第八章蒲鲁东用了一个非常吓人的标题："人和上帝在矛盾律下的责任，或天命的解答"。他还在鼓吹："社会的任务就在于不断地解决它的二律背反"④。例如人的理性与无限的神性矛盾，劳动与资本的矛盾（社会发展中的二律背反）。"劳动，发明了工作方法和机器，因而无可限量地增加了它的力量，然后用竞争来鼓励工业的天才，用资本的利润和企业的特权来保证它的收获，从而使阶级社会的组织变得更为深刻，更是不可避免的"。蒲鲁东说，"关于这一切，不应该指责任何人"。⑤ 他反对一切简单的肯定，因为"社

---

① ［德］蒲鲁东：《贫困的哲学》，徐公肃、任起莘译，商务印书馆1961年版，第73页。
② ［德］蒲鲁东：《贫困的哲学》，徐公肃、任起莘译，商务印书馆1961年版，第85页。
③ ［德］蒲鲁东：《贫困的哲学》，徐公肃、任起莘译，商务印书馆1961年版，第283页。
④ ［德］蒲鲁东：《贫困的哲学》，徐公肃、任起莘译，商务印书馆1961年版，第327页。
⑤ ［德］蒲鲁东：《贫困的哲学》，徐公肃、任起莘译，商务印书馆1961年版，第334页。

会经济的一切都暂时的"①。也反对一切激进的否定（他反对西斯蒙第的开倒车），他期望"社会按照知识和经济的进步逐步改善"②。蒲鲁东自己，是这种矛盾不断现实协调的根本。他自认为是法国的黑格尔。

马克思的《哲学的贫困》一书发表之后，蒲鲁东并没有公开答辩。但他在自己的一份手稿边页上写下了这样一段话："实际上，马克思悔恨我的观点处处与他相一致，而我却先于他提出来了……马克思实则是忌妒"。③ 这真是令人目瞪口呆的看法。我们下面就来看一下马克思究竟是不是与蒲鲁东"处处一样"。

二、马克思对《贫困的哲学》经济学观点的批判

在以往的讨论中，我们已经从马克思《致安年科夫信》中初步了解了蒲鲁东的《贫困的哲学》发表前后马克思的一些基本想法。④ 显而易见，那还是马克思粗粗浏览该书后的一些直观认识。不久之后，马克思写作并公开出版了全面批判蒲鲁东《贫困的哲学》一书的论著——《哲学的贫困》。对于马克思这部论著的理论定位，并不是一件十分轻而易举的事。恩格斯在1847年3月9日写给马克思的一封信中这样说道：如果《德意志意识形态》的出版会妨碍《哲学的贫困》一书的出版，那就把《德意志意识形态》"扔掉算了"，因为出版《哲学的贫困》一书要"重要得多"。⑤ 当时我正在精心研读新译《德意志意识形态》第一章手稿，又自认为这是马克思主义哲学最重要的理论文本，所以我始终不理解恩格斯为何这样看待马克思恩格斯唯一正面表述自己的《德意志意识形态》。现在

---

① ［德］蒲鲁东：《贫困的哲学》，徐公肃、任起莘译，商务印书馆1961年版，第341页。
② ［德］蒲鲁东：《贫困的哲学》，徐公肃、任起莘译，商务印书馆1961年版，第341页。
③ 转引自杰克进：《马克思、蒲鲁东和欧洲社会主义》，载《马克思主义研究参考资料》1985年第3期，第25页。
④ 参见张一兵：《一定的历史的暂时的》，载《江汉论坛》1997年第2期。
⑤ 《马克思恩格斯全集》第27卷，人民出版社1972年版，第92页。

在解读过马克思《致安年科夫信》之后，再一次反复阅读《哲学的贫困》，才真正对这部文献的理论意蕴有了一些破解，自然，也才知晓了恩格斯此话的意味。对于恩格斯称《哲学的贫困》是当时党的"纲领"一说也不会过于诧异了。①

以笔者现在的见解，马克思的《哲学的贫困》一书实际上隐喻一个十分重要的新观点，一切重新建构抽象的哲学逻辑体系并以哲学来投射现实的企图，都是注定要失败的。马克思有自己的新哲学，从广义上说，它首先是一种科学的方法论，这种方法论不再是传统意义上的形而上学，离开了历史的现实的具体科学研究，哲学在马克思主义的科学视域中就不再具有科学意义上的合法性。在当时，这种现实的研究主要表现为马克思对资本主义生产方式的经济学实证批判，以及对整个人类社会历史的分阶段具体的现实的历史反思。哲学，首先是这一科学研究的方法论指南，这就是广义的历史唯物主义与历史辩证法。其次，哲学进一步表现为一种对一定历史条件下人类生存情境的理性把握，这就是狭义的历史唯物主义的批判的历史现象学。而后者，只是在1857—1858年马克思的经济学哲学研究中才得以完成的。在《哲学的贫困》一书中，马克思才刚刚开始将他在经济学研究成果中新创立的历史唯物主义，再一次运用于政治经济学本身的科学建构之中。当然，这还是一种初步的理论接合。

马克思的《哲学的贫困》是用法文写作的，以便直接对法国工人起作用，把他们从蒲鲁东的错误影响下解放出来。这本书一共两章八节。第一章是立足于马克思正在撰写修改的《政治与政治经济学批判》一书的经济学研究，而第二章是依据《德意志意识形态》特别是《致安年科夫》的广义历史唯物主义与辩证法。学界一般指认《哲学的贫困》是马克思的第一部经济学著作。如果从以经济学为研究对象，这远不是第一部，《1844年手稿》和《政治与政治经济学批判》，是第一部公开发表的马克思主义著作，第一部公开发表的经济学著作。如果准确地讲，这是一部哲学经济学论著。这是他用广义的历史唯物主义研究经济学的结果。第一章"科学

---

① 《马克思恩格斯全集》第27卷，人民出版社1972年版，第109页。

的发现"中的三节主要分析蒲鲁东的价值理论,也是本书对经济学本身的探讨。总的说,这些讨论在基本观点和方法上是正确的,但由于马克思此时还没有真正解决政治经济学的深层问题,从而也没有形成马克思主义对政治经济学的总体逻辑。所以他的大量观点还依托于古典经济学,特别是李嘉图的经济学理论。马克思自己的经济学创立,是在十年之后的1857—1858年经济学手稿中完成的。

1846年,正是唯物史观的进一步确立,以及马克思对英国"以李嘉图学说为依据的无产阶级反对派",即霍吉斯金、汤普逊、布雷和格雷等人论著的直接研究(《曼彻斯特笔记》),马克思最终清除了蒲鲁东的影响,从而实现了经济学观念的最初转变。而在《哲学的贫困》一书中,马克思对蒲鲁东进行了彻底的清算。他通过经济学和哲学两个方面的努力,揭露了蒲鲁东对资本主义批判的非科学性和小资产阶级的反革命特征。在这本书中,马克思对蒲鲁东价值论的经济学批判与对蒲鲁东的历史观方法论的批判是分别进行的。对资产阶级自然主义历史观和形而上学方法论的批判与肯定李嘉图的价值理论同步发生。

在这本书的第一章中,马克思直接批评蒲鲁东的价值理论。在上面的讨论中,我们已经看到,蒲鲁东的经济范畴往往是一种与神学式的假哲学混杂在一起的东西,用马克思的话来说,就是"分工和这种分工所包括的交换等都是凭空掉下来的"①。蒲鲁东根本不知道人类社会生活存在的历史性特征。比如"交换有它自己的历史,它经历各个不同的阶段"。如在中世纪,交换的只是剩余品;而后来,"一切产品,整个工业活动都处在商业范围之内,当时一切生产完全取决于交换";最后,才出现了"人们一向认为不能出让的一切东西这时都成了交换和买卖的对象"的时期。② 交换总是一定历史时期中的特定的交换。我们能看出,这正是马克思刚刚创立的历史唯物主义。虽然蒲鲁东在讨论经济,也承认经济的优先性,可是

---

① 马克思:《哲学的贫困》,见《马克思恩格斯全集》第4卷,人民出版社1958年版,第78页。
② 马克思:《哲学的贫困》,见《马克思恩格斯全集》第4卷,人民出版社1958年版,第79页。

这种非历史的观点必然导致深层的唯心史观。马克思指出，这实际上也是所有资产阶级经济学家的致命错误。

蒲鲁东自称他拥有哲学辩证法，可"蒲鲁东先生的整个辩证法是什么呢？就是用抽象的和矛盾的概念，如稀少和众多、效用和意见、一个生产者和一个消费者（两者都是自由意志的骑士）来代替使用价值和交换价值、需要和供给"①。蒲鲁东指出使用价值与交换价值的矛盾是正确的。可他却是从任意而错误的推论中得出的结论：在蒲鲁东那里，使用价值＝众多，交换价值＝稀少，使用价值＝供给，交换价值＝需求。这一矛盾在由劳动时间决定的价值中得到解决（构成与实现）。在马克思看来，蒲鲁东创造出来的所谓"构成价值"为中心的经济学说和超社会主义理论，不过是对李嘉图价值理论的一种乌托邦式的歪曲说明，而这将李嘉图倒过来改造社会的方法已经由李嘉图式的英国社会主义者所运用。

应该特别指出，此时的马克思，现在已经不是一般地承认劳动价值论和肯定古典经济学的科学性，并且在经济学的大部分观点上都已经转变到李嘉图的立场上来了。我们知道，通过《布鲁塞尔笔记》和《曼彻斯特笔记》时期的第二阶段经济学研究，马克思已经研究了资产阶级经济学各种流派。更重要的是，马克思已经直接肯定李嘉图是"本世纪最杰出的经济学家"②。因为他"已经科学地阐明作为现代社会即资产阶级社会的理论"③。这种区分说明，马克思此时的经济学研究又明显高于《德意志意识形态》时期。他已经从古典经济学中区分出斯密与李嘉图，并直接将李嘉图视为古典经济学理论科学的最高点。这才是历史唯物主义和马克思主义政治经济学的批判性理论起点。

正是在这个意义上，马克思直接将李嘉图与蒲鲁东进行了对比研究：其一，"李嘉图给我们指出资产阶级生产的实际运动"，而蒲鲁东却离开现

---

① 马克思：《哲学的贫困》，见《马克思恩格斯全集》第 4 卷，人民出版社 1958 年版，第 87—88 页。
② 马克思：《哲学的贫困》，见《马克思恩格斯全集》第 4 卷，人民出版社 1958 年版，第 156 页。
③ 马克思：《哲学的贫困》，见《马克思恩格斯全集》第 4 卷，人民出版社 1958 年版，第 89 页。

实，在头脑中发明新公式。这个所谓新公式"只不过是李嘉图已清楚表述了的现实运动的理论表现"。其二，"李嘉图把现实社会当做出发点，给我们指出这个社会怎样构成价值；而蒲鲁东先生却把构成价值当做出发点，用它来构成一个新的社会世界"。其三，"在李嘉图看来，劳动时间确定价值是交换价值的规律，而蒲鲁东却认为这是使用价值和交换价值的综合"。所以，实际上，"李嘉图的价值论是对现代经济生活的科学解释；而蒲鲁东先生的价值论却是对李嘉图理论的乌托邦式的解释"。为什么？因为，李嘉图是从现实的经济关系中得出他的理论公式，这个公式正是经济生活的本质，李嘉图以这个本质来透视资产阶级社会经济现象，如"地租、资本积累以及工资和利润的关系等那些骤然看来好象是和这个公式抵触的现象"①。而蒲鲁东则完全凭任意的假设，再以一些孤立的经济事实加以歪曲作为例证。我要再加一句：李嘉图是社会唯物主义，蒲鲁东是唯心主义。

针对蒲鲁东批评李嘉图，特别是将帽子的生产费用与人的生活费用混为一谈，马克思说，这是"把人变成了帽子"，这不是因为李嘉图观点的"刻薄"，是由于事实本身就是刻薄的。马克思在这里直接反对法国人本主义文学家对李嘉图政治经济学的攻击。② 当然，马克思绝不是在肯定李嘉图所肯定的资产阶级政治经济学观点，他是要说明，蒲鲁东不仅歪曲了李嘉图的经济学中的科学表述，并且将资产阶级的现实作为自己建立公平的基础。因为李嘉图正确的"公式"，只是"工人遭受现代奴役的公式"。以必要劳动时间确定价值的规律是一定历史条件下资产阶级社会的特定历史规律。可笑的是，李嘉图用劳动价值论正确纠正斯密的错误，反倒又被蒲鲁东再次弄错了。并且，他再把这种混乱的错误当成自己"平均主义地"改造社会的基础。马克思还指出，就是这种平均主义地应用李嘉图的理论，也并不是蒲鲁东的发明，因为在他之前，英国社会主义经济学家汤

---

① 马克思：《哲学的贫困》，见《马克思恩格斯全集》第 4 卷，人民出版社 1958 年版，第 92—93 页。
② 马克思：《哲学的贫困》，见《马克思恩格斯全集》第 4 卷，人民出版社 1958 年版，第 94 页。

普逊、霍吉斯金、艾德门茨和布雷等人都有过重要的论述。马克思为此还对布雷的《劳动的弊害及其消除方法》一书进行了大量引证。① 也是在这里，他第一次从经济学上批评了布雷，因为布雷也不过是将资产阶级的幻想变成了他想实现的理想。但是，"要想在不过是这个社会美化了的影子的基础上来改造社会是绝对不可能的"。② 说到底，蒲鲁东的"创造"至多是"以李嘉图学说为依据的无产阶级反对派"——"布雷计划"的漫画版。

我认为，在《哲学的贫困》中，马克思在第一章中对蒲鲁东的经济学批判是正确的，但从理论深层来看还存在着一些问题。正像前东德经济学家图赫舍雷尔所说，"在经济理论问题上，马克思在这里很大程度上还是论据李嘉图的，所以在许多个别问题上有着李嘉图的正确的和错误的理论观点"③。第一章的真正主题是交换价值。马克思这里主要还就量的规定而论，对价值的质的分析还没有提到日程上来（马克思自己说，只是到了《政治经济学批判》一书，蒲鲁东主义才被连根铲除了。在那里，马克思才真正解决了价值的质的分析，即劳动怎样和怎样的劳动形成价值，而且价值必然地要发展成为货币）。此时，马克思还没有论及价值与交换价值之间、交换价值与价格之间以及价格与市场价格的严格区别。马克思在这里还没有搞清楚由劳动时间决定的价值同它变相的表现形式，即资本主义的生产价格之间的差别，所以他还是不加批判地接受了李嘉图的观点。这里自然既有正确的内容也有错误的方面：这种错误开始于认为价值由生产费用或劳动时间的最低额决定，即马克思接受的"劳动价值"或"劳动的自然价格"这两个名词，并在许多个别问题上直至李嘉图的货币数量论、李嘉图的地租理论以及一般利润率上也都存在错误。

当然，马克思由于有正确的历史唯物主义方法论指导，在许多问题上

---

① 马克思：《哲学的贫困》，见《马克思恩格斯全集》第4卷，人民出版社1958年版，第110—115页。
② 马克思：《哲学的贫困》，见《马克思恩格斯全集》第4卷，人民出版社1958年版，第117页。
③ [德] 图赫舍雷尔：《马克思经济理论的形成与发展》，马经青译，人民出版社1981年版，第211页。

也已经超出了李嘉图。李嘉图（古典经济学）是在肯定的立场上，以价值规律来说明资本主义生产方式运行的机制；而蒲鲁东一类的小资产阶级社会主义者，则想以所谓"真正实现"价值来消除资本主义社会产生的一切问题，重建社会的平等。马克思则在科学地证明：价值是一个历史的范畴，它只是与资本主义生产方式发生历史关联，它正是以私人交换为基础的社会关系的表现，价值只有通过交换才能实现，所以，在以个人交换、劳动价值转化为商品为基础的资本主义社会中，不彻底改变生产方式本身，就根本无法根除资本主义制度的弊病。同时，马克思第一次较完整地揭示了价值规律在私有制条件下的实现问题。当然，在这个时候，虽然马克思已经开始肯定和维护劳动价值论，可他恰恰没有历史地说明价值本身的历史的形成和变形，也还没有全面证明自己的政治经济学科学理论。这个艰巨的理论任务还要等到1857年以后，同时，如果谈到马克思历史唯物主义的运用，《德意志意识形态》只是宏观分析，《哲学的贫困》与《资本与雇佣劳动》中只是将此运用于经济学的"个别范畴的分析"，后来才完成了政治经济学的微观认证。①

三、马克思对整个政治经济学的方法论批判

在这本书的第二章的五节中，第一节是批判蒲鲁东的假黑格尔主义的研究方法，实际上，这是全书较有价值的部分，即经济学研究的哲学指导方法问题。用前苏联经济学史学家卢森贝的话来讲，就是在这本书中，"反对蒲鲁东的论战就变成反对当时资产阶级政治经济学的，首先是反对其方法论的论战"②。其他后四节是从分工与机器、竞争与垄断、土地所有权与地租到罢工与工人同盟的具体批判。这一章的开始，马克思明确要说

---

① ［苏］巴加图利亚、维戈茨基：《马克思的经济学遗产》，马健行译，贵州人民出版社1981年版，第22—24页。
② ［苏］卢森堡：《十九世纪四十年代马克思恩格斯经济学说发展概论》，方钢等译，生活·读书·新知三联书店1958年版，第246页。

明"政治经济学的形而上学"。这是重新讨论哲学。马克思反讽地说，这是回到德国，从英国人（政治经济学）变成德国人（哲学家）。同时，马克思在此第一次直接论说了李嘉图与黑格尔的关系："如果说有一个英国人把人变成了帽子，那么，有一个德国人就把帽子变成了观念。"① 以前面我们已经看到的思路，李嘉图把人变成帽子，实际上是揭示了资产阶级经济过程中人与人的关系变为物的过程，而黑格尔不满意资产阶级市民社会的物化状态，于是他再将物化了的人扬弃为绝对观念。蒲鲁东既不理解李嘉图也不了解黑格尔。如上所述，他是用"冒牌的黑格尔词句"来油炸政治经济学。

在以上分析中，我们看到马克思对李嘉图经济学理论不少的肯定性评述。而这一章里，是马克思以历史唯物主义对资产阶级政治经济学方法论（特别是社会唯物主义）的超越。同时，在说明资产阶级政治经济学深层唯心史观的前提下，再看蒲鲁东的肤浅性。图赫舍雷尔认为，在《哲学的贫困》中，马克思已经意识到，"政治经济学是一门历史科学"②。因为他已经自觉地从生产关系入手，解决政治经济学研究的方法论前提。具体地说，就是将社会生产方式的发展的一定阶段相适应的，只能是历史的暂时的生产关系的产生、运动和它的内部联系，所以，政治经济学只能是研究一定历史条件下"人们借以生产、消费和交换的经济形式"以及这一经济关系发展的特殊规律性。这也就是要研究"生产怎样在上述关系下进行"，以及"这些关系本身是怎样产生的"③。这样，马克思很自然会站在一个远于所有资产阶级经济学家的理论逻辑尺度上，也能清楚地发现政治经济学的根本错误。

马克思指出，在以往的政治经济学研究中，所有资产阶级"经济学家们都把分工、信用、货币等资产阶级生产关系说成是固定不变的、永恒的

---

① 马克思：《哲学的贫困》，见《马克思恩格斯全集》第4卷，人民出版社1958年版，第138页。
② [德]图赫舍雷尔：《马克思经济理论的形成与发展》，马经青译，人民出版社1981年版，第202页。
③ 马克思：《哲学的贫困》，见《马克思恩格斯全集》第4卷，人民出版社1958年版，第139页。

范畴"①。"经济学家们向我们解释了生产怎样在上述关系下进行，但是没有说明这些关系本身上怎样产生出来的，也就是说，没有说明产生这些关系的历史运动。"② 因为在马克思已经创立的历史唯物主义中，人类生存最重要的"本体"规定不是什么永恒不变的抽象本质，而是一定的历史性存在。资产阶级政治经济学正确地看到了生产在人类生活中的基始性，一些优秀的代表人物（如李嘉图）已经在把握资本主义社会运行中的经济关系，我们前面将这些重要的思想概括为社会唯物主义。在对待过去的社会历史运动，特别是由资产阶级否定封建社会，这些资产阶级的科学家是可以具有一定的历史性眼光。可是，面对资产阶级社会的现实，这些经济学家（同启蒙运动以来的一切资产阶级思想家）都将资本主义的生产方式看作是人类生存的自然（天然）形态，是永远不会改变的东西。马克思分析道："经济学家在论断中采用的方式是非常奇怪的。他们认为只有两种制度：一种是人为的，一种是天然的。封建制度是人为的，资产阶级制度是天然的。"③ 而从实质上看，资产阶级"经济学家所以说现存的关系（资产阶级生产关系）是天然的，是想以此说明，这些关系正是使生产财富和发展税务和得以按照自然规律进行的那些关系。因此，这些关系是不受时间影响的自然规律。这是应当永远支配社会的永恒规律。于是，以前是有历史的，现在再也没有历史了"④。很显然，这是资产阶级意识形态的一种本质遮蔽。这种非历史的隐性历史唯心主义，只有在历史唯物主义和历史辩证法的科学尺度上才能被正确地透视。

在这个意义上，我们才会发现蒲鲁东的幼稚可笑。因为蒲鲁东将资产阶级经济学家非历史地描述了的社会关系看成是不证自明的原理，而他只要用哲学来编一下次序就行了。马克思说，蒲鲁东"把任何一种事物都归结为逻辑范畴，任何一个运动、任何一种生产行为都归结为方法，那么，

---

① 马克思：《哲学的贫困》，见《马克思恩格斯全集》第4卷，人民出版社1958年版，第139页。
② 马克思：《哲学的贫困》，见《马克思恩格斯全集》第4卷，人民出版社1958年版，第140页。
③ 马克思：《哲学的贫困》，见《马克思恩格斯全集》第4卷，人民出版社1958年版，153页。
④ 马克思：《哲学的贫困》，见《马克思恩格斯全集》第4卷，人民出版社1958年版，154页。

由此自然得出一个结论，产品和生产、对象和运动的任何总和都可以归结为应用的形而上学。黑格尔为宗教、法等做过的事情，蒲鲁东也想在政治经济学上如法炮制"①。蒲鲁东又是拿来正反合，运用到政治经济学的历史逻辑上。结果是把"人所共知的经济范畴翻译成人们不大知道的语言"②。

马克思指出，蒲鲁东根本无法理解，"经济范畴只不过是生产方面社会关系的理论表现，即其抽象"。蒲鲁东与资产阶级经济学家一样，知道人们是在一定的生产关系内生产，但他不明白，"这些一定的社会关系同麻布、亚麻等一样，也是人们生产出来的。社会关系和生产力密切相联。随着新生产力的获得，人们改变自己的生产方式，随着生产方式即保证自己生活的方式的改变，人们也就会改变自己的一切社会关系。手工磨产生的是封建主为首的社会；蒸汽磨产生的是工业资本家为首的社会"③。显然，这是《致安年科夫信》中系列观点的展开说明。前东德学者图赫舍雷尔说，《致安年科夫》可以视为是《哲学的贫困》第二章的纲要。④ 当然，马克思这里有更加明确有力的分析："必须指出，财富怎样在这种对抗中间形成，生产力怎样和阶级对抗同时发展，这些阶级中一个代表着社会上坏的、否定的方面的阶级怎样不断地成长，直到它求得解放的物质条件最后成熟。难道不是说，生产方式、生产力在其中发展的那些关系并不是永恒的规律，而是同人们及其生产力发展的一定水平相适应的东西，人们的生产力的一切变化必然引起他们的生产关系的变化吗？"⑤ 这是第一层次的说明。

第二层次，马克思自然要确证，蒲鲁东和一切资产阶级政治经济学家

---

① 马克思：《哲学的贫困》，见《马克思恩格斯全集》第 4 卷，人民出版社 1958 年版，第 142 页。
② 马克思：《哲学的贫困》，见《马克思恩格斯全集》第 4 卷，人民出版社 1958 年版，第 143 页。
③ 马克思：《哲学的贫困》，见《马克思恩格斯全集》第 4 卷，人民出版社 1958 年版，第 144 页。
④ [德] 图赫舍雷尔：《马克思经济理论的形成与发展》，马经青译，人民出版社 1981 年版，第 199 页。
⑤ 马克思：《哲学的贫困》，见《马克思恩格斯全集》第 4 卷，人民出版社 1958 年版，第 154—155 页。

的观点都不过是一定社会经济关系的理论反映。"人们按照自己的物质生产的发展建立相应的社会关系，正是这些人又按照自己的社会关系创造了相应的原理、观念和范畴。""所以这些观念、范畴也同它们所表现的关系一样，不是永恒的。它们是历史的暂时的产物。"所以，"每个原理都有其出现的世纪。例如，与权威原理相适应的是11世纪，与个人主义原理相适应的是18世纪"。可是，"为什么该原理出现在11世纪或者18世纪，而不出现在其他某一世纪，我们就必然要仔细研究一下：11世纪的人们是怎样的，18世纪的人们是怎样的，在每个世纪中，人们的需求、生产力、生产方式以及生产中使用的原料是怎样的；最后，由这一切生存条件所产生的人与人之间的关系是怎样的。难道探讨这一切问题不就是研究每个世纪中人们的现实的、世俗的历史，不就是把这些人既当作剧作者又当作剧中人物吗？但是，只要你们把人们当作他们本身历史的剧中人物和剧作者，你们就是迂回曲折地回到真正的出发点，因为你们抛弃了最初作为出发点的永恒原理"①。我们可以发现，马克思这里阐发的正是他不久前刚刚创立的历史唯物主义观点。这也难怪梅林要说：《哲学的贫困》"只是一本历史唯物主义方面的论著"。②

针对蒲鲁东同时反对经济学家和共产主义，马克思批评蒲鲁东想凌驾于资产阶级和无产阶级之间，结果只是一个小资产阶级。"不断在资本和劳动，政治经济学和共产主义之间摇来摆去。"③ 在此，马克思专门论说了这时他理解的经济学的三种流派，更重要的是他直接说明了新的科学社会主义。他分析了"在生产力在资产阶级本身的怀抱里尚未发展到足以使人看到解放无产阶级和建立新社会必备的物质条件以前，这些理论家不过是一些空想主义者"。④ 他们为了满足被压迫阶级的需求，会想出各种的体

---

① 马克思：《哲学的贫困》，见《马克思恩格斯全集》第4卷，人民出版社1958年版，第148—149页。
② [德]梅林：《马克思传》，罗稷南译，生活·读书·新知三联书店1958年版，第138页。
③ 马克思：《哲学的贫困》，见《马克思恩格斯全集》第4卷，人民出版社1958年版，第158页。
④ 马克思：《哲学的贫困》，见《马克思恩格斯全集》第4卷，人民出版社1958年版，第157页。

系。可是,"随着历史的演进以及无产阶级斗争的日益明显,他们在自己头脑里寻找科学真理的做法便成为多余的了;他们只要注意眼前发生的事情,并有意识地把这些事情表达出来就行了"。而"这个由历史运动产生并且充分自觉地参与历史运动的科学就不再是空论,而是革命的科学"①。

这就是不久之后《共产党宣言》的主体思路了。

---

① 马克思:《哲学的贫困》,见《马克思恩格斯全集》第 4 卷,人民出版社 1958 年版,第 158 页。

对蒲鲁东的批判给马克思带来了什么？

——《哲学的贫困》的思想史地位辨析

唐正东

尽管马克思1844年在巴黎的时候曾经跟蒲鲁东有过十分密切的私人交往，而且在《神圣家族》一书中他还对蒲鲁东的观点有过较高的评价，但严格地说，马克思从来没有完全赞同过蒲鲁东的观点。从1844年到1846年，蒲鲁东始终把他的理论思考建立在抽象法权或者说抽象的社会性的基础上，其学术路径没有发生多大变化。而马克思则不同，从1844年以抽象人性为基点的理论思考，到《德意志意识形态》中以生产力和交往形式的矛盾运动为基点的历史阐释，其间的学术跨度是很大的。正因为如此，1846年的马克思在学术思路上实际上已经无法容忍蒲鲁东的抽象形而上学观点了。而正是在这个时候，蒲鲁东又先后两次对马克思发出了公然的"挑衅"。第一次是1846年5月初，当马克思恩格斯主动写信给蒲鲁东，邀请他参加共产主义通讯委员会的活动时，蒲鲁东不但断然拒绝了邀请，而且还在回信中否定了马克思恩格斯的革命理论；第二次是蒲鲁东在1846年出版了《贫困的哲学》，并以挑衅性的口吻表示等待马克思的严厉批判。在这种情况下，马克思只能站出来对蒲鲁东的观点进行专门的批判了。如果说，马克思在1845年之前尽管意识到蒲鲁东的观点中存在着问题，但尚无法找到正确的方法来批判其理论局限的话，那么，此时的马克思已经完全具备了从历史唯物主义的角度批判蒲鲁东的能力。

---

① 原载《江苏社会科学》2010年第2期。

一、人们在发展生产力时也发展着一定的社会关系

作为小资产阶级思想家，蒲鲁东的整个理论思考都是建立在抽象的法权基础上的。对他来说，人类自由及平等的实现，不是建立在社会历史的发展之基础上的，而是建立在对法权即支配着社会的那些原理之尊重和遵守的基础上的。之所以如此，那是因为蒲鲁东不相信客观事实对于人类自由具有意义。蒲鲁东没有从社会内在矛盾发展的角度来解读历史过程中的客观事实，因而当然看不到客观事实的历史意义，由此，他相信事实不能产生权利的观点。当他立足于抽象法权的层面来展开所谓支配社会的原理时，他所能做的也只能是虚构出一套经济范畴的体系而已。至于这套经济范畴的体系跟现实经济关系的发展进程是否相符合，则完全不在蒲鲁东的考虑之列。当然，就蒲鲁东本人来说，他是有意这样做的，因为他根本不相信反映现实经济关系的那些范畴之间的因果关联性具有任何的历史意义，原因在于这些经济关系及相应的范畴都是建立在所有权之基础上的，而蒲鲁东最反对的就是这种所有权。正因为如此，他可以说是故意地站在非历史性的、形而上学的立场上，来建构其经济矛盾的体系的，他就是要用这种虚构的、在他看来能凸显支配着社会的那些原理的体系，来彰显他对社会走向未来希望之路径的认知。

蒲鲁东的这种思路在他对社会科学之本质的理解上表现得一览无疑（他是把政治经济学当作一种社会科学来看待的）："社会科学并不是关于社会过去情况或未来情况，而是关于社会的整个生存过程，亦即关于社会的整个不断变迁情况的理论和系统的知识。因为只有在社会科学里才能有理论和系统。这门科学的对象包括的不仅是某一时期的人类秩序，也不仅是其中的某一些因素，而是社会存在的一切原则和全部希望，就好像一切时期和一切地点的社会进化一下子都集中在一起，固定在一个完整的画面上，从而使各个时代的联系和各种现象的次序一目了然，我们可以从中找

出它的系列关系和统一性。"① 用一个形象的说法，蒲鲁东这是在玩拼图游戏，在他的拼图板上早已存在着神秘的支配社会的原理，蒲鲁东所做的只是把经济范畴填进这块拼图板而已。怪不得他会理直气壮地说："对我说来，经济学是形而上学的一种客观形式和具体体现，是在行动中的形而上学，是以不断流逝的时间为背景的形而上学。因此，谁要是研究劳动与交换的规律，谁就是真正的形而上学专家。"②

对蒲鲁东这种观点的批判首先要揭露其阐述思路中的漏洞。马克思对人们在发展其生产力时也发展着一定的社会关系的论述，就是直接针对蒲鲁东思路中的漏洞的。在马克思看来，蒲鲁东的最大问题在于他不具备关于经济发展的历史知识，不了解现实经济发展的真实过程。现实历史中的经济发展既有生产力的维度，又有社会关系的维度，人们在生产呢子、麻布的同时，也根据其生产力的条件生产出了他们在其中生产呢子、麻布的社会关系，这些社会关系的性质是随着相应的生产力的改变而改变的。蒲鲁东由于放弃了现实经济关系的线索，因而在他的理论视域中，经济发展只有生产力的维度。这样一来，当他去研究分工时，就必然会从"分开来工作"的角度来理解分工，而看不到在不同的历史发展阶段分工所具有的不同表现形式；当他去研究机器时，他必然不可能把握住机器产生及发展的历史，而只可能把它虚构成能够保留分工的好的方面、消除分工的坏的方面的一个神秘范畴。蒲鲁东在解读其经济矛盾体系中的其他范畴时，也都存在着类似的问题。话又说回来，蒲鲁东也只能从这样的视角出发来阐述经济发展过程，才能通过某种思辨的公式来建构起所谓的社会存在的一切原则和全部希望。而马克思对经济发展的双重维度及其历史过程性的揭示，显然既打击了蒲鲁东的虚构体系，又清楚地告诉蒲鲁东：只有通过生产力及社会关系的历史发展，才能真正实现人类的自由和平等。

马克思的这种思路显然是《德意志意识形态》已形成的理论思路的一种延续。在《德意志意识形态》中，马克思已经清晰地认识到"一切历史

---

① ［法］蒲鲁东：《贫困的哲学》，余叔通等译，商务印书馆1998年版，第46页。
② ［法］蒲鲁东：《贫困的哲学》，余叔通等译，商务印书馆1998年版，第38页。

冲突都根源于生产力和交往形式之间的矛盾"①。应该说，这种观点对于阐明历史唯物主义哲学来说已经足够了，因为作为哲学层面的历史唯物主义就是从历史本质矛盾的角度阐明社会历史发展过程的世界观和方法论。但如果从运用这种历史唯物主义哲学来研究现实历史过程的具体历史理论的角度来看，这种观点由于尚未清晰地阐明生产力与交往形式之间是何以构成矛盾的，因而还有待进一步发展。由于《德意志意识形态》主要是批判费尔巴哈等人的唯心史观的，因而还没有足够的动力驱使马克思去研究这些具体的问题。而《哲学的贫困》的批判对象是蒲鲁东的小资产阶级经济学。从理论上说，这一批判对象是能够产生一定的动力以使马克思去研究资本主义的生产力和生产关系何以构成的矛盾的，因为蒲鲁东是试图通过构建形而上学的经济矛盾的体系来达到人类自由与平等的目标的，那么，马克思如果要想彻底地驳倒蒲鲁东，就不仅需要从生产力和生产关系的双重角度出发提出一种与蒲鲁东不同的社会历史观，而且还应该仔细地论证资本主义生产关系是如何通过与生产力的矛盾运动而走向被超越的境地的。只有这样，马克思才能有针对性地提出自己的一套关于人类走向自由与平等的历史理论。客观地说，《哲学的贫困》在这一理论层面的论述上还只是迈出了第一步，甚至可以说，马克思是沿用了对费尔巴哈等人唯心主义哲学的批判方法，来批判作为小资产阶级思想家的蒲鲁东。

二、生产力是基于阶级对抗的规律而发展起来的

这是马克思在《哲学的贫困》第一章第二节批判蒲鲁东的构成价值论时提出的一个观点。蒲鲁东认为，商品价格的变动性，并不根源于作为物品的商品本身，而是根源于从事商品买卖活动的人们的观念。社会财富的各种元素是按照一定的比例配合起来组成一个同质的财富整体的，处于这

---

① 《德意志意识形态》（节选本），人民出版社2003年版，第60页。

种比例关系中的产品的价值，就是蒲鲁东所说的构成价值。能否清楚地认识到这种支配着产品在社会财富中的比例的规律，决定了由这些人所从事的买卖活动中商品的价值是否会发生变动。在蒲鲁东看来，现实经济生活中的人们在进行商品交换时的讨价还价，其实就是在致力于获得构成价值，只不过在所有权的影响下，他们经常会作出不理性的行为而已。正因为如此，蒲鲁东认为，像他这样的社会天才所设计出的政治经济学所要实现的目标，就是阐明构成价值的客观存在及其运行规律。在他看来，通过这种努力，不仅政治经济学可以得到根本性的改造，并达到其理论发展的顶峰，而且，社会也会因此进入有秩序的状态。

在指明了构成价值的客观存在之后，蒲鲁东对其存在的理由也作出了说明，这种说明当然同样是建立在他惯用的形而上学方法论，即他所谓的用复杂的公式把对立双方相互吸收、相互协调起来的方法论之基础上的。蒲鲁东认为，被原有的政治经济学家认定为调整价值之唯一法则的供给与需求，其实只不过是使使用价值和交换价值相互合并促使它们协调起来的两种仪式，它们是相互对抗的两极，只要我们找到构成价值的规律，就可以使这两极协调起来："供给和需求是两个电极，把它们连接起来就会发生一种名为交换的经济上亲合现象。供给和需求就和电池的两极一样，彼此根本对立，而且不断想消灭对方；由于它们之间的对抗，物品的价格就偏高或者偏低。因此，问题在于弄清是否有可能使这两种力量在任何情况下都处于平衡或协调状态，使物品的价格能够始终代表物品的真实价值和体现公平关系。"① 蒲鲁东满脑子装的都是在抛开现实社会历史过程的前提下把对立双方亲合起来的思路，也难怪他会从人体循环体系的角度来理解基于构成价值的社会过程，"如果允许我作个通俗的比喻，那么，通过价值的构成过程，产品就好比食物被人类的养生本能所发现，经过消化器官的吸收，进入人体总的循环体系，按照一定的比例变成肌肉、骨骼和体液等等，从而赋给人体以生命、力量和美"②。

此时的马克思显然不可能同意蒲鲁东的这种观点。为此，他明确地指

---

① [法] 蒲鲁东：《贫困的哲学》，余叔通等译，商务印书馆1998年版，第78页。
② [法] 蒲鲁东：《贫困的哲学》，余叔通等译，商务印书馆1998年版，第90页。

出:"实际上,情况完全不象蒲鲁东先生所想的那样。当文明一开始的时候,生产就开始建立在级别、等级和阶级的对抗上,最后建立在积累的劳动和直接的劳动的对抗上。没有对抗就没有进步。这是文明直到今天所遵循的规律。到目前为止,生产力就是由于这种阶级对抗的规律而发展起来的。"① 应该说,这是马克思用具有鲜明的历史唯物主义特点的社会发展观有力地打击了蒲鲁东虚构的形而上学发展观。尽管早在《〈黑格尔法哲学批判〉导言》中,马克思就已经谈到了无产阶级对资产阶级的斗争,但那个时候他只是指出了这种历史事实,而没有把它与历史观结合起来。在历史观的层面,当时的马克思还只是从无产阶级代表了人的完全丧失,因而只有通过人的完全恢复才能恢复其自身的思路来加以阐述的。而此时则不同了,马克思不仅看到了阶级对抗的历史事实,而且还把握住了基于阶级对抗的历史观,即整个历史的发展过程都是建立在阶级对抗的基础上的。

再进一步,马克思此时还致力于探讨阶级对抗的规律,即推动生产力以及整个历史过程向前发展的规律。这主要表现在他对阶级对抗的内容的理解上。我们知道,在《德意志意识形态》中,马克思恩格斯是从在私有制条件下生产力只获得了片面的发展,对大多数人来说成了破坏的力量的角度,来阐释生产力与交往形式的矛盾。应该说,这种阐释尽管已经可以提供一种对历史过程内在矛盾的唯物主义解读,但严格地说,还不够具体,还有待结合历史的具体内容来加以深化。《哲学的贫困》中的马克思在对这一点的理解上已经有了较大的进步,他实际上已经从分配关系的角度,即劳动产品的不平等分配的角度来理解生产关系的矛盾性,"把劳动时间作为价值尺度这种做法和现存的阶级对抗、和劳动产品在直接劳动者与积累劳动占有者之间的不平等分配是多么不相容。"② 马克思清楚地看到,在阶级社会中,面向普通劳动者的产品的价格在不断上升,而面向统治者的工业品和奢侈品的价格却不断地下降,这反映了产品的使用取决于消费者所处的社会地位。统治者尽管利用这种对劳动产品的不平等分配获得了很大的利益,但由此也带来了阶级对抗,这种阶级对抗继而又推动了

---

① 《马克思恩格斯全集》第 4 卷,人民出版社 1958 年版,第 104 页。
② 《马克思恩格斯全集》第 4 卷,人民出版社 1958 年版,第 95 页。

生产力及整个历史的发展。显然，马克思此时在对资本主义生产关系内在矛盾性的理解上要比《德意志意识形态》时期的观点进步了一点。

但同时也应该看到，马克思此时显然还无法像在后来的《资本论》中那样，准确地解读生产力与生产关系的矛盾的具体内容，因为只有真正达到生产关系而不是分配或交换关系的层面，才可能完成这种客观的解读。马克思后来的那种从剩余价值剥削、资本有机构成提高、一般利润率下降到资本主义经济危机的阐述思路，在此时这一阶段显然还不可能出现。尽管马克思在这一文本中也谈到了以生产行为本身作为解读的出发点的观点："如果不以产品的分配而以生产行为本身作为出发点，我们也会得出同样的结论。在大工业中，某甲不能任意确定自己劳动的时间，因为某甲的劳动，如果没有组成企业的一切其他的某甲和某乙的合作，那就没有什么作用。这非常清晰地说明英国的厂主为什么顽固地反对十小时工作日法案。他们都很知道，减少女工和童工两小时的劳动时间必然也会引起成年工人的劳动时间的缩短。"① 显然，他在这方面只是涉及了工人与资本家围绕工作日的减少而展开的斗争问题。尚无证据可以证明马克思已经涉及了资本通过与雇佣劳动相交换而获得了一个增加值的观点。因此，我们必须实事求是地看到，马克思此时的观点在一些细节方面还有进一步发展的空间。

三、经济范畴是生产的社会关系的理论表现

囿于其基本的理论思路，蒲鲁东是不可能把经济范畴理解为现实经济关系的理论表现的，他只可能倒过来把现实经济关系理解为抽象的经济范畴的化身。这是因为蒲鲁东根本瞧不起当时的经济学家，认为他们所研究的经济事实是跟所有权纠缠在一起的经济事实，因而是不具有合法性的经济事实。他自己所要做的是从所谓的哲学家视域出发来重新研究这些事

---

① 《马克思恩格斯全集》第 4 卷，人民出版社 1958 年版，第 116 页。

实，并努力找出存在于这些事实中的"精神"或"原理"。也就是说，蒲鲁东根本就不想从马克思的那种思路出发，来把经济范畴理解为生产的社会关系的理论表现，因为在他看来，如果是这样的话，那就无法越出所有权的束缚并走向社会自由了。其实，这是因为蒲鲁东的思路中缺失一条生产关系的理论线索，并因而无法理解现实经济过程中交换关系的混乱并非根源于抽象的不平等，而是根源于现实生产关系与生产力的矛盾。由此，他也无法理解克服这种混乱状态的关键，并不在于从抽象的法权出发来找出支配社会的原理或精神，而在于通过解决生产力与生产关系的矛盾来真实地推进社会的进步。由此可以看出，把经济范畴抽象化是蒲鲁东理论思路的一种必然，因为他的整个理论都是抽象的，他在《贫困的哲学》中所做的全部工作，只在于找出作为理性存在物的社会有机体的内在机理，"我宁愿把政治经济学当作人类内心秘密的保管人来请教，我要让事实按照它们产生的先后次序出来作证，我要不带任何成见地披露它们的证言。这将是一篇悲壮的史实，其人物是一些概念，旁白是一些理论，而时日则是一些公式"①。可惜的是，蒲鲁东没有证明，他对这些人类内心秘密的揭示为何不是一种"屠龙术"。

要想解构蒲鲁东的思路，当然要驳倒他对经济范畴的抽象化认识。这就是马克思在这一文本中所要做的。马克思指出，经济范畴只不过是生产的社会关系即现实生产关系的一种理论表现，它根源于现实的生产关系，并且随着现实生产关系的变化而变化。在马克思看来，把握这一点的关键在于：不仅把生产过程理解为物的生产过程，而且还要把它理解为社会关系的生产与再生产过程。如果解读思路不能达到后一个层面，那么，尽管可能会谈到在一定的生产关系中制造呢绒、麻布和丝织品的过程，但对"一定的生产关系"的理解必定是抽象的。蒲鲁东就是这样，当他去解读分工、所有制等生产关系形式时，由于他不了解它们的历史发展过程，因而只能从形而上学的角度把它们界定为固定的、抽象的概念。与此相反，如果我们把握住了这后一个理论层面，那么，我们就可以清晰地看到，随

---

① ［法］蒲鲁东：《贫困的哲学》，余叔通等译，商务印书馆1998年版，第109页。

着新生产力的获得，人们不仅改变了自己的生产方式，改变了自己的社会关系，而且还按照自己的社会关系创造了相应的观念和范畴。譬如，尽管在资本主义社会之前就已经存在着各种不同的分工形式，但随着资本主义社会关系的出现，一种新的分工形式即资本主义大工业条件下的社会化分工形式就出现了。由此，用抽象的分工概念来说明历史上曾经出现过的所有分工形式，必定会得出荒谬的结论。应该说，这是马克思对蒲鲁东在经济范畴的理解上的唯心主义观点进行批判的第一步，接下来他还会走出第二步，即对经济范畴的历史性及暂时性的解读。

四、生产力的变化必然引起生产关系及经济范畴的变化

客观地说，由于蒲鲁东与马克思是站在不同的解读思路上的，因此，如果仅仅指出经济范畴是生产的社会关系的理论表现，这对于完全驳倒蒲鲁东来说还是不够的。因为蒲鲁东完全可以说，你所讲的经济范畴跟我所讲的经济范畴完全不是一回事。蒲鲁东是有意不从现实经济关系的角度来界定经济范畴的，因为在他看来，现实经济关系都是跟不具有合法性的所有权联系在一起的。因此，马克思要想批倒蒲鲁东，除了要强调作为经济范畴之现实基础的社会生产关系之客观存在性之外，还要从这种现实生产关系的角度来阐释社会进程的真实道路，以回答蒲鲁东以社会天才的身份在社会进程问题上所提出的理论挑战。也就是说，马克思必须有针对性地提出自己的一套社会进程的理论，才能真正驳倒蒲鲁东的所谓经济矛盾的体系。

马克思在这一文本中的确做到了这一点。他指出，经济范畴的变化并不对应于蒲鲁东所谓的社会有机体的抽象规律，而是根源于人们所处于其中的社会生产关系的变化。而这种生产关系的变化也并非像蒲鲁东所说的那样，是通过"某种复杂的公式"即使对立双方互相吸收、相互协调来实现的，而是由生产力的变化所带动的。也就是说，马克思通过把生产力、

生产关系、经济范畴置放在现实社会历史的过程中，不仅清晰地解释了经济范畴的社会关系基础，而且还阐释了经济范畴及其所表现的社会生产关系的历史性及暂时性："随着新生产力的获得，人们改变自己的生产方式，随着生产方式即谋生的方式的改变，人们也就会改变自己的一切社会关系。手推磨产生的是封建主的社会，蒸汽磨产生的是工业资本家的社会。人们按照自己的物质生产率建立相应的社会关系，正是这些人又按照自己的社会关系创造了相应的原理、观念和范畴。所以，这些观念和范畴也同它们所表现的关系一样，不是永恒的。它们是历史的、暂时的产物。"① 马克思就是希望通过这种阐释，来对社会进程的真实状况作出全新的说明，以打击蒲鲁东对它的形而上学解释。蒲鲁东由于无法理解历史事实在人类解放维度上的真实意义，因而执意从抽象法权的角度来探讨社会有机体的自发性规律："智慧、自发性、发展、生命等一切构成生物高度现实性的要件，不论个人或社会都是主要的；由此可以说，社会管理是一种科学，亦即对天然关系的研究，而不是艺术，也就是说，不能凭喜爱和专断行事。"② 对处于现实历史过程中的社会发展规律的研究，成了一种对具有自发性的天然关系的研究，而且还把这种研究自称为科学，这恐怕只有像蒲鲁东这样的"社会天才"才能做得出来。与其相反，马克思从历史唯物主义的角度对社会发展的问题作出了全新的解释。这种解释撇开了蒲鲁东的形而上学思路，从现实经济过程中的客观矛盾运动的角度，来阐释了人类自由与平等的实现路径。在这种具有强烈历史感的社会发展思路面前，蒲鲁东建立在抽象法权基础上的社会改革思路就显得十分空洞和脆弱了。

当然，我们同时也应该看到，马克思此时对生产力与生产关系之间的矛盾的理解还不是最深刻的。他还只是从不平等的分配关系的角度来理解生产关系的内涵及其与生产力的矛盾的，因而实际上还无法真正理解这两个因素之间的内在矛盾。在1847年12月的《雇佣劳动与资本》讲演中，马克思开始认识到活劳动是替积累起来的劳动充当保存并增加其交换价值

---

① 《马克思恩格斯选集》第1卷，人民出版社1995年版，第142页。
② [法]蒲鲁东：《贫困的哲学》，余叔通等译，商务印书馆1998年版，第98页。

的手段:"只是由于积累起来的、过去的、对象化的劳动支配直接的、活的劳动,积累起来的劳动才变为资本。资本的实质并不在于积累起来的劳动是替活劳动充当进行新生产的手段。它的实质在于活劳动是替积累起来的劳动充当保存并增加其交换价值的手段。"① 这标志着他开始意识到与分配关系不同的生产关系的真实内涵,尽管由于他此时还没得出劳动力的概念,因而还不可能得出剩余价值的概念,但他毕竟在剩余产品的问题上已经具有了正确的观点。而《哲学的贫困》时期的马克思显然还没有到达这样的理论层面。当然,这只是马克思自己的历史发展理论是否完善的问题,而不是他对蒲鲁东观点的批判是否成功的问题。就对蒲鲁东形而上学的社会改革思路的批判来说,马克思《哲学的贫困》中的观点已经很到位了。我们之所以要强调马克思历史唯物主义理论中所凸显的生产关系内在矛盾的准确内容,只是想借此强调马克思视域中的社会历史是一种由具体的内在矛盾推动的发展过程,而不是一种历史学意义上的笼统的社会形态之"链接"。也就是说,我们不能在首先假定社会历史必然发展到共产主义的前提下,把马克思历史唯物主义的要义仅仅理解为对这一过程中各种社会形态的特征的描述,或者在假定各种社会形态必然具有内在矛盾的前提下,只是去描述这种内在矛盾的外部表现,而不去研究它的内在本质。这样的话,马克思历史唯物主义理论的特点便会从社会历史内在矛盾的涌动,转移到社会形态外部表现的链接。如果从这样的历史学视域出发,便会很容易弱化马克思历史理论中的内在矛盾性的理论线索,而去专注于对各社会形态外在现象的梳理,并进而把现实生产关系中的矛盾性或阶级对抗性理解为上述这种外在现象发展过程中如同变魔术一般引出的东西。日本学者望月清司的观点在这方面颇具代表性,在其代表作《马克思历史理论的研究》中,他首先把解读了阶级对抗关系的《哲学的贫困》指认为《致安年科夫》中已有的学术水平的倒退,"不可否认的是,与《致安年科夫》相比,《哲学的贫困》的确在某种程度上包含了苏联版《马克思恩格斯全集》第四卷序言中的结论内容。《哲学的贫困》中的'社

---

① 《马克思恩格斯选集》第1卷,人民出版社1995年版,第346页。

会联系'规定,与其原型《致安年科夫》相比,更多地突出了对阶级对抗关系的认识。"① 然后,在分析《雇佣劳动与资本》的学术水平时又指出:"马克思与前面阐述的《哲学的贫困》的做法相反,是想向上追溯分工的社会关系→统治的社会关系。这两点表明马克思试图克服他在《哲学的贫困》中略显性急的二元论。即不是让社会联系与敌对关系无缘,将社会联系仅仅视为表皮,而是要从积累起来的劳动和活劳动的等价交换出发,在结果上让社会联系如同变魔术一般引出敌对关系=不等价交换。"② 基于历史学视域的对社会关系的外在现象的追溯或描述,这种做法如果要与对现实社会关系的矛盾性或对抗性嫁接起来,只能依赖于"变魔术般引出"这样的思维路径了。但马克思显然是不会这样做的,因为他希望达到的是"为我们的党取得科学上的胜利"③。

---

① [日] 望月清司:《马克思历史理论的研究》,韩立新译,北京师范大学出版社2009年版,第238页。
② [日] 望月清司:《马克思历史理论的研究》,韩立新译,北京师范大学出版社2009年版,第244—245页。
③ 《马克思恩格斯全集》第29卷,人民出版社1972年版,第554页。

马克思是《共产党宣言》思想的主创者
——兼与巴加图利亚、卡弗等学者商榷①

姚顺良　夏　凡

160年前（1848年2月），《共产党宣言》（以下简称为《宣言》）在英国伦敦匿名出版，标志着无产阶级新世界观和科学社会主义的公开问世。由马克思、恩格斯共同署名的这一历史性的文献是1847年12月—1848年1月间马克思执笔写下的②，恩格斯在《共产党宣言》1888年英文版序言中也指认"构成《宣言》核心的基本原理是属于马克思一个人的"③。但是，在西方和苏（俄）学术界，对于《宣言》基本思想的提出者或确立者究竟是谁，一直存在着三种不同的声音：一是确认《宣言》的基本思想属于马克思而不属于恩格斯，持这种观点的是西方马克思学中的马克思、恩格斯"对立论"者乔治·李希特海姆和沙洛姆·阿温纳里④；二是主张《宣言》的基本思想属于恩格斯，马克思最多只做了些编辑工

---

① 原载《学术月刊》2008年第8期。
② 虽然1848年1月底送到伦敦付印的《宣言》誊清稿没有保存下来，但现存的唯一的一页草稿（见《马克思恩格斯全集》第42卷，人民出版社1979年版，第385—386页）的笔迹，以及马克思写的《宣言》第三章计划草案（同上书，第384页），均证明《宣言》的执笔者是马克思。
③ 《马克思恩格斯选集》第1卷，人民出版社1995年版，第257页。
④ 李希特海姆认为，恩格斯对"工业革命"的青睐使得他具有比马克思更浓厚的技术决定论色彩，而《宣言》更强调工业革命的灾难性后果，更多地关注人性的实现和提升。阿温纳里也认为马克思和恩格斯之间存在着观点的对立，马克思把技术看作是人的创造力的表现，他并不特别关注工业革命的技术特征。参见李希特海姆：《马克思主义：历史的批判研究》(George Lichtheim, *Marxism: an Historical and Critical Study*) 第58—60页，哥伦比里大学出版社，1982；阿温纳里：《卡尔·马克思的社会和政治思想》(Shlomo Avineri, *The Social and Political Thought of Karl Marx*)，第153页，剑桥大学出版社，1970。

作，这一观点的代表人物是同属"对立论"派的特瑞尔·卡弗①；三是认为《宣言》的基本思想是由马克思、恩格斯共同确立的，以 J. D. 亨利为代表的西方马克思学中的马克思、恩格斯"一致论"者②和以巴加图利亚为代表的苏（俄）学者持有这种观点③。我们认为，上述三种观点都是错误的。第一种观点虽然正确地肯定了马克思是《宣言》基本思想的确立者，但却错误地把恩格斯起草的《宣言》草稿《共产主义原理》（以下简称为《原理》）与马克思执笔的《宣言》最终文本之间的"差异"夸大为两位作者之间的根本"对立"；后两种观点不但否定了马克思在《宣言》最后定稿过程中的主导作用，而且否认了从《宣言》的最初草稿《共产主义信条草案》④（以下简称为《信条》）到《原理》再到《宣言》在思想上发生的飞跃。事实上，从《信条》、《原理》到《宣言》，正是马克思帮助恩格斯进一步克服"真正的社会主义"残余影响的过程，《宣言》基本思想的主要确立者毫无疑义地属于马克思。

一

检阅马克思的相关著作可以发现，从《信条》到《原理》，再到《宣言》，三个文本对"共产主义"的看法呈现出一条十分清晰的演化脉络：《信条》把共产主义看作是一种"理想制度"，《原理》把共产主义看作是

---

① 鲁克俭：《国外马克思学研究的热点问题》，中央编译出版社 2006 年版，第 75—76、85—99、54—55 页。
② 鲁克俭：《国外马克思学研究的热点问题》，中央编译出版社 2006 年版，第 75—76、85—99、54—55 页。
③ ［苏］巴加图利亚：《〈共产党宣言〉的逻辑结构和理论内容的形成》，见《共产主义者同盟的第一个纲领——历史语境中的〈共产党宣言〉》，莫斯科 ВиУ 出版社 2007 年版，第 191—208 页。
④ 尽管瑞士马克思学者贝尔特·安德列阿斯 1968 年在汉堡发现了《共产主义信条草案》，并于次年公开发表，但此后提出自己观点的卡弗和亨利等人却疏忽了这个文本，仅仅比较了《宣言》和《原理》两个文本，只有巴加图利亚充分利用了新发现的文献，并且对《信条》、《原理》和《宣言》三个文本进行了较为完整的比较研究，但他夸大了三者在基本思想上的一致性。

一种"理论原则",《宣言》则视之为一种"现实运动"。"共产主义观"方面的变化导致《信条》、《原理》和《宣言》的逻辑结构产生了明显差异——《信条》围绕着作为目的的"共产主义制度"展开,《原理》围绕着作为理论(学说)的"共产主义原则"展开,而《宣言》所围绕的中心则是作为历史过程和阶级活动相统一的"共产主义运动"。从这个意义上来看,三者的差别乃是理论"范式"的差别。

恩格斯写于1847年6月的《信条》在对"第一个问题:你是共产主义者吗?"作了肯定的回答后,立刻就提出了"第二个问题":"共产主义者的目的是什么?"答案是:"要把社会组织成这样:使社会的每一个成员都能完全自由地发展和发挥他的全部才能和力量,并且不会因此而危及这个社会的基本条件。"① 这一提问和回答的方式清楚地表明,《信条》把"共产主义"看作一种作为共产主义者实践目的并同现存社会对立的"理想的社会制度"。《信条》后面的全部20个问题都是围绕这个"共产主义观"的核心而展开:第3—19条阐发和论证"实现这一目的"的途径(第3—5条"废除私有财产,代之以财产公有")、方法(第6—13条"启发并团结无产阶级")、形式(第14条"是否拒绝革命")、最初措施(第15—19条),最后三条则是补充说明婚姻家庭制度(第20条)、民族(第21条)和宗教(第22条)在共产主义制度下的命运。

同《信条》相比,1847年10月撰写的《原理》对"第一个问题:什么是共产主义?"的回答变成了"共产主义是关于无产阶级解放的条件的学说"。随着"共产主义观"由"理想制度"向"理论原则"的转变,《原理》中的阐述也相应地从"无产阶级"出发(第2—10条),然后阐述工业革命的后果(第11—13条),再从摆脱这种后果的出路引出共产主义"这种新的社会制度"(第14条),接着说明实现共产主义制度的条件(第15条)、方式(第16条"革命"和第19条"共同胜利")和最初步骤(第17—18条)。

---

① 《马克思恩格斯全集》第42卷,人民出版社1979年版,第373页。

必须指出，虽然《原理》的"共产主义观"发生了明显的变化，把共产主义理解为"理论原则"而不是"理想制度"，但是这一转变并没有完全克服《信条》中的"空想社会主义残余"。因为"原则"同"制度"一样，奉行的仍然是"本质在先"的教条主义。正因为如此，恩格斯才在《原理》中大谈特谈共产主义"这种新的社会制度应当是怎样的"（第14条），并用四条的篇幅（第20—23条）详细勾画了共产主义制度下的经济、社会和文化图景，其中第21和22个问题甚至能够"保留原案"，维持《信条》的先验描述。而在马克思为主写作的《宣言》中，将"共产主义"首先理解为现实运动的理论表现和发展趋势：

> 共产党人不是同其他工人政党相对立的特殊政党。
> 他们没有任何同整个无产阶级的利益不同的利益。
> 他们不提出任何特殊的原则，用以塑造无产阶级的运动。

> 共产党人同其他无产阶级政党不同的地方只是：一方面，在无产者不同的民族的斗中，共产党人强调和坚持整个无产阶级共同的不分民族的利益；另一方面，在无产阶级和资产阶级的斗争所经历的各个发展阶段上，共产党人始终代表着整个运动的利益。①

这就是说，《宣言》固然没有否定"共产主义"是一种学说和制度，但共产主义已不再是一种先验的原则和理想的制度了！《宣言》直接强调"共产党人的理论原理，决不是以这个或那个世界改革家所发明或发现的思想、原则为根据的"，"这些原理不过是现存的阶级斗争、我们眼前的历史运动的真实关系的一般表述"②。

马克思在《宣言》的第二章《无产者和共产党人》中驳斥对共产党人的责难时，也完全贯彻了上述思想。马克思依次反驳了对共产党人"想要消灭（1）财产、（2）家庭、（3）民族和祖国、（4）宗教和道德"的责难。粗看起来，这些反驳和恩格斯在《原理》中对相同问题的正面论述是

---

① 《马克思恩格斯选集》第1卷，人民出版社1995年版，第285页。
② 《马克思恩格斯选集》第1卷，人民出版社1995年版，第285页。

一脉相承的；但究其实质，每一个反驳都与《原理》的"教义"回答有本质上的不同。比方说，在谈到民族消亡的问题时，《原理》第21条（保留《信条》原案）断定："按照公有制原则结合起来的各个民族的民族特点，由于这种结合而必然融合"，《宣言》则强调"民族消亡"本身就是历史运动的趋势：

> 工人没有祖国。决不能剥夺他们所没有的东西。因为无产阶级首先必须取得政治统治，上升为民族的阶级，把自身组织成为民族，所以它本身还是民族的，虽然完全不是资产阶级所理解的那种意思。
>
> 随着资产阶级的发展，随着贸易自由的实现和世界市场的建立，随着工业生产以及与之相适应的生活条件的趋于一致，各国人民之间的民族隔绝和对立日益消失。
>
> 无产阶级的统治将使它们更快地消失。①

显然，《原理》的从"理论原则"出发，已经转变为《宣言》的从"历史本身的运动"出发！在谈到"共产主义制度"的时候，《宣言》也没有像《信条》一开头那样从"目的"的角度提出"把社会组织成这样：使社会的每一个成员都能完全自由地发展和发挥他的全部才能和力量，并且不会因此而危及这个社会的基本条件"，或者像《原理》那样详细勾画共产主义制度的蓝图，而是仅仅说了简短的一句话："代替那存在着阶级和阶级对立的资产阶级旧社会的，将是这样一个联合体，在那里，每个人的自由发展是一切人的自由发展的条件。"② 这同样是从历史发展的趋势中揭示出来的原则，而不是先验设定的原则。

令人遗憾的是，对于《宣言》在"共产主义观"上的思想飞跃这样一个全局性、根本性的问题，西方马克思学者（包括那些"马克思、恩格斯对立论"者）竟然都没有给予丝毫的注意。只有巴加图利亚提到，《宣言》"发挥了马克思在《德意志意识形态》手稿中表述的关于共产主义是现实的

---

① 《马克思恩格斯选集》第1卷，人民出版社1995年版，第291页。
② 《马克思恩格斯选集》第1卷，人民出版社1995年版，第294页。

运动的思想"①。但是，他没有看到这一观点的核心地位和其所造成的"格式塔"效应，仅仅作为许多观点之一而一笔带过；相反却强调，"特别令人感兴趣的是（上面）提到的《原理》第20条，它包含着对共产主义社会本身（狭义共产主义社会）总的、完整的详尽描述"②。他一头扎进这一条中，详细阐述了"共产主义社会的四个基本特征"③。在他眼中，这就是"《原理》对《信条》的发展"了。其实，这不过是《信条》中"空想社会主义残余"的延续。更为糟糕的是，他竟然用《原理》中这种"空想社会主义残余"的精神来诊释（不如说是"油炸"——列宁语）《宣言》：

对共产主义社会总特征的描述，在《宣言》第二章末尾——区别于《共产主义原理》——非常简短（字面上只有两行）。它可以归结为三个方面："阶级差别的消失"、"公共权力失去政治性质"，保持"每个人的自由发展"。不过，在实质上，直接或间接地，在不同程度上，在《宣言》中描述（说明）了未来社会的所有基本方面。它的生产力（第一章），它的社会关系和社会意识（第二章论战部分），以及——现在在第二章末尾——它的无阶级的结构、政治上层建筑的消亡、人的状况。④

这种"比较研究"真是奇妙：先承认"区别"，然后抹杀"区别"！这样一来，《宣言》同《原理》甚至还有《信条》，"在实质上，直接或间接地，在不同程度上"都是一回事。实际上，这里的区别并非仅仅是表述方式上的，亦非仅仅是程度上的，而是实质性的。

二

《信条》、《原理》和《宣言》在"共产主义观"上的区别，根源在于

---

① ［苏］巴加图利亚：《〈共产党宣言〉的逻辑结构和理论内容的形成》，见《马克思恩格斯选集》第1卷，人民出版社1995年版，第205页。
② ［苏］巴加图利亚：《〈共产党宣言〉的逻辑结构和理论内容的形成》，见《马克思恩格斯选集》第1卷，人民出版社1995年版，第202页。
③ ［苏］巴加图利亚：《〈共产党宣言〉的逻辑结构和理论内容的形成》，见《马克思恩格斯选集》第1卷，人民出版社1995年版，第203—204页。
④ ［苏］巴加图利亚：《〈共产党宣言〉的逻辑结构和理论内容的形成》，见《马克思恩格斯选集》第1卷，人民出版社1995年版，第207—208页。

"共产主义"的哲学基础即历史观的差异。

《信条》在历史观上的根本缺陷,最明显地体现在第4条和第5条中。恩格斯在回答这两个问题时认为,财产公有的原则建立在两个基础上:一是历史的基础,即已有的"大量的生产力和生活资料"及其"无限增长的可能性";二是人性的基础,即"在每个人的意识或感觉中都存在着这样的原理,它们是颠扑不破的原则,是整个历史发展的结果,是无须加以论证的",这些原理包括"例如,每个人都追求幸福。个人的幸福和大家的幸福是不可分割的,等等"①。这显然是带有浓厚的"人性论"色彩的空想社会主义和"真正的社会主义"的历史观。如何解释这一现象呢?

巴加图利亚认为,这是"恩格斯不得不对正义者同盟领导人尚不成熟的观点让步。他尽可能地减弱了强加给自己的这些表述的不正确性和不准确性。不过,这类让步只构成《信条草案》全部内容的无足轻重的部分,这个文件在总体上完全是马克思主义的,是从已经是科学共产主义的原理出发制定出来的"②。

诚然,恩格斯在《信条》中对"人性"作了"历史的"限定(在"它们是颠扑不破的原则……是无须加以论证的"之间,加上了这些"原理"、"是整个历史发展的结果"),但这并不能改变"人性基础"的唯心主义历史观实质,至多使其带上了折中主义的色彩。更要紧的是,所谓"历史的基础"不过是实现"人性基础"的手段而已,历史造成的"大量的生产力和生活资料"及其"无限增长的可能性"无非是为"人性"的实现提供条件罢了。至于能否将这种缺陷完全归咎于"正义者同盟领导人",恩格斯仅仅承担"不得不让步"的责任,也是值得商榷的。因为我们可以在恩格斯此前的论述中找到极其相似的看法。直到1845年3月,恩格斯还在《英国工人阶级状况》的结尾部分说,关于共产主义的必然性和革命的不可避免性,"我们可以满怀信心地做出所有这些结论,因为这些结论所

---

① 《马克思恩格斯全集》第42卷,人民出版社1979年版,第373—374页。
② [苏]巴加图利亚:《〈共产党宣言〉的逻辑结构和理论内容的形成》,见《马克思恩格斯全集》第42卷,人民出版社1979年版,第202页。

依据的一方面是历史发展的无可争辩的事实,另一方面是人类的本性"①。从这里不是可以清楚看到共产主义的"历史基础"和"人性基础"的原型吗?

实际上,只要我们将这两条同《信条》中其他各条联系起来考察,就会发现上述缺陷绝不是个别的和偶然的。巴加图利亚将《信条》中"尚不成熟的观点"局限于前六条是错误的。第 13 条更为坦白地指出了这一点:"只有在机器和其他发明有可能向全体社会成员展示出获得全面教育和幸福生活的前景时,共产主义才出现。"② 其实,第 4、5 条不过是作为《信条》根本出发点的第 2 条的逻辑展开和哲学论证,第 2 条规定"共产主义者的目的"是"把社会组织成这样:使社会的每一个成员都能完全自由地发展和发挥他的全部才能和力量,并且不会因此而危及这个社会的基本条件"③。很明显,共产主义社会并不是社会本身发展的要求和结果,而是一种社会可以容许的理想制度。正因为第 2 条是核心,所以这一缺陷不是"无足轻重的部分",而是涉及共产主义的哲学基础的根本缺陷!

那么,后来写的《原理》有没有彻底消除《信条》的根本缺陷呢?我们认为,同《信条》相比,《原理》在这方面有了很大进步,但并未如巴加图利亚所说,完全消除了这种"前科学观念的残余"④。

这一进步集中体现在《原理》第 15 条对《信条》第 13 条的修改上。这两条实际上回答的是同一个问题,而且最终结论是一致的,即"实现财产公有并非任何时候都是可能的"或"过去废除私有制是不可能的"。但是,两者的论证方式并不一样:《信条》只看到财产共有的条件、手段和可能性,而《原理》第 13—15 条则补充了动因、目的和必要性。《原理》提出,"虽然大工业在它的发展初期自己创造了自由竞争,但是现在它的发展已经超越了自由竞争的范围"(第 13 条);"废除私有制甚至是工业

---

① 《马克思恩格斯全集》第 2 卷,人民出版社 1957 年版,第 586 页。
② 《马克思恩格斯全集》第 42 卷,人民出版社 1979 年版,第 378 页。
③ 《马克思恩格斯全集》第 42 卷,人民出版社 1979 年版,第 373 页。
④ [苏] 巴加图利亚:《〈共产党宣言〉的逻辑结构和理论内容的形成》,见《马克思恩格斯全集》第 42 卷,人民出版社 1979 年版,第 204 页。

发展必然引起的改造整个社会制度的最简明扼要的概括"（第 14 条）①。由特别是在第 15 条中讲了三点必要性："非常明显，在这以前，生产力还没有发展到能以足够的产品来满足所有人的需要，还没有发展到私有制成为这些生产力发展的桎梏和障碍。但是现在，由于大工业的发展，第一，产生了空前大规模的资本和生产力，并且具备了能在短时期内无限提高这些生产力的手段；第二，生产力集中在少数资产者手里，而广大人民群众越来越变成无产者，资产者的财富越增加，无产者的境遇就越悲惨和难以忍受；第三，这种强大的、容易增长的生产力，已经发展到私有制和资产阶级远远不能驾驭的程度，以致经常引起社会制度极其剧烈的震荡。只有这时废除私有制才不仅可能，甚至完全必要。"② 在《信条》中，废除私有制、实现财产公有的依据是二元的，包括了提供可能（手段）的"历史基础"和提供必要（目的）的"人性基础"；《原理》将两个"基础"变成了不仅提供可能（手段）而且提供必要（目的）的一元"历史基础"。

尽管如此，《原理》中的共产主义仍然在哲学基础上存在着缺陷。恩格斯在《原理》中把共产主义定义为"无产阶级解放的条件的学说"③。这一命题长期以来一直被人们当作共产主义的经典定义，其实它有着重大的理论缺陷：从这一命题出发，人们仍然可以把无产阶级解放的目标看作是既定的、先定的，共产主义的历史基础和科学理论不涉及目标，只涉及实现既定目标的"条件和手段"。恩格斯在《原理》中用大量篇幅详尽地描述共产主义"这种新的社会制度应当是怎样的"，就反映了这一命题的内在缺陷。

直到《宣言》问世，才完全清除了这种"实现应有的人性目的"的唯心史观残余。在马克思看来，共产主义者的目的不过是无产阶级运动的结果，结果是由运动本身决定的：

---

① 《马克思恩格斯选集》第 1 卷，人民出版社 1995 年版，第 236—237 页。
② 《马克思恩格斯全集》第 1 卷，人民出版社 1995 年版，第 238 页。
③ 《马克思恩格斯选集》第 1 卷，人民出版社 1995 年版，第 230 页。

在实践方面，共产党人是各国工人政党中最坚决的、始终起推动作用的部分，在理论方面，他们胜过其余无产阶级群众的地方在于他们了解无产阶级运动的条件、进程和一般结果。

共产党人的最近目的是和其他一切无产阶级政党的最近目的一样的：使无产阶级形成为阶级，推翻资产阶级的统治，由无产阶级夺取政权。①

这就是说，历史运动在先，理论原则和目的在后。哪怕只是作为理论的共产主义，也是关于"无产阶级运动的条件、进程和一般结果"的学说，而不仅仅是关于"无产阶级解放的条件"的学说。与恩格斯在《原理》中的定义相比，马克思也不仅增加了"进程"和"结果"，而且将"解放的条件"变为"运动的条件"。联系到《德意志意识形态》第一卷第一章"费尔巴哈"写作过程中，马克思对恩格斯所写的草稿关于"共产主义下分工"那一部分所加的栏边注，即"共产主义对我们来说不是应该确立的状况，不是现实应当与之相适应的理想。我们所称为共产主义的是那种消灭现存状况的现实的运动"②。我们可以清楚地看到，正是马克思使《宣言》同《信条》和《原理》相比产生了质的飞跃。

三

在对形形色色的社会主义和共产主义思潮的批判性评述方面，《信条》、《原理》和《宣言》之间也有较大差异。

这个问题在当时工人运动的参加者，社会主义者和共产主义者，特别是德国人中间具有十分重大的现实意义。"正义者同盟"领导机构—人民

---

① 《马克思恩格斯选集》第1卷，人民出版社1995年版，第285页。
② ［日］广松涉编著：《文献学语境中的〈德意志意识形态〉》，彭曦译，南京大学出版社2005年版，第37页。

院在 1847 年的 "二月通告"①。中安排各支部和区部讨论三个问题：

1. 什么是共产主义以及共产主义者想要什么？
2. 什么是社会主义者以及社会主义者想要什么？
3. 怎样才能最快和最恰当地实施集体的生活形式？……②

上述第 1、2 个问题已经提出了划清共产主义者同社会主义者之间的界限的要求。不过，恩格斯起草的《信条》中并没有涉及这个问题。在《原理》中，增列了第 24 条，专门讨论 "共产主义者和社会主义者有什么区别" 这个问题。该条将所谓的社会主义者分为三类：反动的社会主义者，资产阶级社会主义者，民主主义的社会主义者。应当说，《原理》的第 24 条构成了《宣言》第三章《社会主义的和共产主义的文献》的萌芽。一些学者据此得出了马克思和恩格斯思想基本一致的结论，坚持 "马克思、恩格斯对立论" 者则回避了这个问题。

不过，问题没有那么简单。从《原理》第 24 条到《宣言》第三章，不仅理论内容更丰富了，表述形式更确切了，思想上也有所提升，而且这一提升的主导者是马克思。

首先，恩格斯《原理》中的第三类 "民主主义的社会主义者，或者是还不够了解本阶级解放条件的无产者，或者是小资产阶级的代表"③。这一归类不够准确。因为按照《共产党宣言》的判断，小资产阶级 "同资产阶级作斗争，都是为了维护他们这种中间等级的生存，以免于灭亡。所以，他们不是革命的，而是保守的。不仅如此，他们甚至是反动的，因为他们力图使历史的车轮倒转。如果说他们是革命的，那是鉴于他们行将转入无产阶级的队伍，这样，他们就不是维护他们目前的利益，而是维护他们将来的利益，他们就离开自己原来的立场，而站到无产阶级的立场上来"④。

---

① 有些学者以 "《共产党宣言》是一部真正的'委托'之作" 为由，指认《宣言》的内在结构是由正义者同盟 "二月通告" 提出的问题决定的。实际上，"二月通告" 只是部分规定了《宣言》的 "论域"，而没有决定《宣言》的理论 "范式"。从根本上说，文本结构取决于范式。
② 《共产主义者同盟—第一国际的先驱》（文件汇偏），第 131、134—135 页，莫斯科，1964。
③ 《马克思恩格斯选集》第 1 卷，人民出版社 1995 年版，第 373 页。
④ 《马克思恩格斯选集》第 1 卷，人民出版社 1995 年版，第 282—283 页。

这同尚未意识到自己的阶级地位和历史使命的无产者有着原则的区别。因此，马克思在《宣言》中将《原理》中的第三类"民主主义的社会主义者"一分为二："小资产阶级的社会主义"归入了原先只包括"封建的社会主义"的第一类"反动的社会主义"；余下的"民主主义的社会主义者"改称为"批判的空想的社会主义"。这是一个极为重大的变更。这样一来，对"社会主义和共产主义的文献"的分类就更全面、更准确，逻辑上也更为严密了："反动的社会主义"面向过去，"保守的或资产阶级的社会主义"固守现在，只有"无产阶级的社会主义"才真正面向未来。后者又包含两个发展阶段："批判的空想的社会主义"是其尚未成熟的理论表现，而以《宣言》为代表的"科学社会主义"才是其成熟的理论表现。

其次，恩格斯在《原理》中批判了"反动的社会主义"和"保守的社会主义"，但是却没有批判"空想社会主义"和"德国的真正的社会主义"。马克思在《宣言》中不仅系统而深刻地分析批判了"空想社会主义和共产主义"，而且在"反动的社会主义"部分增列了一节，专门批判"德国的或'真正的'社会主义"。

关于"批判的空想的社会主义和共产主义"，巴加图利亚正确地指出："不难确定在马克思《哲学的贫困》中对乌托邦主义的历史根源的评述，在《宣言》中对乌托邦社会主义和共产主义的同样评述之间的类似性。"[①] 实际上，同《哲学的贫困》相比，《宣言》不仅进一步揭示了空想的社会主义和共产主义的历史根源，而且对其发展阶段、根本缺陷、理论内容和历史地位作了更为全面的分析。马克思指出，资产阶级革命时期代表过无产阶级要求的文献（巴贝夫的著作等等）"就其内容来说必然是反动的，这些文献倡导普遍的禁欲主义和粗陋的平均主义"[②]；只是在资产阶级的统治完全确立之后，"本来意义上的社会主义和共产主义的体系"才开始出现。圣西门、傅立叶、欧文等人三大空想社会主义者的唯心史观，造成了其理论上的两大根本缺陷："他们看不到无产阶级方面的任何历史主动

---

① [苏] 巴加图利亚：《〈共产党宣言〉的逻辑结构和理论内容的形成》，见《马克思恩格斯选集》第1卷，人民出版社1995年版，第201页。
② 《马克思恩格斯选集》第1卷，人民出版社1995年版，第303页。

性","也不可能看到无产阶级解放的物质条件。"① "因此,他们拒绝一切政治行动,特别是拒绝一切革命行动;他们想通过和平的途径达到自己的目的,并且企图通过一些小型的、当然不会成功的试验,通过示范的力量来为新的社会福音开辟道路。"② 但是,三大空想社会主义者的理论不但"抨击现存社会的全部基础","提供了启发工人觉悟的极为宝贵的材料",而且提出了一些"关于未来社会的积极的主张"。③ 马克思认为,前者是它们所包含的"批判的成分",后者则不免"还带有纯粹空想的性质",因而称之为"批判的空想的社会主义"。马克思在肯定三大空想社会主义者历史功绩的基础上,提出了著名论断:"批判的空想的社会主义和共产主义的意义,是同历史的发展成反比的。"④ 同一些研究马克思的学者的断言相反,实际上恰恰是马克思在这里的思想构成了后来恩格斯在《反杜林论》(以及由之改写、缩编的小册子《社会主义从空想到科学的发展》)中相关论述的出发点。

在《宣言》第三章中,"德国的或真正的社会主义"一节所占的篇幅最大。"真正的社会主义"当时在德国影响很大,甚至马克思、恩格斯也一度属于这一派别。对于在科学社会主义的基础上建立的无产阶级政党来说,划清与"真正的社会主义"的界限,有着深远的历史意义。加上马克思当时寄希望于即将到来的德国资产阶级革命成为无产阶级革命的序幕,对于共产主义者同盟这样一个主要由德国人组成和领导的无产阶级政党而言,肃清"真正的社会主义"的影响就有着更为迫切的现实意义。尽管马克思在《德意志意识形态》写作过程中就已经同"真正的社会主义"彻底决裂,但不仅这一著作未能出版,而且看起来也未引起恩格斯的高度重视。所以同《原理》相比,这是最为重要的增补。

《宣言》是继《德意志意识形态》之后对"真正的社会主义"的又一次全面批判。与《德意志意识形态》相比,《宣言》的批判具有以下特

---

① 《马克思恩格斯选集》第 1 卷,人民出版社 1995 年版,第 303 页。
② 《马克思恩格斯选集》第 1 卷,人民出版社 1995 年版,第 304 页。
③ 《马克思恩格斯选集》第 1 卷,人民出版社 1995 年版,第 304 页。
④ 《马克思恩格斯选集》第 1 卷,人民出版社 1995 年版,第 304 页。

点：(1) 公开性。《德意志意识形态》只有第二卷第四章对格律恩的批判和其他两个片断发表过，《宣言》是第一次将对"真正的社会主义"的全面批判公开化。(2) 全面性。《德意志意识形态》批判的重点是"共产主义的哲学基础"，在实践方面涉及的还只是这一思潮初期的"超阶级"的宣传组织活动；而《宣言》则在总结性地批判了"真正的社会主义"的产生背景和理论基础之后，将重点转到了其政治实践和阶级实质方面，指出在德国反封建斗争日益严重的形势下"真正的社会主义"已渐渐失去最初的天真，"越来越认识到自己的使命就是充当"德国"小市民的夸夸其谈的代言人"[①]必然在反对资本主义的幌子下同德国封建势力相勾结。"这种社会主义是这些政府用来镇压德国工人起义的毒辣的皮鞭和枪弹的甜蜜的补充"[②]，"既然'真正的'社会主义就这样成了这些政府对付德国资产阶级的武器，那么它也就直接代表了一种反动的利益，即德国小市民的利益……保存这个小资产阶级，就是保存德国的现存制度。"[③] (3) 终结性。《宣言》对"真正的社会主义"从理论与实践、历史与现实、现状与趋势相统一的角度所进行的公开的、全面的批判，实际上是对它的历史性的终审判决。这个判决的执行者就是《宣言》发表伊始便爆发了的1848年欧洲革命。正如恩格斯在《宣言》1890年德文版上加的"注"中所言，"1848年的革命风暴已经把这个可恶的流派一扫而光，并且使这一流派的代表人物再也没有兴趣搞社会主义"[④]。

按照以往的说法，马克思与恩格斯在1845年春天的布鲁塞尔会面之后，就双双转向了唯物史观和科学社会主义，因此，恩格斯在1847年写作《信条》和《原理》的时候，头脑里不可能残留着任何"人性论"的历史唯心主义观点。

然而，史料表明，在马克思、恩格斯合著《德意志意识形态》期间（确切说是1846年2—3月），马克思曾经与恩格斯、赫斯两人产生了激烈

---

① 《马克思恩格斯选集》第1卷，人民出版社1995年版，第301页。
② 《马克思恩格斯选集》第1卷，人民出版社1995年版，第300页。
③ 《马克思恩格斯选集》第1卷，人民出版社1995年版，第300页。
④ 《马克思恩格斯选集》第1卷，人民出版社1995年版，第301页。

的争论和冲突，冲突的最终结果是马克思和恩格斯两人与赫斯彻底决裂。①所以，我们完全可以断定，冲突的起因来自马克思的唯物主义历史观与恩格斯和赫斯的人性论观点之间的分歧。

赫斯撰写的《德意志意识形态》第二卷第五章说：

> 共产主义的最重要的不同于一切反动的社会主义的原则之一就是下面这个以研究人的本性为基础的实际信念，即人们的头脑和智力的差别，根本不应引起胃和肉体需要的差别，由此可见，"按能力计报酬"这个以我们目前的制度为基础的不正确的原理应当——因为这个原理是仅就侠义的消费而言——变为"按需分配"这样一个原理。②

而马克思在专门批判"真正的社会主义的哲学"的《德意志意识形态》第二卷第一章中却是这么谈论"人的本性"问题的：

> 一切人所共有的关系在这里成了"人的本质"的产物、人的本性的产物，而实际上，这些关系象对于平等的意识一样是历史的产物。③

马克思还在批判施蒂纳时指出：

> 他完全没有考虑到：孩子的发展能力取决于父母的发展，存在于现存社会关系中的一切缺陷是历史地产生的，同样也要通过历史的发展才能消除。甚至连那些桑乔（即施蒂纳——引者注）根本没有谈到的天鹅产生的差别，如种族差别等等，也都能够而且必须通过历史的

---

① ［德］英格·陶伯特：《〈德意志意识形态〉手稿和刊印稿的问题和结果》，载《马克思恩格斯列宁斯大林研究》2001年第2期，原载国际马克思恩格斯基金会（阿姆斯特丹）编：《MEGA研究》1997年第2辑。
② 《马克思恩格斯全集》第3卷，人民出版社1956年版，第637—638页。
③ 《马克思恩格斯全集》第3卷，人民出版社1956年版，第637—638页。

发展加以消除。①

难怪马克思甚至提出"重新出版《德法年鉴》来讨论共产主义的哲学基础问题"②。

由此可见,恩格斯在1888年指出《宣言》的基本思想是"唯物史观",并且强调这是马克思提出的,不仅是出于谦虚,更是在承认自己当初在马克思帮助下不断消除"人性论"的残余,从"唯心史观"的哲学共产主义("真正的社会主义")转向"唯物史观"的共产主义(科学共产主义)的事实。

西方马克思学的某些"对立论"者离开了《宣言》写作的具体语境,直接比较《宣言》与《原理》的文本,结果不仅将马克思和恩格斯之间的"差异"夸大为根本的"对立",而且误解了这种"差异"的实质。李希特海姆以为《宣言》延续了"马克思在1843—1848年的著述中发展出的关于存在与本质、现实与'异化'的复杂的辩证法"③;卡弗将《宣言》与恩格斯的早期著述进行字面上的简单比照,以为《宣言》的基本思想是一种同恩格斯后来"发展出的准黑格尔的框架"④ 相反的经验论。事实上,《宣言》的思想基础和核心既不是德国异化论,也不是英国经验论,而是同时超越了这两者的实践唯物论(《关于费尔巴哈的提纲》就已经确立)和历史唯物论(在《德意志意识形态》中已经得到了系统的阐发)。李希特海姆将《原理》中"强调生产力的解放和进步特征"作为恩格斯"更具技术统治论色彩"的罪证⑤,其实恰恰相反,这是对《信条》中"人性论"残余的消除并向《宣言》中历史唯物论的靠近!巴加图利亚说得对,这一修改"可以归结为一个具有重大意义的趋势:加强了共产主义

---

① 《马克思恩格斯全集》第3卷,人民出版社1956年版,第498页。
② [德] 英格·陶伯特:《〈德意志意识形态〉手稿和刊印稿的问题和结果》,载《马克思恩格斯列宁斯大林研究》2001年第2期,原载国际马克思恩格斯基金会(阿姆斯特丹)编:《MEGA研究》1997年第2辑。
③ [英] 乔治·李希特海姆:《马克思主义:历史的批判研究》,第60页。
④ 鲁克俭:《国外马克思学研究的热点问题》,中央编译出版社2006年版,第52—53页。
⑤ 鲁克俭:《国外马克思学研究的热点问题》,中央编译出版社2006年版,第47页。

理论的科学性质,深化了共产党奋斗纲领的科学论证"①。可惜,囿于苏联"马克思、恩格斯绝对一致论"的刻板成见,巴加图利亚没有看到《信条》和《原理》中的缺陷同《德意志意识形态》中所批判的"真正的社会主义"观点之间的联系。②

---

① [苏]巴加图利亚:《〈共产党宣言〉的逻辑结构和理论内容的形成》,前引书,第204页。
② 鉴于巴加图利亚的文章最初发表于1974年,他当时可能的并未看到1846年2—3月马克思同恩格斯、赫斯的观点分歧并最终导致同赫斯决裂的史料,对此我们不能苛求。但问题在于,在2007年该文收入前引文集时,他仍未加任何修改或注释说明。

马克思历史唯物主义中的历史概念[①]

张一兵

历史唯物主义，我们已经讲了很长很长时间。可是，人们很少去认真追问马克思的历史唯物主义中的这个"历史"究竟意指什么：人们误以为，马克思唯物史观中的历史仅仅就是常识中的社会历史领域之意，就这样，这个似乎无须证明的"常识"就无思性地以误传误了这么多年。我发现，如果不带先见地面对马克思创立历史唯物主义的《德意志意识形态》文本，也就是说，从马克思哲学新世界观的原初语境来看，马克思在哲学总体上确定的这个"历史"并非单单是一种狭义的社会历史领域，同时还具有一种更重要的哲学本体性规定。这也意味着，历史唯物主义是一种总体哲学视域和新的历史话语，即马克思恩格斯自己明确指认的历史科学。

一、马克思的"历史科学"话语和历史规定

在《德意志意识形态》第一章第四手稿中有这样一段话："我们仅仅知道一门唯一的科学，即历史科学。历史可以从两方面来考察，可以把它划分为自然史和人类史。但这两方面是不可分割的；只要有人存在，自然史和人类史就彼此相互制约。"[②] 马克思这里的语境边界非常清楚："唯一的科学，即历史科学"。在第一章手稿中马克思没有直接使用历史唯物主

[①] 原载《哲学研究》1998年第9期。
[②] 《马克思恩格斯选集》第1卷，人民出版社1995年版，第66页，注②。

义，但多处指认这是一种与唯心主义相对立的"历史理论"。关键在于，这个历史科学的语义究竟指向什么？对此，我们先不抽象地进行理论设定，还是从文本的语境来着手分析。

在《德意志意识形态》最先写下的第一章第一手稿的第一页的第一自然段，马克思是这样提出对历史的指认的：针对"德意志意识形态"哲学家关于人的"解放"的主观思想视域（鲍威尔、费尔巴哈的神学批判中的人的解放，施蒂纳的"类哲学"批判中的"个人解放"等），马克思区分了哲学的解放和真正的解放即现实的解放（第一页第二个边注）。马克思指出哲学的解放哪怕再彻底（施蒂纳近乎虚无主义的"无"），"'人'的'解放'也并没有前进一步；只有在现实的世界中并使用现实的手段才能实现真正的解放"。从这个语义规定，我们看出马克思的现实解放就是人的感性物质活动构成的社会实践。所以马克思会进一步具体证明："没有蒸汽机和珍妮走锭精纺机就不能消灭奴隶制；没有改良的农业就不能消灭农奴制；当人们还不能使自己的吃喝穿住在质和量方面得到充分保证的时候，人们就根本不能获得解放。'解放'是一种历史活动，不是思想活动，'解放'是由历史的关系，是由工业状况、商业状况、农业状况、交往状况促成的。"① "历史（Geshcihcte）"在马克思的新视域中第一次重新出场了：一是与思想活动相对立的历史活动，这不是简单的物质现实之持续性，而是人类实践造成的现实运动。众所周知，历史的观点并不是马克思的发明，在德国，从赫尔德、康德到黑格尔，历史发展的思想是一条重要的线索。可是马克思的发现在于，德国人习惯于用"历史"和"历史的"这些字眼随心所欲地设想，"但就是不涉及现实"②。马克思的历史是现实人类社会实践的历史。这里直接承袭不久前的《关于费尔巴哈的提纲》（以下简称《提纲》）。

二是历史关系，这不是人们一般的存在状况及其关系，而主要是"工业"、"农业"、"商业"和"交往"状况构成的关系，这是生产和"经济"关系，特别是现代实践—工业所创造的社会关系。这也就是说，马克

---

① 《马克思恩格斯选集》第 1 卷，人民出版社 1995 年版，第 74—75 页。
② 《马克思恩格斯选集》第 1 卷，人民出版社 1995 年版，第 78 页。

思这里的"历史"主要是建立在工业生产基础之上的人类主体主导的历史情境，即由人们的生产物质活动创造的新的社会存在。这不是工业以前那种人只是周围自然过程的一个被动因素的生存。这个"历史"规定的经济学基础不是农业社会，甚至不是重商主义的，而是古典经济学所认可的工业和工业之上的现代经济过程。在大工业生产以前的社会生活中，人只是自然活动中的一个能动因素，主体人还只是在土地上优选和协助自然物质生产。而工业才第一次创造了人在其中居主导地位的新存在。财富的主体不再是外部自然的结果（"自然财富"），而直接是人的活动的结果（"社会财富"）。所以马克思此时眼里的实践主要是工业的（从3月写下的《评李斯特》一文中"工业力"抽象和提升出来的实践）。工业实践也是一种新的物质存在，人类自己真正的社会历史存在。我以为，这个"历史"是经过马克思重新设定的"本体性"规定。也是在这个语境中，马克思才立刻接着说，德国当时是一个"具有微不足道的历史发展"或"历史发展不足"①的国家。德国有其农业生产长久的持存，没有的是现代工业、商业和交往（交换）！

很显然，这个以工业实践为基础的历史，是以往任何哲学（黑格尔、费尔巴哈、施蒂纳和赫斯）都无法包容的。我不得不说，马克思这里的"历史"语境是由他此时的政治经济学研究成果支持的，重要的是古典经济学背后的那种"社会唯物主义"前提。

第一手稿的文本在这里遗失了五页多。第8页一开始，马克思正在批评费尔巴哈。从第8页一直到第10页最后，马克思是直接批判费尔巴哈的唯物主义。在第10页最后的小结中，我们看到，马克思重点在批评费尔巴哈的"唯物主义和历史是彼此完全脱离的"②。小结中很著名的那段文字是："当费尔巴哈是一个唯物主义者的时候，历史在他的视野之外；当他去探讨历史的时候，他不是一个唯物主义者。"这个历史与唯物主义的关系十分重要。

过去的解读中，马克思这一界说被诠释为：费尔巴哈在自然观中是唯

---

① 《马克思恩格斯选集》第1卷，人民出版社1995年版，第75页。
② 《马克思恩格斯选集》第1卷，人民出版社1995年版，第78页。

物主义，在历史观中是唯心主义，因此恩格斯说费尔巴哈是"半截子"的唯物主义。我以为，这种理解并没有呈现马克思这里的真实语境。关键还是在于这里对历史的理解。依我们上面的解读，马克思的历史规定不仅仅是指狭义的社会历史领域，而是在哲学本体的语境中确认人类现实的社会实践进程构筑的历史性进程。那么，马克思这里批评费尔巴哈的唯物主义的第一个方面，是说当他面对物质世界时，根本没有意识到，只要是人面对自然物质，就永远只能是"从这些自然基础以及它们在历史进程中由于人们的活动而发生的变更出发"①。费尔巴哈虽然承认了自然物质的第一性，但这个自然物质却被设定为是可以直接达及的不变的东西，马克思要告诉我们，人类视域中的自然界总是历史的（青年卢卡奇将这一点夸大成"自然是一个历史性范畴"，就造成了某种本体论越界。简单地否定"自然辩证法"是其逻辑必然。马克思的原意并非如此，他只是说明，人类产生以来，进入实践境域中的客体自然对象只能是随着人的历史情境逐步呈现出来）。由此，费尔巴哈自然唯物主义本身在更深的层面上还是历史唯心主义。因为一切旧唯物主义自然观中的直观物质都是一种非历史的主观假定（所以，传统哲学解释框架中规定的社会存在中那种抽象的非历史的地理环境和人口同样是历史唯心主义的）。

这样，马克思才会批评费尔巴哈"没有看到，他周围的感性世界决不是某种开天辟地以来就直接存在的、始终如一的东西，而是工业和社会状况的产物，是历史的产物，是世世代代活动的结果"②。"周围的感性世界"取代了费尔巴哈不准确的单纯直观中的一般感性自然，马克思用历史来规定这个自然唯物主义中的前提。因为，这种我们周围的自然存在中的"最简单的'感性确定性'的对象也只是由于社会发展、由于工业和商业交往才提供给他的"。人类历史情境中的任何一种自然对象之表象，都是历史的。"没有工业和商业，哪里会有自然科学？"因为自然科学只能是"由于人们的感性活动才达到自己的目的和获得自己的材料的"③。自然观

---

① 《马克思恩格斯选集》第1卷，人民出版社1995年版，第67页。
② 《马克思恩格斯选集》第1卷，人民出版社1995年版，第76页。
③ 《马克思恩格斯选集》第1卷，人民出版社1995年版，第77页。

中的自然图景不是康德所指认的认识之现象界,也不是黑格尔所虚构的异化之物相,这是人类社会实践的一定历史性存在中的自然!任何在人类历史情境中出现的对象,都"只是由于一定的社会在一定的时期的这种活动"才可能为我们所感知。这里会出现一个极重要的学科界定:即马克思的历史唯物主义中当然包含历史性的自然观,马克思并没有离开了具体历史情境之外的抽象自然观(如传统哲学解释框架中的那种非历史的抽象物质观)。这也表明,马克思的历史唯物主义中的历史是一个总体性哲学规定。

第二个方面,马克思说费尔巴哈去探讨历史时(指的主要是人的存在),他却直接是唯心主义的。实际上,这一点也不能简单理解为费尔巴哈一进入社会历史领域中就是观念决定论,因为,费尔巴哈恰恰反对黑格尔将人视为观念的工具性实现,而唯物主义地将人理解为"感性的"客观存在。可是,在马克思看来,人仅仅是"感性对象"是不够的,人的存在更重要的是一种"感性活动"(这是对《提纲》的补充,那里只说明对象应理解为感性活动),即实践的社会历史性的物质活动存在,以及由这种历史活动造成的一定的生活条件和社会关系。因为这种一定的社会关系建构着现实的人的历史本质。在马克思的历史唯物主义中,社会存在的本体不是传统哲学解释框架中"地理环境"和"人口"这样的物质实体对象,而是实践的历史活动。这样,实践的历史活动就同时成为人类周围的自然界和人本身的存在基础。马克思说:"这种活动、这种连续不断的感性劳动和创造、这种生产,正是整个现存的感性世界的基础,哪怕它只中断一年,费尔巴哈就会看到,不仅在自然界将发生巨大的变化,而且整个人类世界以及他自己的直观能力,甚至他本身的存在也会很快就没有了。"① 从劳动活动出发,从生产出发,从工业和商业出发,来阐释这个世界,这不是从任何过去的哲学唯物主义中能够导引出来的逻辑。这还是马克思承认古典经济学中"社会唯物主义"的直接结果。

同时我还要指出,在7—8月马克思写下《曼彻斯特笔记》之后,李

---

① 《马克思恩格斯选集》第1卷,人民出版社1995年版,第77页。

嘉图式的社会主义经济学家的观点，特别是他们对资本主义的基于现实经济变革之上的批判思路此时也极大地影响到马克思。由此，马克思才直接提出，他的新世界观同时就是一种基于历史变革之上的实践的唯物主义，而对于"实践的唯物主义者即共产主义者来说，全部问题都在于使现存世界革命化，实际地反对并改变现存事物"①。历史唯物主义的另一个根本性的要义就是由于人类社会实践造成的历史客观变易，这也是彻底的唯物主义历史辩证法的真实基础。所以马克思又批评费尔巴哈之类的唯物主义哲学家，"在共产主义的唯物主义者看到改造工业和社会结构的必要性和条件的地方，他却重新陷入唯心主义"②。这也就是说，仅仅看到社会生活中客观存在优先还不是历史唯物主义，历史唯物主义逻辑本身就要求不断地客观改变现存历史。

但这样一来，读者不禁要问，如果这一切是源于古典经济学中的"社会唯物主义"，那么马克思的历史唯物主义究竟是什么？对，这是问题的关键。在我已经进行的讨论中，我们分析了作为早期政治经济学隐性哲学构架的"社会唯物主义"，三个理论层级分别从物质生产到对社会经济关系的科学抽象，都指认了一种在社会历史领域中承认非直观的社会物质条件对观念和其他社会生活的基础性（李嘉图式的社会主义经济学家的哲学观点并没有超出"社会唯物主义"），这正是马克思新唯物主义的前提③。可是，第一，资产阶级政治经济学中一个最重要的前提就是"自然"规定。这个自然是启蒙思想以来全部意识形态的本质，它假定了在摆脱了封建专制的"人为"强制之后，人类社会所进入的生存状况是最符合人的天性的天然存在形式。他们没有意识到，这种所谓的"自然"不过是资本主义市场经济运动自发性的表现。"自然"表征了一种永恒性，这是非历史的和特定意识形态的。第二，也由此，资产阶级经济学家的"社会唯物主义"必然会将由一定的资本主义经济关系造成的经济力量对人的主导性决

---

① 《马克思恩格斯选集》第1卷，人民出版社1995年版，第75页。
② 《马克思恩格斯选集》第1卷，人民出版社1995年版，第78页。
③ 参见张一兵：《一条遮蔽的线索：早期政治经济学的隐性哲学构架》，载《南京社会科学》1998年第4、6期。

定状况，人与人的关系颠倒为物与物的交换关系，假象式地当成是自然的一般的社会运转，构成以拜物教为核心的资产阶级意识形态，并将这种意识形态统统唯心主义地看成是永恒的人类社会发展规律。这就是说，在更深的理论层面上，"社会唯物主义"仍然是历史唯心主义！所以马克思后来说，在资产阶级经济学家那里，以前是有历史的，但一俟进入资本主义就没有历史了。资产阶级经济学家没有也不可能看到，人类社会存在的根本性基础是永远不会停止的、不断自我否定向前的实践过程，这就是历史性存在。这一点只是由马克思才真正发现的东西。基于这一点，马克思才创造出异质于"社会唯物主义"的历史唯物主义和历史辩证法。还要特别说明一点的是，李嘉图式的社会主义经济学家虽然提出了超越资本主义历史的必要性，但这种否定却仅仅发生在承认现有的经济生产方式的前提下，改变部分经济关系（主要是分配关系）的要求之中。这样，他们的理论同样是不彻底的，也无法真正与资产阶级意识形态界划开来。

总之，从《德意志意识形态》中可以看出，马克思的新唯物主义基础显然不是自然唯物主义（哪怕是消除了机械性的费尔巴哈的唯物主义），也不是在社会历史领域承认物质条件的基始性的"社会唯物主义"，而是一种基于马克思自己重新规定的人的历史性存在之上的新唯物主义。这就是马克思新哲学的基本规定：历史唯物主义！这是一种新的科学的历史话语。可是，目前这还只是马克思的一种逻辑指认，他的新世界观与以往一切旧哲学特别是"社会唯物主义"的根本区别，还有待于新的历史话语的具体逻辑建构。历史是什么？马克思作出了自己正面的规定。

二、人类历史性存在的四重原初关系

《德意志意识形态》第一章对历史唯物主义的一般建构，是从第一手稿第11页开始的。以我的解读定位，这是广义历史唯物主义的逻辑表述。在此，马克思是从人类社会整体存在的四重原初关系来规定历史的。

一是马克思称之为"一切人类生存的第一个前提"、"历史的第一个前提"、"第一个历史活动"的规定,这就是人与自然的现实的历史关系。具体说,即作为历史性存在的第一个原初关系的物质生活资料的生产(马克思在这里加了第一个边注:"历史")。"人们为了能够'创造历史',必须能够生活。但是为了生活,首先就需要吃喝住穿以及其他一些东西"。马克思说:"因此,第一个历史活动就是生产满足这些需要的资料,即生产物质生活本身,而且这是这样的历史活动,一切历史的一种基本条件,人们单是为了能够生活就必须每日每时去完成它,现在和几千年前都是这样。"① 这比上面的哲学设定具体了,历史的发生是物质生活资料的生产。这一点不可能基于任何旧哲学,而又是古典经济学(具体说是配第和重农学派之后)中的"社会唯物主义"的第一层级。马克思将这个重要的人类物质生存现实,第一次自觉提升到哲学总体的高度。这种科学逻辑上的自觉性是古典经济学不可能具有的。"任何历史观的第一件事情就是必须注意上述基本事实的全部意义和全部范围,并给予应有的重视。"很显然,新世界观,这种新的历史话语的基始性规定不是从哲学家的思辨开始的,而是从一个孩童都知晓的常识开始的。人类历史的现实起点是物质生活资料的生产。这是人类生存的本体与基始。不是笛卡尔—黑格尔的我思故我在,也不是费尔巴哈的我感性故我在,而是我们生产故历史在。这有本体和基始性之意。这也是马克思历史话语的唯物主义基础。

历史的第二个原初关系是物质生活资料的再生产。这是对第一个人与物的原初关系给予一种动态的过程性的参数。这里,马克思又用了一个"第一个历史活动",但这一次是历史"本体性"的动态过程之意。"第二个事实是,已经得到满足的第一个需要本身、满足需要的活动和已经获得的为满足需要而用的工具又引起新的需要,而这种新的需要的产生是第一个历史活动。"新需要是生产的历史结果,但又是生产顺利推进的内在要求,而这种新的需要的实现则构成再生产过程。当然这里的再生产不仅仅是一般的简单再生产,而是由工具引起的新需要构成的生产质的发展。这也就是说,人类历史性存在同时包含着一种内在时间。历史存在与时间处

---

① 《马克思恩格斯选集》第1卷,人民出版社1995年版,第79页。

于同一个本体逻辑平面上。我发现,这种以工具引起的新需要的再生产为基础的历史过程性同样也是与过去任何旧哲学无法联接的,这个再生产的历史过程性还是只能有一个出处——古典政治经济学。具体地说,在5—7月马克思写下的《布鲁塞尔笔记》的第二部分中,通过对日拉丹的《机器》、拜比尔的《关于机器和工场的经济学研究》和乌尔的《工场哲学》等论著的研究,马克思此时已经从政治经济学中深刻地意识到,只有建立在手工业和工业的工具系统的改变之上的生产进步,才是历史时间性的根本。这种生产性的时间建构着物质生产和经济过程的根本,这是比观念的时间、政治的时间、文学的时间要更真实的时间。

马克思指认的历史的第三个原初关系是人自身的生产。物质生产虽然是人类历史的现实起点,但它并不是人类社会存在的直接目的,生产是为了维系"人的生存",使之"能够生活"。所以同样属于历史性存在,也是生产本身的第三个方面("关系"),即人类主体本身的生产与再生产。"每日都在重新生产自己生命的人们开始生产另外一些人:即繁殖"。人的生产也包含双重因素,一是人类主体自身的自然生产过程,二是主体之间的某种自然关系("主体际"联系)。前面讨论的是人与自然的关系,而这里出现的是人与人的关系。人与人的关系从一开始就是社会关系,这也是人超出动物界的历史性存在。人的自然生产即是通过生育,而人的主体关系一开始是从人的自然(血缘关系)开始的。"这就是夫妻之间的关系,父母和子女之间的关系,也就是家庭。这种家庭起初是唯一的社会关系,后来,当需要的增长产生了新的社会关系而人口的增多又产生了新的需要的时候,这种家庭便成为从属的关系了"①。其实在第一方面,家庭也是最早的生产单位,在人类历史的原始阶段上,人的生产恰恰成为主导的因素,物质生产不过是从属的方面。但随着生产本身的发展,这一状态很快就被打破了。而在第二方面,马克思已经注意到从家庭关系向新的社会关系的历史转换。

写到这里,马克思概括说这已经是社会历史活动的三个方面,不是三

---

① 《马克思恩格斯选集》第1卷,人民出版社1995年版,第80页。

个阶段,"从历史的最初时期起,从第一批人出现时,这三个方面就同时存在着,而且就是现在也还在历史上起着作用"。以马克思的规定,历史的发生正是由这两种生产的三个方面共同构成的,这个总体性的历史规定也被马克思称之为人的"生命的生产"。

在做完了关于历史的三个原初关系的理论设定之后,马克思立即进行了一个极重要的事情,这就是对历史的生产规定进行深一层的科学抽象。两种生产的本质被同时指认出两种重要的关系:无论是由劳动完成的自己生命的生产和还是由生育完成的他人生命的生产,都"立即表现为双重关系:一方面是自然关系,另一方面是社会关系"①。在物质生产中,一方面是人与物的历史的自然关系,另一方面这种生产从来就是由人们共同活动结合起来的,这又是历史的社会关系;在人的自身生产中,一方面是人与人的历史的自然血缘关系,另一方面又是人与人之间历史地构成的社会关系。社会存在的主体是以生产为核心的非实体的历史活动,而社会存在的本质是关系,这是将黑格尔、费尔巴哈回落到经济现实的结果。研究社会存在,更深地面对不能直观的但却客观存在的社会关系和社会运动的规律,这同样是政治经济学科学抽象的贡献。马克思的创造性,就在于深刻地从新的现实经济("多")中再一次抽象出本质("一")来。这一次哲学的革命,不是从爱利亚学派的理性抽象走向柏拉图、黑格尔式的形而上学,而是走向历史现实的深处。

马克思历史唯物主义最重要的规定性,也是他从根本上超出政治经济学"社会唯物主义"的质点,是他对社会关系本身的理论抽象。什么是社会关系呢?这已经不是资产阶级政治经济学将物化了的经济神化了的拜物教,而是作为历史本质性规定的社会关系。在这里主要是指"许多个人的共同活动"。马克思在这里用了三个"由此可见"来迅速说明他的这个重要的规定:第一,"由此可见,一定的生产方式或一定的工业阶段始终是与一定的共同活动方式或一定的社会阶段联系着的,而这种共同活动方式本身就是'生产力'";第二,"由此可见,人们所达到的生产力的总和决

---

① 《马克思恩格斯选集》第 1 卷,人民出版社 1995 年版,第 80 页。

定着社会状况，因而，始终必须把'人类的历史'同工业和交换的历史联系起来研究和探讨"；第三，"由此可见，一开始就表明了人们之间是有物质联系的。这种联系是由需要和生产方式决定的，它和人本身有同样长久的历史；这种联系不断采取新的形式，因而就表现为'历史'"①。

在这里，马克思对历史的规定的深层语境终于直接呈现出来了：他在《提纲》之后，在第一手稿中第一次集中使用了三个"一定的"（bestimmte）这个关键词。前面我们看到，这个"一定的"也构成《提纲》的核心历史语境。我要说，正是这个"一定的"历史语境，将马克思的历史唯物主义与过去的一切形而上学界划开来，也使他的新视域真正超出政治经济学的"社会唯物主义"。在这里，黑格尔的历史具体性和"定在"被马克思设定为历史唯物主义最重要的本质质点和唯一出发点。我将其概括为历史的现实的具体的社会存在。并且，这个历史性的特殊语境不是抽象和空洞的。用马克思这里的规定，它恰恰是由一定的个人，以一定的方式构成的生产活动为基础的（在后面的第四手稿中，马克思转换到现实的个人的视角来确证这一质点）。如果说，前三个原初关系都讲的物质生产活动，而这里则是从生产活动中抽象出构成一定生产活动的决定性因素，即一定的生产方式。马克思写道："人们之所以有历史，是因为他们必须生产自己的生活，而且必须用一定的方式来进行。"② 这也就是说，人们如何共同构成一定的生产活动的方式（结构），这个特定的有序结构是构成"一定的"这个历史语境的根本，而马克思直截了当地说，这个"共同活动方式本身就是'生产力'（Porduktivkarft）"！

这也是我们在马克思新历史话语中第一次遭遇生产力这个重要规定。马克思在生产力一词上打上引号有两个意思，一是这句话赫斯曾有过相近表述，二是他第一次正面肯定李斯特在经济学上使用的生产力。可是马克思这里使用这一词的语义却是全新的。首先，马克思这里说共同活动就是生产力，显然已经不是赫斯在一般"类的"交往（交换）意义上使用的语义，这里指在物质生产中形成的特定的共同生产劳动的结构。其次，马

---

① 《马克思恩格斯选集》第1卷，人民出版社1995年版，第80—81页。
② 《马克思恩格斯选集》第1卷，人民出版社1995年版，第81页。

克思这里的生产力也不是李斯特所宽泛指认的社会创造能力,而是明确定位于物质生产的结构性功能因素,即人对自然关系的一定的历史实践功能度。这也就是说,马克思在历史唯物主义中规定的生产力就是一定的生产方式的表现。生产力是一个功能性规定,即一定的生产方式或结构在实际运作中发挥出来的程度、能力和水平。这表明,传统哲学解释框架用马克思说明劳动过程的三个实体性的方面(即劳动者、工具和对象)来实体性地指认生产力完全是误读。

这样,马克思实际上在自己新的理论逻辑中从现实生活的最深层进一步规定了人的历史性存在。所以他立刻会接着说,人们所历史达到的生产力的总和决定着社会状况。这个社会状况是马克思指认的历史原初关系的第四个因素。前三个关系中抽象出生产力,它是决定着社会总体的归根到底的本体。所以,始终必须把"人类历史"同工业和交换的历史联系起来研究和探讨。同时,在历史中发生的人与人之间的关系是物质关系,这种关系不是人的"类本质",因为人的交往正是"由需要和生产方式决定的",即由更基始性的生产力决定的。人的关系的历史和人本身的历史一样长久,而这种联系不断采取新的形式,因而就表现为人们看得见的"历史"。

三、现实的个人与历史性生存

如果说,在第一手稿中马克思是从客观的社会总体来确定人类("人们")的历史性生存,而马克思在后来重写的第四手稿中则转换了一种角度,即从人类个体("现实的个人")的视角再一次对历史进行了一般逻辑建构。以我的看法,这种从历史辩证法的客体向度向主体向度的转换,当然是考虑到施蒂纳对"类哲学"批判的合理性。

与第一手稿中马克思强调德国人不注意的以工业、商业为核心的总体历史现实不同,这一次马克思说明德国人忘记的现实的前提是:"这是一些现实的个人,是他们的活动和他们的物质生活条件,包括他们已有的和由他们自己的活动创造出来的物质生活条件"。并且马克思专门说明，这些前提可以用纯粹经验的方法来确认。① 这里的理论语境有三层意思：一是现实的个人，这是对第一手稿中以工业为本质的历史性生存的进一步界说，因为工业、商业不是离开人的神怪式的东西，历史性生存也不是抽象的人类生存，正是活生生的现实的个人，才是构成历史的真实主体。二是现实的个人不是指他们的肉体存在，而主要是个人的物质活动，即生产活动，生产活动是构成个人生存的基础。三是由这种活动承袭的以往的制约性物质生存条件和个人在这种条件之下创造出来的新的生存。

这个第三点是马克思在个人生存情境中界定的历史性存在的本质。这还是那个"一定的"历史规定：现实的个人总是遭遇到一定的物质生存条件，所以，"这里所说的个人不是他们自己或别人想象中的那种个人，而是现实中的个人，也就是说，这些个人是从事活动的，进行物质生产的，因而是在一定的物质的、不受他们任意支配的界限、前提和条件下活动着的"②。与施蒂纳那种无条件的绝对自由的个人不同，这是在现实中的个人；与费尔巴哈那种来自自然物质的感性受动性不同，这是一种历史的物质生活条件的受动性和制约性。具体来说，也就是每一个个人所无法回避的"生产力、资金和社会交往形式的总和"。这是规定每一个历史时代中个人"人的本质"的现实基础。这永远是一定的历史性的本质！更重要的是，马克思在这里突出说明的历史性生存的另一关键性层面，即每个时代的个人又都在一定的历史条件下创造自己的历史。这是马克思在第一手稿的历史规定性中没有在显性语义上指认的。可是，作为生存的内在规定——生产，本身就是创造。当马克思用工具和生产的方式之变革来说明历史进步时，这自然是说明人类历史性生存的创造性本质。在这里马克思似乎直接界定了历史性生存中个人的一定的历史创造性。用马克思后来写下的话来说，就是任何个人在"历史的每一阶段都遇到一定的物质结果，一定的生产力总和，人对自然以及个人之间历史地形成的关系，都遇到前一代传给后一代的大量生产力、资金和环境，尽管一方面这些生产力、资

---

① 《马克思恩格斯选集》第1卷，人民出版社1995年版，第67页。
② 《马克思恩格斯选集》第1卷，人民出版社1995年版，第72页。

金和环境为新的一代所改变,但另一方面,它们也预先规定新的一代本身的生活条件,使它得到一定的发展和具有特殊的性质"①。所以,"历史不外是各个世代的依次交替。每一代都利用以前各代遗留下来的材料、资金和生产力;由于这个缘故,每一代一方面在完全改变了的环境下继续从事所继承的活动,另一方面又通过完全改变了的活动来变更旧的环境"②。十分清楚,马克思这里说明的历史性生存绝不是简单的单向性的持续性时间,而是一种将过去扬弃在自身内部,同时创造现在走向未来的历史时间。

那么,从现实的个人生存出发,如何来看待历史性的内在规定呢?马克思先针对《德意志意识形态》的现状说,我们"可以根据意识、宗教或随便别的什么来区别人和动物"。因为,费尔巴哈、鲍威尔等是以人的情感关系和异化了的宗教为基本点来区别人与动物,施蒂纳是以在观念上摆脱了一切理性类总体性的利己主义来规定个人。这都没有走出过去一切旧哲学从观念幻影层面唯心主义地对人的诠释。在马克思的历史话语中,只有"一当人开始生产自己的生活资料的时候(这一步是由他们的肉体组织所决定的),人本身就开始把自己和动物区别开来"。请注意,这里的与个人生存直接相关的"生活资料"的生产实际上是经济学的精确术语。人最初的生产是生活资料的生产,而不是生产资料的生产。这是一个精通经济学特别是通晓社会经济发展史的专门家才能界定出来的科学判断。

马克思这个历史性生存的规定,已经不再是什么人应该具有的某种抽象的类本质(费尔巴哈的类本质、《1844 年经济学哲学手稿》中马克思自己那种自由自主的劳动),即使是"生产"也不是人应该具有的先验设定(赫斯),而是从动物生存("肉体组织"的生物内驱力所致)历史性地跨出这一步"开始生产"那一刻,人才历史地、具体地、现实地获得了这种新的人类社会生存的质的规定性。人类社会的历史存在是在长期物质发展的一定阶段上通过现实的生产历史地实现的。我们再一次看到,转换到现实的个人生存的尺度,这个历史性的存在还是从人的物质生活资料的生产

---

① 《马克思恩格斯选集》第 1 卷,人民出版社 1995 年版,第 92 页。
② 《马克思恩格斯选集》第 1 卷,人民出版社 1995 年版,第 88 页。

开始的，显然，这个历史不是一般的物质发展史，而是特设的人类社会历史存在。这是人的历史性社会存在的本义。与第一手稿的写作不同的是，马克思这一次没有直接用"工业"和"商业"来直接指认生产，这使得广义历史唯物主义的生产一般真正抽象出来了。

通过这一历史规定，马克思在向我们表明，人的确是具体的现实的个体，但人的总体规定性却不是个体的特性，而是由物质生产形成的新的群体生活。人是个体，但社会生活中结合起来的人才是历史的现实的具体的人，人之所以确立成为历史主体恰恰由于他自身构成的社会性生产活动。这是马克思转而使用"人们"来说明生产的原因。

马克思以生产来界定个人，用生产来说明人类的历史性生存，这还是社会存在的初级层次上的一般规定性。这个规定在表面上似乎尚没有超出"社会唯物主义"的生产基础论。而实际上，马克思面对生产，不是仅仅停留在生产的混沌无序的总体之中，因为任何生产实践都是具体的有序的，不过是一定的生产的内在结构组织和动态格局的功能实现，这就是作为一定历史生存本质的生产方式。即马克思所说的，在社会生产活动中存在着的"人们用以生产自己必需的生活资料的方式"。这个生产方式"首先取决于他们得到的现在的和需要再生产的生活资料本身的特性"，同时，也与"个人肉体存在的再生产"有关，更重要的是这个生产方式"在更大程度上是这些个人的一定的活动方式，是他们表现自己生活的一定方式、他们的一定的生活方式"[①]。这就是说，一方面生产的有序结构是生活物质资料的历史特性决定的，这是前面所讲的历史性前提；另一方面，生产方式更表现了人们创造社会历史的主体活动的新的有序性，这是人类生存的历史创造性。所以马克思综述道：人是什么，是与生产相一致的，这种一致不是外在的相同，而是一种内在的生产有序性，这实际还是马克思在第一手稿中讲的生产力！也就是所谓"生产什么"和"怎样生产"的生产能力和水平。

正是这个人的活动中形成的生产方式历史地制约着人，制约着人的生

[①] 《马克思恩格斯选集》第 1 卷，人民出版社 1995 年版，第 67 页。

产活动之外的全部生活和各种社会交往关系（含思想关系），而这个由一定生产方式制约的全部特定社会关系的总和，就构成了人的具体的现实的历史的本质。我认为，这就是马克思对自己哲学新视域中历史话语最重要逻辑本质的确认。这也是马克思第一次做出这种对人类社会历史性存在的一般性描述，并以这种客观的历史本质确认，以取代他在此之前的人本主义异化史观的应然的前提。这一点，被传统的历史唯物主义研究极大地遮蔽了。

可是我们知道，作为共产主义和实践的唯物主义者，马克思这个时候更关心的绝不是满足于对历史的一般逻辑设定，而仍然是以对现实资本主义社会的批判为理论指归。还要指出，马克思在一般理论逻辑上对历史唯物主义的这种逻辑确认，并不是直接批判性的。可是，马克思科学地描述历史并不是目的，他还是要批判资本主义的现实。于是，在同一文本中，我们又看到了马克思直接基于经济发展史的对欧洲社会历史现实特别是资本主义现实的科学批判。有关这方面的研究性解读则是另外一篇文章的任务了。

马克思最初遭遇生产力问题的语境、理论逻辑和意义（上）
——兼论马克思文本解读的若干原则[①]

胡大平

众所周知，生产力构成唯物主义历史观的基础，但在全部马克思思想的不同时段，马克思对生产力的认知并不一致。因此，如果要真正理解生产力理论在马克思主义哲学的意义，就需要对马克思思想的历程进行考察，审查生产力理论与唯物主义历史观的形成和发展之间的互动。本文是更大计划的一个部分，那个计划将完整提供马克思有关生产力观点的解读。我的最终观点是，在马克思的文献中，不存在一个我们所期望的生产力的精确定义。对于实证主义科学观来说，这是无法容忍的。然而，这并不妨碍马克思主义成为严格的科学。这是因为，马克思不仅存在着一个思想变迁的过程，在这个过程中，留下前后具有差异的论述，同时，与过去全部的历史学说相比，唯物主义历史观在主体价值和实证科学之间保持着独特的张力。以《评弗里德里希·李斯特的著作〈政治经济学的国民体系〉》（草稿）（以下简称《评李斯特手稿》）作为依据，本文说明马克思最初面对生产力问题的语境，指出他在否定李斯特的同时又从理论上独立地阐明那种隐含在具体工业形式中的客观历史力量，从而逐步把生产力和历史客观发展过程联系起来。这一过程激活了一种全新的历史意识，使得马克思能够理清自己在《1844年经济学哲学手稿》已经生发出来的追溯

[①] 原载《人文杂志》2005年第5期。

历史发展客观进程的科学逻辑,从而站到新的起点上。同时,马克思亦始终保持着对资本主义批判的价值尺度。

一、由《回到马克思》引出的两个有关马克思文本解读的问题

在本文的解读中,虽然结论并不见得新颖,但却试图建立在一个合理的解读逻辑上。这一逻辑旨在进一步推进张一兵教授在《回到马克思》中提出的有关模式,因此,在具体解读之前,需要绕一个弯子对这一逻辑进行说明和评论。

在《回到马克思》中,张一兵教授把"应该"与"是"之间对立及其调解作为马克思理论进展的主要动力,并由此区分出马克思思想历程的三个主要阶段或制高点,这些制高点代表着不同的认知范式或逻辑公式①。他进一步提出的问题是,从完整的过程看,由于终点上一种完成的科学与起点上的伦理要求构成一种对立,马克思的思想历程就具有非连续性特征。从论述过程看,我们可以接受其总体的结论。并且,从理论上讲,这对我们清除马克思主义哲学认知中的教条主义——它喜欢在马克思的文本中寻找现成的结论、目的论——它假定马克思从一开始是就自觉地并且始终朝向马克思主义——等等有害习惯具有积极的意义,因为我们再也不能简单地把马克思不同时期的文本视为同质性的。

不过,他的"非连续性"解读也带来了一些需要进一步澄清的理论问题。在此,我提出两个问题:第一,在马克思主义哲学的最终表述中,科学是否完全压倒了价值?第二,在马克思思想变迁过程中,他本人完成从亚意图(或无意识)向自觉科学的转换,是否仅仅受逻辑推动?对这两个问题的进一步研究,不仅涉及在今天对马克思主义哲学的重新定位,而且涉及包括卢卡奇、法兰克福学派等西方马克思主义以及国内相关人学、价值论研究路向的评估,以及我们在研究过程中对马克思早期文献的使用等

---

① 张一兵:《回到马克思》,江苏人民出版社1999年版,导言。

学术问题。

在第一个问题上，我将证明，价值始终在马克思主义哲学中占据重要的地位①，甚至可以说，之所以能够且必须言说马克思主义哲学，关键原因便在于，马克思主义理论中存在着无法简单地用科学加以说明的内容。虽然这些内容简单地以价值加以概括同样存在问题，但它们是存在的。或者更准确地说，如果马克思改写了科学的定义，那么，马克思亦同时改写了价值的定义。这正是马克思主义理论独特的地方。在理论上，如果说科学（是）与价值（应该）之间的对立是近代哲学主客体二分认识论路径造成的独特问题，那么，马克思在解决这一问题之后（当然是借助于黑格尔）为什么不会对科学/价值关系形成新的定位（当然马克思并没有严格地按照我们今天这种表述专门讨论这个问题）？

我们先来看一个简单的事实。在《政治经济学批判（1857—1858年手稿）》中，马克思通过对资本主义生产及其以前的形式之间的对照，指出：

> 古代的观点和现代世界相比，就显得崇高得多，根据古代的观点，人，不管是处在怎样狭隘的民族的、宗教的、政治的规定上，总是表现为生产的目的，在现代世界，生产表现为人的目的，而财富表现为生产的目的。事实上，如果抛弃掉狭隘的资产阶级形式，那么，财富就是在普遍交换中产生的个人的需要、才能、享用、生产力等等的普遍性吗？财富不就是人对自然力——既是通常所谓的'自然'力，又是人本身的自然力——的统治的充分发展吗？财富不就是人的创造天赋的绝对发挥吗？这种发挥，除了先前的历史发展之外没有任何其他前提，而先前的历史发展使这种全面的发展，即不以**旧有的**尺度来衡量的人类全部力量的全面发展成为目的本身。在这里，人不是在某一种规定性上再生产自己，而是生产出它的全面性；不是力求停留在某种已经变成的东西上，而是处在变易的绝对运动中。

---

① 当然，这样说并不是指他的全部文本。实际上，在他后期一些重要的著作、书信中，如《政治经济学批判》《哥达纲领批判》等等，确实看不出明显的价值痕迹。

在资产阶级经济以及与之相适应的生产时代中，人的内在本质的这种充分发挥，表现为完全的空虚化；这种普遍的对象化过程，表现为全面的异化，而一切既定的片面目的的废弃，则表现为为了某种纯粹外在的目的而牺牲自己的目的本身。①

在这里，马克思的陈述当然是以科学为前提的，做到了不用玫瑰色来描述世界，但我们也看到他同时提出了价值问题，只是评判的尺度发生了转换。黑体字"旧有的"是原文所有，马克思用这种特别的标志提醒我们注意这个问题。接下来，马克思直接指出古代世界不仅"显得崇高"，而且"确实崇高"。他指出："古代世界是从狭隘的观点来看的满足，而现代则不给予满足；换句话说，凡是现代表现为自我满足的地方，它就是鄙俗的。"② 需要进一步指出的是，这里，并不是一个简单的评判问题。它涉及马克思全部理论立场的选择问题。我们已经熟知，马克思的全部政治经济学批判，并不是为了科学而科学，仅仅在理论上揭示资本主义的内在矛盾，而是始终服从于现代社会的解放要求。

人们都熟知马克思的下列论断："自由王国只是在由必需和外在目的规定要做的劳动终止的地方才开始；因而按照事物的本性来说，它存在于真正物质生产领域的彼岸。"③ 这里的"彼岸"并非一个有关现实存在领域的修辞描述，相对于全部现代社会的基本事实来说，到目前为止，它仍处于黑暗之中，虽然辩证法照亮了它。但是，如果是这样，那就带来一个有趣的理论话题，在黑格尔的辩证法被取消的"彼岸"在马克思的"颠倒"中又以某种方式重新生长出来。④ 我们可以按照马克思恩格斯的评论说，在黑格尔那里，辩证法是保守的，其有关"合乎理性的东西"与"现

---

① 《马克思恩格斯全集》第30卷，人民出版社1995年版，第479—480页。
② 《马克思恩格斯全集》第30卷，人民出版社1995年版，第480页。
③ 马克思：《资本论》第3卷，人民出版社1975年版，第926页。
④ 黑格尔多次强调："哲学是探究理性东西的，正因为如此，它是了解现在的东西和现实的东西的，而不是提供某种彼岸的东西，神才知道彼岸的东西在哪里，或者也可以说（其实我们都能说），这种彼岸的东西就是在片面的空虚的推论那种错误里面。"（[德] 黑格尔：《法哲学原理》，范杨等译，商务印书馆1995年版，第10页。

实的东西"之间一致的论断（黑格尔否定彼岸也是在那里发生的）是反动的。也可以说他是矛盾的，正如其历史哲学那样，通过辩证法把"变化和行动"、自由与希望植入历史本身，但恰恰又在必然性之中消解了这些东西，矛盾地使历史降格为像自然界那样"太阳下面没有新的东西"。当然，我们可以对马克思的辩证法进行重新解释，以适当的位置来安排这个"彼岸"。但无论如何，彼岸就是彼岸，在它没有成为现实之前就不可能将之称为"是"。事实上，我们可以承认，这是个对于任何可能的生产方式都适用的判断，对于不同的生产方式来说，差别仅仅在于自由王国的普遍程度。自由王国必须以必然王国为基础，但它亦始终是对必然王国的超越。在这一意义上，价值永远占据着马克思思想的中心。正如前一长段引文所表明的那样，问题的关键并不在于是否存在着价值判断，而在于如何做出价值判断和看待价值本身。正是在这里，存在着科学与意识形态的对立，也直接涉及对马克思辩证法的理解。

对马克思的辩证法进行再解读，这是一个大的问题。我们不能在这里详细展开。阿尔都塞从科学的角度断然否定马克思的价值立场时，所依据的便是科学与意识形态的区分，但他并没有最终解决问题。并且以这样一个不能在其逻辑内部消化的答案来回答何以是马克思创造了历史科学："正是由于马克思转移到了无产阶级的崭新立场上来，他才有效地实现了理论的会合，并从中产生了历史的科学。"① 我们并不评论阿尔都塞是否从其科学立场退到了价值立场（这正是其招致批评的地方），仅仅指出这一点便够了：这种矛盾本身见证了价值问题是无法由科学内部消化的。而马克思在其最后的科学中确实维持着科学与价值的某种张力。当他穿越历史的给定性时，并没有将价值排除出理论，而是将价值本身与历史的生产性质以及特定的生产力联系起来。由此，他继续谈论"应当"的时候，他就不是从意识出发提出道德口号，而是提出必须如此的历史任务了。这一点，与其在《关于费尔巴哈的提纲》中对新的理论历史使命（即改造世界）的陈述是一致的。例如在《德意志意识形态》中，他指出："无产

---

① ［法］路易·阿尔都塞：《保卫马克思》，顾良译，商务印书馆1984年版，第264页。

者，为了实现自己的个性，就应当消灭他们迄今为止面临的生存条件，消灭这个同时也是整个迄今为止的社会的生存条件，即消灭劳动。因此，他们也就同社会的各个人迄今为止借以表现为一个整体的那种形式即国家处于直接的对立中，他们应当推翻国家，使自己的个性得以实现。"① 而从改造世界的角度看，提出一项历史任务必须以客观的社会历史条件为依据。

正如马克思后来在《政治经济学批判·序言》中十分重要地强调的那样，"人类始终只提出自己能够解决的任务，因为只要仔细考察就可以发现，任务本身，只有在解决它的物质条件已经存在或者至少是在生成过程中的时候，才会产生。"② 如果理解这一点，我们就能够进一步理解为什么对现代资本主义的批判构成马克思长期的理论焦点和中心，也由此理解在法兰克福学派主要代表霍克海默和阿多诺那里理性分析与价值选择之间的独特张力。

当然，我们强调价值并没有在成熟时期马克思的视域中消失，并不是重新把它抬出来作为理论的中心问题，毕竟在马克思的全部理论中，价值并不构成一个独立的问题。毋宁说，辩证法本身作为近代哲学的产物，它的诞生便改变了应该/是、科学/价值的传统对立。我们指认这个问题，旨在提出一个在马克思思想解读过程可能容易被忽视的问题：如果科学/价值的对立贯穿于马克思思想的全程，并把这两者之间的张力及其协调作为一个阅读的中心视角，我们将会带来怎样的认识呢？

我认为，西方马克思主义者实际上已经触及这个问题。因为，从卢卡奇的《历史与阶级意识》公开发表后，这个问题一直是困惑西方马克思主义的中心问题。在起点上，卢卡奇比较复杂，需要专门讨论。而一般地说，在其后形成二种对立的理论立场，一边是包括梅洛-庞蒂和萨特的存在主义、布洛赫的希望哲学以及马尔库塞和弗洛姆等人在内的人本主义倾向，他们重新突出价值立场；另一边是稍晚一些的阿尔都塞的科学主义立场，他倾向摒弃了价值的客观科学。雷蒙·阿隆曾经评论这种对立，在他看来："一边是关于社会、经济制度的科学，另一边是无产阶级或学者对历史现状的觉悟，是人类与环境和解的行动，在以上的两边之间从未有过

---

① 《马克思恩格斯选集》第1卷，人民出版社1995年版，第121页。
② 《马克思恩格斯选集》第2卷，人民出版社1995年版，第33页。

矛盾：马克思的马克思主义并没有在黑格尔化的马克思主义与阿尔都塞的客观化马克思主义之间作选择。"① 阿隆指认出马克思文本内部长期并存着的科学与价值诉求，并由这些强调黑格尔化的马克思主义与客观化的马克思主义分别代表着两个解读极端，这是没有问题的。20世纪70年代之后，无论是西方马克思主义，还是其他一些涉及马克思的学者，以马克思后期著作为依据协调上述两种解读的人越来越多。例如，施密特试图在"激进的人道主义冲动"和阿尔都塞的科学主义之间协调，提出了"马克思在《资本论》中结构分析的方法与历史发生的方法同时并用"这个重要观点②。在此，尽管我支持施米特对《资本论》中有关历史方法的定位，但并不认同其推断出"激进人道主义冲动"的结论。因为，如上文所述，我们不能简单地从马克思仍然持有价值立场出发，就把他视为人道主义。如果是这样，那么马克思与斯密、李斯特等人就无法实质性区别开来。因为，斯密在谈论政治经济学的时候，他强调的是富国裕民这个目的，这也是其《国富论》研究的意义③。而李斯特则试图把"要提高德国文化、生活和权力应当通过什么样的经验政治才能实现"这个理论交给德国人④。我们并不能因为马克思要解放全人类而强调他胜于其他人，更何况，他和恩格斯两人在相当长的时期中也都只是谈论德国人的解放。同样的事实是，马克思是通过对这些人的批判而逐步确立自己的科学的，并且批判本身也不只是局限科学方面的内容，而同时包含着价值内容。这便涉及在马克思解读中的一个基本问题，即马克思前后期的问题。在这个问题上，阿隆简单地断言马克思在科学/价值两者之间没有矛盾，斯密特因为《资本论》中科学/价值并存，事实上都回避或忽视了这个问题。张一兵从事实/价值之间的关系出发以大量文本为依据有说服力地证明马克思的思想存在

---

① ［法］雷蒙·阿隆：《论治史·法兰西学院课程》，冯学俊等译，生活·读书·新知三联书店2003年版，第72页。
② ［德］A. 施米特：《历史和结构：论黑格尔马克思主义和结构》，张伟译，重庆出版社1993年版。
③ ［英］亚当·斯密：《国民财富的性质和原因的研究》下卷，郭大力等译，商务印书馆1996年版，第1页。
④ ［英］李斯特：《政治经济学的国民体系》，陈万煦译，商务印书馆1961年版，第4页。

着一个递进的过程，通过区分出这一过程的不同"理论制高点"，实际上为上述问题提供一种可能的解决方案。

这种解读具有启发意义，我支持其解读思路。但是，这种思路提出马克思思想早期明显地存在着的科学/价值之双重逻辑是否能够弥合的问题，并通过"先有"、"现有"、"后有"这一公式把答案落在一种遮蔽了"应当"的历史铁律之中，实际上压抑了这个问题本身潜在的意义。我亦将在其他地方证明，这种思路亦因此产生了一些值得商榷的问题。在此，我仅仅指出，当张一兵把《资本论》的逻辑定位在从主体向度出发的批判逻辑，即他所言的历史现象学或狭义历史唯物主义，虽然劳动本身并非《1844年经济学哲学手稿》中作为理想化的人类本质的劳动，但却是人类学意义上的一般劳动（即张一兵教授所言"在所有现实社会的生产中客观存在的劳动活动"）①。从这一点进入具体劳动（即资本主义条件下的雇佣劳动），确实能够借由历史获得批判立场，但却不能从这里直接得出资本主义必然灭亡的科学结论。实际上，无论是在《政治经济学批判（1857—1858年手稿）》导言中潜在批判约翰·斯图亚特·穆勒把"劳动和适当的自然物品"作为生产的一般要素②，还是在《资本论》中批判全部古典政治经济学把资本、土地和劳动同质性地视为生产的一般要素③，其核心都是指出他们把劳动当成了一般人类生产活动。而马克思本人在论及劳动时，他所指的是雇佣劳动，在现代社会中，它才具有二重性，产生客观的颠倒。但资本主义的必然灭亡，是由现代劳动即物质生产的物质条件中所内含的矛盾决定的，也即是从社会结构角度来说的。这一点我们不必展开。需要强调的是，如果张一兵教授的解读揭示了本真的马克思的逻辑，那么我们仍然可以说在《资本论》中对资本主义的批判仍然包含着二种具有张力的逻辑——从劳动出发的主体向度批判和从资本出发客体向度否定。他只强调了前者，然而后者不仅存在，而且更为重要。后者，资产阶级意识形态否定《资本

---

① 张一兵：《回到马克思》，江苏人民出版社1999年版，第650页。
② 《马克思恩格斯全集》第30卷，人民出版社1995年版，第22—29页。约翰·斯图亚特·穆勒的观点参阅《政治经济学原理》（赵荣潜等译，商务印书馆1997年版），第一章。
③ 马克思：《资本论》，第3卷，人民出版社1975年版，第48章。

论》的科学性时，把焦点置于劳动价值论、危机理论、利润率趋向下降的规律等，不是偶然的，也是不是他们的实证主义科学只能看到这一点，而是因为正是这些问题不断推动着资本主义自我否定的过程。当然，我们说有张力，意思是并不能简单地视为一种逻辑，但在《资本论》这双重逻辑都是客观的批判，并且有机地统一在一起的。例如，回到前面有关"彼岸"问题的讨论，我们也能够直接看到这一点。因为，马克思看到彼岸是因为看到工作日缩短这个根本条件在资本主义生产中的扩大，而声张这个"彼岸"是因为它永远不会自发发生。这正是马克思强调"工人阶级必须在战场上赢得自身解放的权利"并长期坚持政治斗争的基本原因。当然，我们还可以补上一句，如果解放真的会自发发生，在后来更加快速的物质生产力背景下，等不到这一天，地球便会完蛋。这是后来西方马克思主义转向批判生产力和工具理性的一个重要因素，也是我们今天所真实遭遇的问题。

最后，需要进一步强调的是：从科学/价值的统一辩证法出发，我们能够更加合理地理解马克思思想的历程，这一历程既是在价值推动下不断寻求对现代社会科学解剖的过程，也是在科学支持下调整价值的过程，或者说是在具体的社会历史条件下寻找科学与价值有机结合的过程。当马克思在一种新的历史观上实现统一的过程，确实也经历一个思想革命过程。其早期曾经占支配地位的人本主义历史观被作为意识形态抛弃了，因此我们谈及价值的时候，亦不必总是把眼光盯在人道主义上面，如果真的这样做倒是回到马克思之前了。从这一点出发，在阅读马克思时，我们将会有更大的收获。当然，如果试图简单地描述马克思主义哲学的性质和马克思思想发展历程，将更加困难。这不仅因为，作为百科全书式的思想家，马克思不仅广泛地涉猎了各个知识门类——哲学、政治经济学、历史学、法学等等，而且在表述他的历史观过程中，亦充分保留了这些学科之间的张力①，这使得从单一学科角度来阐述马克思主义的真谛存在着巨大困难；同时，马克思的革命性飞跃并非一蹴而就，在这其中包含着多重话语和逻

---

① 在直接的意义上，正是对这种张力的辩证协调，使得马克思保持着对现代社会的解释力。例如众所周知的"经济决定论"这个古典政治经济学的知识遗产与黑格尔生成辩证法共同支撑了《资本论》对现代资本主义的解释。

辑的冲突，不仅不同文本之间如此，甚至不少文本的内部亦是如此，这使得极难简单地对许多文本进行同质性定位（这与第二个问题是联系在一起的）。同样重要的是，当我们强调在《资本论》这样的公认科学文本中亦包含着深刻的价值诉求，在鉴别的时候，我们往往又遭遇人本主义的诱惑。20世纪围绕马克思主义哲学解释的广泛而深入的争论，直接见证了这种困难。随着解读的深入，在解决困难方面，我们会越来越处于有利的地形。同时，我们也更加深刻地意识到，这种解决并非提供一个人人都爱看的马克思主义哲学版本从而一劳永逸，如柯亨等人所代表的分析学派马克思主义那样做出一个马克思自己也能清晰理解的版本，而是不断推进对马克思主义哲学精神实质的理解，不断激活其对当代世界的批判功能，促进人们对当代的理解，从而最终实现其"改造世界"的目标。在我看来，今天重新解读马克思的文本，其意义也正在于此。

第二个问题。首先需要说明，张一兵教授强调非连续性解读，但是并没有否定连续性，通过研究，他明确提出否定阿尔都塞的"认识论上的断裂"和传统研究主张的从哲学向经济学的断裂①。因此，我从第一个问题出发提出第二个问题，并给予否定回答。这个问题强调，在马克思思想变迁过程中，政治立场与理论立场之间复杂的冲突和协调使得他的文本（特别是创作时间相近的文本）具有明显的内在连续性，甚至在《1844年经济学哲学手稿》和《政治经济学批判（1857—1858年手稿）》之间许多重要问题上都能够直接沟通。并且，我认为，这正是由于马克思不是一个纯粹的学院思想家这一特征所决定。

马克思在检讨自己的思想历程时，曾经十分重要地强调过，在《莱茵报》实践期间，自己的"善良的'前进'愿望大大超过实际知识"②。这是马克思早期政治立场先于理论立场变迁或者说前者引导后者变迁的最准确和形象的说明，并且这一点对于马克思思想发展历程来说具有重要的意义。另一方面，从第一个问题得出的结论，实现在科学与价值之间的协调也即是政治立场与理论立场之间的统一，但这一过程的实现并非取消价

---

① 张一兵：《回到马克思》，江苏人民出版社1999年版，第26页。
② 张一兵：《回到马克思》，江苏人民出版社1999年版，第157页。

值，而始终是在资本主义批判这一目标的推进下递进的。因此，从马克思思想全程看，从最初的政治立场引导理论立场，向后来理论立场为政治立场提供合理的依据，政治与理论之间不是简单的非此即彼的选择问题。毋宁说，这是二者之间互动的过程，它们之间的协调与统一本身就构成一个复杂的话题，在其中，价值不仅是始终挥之不去的东西，而且事实上为马克思本人的理论自觉提供了持续的动力。承认这一点，我们不会孤立地去看待马克思的某一文本，并转向合理地解释其语境和理论逻辑，它们与同时代思想家的关系，以及在全部马克思著作中的定位等等。

在具体的文本上，以《1844年经济学哲学手稿》为例。从孙伯鍨先生有说服力地以双重逻辑的观点指认出这一文本的过渡性质，到张一兵教授强调"根本不存在所谓独立的《1844年手稿》"，我们都可以看到，这一文本与马克思本人的其他文本以及其他人的文本是密切联系在一起的。当然，张一兵教授主要是通过深化 MEGA² 研究集体的成果，而从这一文本与更庞大的《巴黎笔记》之间关系说的[①]。因此，这可以说是一个与非连续性解读策略一致的共时性定位。不过，我将这一文本的非独立性恰恰是旨在突出张一兵教授有意压抑的连续性[②]，在我看来，无论是论题上的共时性非独立性，还是在马克思思想历程中论题和逻辑上的非独立性，都见证了连续性是不能受到压抑的基本原则。而这种连续性本身表现为两个方面，一是马克思的思想进步与时代条件之间的依赖关系，正是这一条件决定着马克思所提出的问题并为解决这些问题提供必要的理论资源；二是马克思理论逻辑的内在惯性，在政治立场与理论逻辑脱节（马克思早期的政治立场变迁引着理论逻辑的转换）的背景下，这种惯性造成其叙述（方法）和研究（方法）之间的张力。例如，我们之所以看重《德意志意识

[①] 《马克思恩格斯选集》第2卷，人民出版社1995年版，第32页。
[②] 值得强调的是，虽然张一兵教授强调非连续性，但他并不否认连续性。他已经非常清晰地强调那本书是"一种在肯定了马克思思想发展内在连续性之上的非连续性解读"（《回到马克思》，江苏人民出版社1995年版，序，第1页。）而在张一兵教授的其他著作中，《马克思历史辩证法的主体向度》（南京大学出版社2002年版）则明显地体现了一种连续性解读。这一强调旨在表明，不能简单地因为"非连续性"声称将之推于某种思潮的阴影之下，从而忽视这一解读策略的潜在理论价值。

形态》和《政治经济学批判（1857—1858年手稿）》这两部未完成文本，关键原因在于记录了马克思自觉解决上述两个问题的过程。虽然这两个问题可能存在着解决的先后问题，但它们实质上是同体的，因此可以从意识形态和科学之间的关系统一表述。当然，在这个问题上，并非按阿尔都塞所断言的那样，站到一种科学上，意识形态问题就解决了。事实上，马克思清晰地指出，解决意识形态的关键不是"独立地"创造前无古人的术语，而是对"哲学"与"现实"、"批判"和"物质环境"之间关系的自觉意识，正是这种意识使得马克思重新设定历史讨论的前提——既在经验上可以确认的，又在逻辑上能够可以证明的。① 由于《德意志意识形态》对历史研究前提的初步解决和所获得的一般历史认识论，这才有建立在此基础上的有关资本主义社会的科学研究。从整个过程看，马克思思想演进贯穿着深刻的连续性。

当然，这种连续性当然不是绝对的同质性，而是诸如新制度学派和历史社会学中所强调的那种历史变迁的"路径依赖"，它表明起点的选择在何种意义上决定了过程的特征。无论是在宏观的社会历史发展中，还是在个体思想史的变迁，路径依赖都是十分明显的。而这个问题的存在恰恰证明，摆脱一种意识形态绝非易事。换句话来说，科学不是现成的。承认这一点，我们在马克思主义哲学的理解过程中，就会更加谨慎地深入理论的逻辑，而不是浮在表面的结论上。从这一角度看，对理论自觉、连续性的强调，无非也是强调一个传统解读原则：必须从马克思的思想发展历程来看待单个文本，不能孤立化、片面化甚至教条化。这一思想恰恰也是张一

---

① 《马克思恩格斯选集》第1卷，人民出版社1995年版，第66—74页。在此需要着重强调两个传统研究不够重视的问题：第一，新的历史研究的前提，并非直接就是人类历史的前提。马克思说："我们开始要谈的前提……是一些现实的个人，是他们的活动和他们的物质生活条件，包括他们已有的和由他们自己的活动创造出来的物质生活条件。"而他同时强调的是，"全部人类历史的第一前提无疑是有生命的个人的存在。"这两者之间的差别是明显的。而核心在于，前者是理论研究的前提，后者是人类历史发展的真实前提。第二，新的历史研究的前提，可以从经验上得到证实，马克思清晰地强调，这已经为绝大多数研究者所注意。不过，这一前提与人类历史发展的真实前提并非完全重叠，即直接表现为经验概括。相反，马克思也强调，它"只能从对每个时代的现实生活过程和活动的研究中产生"，即直接表现为逻辑演绎。这里的问题与《资本论》及其手稿中有关抽象问题、叙述方法与研究方法问题是直接联系在一起的。

兵教授用"非连续性"这个术语所表达。我重新用"连续性"来表述，是因为由于流行学术对后现代的不恰当强调及其争论使得他的表述一直遭到某种误解，而同时，反对教条主义的解读又是我们理论研究所面临的一个长期而重要的任务。我希望通过连续性的强调说明，如果这种强调能够成立，那么关键问题就不在于什么新术语，而是我们的研究思路。研究思路作为一个理论框架，承担着脚手架的功能。① 因此，如果怀特所述属实，"我们比以往任何时候都需要能够教育我们认识到断裂性的一种历史，因为断续、断裂和无序乃是我们的命运。"② 那么，在非连续性或断裂折磨着我们的背景中，连续性恰恰是我们能够依赖的概念脚手架，因它见证了我们与周围世界、先前历史之间的［权力］关系。当然，我们强调连续性，并非要求放弃我们自身的努力。事实上，在建筑的经验中，脚手架的意义在于，当我们达到新的高度和完成最终目标时，不仅可以而且必须拆掉。在学术和理论中，同样如此。

二、马克思最初对生产力发言的语境及其批判性态度的原因

马克思首次专门讨论生产力问题，是由于李斯特的触动。但在理论的起点上，他既没有明确地提出那个与众所周知的历史唯物主义基本原理——生产力决定生产关系，也没有在这个原理的前提上采取对生产力热情讴歌态度，而是恰好相反——他要批判对生产力的美化。这一态度是由于李斯特在其《国民政治经济学的体系》一书中试图通过抓住作为财富原因的生产力为落后的德国开出发展的药方。在他看来，财富的原因与财富

---

① 马克思在《哲学的贫困》中提到过"脚手架"。当然，马克思在使用这个比喻的时候，带有讽刺口吻。这是因为，蒲鲁东首先使用它为自己辩护。不过，正是从马克思的这一口吻，我们能够直接得出结论，观念或概念的脚手架是必须拆除的，而不能崇拜它们。所以，我们仍然使用这个比喻。（《马克思恩格斯选集》第1卷，人民出版社1995年版，第145页。）
② ［美］海登·怀特：《后现代历史叙事学》，陈永国、张万娟译，中国社会科学出版社2003年版，第62页。

的性质是两码事，而斯密《国民财富的性质和原因的研究》把它们搞混了并且迷恋"价值理论"，而没有考虑到独立的"生产力理论"。基于此，他与斯密的世界主义理论针锋相对，提出以国家保护主义为核心的民族发展道路。①

李斯特所面临的问题，多少与今天的中国有点相似——在相对落后背景下，只有把民族国家动员起来快速发展生产力才能赶上世界，正是在这一意义上，他把国家视为个人与整个人类之间的中间体，并将之作为自己理论体系的基础。② 在今天的经济和政治理论中，人们一般把这一问题描述成后发国家的追赶型道路或跨越式发展问题，而国家保护主义在其中似乎难以避免。德国和美国在发展过程中都直接采取了这样的道路，而在20世纪初德国著名思想家马克斯·韦伯也非常明确地为之辩护过。

值得注意的是，虽然马克思与这种思路一直相对，但这一问题却也一直横亘在其面前。我们非常清晰地看到，1843年以来，马克思的主要政治立场便是为作为后发国家的德国设计解放道路。因此，《〈黑格尔法哲学批判〉导言》中，马克思就提到李斯特。在马克思看来，德国的主要问题是，国民经济学或私有财产对国家的控制，而这恰恰是落后于英法的，因为英法的问题是政治经济学或社会对财富的控制。在这种历史的落差中，马克思认为，德国按照李斯特开出的药方，最多是"补习操练陈旧的历史"③。按照这种方式所进行的政治革命是一种纯政治革命，即"市民社会的一部分人"解放自己（也即是资产阶级的解放）。马克思当然不满意这一点，他从英法的经验出发，要求直接进行普遍的解放，并强调，在德国，这是"任何部分解放的 condito sine qua non［必要条件］"。这便是"人的解放"，而在德国已经产生无产阶级的条件下，则是无产阶级的解放。因此，我们可以说，与李斯特一样，马克思关注的亦是作为后发国家的德国的发展问题，只是其动机和目标与前者相反。可以说，也正是这个原因，在李斯特产生影响后，马克思恩格斯才把对他的批评作为一个理论

---

① ［英］李斯特：《政治经济学的国民体系》，陈万煦译，商务印书馆1961年版，第12章。
② ［英］李斯特：《政治经济学的国民体系》，陈万煦译，商务印书馆1961年版，第7页。
③ 《马克思恩格斯选集》第1卷，人民出版社1995年版，第7页。

任务。更直接地说,由于李斯特的民族主义思路是具有吸引力的,它抓住了后发国家的关键问题,更为重要的是,按照马克思的说法,他甚至挪用了"社会主义"的词句①。

也正是由于上述原因,马克思1845年在写《评李斯特手稿》时,从总体上采取了对他的否定态度,即否定他的动机也因此批判他对生产力的美化。在马克思看来,"真正使人发愁的是:在德国资产者还没有使工业发达起来以前,无产阶级已经存在,已经提出要求,已经令人生畏。……李斯特先生不过是说出了使资产者更加发愁的事情。我们还认为,使资产者十分发愁的是,他恰恰在工业统治造成的对大多数人的奴役已经成为众所周知的事实这样一个不合适的时机,企图建立工业的统治。"② 我们看到,在这一文本中,马克思在展开实际理论分析的时候,仍然保持着他早期那种本能般的批判(即直接否定批评对象)的个性。因此,在劳动和工业生产力上,直接与李斯特针对相对。对比一下李斯特和马克思的这两段话是有趣的。

李斯特:我们说财富的起因是劳动,说得与事实更近一些,也就是起因于人的头脑和四肢;于是接着就发生了这样一个问题,促使头脑和手足从事生产、从事于这类活动的是什么?我们说,这是对个人有鼓励、激发作用的那种精神力量,是使个人在这方面的努力可能获得成果的社会状况,是个人在努力中能够利用天然资源;除了这些还有什么呢?当一个人感到必须为未来作准备时,他对于这一点看得越清楚,他的智力和感情对他所起的激励作用就越大,从而促使他要为与他关系最密切的亲人谋未来的安全,提高未来的幸福生活;他如果从少年时起就惯于作远虑,惯于积极活动,他在这方面的习惯越巩

---

① 李斯特强调:"就我们这个时代的任何来说,似乎并不在于将人类组织拆散成象傅立叶所提倡的许多'小型共产制社会'(法朗吉),从而使每个人获得尽可能均等的身心享受,而是在于改进或提高一切国家的生产力、文化水准、政治状况与权力,并使各国在这些方面尽可能趋于均等,为世界联合事前做好准备。"(《政治经济学的国民体系》,陈万煦译,商务印书馆1961年版,第302页)。这多少对已经站到社会主义立场上的马克思来说是个打击。
② 《马克思恩格斯全集》第42卷,人民出版社1979年版,第239页。

固,他的高尚感情就越加发展,身心就越加获得锻炼;他从小所看到的榜样越好,他利用他的身心力量以改善他周围情况的机会就越大;他的正当活动所受的束缚越少,已往努力的成就越大,所获得的成果越巩固,他的有组织、守纪律的活动就越加能够博得社会的同情和尊敬,他的心情由于偏见、谬论、迷信、无知等而受到的打击也越少;在这样的情况下,他的身心力量对生产目标将作更大的发挥,将获得更大的成就对于他已有的劳动成果也将作更加圆满的利用。

……

工业既有利于国民智力的发展,对于体力发展也有良好的作用,它对劳动者提供了娱乐方法,使他们有了发挥体力的动力,利用体力的机会。①

马克思:"劳动"是私有财产的活生生基础,作为创造私有财产的源泉的私有财产。私有财产无非是物化的劳动。如果要给私有财产以致命的打击,那就不仅必须把它当作物质状态,而且也必须把它当成活动,当作劳动来攻击。谈论自由的、人的、社会的劳动,谈论没有私有财产的劳动,是一种最大的误解。"劳动",按其本质来说,是非自由的、非人的、非社会的,被私有财产所决定的并且创造私有财产的活动。因此,废除私有财产只有被理解为废除"劳动"的时候,才能够成为现实。②

李斯特:假使我们把工业工作作为一个整体来看,那就立刻可以看出,这种工作能够唤起并发展多种多样的、高度的智力和能力,它在这方面的作用比农业工业不知要大多少倍。③

马克思:工业用符咒招引出来(唤起)的自然力量和社会力量对工业的关系,同无产阶级对工业的关系一样。今天,这些力量仍然是资产者的奴隶,资产者无非把它们看作是实现他的自私的(肮脏的)

---

① [英]李斯特:《政治经济学的国民体系》,陈万煦译,商务印书馆1961年版,第120—121、175页。
② 《马克思恩格斯全集》第42卷,人民出版社1979年版,第253—254页。
③ [英]李斯特:《政治经济学的国民体系》,陈万煦译,商务印书馆1961年版,第172页。

利润的工具（承担者）；明天，它们将砸碎自身的锁链，表明自己是会把资产者连同只有肮脏外壳（资产者把这个外壳看成是工业的本质）的工业一起炸毁的人类发展的承担者，这时人类的核心也就赢得了足够的力量来炸毁这个外壳并以它自己的形式表现出来。明天，这些力量将炸毁资产者用以把它们同人分开并因此把它们从一种真正的社会联系变为（歪曲为）社会桎梏的那种锁链。①

在这两个段落的对比中。首先，我们看到，凡是李斯特肯定的地方，马克思就直接地否定，这种否定是站在社会主义立场上进行的，无非是引导到废除私有制的方面。但同样，我们也将看到，如果从对李斯特的政治立场批判直接延伸出对生产力的批判，存在着巨大困难。正如马克思在第二个段落论述中已经正确区分的那样，生产力的现实（服务于民族资本主义发展）表现为奴役人的力量，而它同时也是最终解除这些奴役的力量。为此，在充满激情和才华的论述之后，需要一点马克思在《共产党宣言》中所说的"冷静的眼光"。事实上，激情和才华不仅是理论理性的升华，而且大多数时候，它是对后者不足的补偿。此时的马克思多少处于后一种状态，在今天的中国，我们多多少少也能产生同感，因为多多少少，努力像马克思那样工作的学者也会处于同样的境遇。

从上述分析看，虽然马克思把李斯特的"生产力"视为一种"精神本质"，表明自己对后者试图推动德国资本主义发展的嘲讽，表明他并不看重后者提出的"生产力"，但马克思却重视他提出的问题，即德国的发展，在这个问题上，资本主义与社会主义两种不同的思路截然对立着。正是在这一过程中产生了一个值得注意的变化。由于李斯特把生产力作为自己的基础，这迫使马克思区分工业的生产能力和体现在工业中的那种（历史地积累起来的）社会力量。用马克思的原话来说，即是，区分"工业同工业无意识地并违反自己意志而造成的、一旦废除了工业就能成为人类的力量、人的威力的那种力量"②。考虑到马克思此时的思想及后来思想之间的

---

① 《马克思恩格斯全集》第42卷，人民出版社1979年版，第258—259页。
② 《马克思恩格斯全集》第42卷，人民出版社1979年版，第258页。

清晰度差异，简单地说，便是把现代工业和生产力区分开来。而要解决这个问题，必须重新审视工业和劳动、财富和私有制以及工业与私有制之间的关系。这个问题在《1844年经济学哲学手稿》中已经作为核心问题出现了，但马克思并没有解决。因为，解决这个问题的关键在于历史，而那一著作恰恰缺少这一点。不过这个缺少由于此处的理论要求而极大地开始弥补。这便产生了一个在马克思思想发展中的全新问题：生产力与历史意识之间的关系。

马克思最初遭遇生产力问题的语境、理论逻辑和意义（下）
——兼论马克思文本解读的若干原则[①]

胡大平

一、生产力与历史意识的客体向度

现在，我们回到《1844年经济学哲学手稿》。首先需要指出的是，正是在这一著作中，马克思以异化劳动这个理论武器对资本主义进行了入木三分的批判，但同时也给自己出了一个难题：如何把工业与私有制剥离开来。

这个问题是这样产生的。他从异化劳动角度证明，私有财产是人的异化的本质，是"异化了的人的生命的物质的、感性的表现"[②]。而从"自我异化的扬弃同自我异化走的是一条道路"这个黑格尔辩证法原理出发，马克思说，既然劳动是私有财产的主体本质，那么私有财产便是这种主体本质的对象化，即客体表现，那么扬弃也即是恢复它的主体本质。但是，这个扬弃不是简单地回到原始的丰富性，而是在更高层次上对客体的（普遍）占有。因此，在这里，他不得不诉诸工业。在他看来，"工业的历史和工业已经生成的对象性的存在，是一本打开了的关于人的本质力量的

---

① 原载《人文杂志》2005年第6期。
② 马克思：《1844年经济学哲学手稿》，人民出版社2000年版，第82页。

书,是感性地摆在我们面前的人的心理学;对这种心理学人们至今还没有从它同人的本质联系,而总是仅仅从外在的有用性这种关系来理解,因为在异化范围内活动的人们仅仅把人的普遍存在,宗教,或者具有抽象普遍本质的历史,如政治、艺术和文学等等,理解为人的本质力量的现实和人的类活动。""通过工业——尽管以异化的形式——形成的自然界,是真正的、人本学的自然界。"①

在这里,马克思的人本学思想开始分裂,呈现出孙伯鍨先生所指证的第二重逻辑,即关注现实的科学逻辑,这当然是一个进步。不过,他亦因此面临一系列问题,这些问题在逻辑上自然地摆在他的面前:工业仅仅是生产(劳动)的一般形式,还是特殊形式?如果是一种特殊的形式,那它同资本具有何种关系?也即是说,工业与私有财产具有何种关系?这些问题必须说明,因为,在这一著作中,马克思把"工业的统治"与"工业资本的权力"当作同义语来用,在"发达的工业"与"私有财产"之间画上等号②。如果不说明这一系列问题,他便面临逻辑上的矛盾。

当然,从人本学逻辑转向科学逻辑,突然重视工业,这一点是如何在马克思的脑袋中产生,我们不得而知。我们所知道的只是,在这一著作中,马克思在使用黑格尔辩证法的过程中,仍然是从"对象性"角度引出对工业的肯定,他似乎突然在工业中看到了人的本质实现(按照人本学逻辑应该说是"恢复",在黑格尔哲学意义上,才是"实现")的积极力量。而在肯定这一点时,他同时不得不加上一句。"在通常的、物质的工业中(…),人的对象化的本质力量以感性的、异己的、有用的对象的形式,以异化的形式呈现在我们面前。"③ 值得注意的是,我们在引文时,把括号中的内容省掉了,但这恰恰是关键,因此需要专门讨论。那句话是这样的,"人们可以把这种工业理解为上述普遍运动的一部分,正像可以把这个运动本身理解为工业的一个特殊部分一样,因为全部人的活动迄今为止都是

---

① 《1844年经济学哲学手稿》,人民出版社2000年版,第88—89页。
② 《1844年经济学哲学手稿》,人民出版社2000年版,第48页。
③ 《1844年经济学哲学手稿》,人民出版社2000年版,第140页。

劳动，也就是工业，不是同自身相异化的活动。"① 这里出现的"普遍运动"是指私有财产的对人的统治。用马克思自己的话来说即是，私有财产"完成它对人的统治，并以最普遍的形式成为世界历史性的力量"②。而这句话本身直接表明，马克思并没有把工业和私有财产区分开来。因此，他在这一著作中，给人们提供的只是深刻的矛盾，一方面，他自己试图通过使用黑格尔的辩证法来回避这个矛盾，仅仅对哲学家们（他的青年黑格尔派道友）说，他们在宗教、政治、艺术、和文学这些活动中寻找人的本质是不行的，而他本人则得意地"发现"了工业；另一方面，因为圣西门先于他把工业作为共产主义的基础，而经济学的实质则是同对工业的赞扬联系在一起的，他直接把工业作为自己的理论前提，还需要正确地评估上述两种不同的理论。因为这一矛盾，在后来马克思思想发展过程中，对生产力等问题的看法变化与对经济学、社会主义理论的看法变化便无法分开。

这是一个迟早要解决的问题，而解决的思路则是把问题引向劳动的历史考察，这恰恰又是此时马克思尚不愿意考虑的问题。因为，他被费尔巴哈的"类"哲学迷住了，并不看重"历史差别"，而只强调"事物本质的差别"③。例如，资本和土地、利润和地租的差别，这两者和工资的差别，工业和农业的差别，私有的不动产和私有的动产之间的差别，在他看来统统都不重要。因为它们是历史的差别，而不是事物本质的差别。而重要的是，它们都体现了"劳动是财富的惟一本质"这一点。同时，马克思已经开始像费尔巴哈那样颠倒地使用黑格尔的思维方式，因此留下了许多黑格尔式的晦涩语句，如"正像工业包含着已被扬弃了的地产一样，工业的主体本质也同时包含着地产的主体本质"，事实上，通俗地讲，便是，它们贯穿着这一点：劳动。因此，"工业是完成了的劳动"，"工厂制度是工业的即劳动的发达的本质"④。

在《评李斯特手稿》中，继续回避问题已经不行了。因为，李斯特不

---

① 马克思：《1844年经济学哲学手稿》，人民出版社2000年版，第88—89页。
② 马克思：《1844年经济学哲学手稿》，人民出版社2000年版，第77页。
③ 马克思：《1844年经济学哲学手稿》，人民出版社2000年版，第68页。
④ 马克思：《1844年经济学哲学手稿》，人民出版社2000年版，第76、77页。

仅强调生产力，而且认为体力劳动、脑力劳动以及管理、组织等社会状况都是生产力。在《政治经济学的国民体系》中，李斯特不仅对各种生产力（个人的、社会的和政治的生产力）等进行剖析，而且以国家作为整体来讨论它们，从国家整合的角度热情讴歌工业，把它视为推动人类全面进步的物质力量（第十七章）。这对于开始讴歌工业的马克思来说，无疑是一个致命的打击。所以在《评李斯特手稿》中，马克思一开始便要指出李斯特的真正意图，并讥讽其具有"社会主义"性质。但对德国的批判仅仅否定李斯特提出的生产力是不行的，问题的真正解决，除了对"生产力"问题进行实质性考察外，没有其他路可走。

马克思在这一条路上迈出了一大步，虽然他没有彻底解决这个问题。因此，在批判的过程中，马克思被迫思考这个问题：把《1844年经济学哲学手稿》中与劳动等同的工业，与目前的工业形式区分开来。也正是在这种批判过程中，马克思开始被迫论证"从与肮脏的买卖利益的观点……完全不同的观点来看待工业"这种视角，而正是在这一论证中，我们看到了他先前不曾具有而在后来构成中心的问题：历史性。因此，我们有必要把这一段完整地引用下来：

> 工业可以被看作是大作坊，在这里人第一次占有他自己的和自然的力量，使自己对象化，为自己创造人的生活条件。如果这样看待工业，那就撇开了当前工业从事活动的、工业作为工业所处的环境；那就不是处身于工业时代之中，而是在它之上；那就不是按照工业目前对人来说是什么，而是按照现在的人对人类历史来说是什么，即历史地说他是什么来看待工业；所认识的工业就不是工业本身，不是它现在的存在，倒不如说是工业意识不到的并违反工业的意志而存在于工业中的力量，这种力量消灭工业并为人的生存奠定基础。①

在这个段落中，马克思明确地强调了要超越当前的历史形式来看待工

---

① 《马克思恩格斯全集》第42卷，人民出版社1979年版，第257页。

业，而这一结果便是他看出了"工业意识不到的并违反工业的意志而存在于工业的力量"。反讽地，在这抽象的意义上，这便是他后来的"生产力"概念，但此时他苦于批判"生产力理论"而无法直接地把它描述出来。马克思的这个成果，作为解开历史客观发展之谜的钥匙，在此获得，恰恰是跳出现在（当前，即目前的工业形式），进入更广阔历史才获得的。在后来的历史唯物主义语境中，这是广义的历史，即历史全程。它为狭义的历史（即当下）研究提供了前提和基础。不过，马克思此时并没有放弃他为德国人的解放开药方的理想，所以，说完这句话后，又不忘用括号补充一句："主张每个民族自身都经历这种发展，正象主张每个民族都必须经历法国的政治发展或德国的哲学发展一样，是荒谬的观点。"① 这一句补充是一个征兆，就像一个在逻辑上理屈的孩子说"尽管你是对的我还是要……"那样，透露出他顽强地坚持的"超越性"思想，这实质上也即是主体性思想，这种主体性在《1844年经济学哲学手稿》中与费尔巴哈的人本主义复杂地纠合在一起。我们将基于此，对《评李斯特手稿》的总体性质和倾向进行定位。

二、《评李斯特手稿》内在矛盾见证马克思何种思想特征

在总体上，张一兵将这一手稿的基本逻辑定位为：人本主义逻辑的亚意图颠覆。在他看来，马克思人本主义异化史观的逻辑构架之解构发生在《评李斯特》中，在这一文本中，马克思从对社会历史发展中的主导因素的探索转向了对社会历史存在基础的确定。② 这个判断是成立的，但从我的讨论看，之所以是"亚意图颠覆"而不是自觉放弃关键原因在于他仍然顽强地坚持主体性超越道路。因此，我突出这一文本被张一兵有意压低的"人本主义"逻辑，并且提出两个与其解读不同的具体问题。第一，他强

---

① 《马克思恩格斯全集》第42卷，人民出版社1979年版，第257页。
② 张一兵：《历史辩证法的主体向度》，南京大学出版社2002年版，第86—89页。

调"人与人的本质的异化逻辑已经只剩下一个没有血肉的空骨架";第二,他强调马克思"无意道出了一个超越性问题",它不是马克思自觉的批判思路。① 我认为,这两个问题不能成立。

在回答这两个问题之前,需要作一理论上的铺垫。正如在今天一些学者从《提纲》和《形态》的实践唯物主义立场推断出人本主义立场,这一事实见证在一般理论层面上,人们往往把主体性逻辑和人本主义联系在一起。由于同时我们在谈及人本主义时,特别是涉及马克思早期思想时,往往把人本主义与费尔巴哈联系在一起,这又带来一个学理问题,当我们从反费尔巴哈的文本中推断出人本主义立场时,如何将马克思的人本主义真正地与费尔巴哈区分开来。这正是问题的关键,并且直接涉及对《1844年经济学哲学手稿》之人本主义的基本判断。事实上,孙伯鍨先生早在《探索者道路的探索》中就有说服力的论证,在《1844年经济学哲学手稿》中,马克思虽然在许多重要方面都采取了与费尔巴哈相似的论证,但他把人看作社会存在物,而这一点不仅与费尔巴哈的自然唯物主义有着实质性差异,而且是通往历史唯物主义的前提。② 张一兵教授进一步将其称为以经济学为基础的社会唯物主义③。这种区分对于我们准确理解马克思每一个时段思想特征及其变迁具有关键性意义。在此,我仅仅以此为据指出,在以主体超越性思想为特征的人本主义立场与费尔巴哈的人本主义或社会唯物主义人学思想之间存在着细微的差异,如果前者代表着一般的和抽象的主体性冲动,那么马克思终生都没有放弃这种冲动,而每一个独特的思想发展阶段都面临着为其寻找现实落点的理论任务。正是这一点,他曾经误以为自己是一个费尔巴哈主义者。我在解读原则中强调价值的意义以及以此为中心的连续性,无非也就是突出主客体、科学与价值等等统一(辩证关系)不仅是历史唯物主义的基本前提,而且是支配着马克思思想发展的基本动力。我认为,吴晓明教授的《历史唯物主义的主体概念》一书不仅在总体上作出富有启迪的论证,而且在许多重要细节上亦提出了值

---

① 张一兵:《回到马克思》,江苏人民出版社1999年版,第329页,第三章。
② 孙伯鍨:《探索者道路的探索》,南京大学出版社2002年版,第四章第三节。
③ 张一兵:《回到马克思》,江苏人民出版社1999年版,第329页,第三章。

得认真关注的观点。例如，他对感性确定性原理、社会批判（对市民社会的超越）以及对马克思自己反复强调的英国经济学、法国政治学和德国哲学的整体超越之间关系的说明，便恰当地说明了马克思早期思想的内在逻辑及其发展特征①。在这种超越基础上所坚持的主体性思想当然不是用传统人本主义思想所能概括的。无疑，在《评李斯特手稿》中，在《提纲》中对市民社会的超越已经得到预示，但同样，马克思仍然坚持用英国的工业、法国的政治和德国的哲学之综合来超越私有制本身，非常明显地处于主体超越性逻辑之中，而在总体上无法直接与《1844年经济学哲学手稿》截然区分开来。因此，虽然简单地用人本主义来概括的话存在着理论上的困难，但考虑到人本主义异化逻辑的独特性（这个问题我将在有关《1844年经济学哲学手稿》专题解读中展开），它既不同于费尔巴哈的人本主义，也与黑格尔的思辨主体有差异，说马克思在《评李斯特手稿》中并没有完全放弃他的人本主义逻辑，这仍然是成立的。正是这个原因，我不同意张一兵教授的那两个判断。现在，我就具体地论证。

第一，上面已经引用过的那句补充的话，明显是人本主义的主体性逻辑。依据是，他仍然像《〈黑格尔法哲学批判〉导言》中那样要实现历史的跳跃——基于英法历史经验，把德国"提高到现代各国的正式水准，而且提高到这些国家最近的将来要达到的**人的高度的革命**"。②从文本语境看，在《评李斯特手稿》中，马克思使用"人的生存"与这里的"人的高度"，在"人"的问题上并没有实质性变化。更重要的是，对照一下马克思在《资本论》第一版序言有关论述，观察其中的差别，我们也会看到这里的逻辑实质。在此处，马克思完整的评论是：

> 主张每个民族自身都经历这种发展，正像主张每个民族都必须经历法国的政治发展或德国的哲学发展一样，是荒谬的观点。凡是民族作为民族所做的事情，都是他们为人类社会所做的事情，他们的全部价值仅仅在于：每个民族都为其他民族完成了人类从中经历的自己发

---

① 吴晓明：《历史唯物主义的主体概念》，上海人民出版社1993年版，第五章第一节。
② 《马克思恩格斯选集》，第1卷，人民出版社1995年版，第9页。

展的一个主要的使命（主要的方面）。因此，英国的工业，法国的政治和德国的哲学制定出来之后，它们就是为世界制定的了，而它们的世界历史意义，也像这些民族的世界历史意义一样，便以此而告结束。①

而在《资本论》第一版的序言中，马克思则说：

问题本身并不在于资本主义生产的自然规律所引起的社会对抗的发展程度的高低。问题在于这些规律本身，在于这些以铁的必然性发生作用并且正在实现的趋势。工业较发达的国家向工业较不发达的国家所显示的，只是后者未来的景象……一个社会即使探索到了本身运动的自然规律……它还是既不能跳过也不能用法令取消自然的发展阶段。但是它能缩短和减轻分娩的痛苦。②

后一段落，表面上，马克思谦虚了许多，他不再把一个民族所完成的事情视为为其他民族"完成了"人类发展的主要使命，而仅仅将之视为榜样，各个民族从这个榜样身上看到的是，自己无法直接越过历史发展的客观阶段，虽然通过研究历史能够"缩短和减轻分娩的痛苦"。而在前一个段落，马克思强调英国的工业、法国的政治和德国的哲学之"世界历史意义"时，以非常强的语调肯定它们"每个民族都为其他民族完成了人类从中经历的自己发展的一个主要的使命"。因此，虽然两个段落都体现了主体性思想，但其基本立意却完全不同。前一阶段预设了历史的高度，以这个高度来谈论解放；而后一阶段则肯定历史发展的客观序列，探寻在这一序列中可能存在的"跳跃发展"。这里的差异非常重要地说明，我们不能简单地从主体性角度来判断马克思思想的成熟度，相反，必须深入这种主

---

① 《马克思恩格斯全集》第42卷，人民出版社1979年版，第257页。
② 马克思：《资本论》第1卷，人民出版社1975年版，第8、10页。

体性背后的前提和基础。①

在这里,一个相关的参照性例子是,在《德意志意识形态》中,马克思第一次正面地描述了自己的历史唯物主义基本思想,他指出,"一切历史冲突都根源于生产力和交往形式之间的矛盾",这是无产阶级革命的客观依据。但是,由于生产力在世界范围内的分配不平衡,相对落后国家革命的可能性便成为一个问题。更具体地说,马克思一直关心的德国革命问题就成为一个问题。在此,马克思指出:"不一定非要等到这种矛盾在某一国家发展到极端尖锐的地步,才导致这个国家内发生冲突。由广泛的国际交往引起的同工业比较发达的国家的竞争,就足以使工业比较不发达的国家内产生类似的矛盾(例如,英国工业的竞争使德国潜在的无产阶级显露出来了)。"② 这里体现的仍然是主体性思想,但已经不是人本学的假设,而是客观的经验观察了。19 世纪中期以后,帝国主义的形成及其世界性殖民冲突、两次世界大战、战后拉美的发展,直到今天世界各国内部矛盾的重叠性,历史充分验证了这一结论。

第二,马克思在破除李斯特对"生产力"的美化时,他从不同的角度对现实进行描述,而所有这些描述虽然亦都可以理解为客观事实,但主调却是价值判断,并且马克思后来自己对这种描述方式进行了检讨。

在《评李斯特手稿》中,马克思说:

> 为了破除美化"生产力"的神秘灵光,只要翻一下任何一本统计材料也就够了。那里谈到水力、蒸汽力、人力、马力。所有这些都是"生产力"。人同马、蒸汽、水全都充当"力量"的角色,这难道是对人的高度赞扬吗?……把人贬低为一种创造财富的"力量",这就是对人的绝妙赞扬!资产者把无产者不是看作人,而是看作创造财富的力量。资产者还可以把这种力量同其他的生产力——牲畜、机器——进行比较。如果经过比较,说明人是不适宜的,那么以人为承

---

① 马克思自己思想发展的不同阶段在不同逻辑上伸张主体性观点。关于这个问题,参阅张一兵:《历史辩证法的主体向度》,南京大学出版社 2003 年版。
② 《马克思恩格斯选集》第 1 卷,人民出版社 1995 年版,第 115—116 页。

担者的力量必然以牲畜或机器为承担者的力量所代替，尽管在这种情况下人仍然享有（具有）"生产力"这一角色的荣誉。①

马克思在这里指出的确是客观事实，并且也都是李斯特在《政治经济学国民体系》中所直接谈到的事实。但是，马克思的这种批判，显然除了文学修辞的力量，在逻辑上，是非常弱的。这一处境与《穆勒笔记》一致，都是一种反问，一种退守式的反问。按照上文指出的激情与理性之间的关系，马克思在这里遭遇的是修辞的力量与论证的力量之间的辩证关系，他用修辞的力量本能抵抗在逻辑上已经开始的退却，这正是张一兵教授强调的"亚意图"问题，但它的反面则是他从来都不曾放弃的那个有意识的主体性。正如马克思自己已经正确认识到的那样，如果说，在现代资本主义社会条件下，人是"物"或按"物"的价值来衡量，那么这正是以这个条件使然。所以，问题的关键在于回答为什么会这样，如何改变它，而不是简单地站在对立面上进行批判，把现实的人说成不是人。同一年在《德意志意识形态》中，马克思非常精彩地指出：

> 哲学家们关于现实的人不是人这一荒谬的判断，只是实际上存在于人们的关系和要求之间的普遍矛盾在抽象范围之内的最普遍最广泛的表达。这一抽象命题的荒谬形式同资产阶级社会的极端化的荒谬的关系完全符合……所谓"非人的东西"同"人的东西"一样，也是现代关系的产物；这种"非人的东西"是现代关系的否定面，它是没有任何新的革命的生产力作为基础的反抗，是对建立在现有生产力基础上的统治关系以及跟这种关系相适应的满足需要的方式的反抗。"人的"这一正面说法是同某一生产发展的阶段上占统治地位的一定关系以及由这种关系所决定的满足需要的方式相适应的。同样，"非人的"这一反面说法是同那些想在现存生产方式内部把这种统治关系以及在这种关系中占统治地位的满足需要的方式加以否定的意图相适应的，

---

① 《马克思恩格斯全集》第42卷，人民出版社1979年版，第261、262页。

而这种意图每天都由这一生产发展的阶段不断地产生着。①

从这一段看，理论家们从自己的理想出发来看现实，从抽象的人的本质出发来否定现实的人的生存状况，这种做法反映了人的普遍的道德要求。当然，由于这种批判缺乏现实的物质基础，也仅仅是一种道德要求而已。在狭隘的生产关系之中，这同时也是人们所能够采取的做法。在《形态》中，马克思已经不是重复这些批判，相反，通过对历史的实证研究，他站在大工业机器文明的前提上，第一次指出这种人本主义所面临的基本困境，并为之提供了正确的道路。他强调："人们每次都不是在他们关于人的理想所决定和所容许的范围之内，而是在现有的生产力所决定和所容许的范围之内取得自由的。"② 说到这种程度，马克思自己也应该在心理上轻松许多，因为问题已经不再是想象一种尽善尽美社会的想象力问题，而是实证地考察现实的问题。

从上述这两点看，马克思必须放弃对资本主义现实的纯粹的人本学批判，彻底地理解人在资本主义条件下"异化"的实质和历史过程，他才能真正地获得科学的历史视角。反过来，理解了这一点，是否保留"异化"这个术语，是否仍然坚持主体性思想，那是另一回事了。马克思对生产力问题的最初发言，见证了这一问题。

三、结语

在本文中，我们仅仅学术地讨论马克思最初就生产力问题发言的理论逻辑问题，并且把这种探讨与今天解读马克思的方法探究联系在一起，而没有涉及"马克思主义本身应该如何（特别是今天应该如何）"这个问题。但是，如果这个例子是成立的，那么，我们有理由说：在正确理解马克思主义哲学，从而发展马克思主义哲学的过程中，我们仍然有许多更为

---

① 《马克思恩格斯全集》第3卷，人民出版社1956年版，第505、507—508页。
② 《马克思恩格斯全集》第3卷，人民出版社1956年版，第507页。

基础的工作要做。马克思本人是在思想的连续变化中一步步走向科学的。因此，马克思主义的科学也必须在面对具体的实践和理论问题过程中一步步发展起来。马克思主义在20世纪东西方传播和发展的历史充分说明了这一点。不过，在今天，我们并没有在理论上汲取足够的教训。因为，为了起码让人听得下去，我们不得不把马克思自己脱掉的帽子重新给他戴上，或者本能地抓住他的每一个可能的论述。当然，这样做，我们自己必须付出代价：在从一种教条走向另一种教条的过程中，我们被迫承认自己正在辩护的和我们为之奋斗的仍然没有超越资产阶级意识形态。

从马克思遭遇生产力问题最初语境看，我们不能简单地把生产力本身视为一种能够自动实现人的解放的客观力量。后来，当马克思转向对生产力的赞扬，并将之视为历史发展的客观前提，与李斯特也是有实质性区别的。他的中心问题是，生产力作为死劳动的积累必须首先服从活劳动的需要，因此可以设想，如果生产力的积累是一个自发的过程，那么马克思必然会提出它的限度问题。只是，马克思在自己的时代并没有直接遭遇本雅明所言的生产力对人起义（如《终结者》《黑客帝国》和《机械公敌》等电影所描述和担心的那样）这个情况——即生产力积累到如此限度，它已经足以毁灭人类自身。正是在这一意义上，我们必须认识到，马克思在谈论生产力的任何时候，都是服从资本主义批判这个中心任务的。正如他在《评李斯特手稿》中已经指出的那样，对于一个马克思主义者来，应该避免"空谈生产力的空洞的理想——以及追求统治权的德国资产者的［……］伪善"①。从这一角度出发，我们继续谈论生产力，像分析学派马克思主义所做的那样，追求一个比马克思本人更清晰的生产力概念和理论是有必要的，但无论怎样做，纠缠着那些旨在继承马克思遗产的人，都是这样一个现实的问题：在今天，我们如何继续讲述代替资本主义的那个古老故事？

---

① 《马克思恩格斯全集》第42卷，人民出版社1979年版，第271页。

探寻马克思生产力概念生成的原初语境①

杨乔喻

在对马克思历史唯物主义的传统研究中,生产力概念往往通过劳动者、劳动对象和劳动资料三个实体性要素加以说明。这种"要素说"解释已经深入人心,以至于人们一提到生产力就会联想起人才、资源和先进机器等非常具象的实体性的东西。但实际上,这是对马克思生产力概念的一种根本性误读,其来源是苏联教科书对《资本论》第一卷中马克思用于描述劳动过程中三个构成因素的任意挪用。② 这种误读在后来的解释性传播中,使我们愈加远离马克思确立生产力概念的原始语境。因此,本文将从赫斯和李斯特两条德文文献中的主要线索出发③,剖析生产力概念历史生成中"共同活动"和"综合经济水平"的原初语境,力求为这一重要概念正本清源,探寻马克思生产力概念在其形成进程中的真实内涵。

---

① 原载《哲学研究》2013 年第 5 期。
② 苏联教科书对生产力的定义来自斯大林在 1938 年《论辩证唯物主义和历史唯物主义》一文中对生产力的一段说明:"用来生产物质资料的生产工具,以及有一定的生产经验和劳动技能来使用生产工具、实现物质资料生产的人,——所有这些因素共同构成社会的生产力。"(《斯大林选集》下卷,人民出版社 1979 年版,第 442 页)这种"要素"定义,实际上是挪用了马克思在《资本论》第一卷中描述劳动过程的三个构成因素:"劳动过程的简单要素是:有目的的活动或劳动本身,劳动对象和劳动资料。"(马克思:《资本论》第 1 卷,人民出版社 2004 年版,第 208 页)
③ 直接影响到马克思生产力概念形成的,除了上面所论述的两条线索以外,还有英国古典经济学的影响和马克思分别于布鲁塞尔和曼彻斯特进行的政治经济学研究,其中包括李嘉图式的社会主义者有关"生产力"的大量讨论,主要是通过法文转译的英文文献。对此笔者将另文详述。

一、支援背景 A：赫斯的"共同活动构成生产力"

赫斯是马克思《德法年鉴》时期的同路人，并参与了《德意志意识形态》（以下简称"《形态》"）的写作，而且先于马克思成为社会主义者，在思想上对青年马克思和恩格斯产生过重要影响。特别是他关于生产力的观点，对青年马克思的生产力观念的形成有着直接的先行作用。赫斯对生产力（Produktionskraft）的集中论述表现在他写于 1844 年的《论货币的本质》（über das Geldwesen）一文中。

赫斯的生产力概念是在非实体的共同活动（Zusammenwirken）的意义上加以规定的：人类主体相互间的共同活动当下建构成生产力。《论货币的本质》一开篇，赫斯即对这种共同活动做了明确说明："生命（Leben）是生产性的生命活动（productive Lebensthtigkeit）的交换（Austausch）。"① 这个"交换"（Austausch）显然是从经济学中挪用来的。"他们的现实生活只是在于他们的生产性的生命活动的交换，只是在于共同活动（Zusammenwirken），只是在于同整个社会身体的联系。"② 共同活动是人们生产性的生命活动的交换，也就是生活（第一句话中的 Leben 也可译为"生活"）本身。

生命活动（Lebensthtigkeit）是人们赖以生存所进行的活动，从表面意思来看，这似乎类似于马克思在《1844 年经济学哲学手稿》（以下简称"《1844 年手稿》"）中所强调的主体作用于客体的对象化劳动，或在《形态》中所说的人们为了生存而进行的物质生活资料的生产活动，但如果结合赫斯的具体思想内容，就会发现这一"生产性的生命活动"更接近于他在《行动的哲学》中所倡导的体现人的自由本质的"行动"（That），它不同于经济学意义上的劳动或生产，而是一个来源于费希特的被赋予了思

---

① [德] 莫泽斯·赫斯：《赫斯精粹》，邓习议译，南京大学出版社 2010 年版，第 137 页。
② [德] 莫泽斯·赫斯：《赫斯精粹》，邓习议译，南京大学出版社 2010 年版，第 138 页。

辨理想的哲学范畴。

首先，由于赫斯从费希特那种抽象的自由活动出发，我们在他的"共同活动"中没有看到劳动过程中具体的劳动者、劳动对象或劳动资料，有的只是主体的自由"行动"；主体指的也不是具体的劳动者，而是在哲学上对人的本质存在的理想化设想，这显然不是一个可以看得见摸得着的人或物。可见，从起源上看，赫斯的生产力概念的思考域从一开始就不涉及具体劳动过程中物性的"要素"，而是一个具有浓厚哲学思辨意味的抽象范畴。

共同活动的德文是 Zusammenwirken：其中 zusammen 指共同、一起，Wirken 除了活动还指通过努力而实现、实施，两词连用就有了合作一起的活动的意思，英文译者干脆直接将其翻译为 collaboration（合作）。字面上带有明显"合作"意味的"共同活动"，很容易让人联想到斯密在《国富论》中指认的工厂内部的劳动分工与协作，再加上同时出现的"交换"与"生产性"等经济学概念，就会让人联想到这样一个问题：赫斯的生产力概念是否源于古典政治经济学？可以肯定的是，随着当时资本主义在欧洲的普遍发展及古典政治经济学的流行，经济学理论必然对赫斯产生一定的影响，但从目前的文本来看，赫斯在经济学上并未进行过多么深入的研究；尽管他也借用了不少经济学概念，但在根本上所表达的仍然是德国哲学家所擅长的思辨演绎。正如上文所分析的，作为共同活动基础的主体生命活动在根本上是一个哲学概念，而他这里所说的交换也并不完全对应于政治经济学意义上的商品交换，而恰恰与哲学语境中的交往（Verkehr）同义，是对人们在生命活动中建立起来的普遍联系的一种哲学上的想象。虽然赫斯也提到生产，但那不过是作为形容词来修饰主体抽象的"生命活动"，因为脱离了现实的生产活动而空谈生产力是不科学的。

其次，赫斯的生产力概念的基础是主体所具有的天然力量。在生产力概念正式出场之前，赫斯首先使用的是"个体力量"（Kräfte）与人的"现实的能力"（Vermögen）。在他看来，"个体的生命活动的相互交换、交往，个体力量（individuelle Kräfte）的相互激发，这种共同活动，是个人的现实的本质（das wirkliche Wesen），是他们的现实的能力（wirkliches Vermögen）"。① 我们可以看到，这里的"力量"与生产力中的"力"在德文中是同一个词 Kraft（复数形式为 Kräfte），而 Vermögen 当能力讲时，带有"可能性"的意思。从这一段文字可以看出，赫斯生产力概念的来源是作为活动主体的个人；个人的力量通过交换和交往，才能够被激发出来，才形成体现人的本质的共同活动，并表现为现实的（wirklich）能力。这里的现实能力，实际上与赫斯在几行文字之后马上就提到的生产力（Produktionskraft）在所指上是十分接近的。这种能力虽然来源于个人的力量，却并非个人力量的简单相加，而是在"社会体"中通过交往这一"活动场"而实现出来的人作为主体的潜在可能性。赫斯仅仅强调了主体力量是普遍生产力的来源，但没有丝毫证据表明，赫斯的主体力量经过了作用于客体的劳动对象化过程。没有黑格尔辩证法这一中介，赫斯只能停留在费尔巴哈的抽象类关系之中，而根本无法进入政治经济学中劳动、生产等重要现实范畴的讨论。这是在《1844年手稿》中讨论劳动异化和在不经意间引述斯密等人的"劳动生产力"（Produktivkraft der Arbeit）的马克思，必然超越赫斯的一个重要方面。

最后，赫斯进一步提出，主体的天然力量只有通过交往（Verkehr）才得以实现，因而，人们之间的生命活动交往是生产力的决定性因素。"人与人的交往越发达，他们的生产力（Produktionskraft）也就越强大。在这种交往还狭小的时候，他们的生产力（Produktionskraft）也就低下。"② "理想化的主体交往"无疑是赫斯《论货币的本质》一文中的核心概念，这是他从费尔巴哈那里的人与人之间的感性自然关系改造而来的新的人的类本质。在赫斯这里，交往作为一种应该实现的本真性的类本质，是一种批判性的价值悬设，这种价值尺度也是批判"小商人世界"（资产阶级社会）残酷现实的理论武器。

在德文语境中，一个值得注意的问题是：赫斯使用的生产力一词 Produktionskraft（复数形式 ProduktionsKräfte）是由名词性的 Produktion（生

---

① ［德］莫泽斯·赫斯：《赫斯精粹》，邓习议译，南京大学出版社2010年版，第138页。
② ［德］莫泽斯·赫斯：《赫斯精粹》，邓习议译，南京大学出版社2010年版，第139页。

产）和 Kraft（力量）两个词构成的。生产力概念并非赫斯的发明，而是古典政治经济学首先在现实的经济学分析中使用的。在斯密和李嘉图那里，生产力的英文是 productive powers（多使用复数形式），赫斯为何将由形容词 productive 修饰的生产力变为了名词形式？根据其思想内容来判断，这种词性的改变并非偶然，而是赫斯理论表述上真正意图的体现。名词性的 Produktionskraft 和形容词性的 Produktivkraft 从语义上看的主要区别在于，前者更偏于静态的状况，而后者表达的是动态的力量。正如上文所分析的那样，在赫斯这里，共同活动强调的并非现实活动，交往强调的也并非人与人打交道的行为，而是人们在交往和共同活动中形成的关系，是人的类本质的哲学体现。因此，对应于关系与类本质，赫斯对形容词性生产力概念的名词性改写是十分恰当的。

而生产力概念在李斯特和马克思的德文语境中又有所不同：李斯特使用的多是形容词与名词分开的 produktive Kraft（而非合成词 Produktivkraft），马克思在《形态》中则同时使用了两种生产力，即 Produktivkraft 和 Produktionskraft。这种用法上的差别体现了不同的生产力内涵，后文将对此作进一步分析。

综上所述，作为马克思生产力理论的思想来源之一的赫斯的生产力概念，从一开始就不是什么实体性的物性要素，而是功能性的共同活动、普遍的交往关系与抽象的类本质；他甚至没有提到只有通过主体对象化才能够实现的劳动或生产，更不用说具体劳动过程中的人、对象或生产工具。赫斯不是一位经济学家，他用哲学抽象出来的生产力概念在理论上位于经验主义的最远端。赫斯的生产力概念并没有对《巴黎笔记》时期的马克思产生多少明显的影响，反而是其交往异化理论对马克思的影响很大：从《穆勒笔记》中的交往异化和《1844年手稿》中的劳动异化都能看到赫斯的费尔巴哈式人本主义的明显痕迹，而在一段时间内一直被马克思所忽略的赫斯思想中的生产力部分，直到《形态》以后才直接影响到马克思。

二、支援背景B：李斯特的国家生产力理论

上文已经表明，赫斯是一位哲学家，他的生产力概念是指主体间的相互交往和作为类本质的共同活动，而李斯特尽管表面上反对古典政治经济学的自由贸易理论，但在根本上却是一位实实在在的经济学家，并且是德国近代经济学中历史学派和贸易保护主义的重要奠基人之一。一方面，他在批判斯密、李嘉图和萨伊等古典经济学家忽视了不同国家的特殊民族利益时，表现出对古典政治经济学相当的熟悉程度，甚至他在《政治经济学的国民体系》(Das nationale System der politischen Oekonomie) 一书中使用的"生产力"一词，都是从英文的 productive powers 直译过来的 produktive Kräfte，不仅使用了形容词性的"生产"，还在多数情况下保留了英文中形容词与名词的分离，而不是像德文中所习惯的复合词。另一方面，他带有强烈国家民族意识的"生产力理论"(Die Theorie der produktiven Kräfte) 是在对欧美工业发展史进行具体分析的基础上得出的，带有强烈的历史现实感。与赫斯相比较而言，无论是从经济学角度还是经济学背后的历史现实角度来看，李斯特对马克思的生产力概念的影响都要更大些，具体影响到马克思的还包括李斯特大量引述和批判的古典政治经济学本身。我们同样会看到，李斯特的生产力理论也不是实体要素说，而是功能性的水平概念。

首先，李斯特尽管批评斯密，但认同其分工协作理论。他正确地指出，斯密主要讨论的是"劳动生产力"（李斯特的德文原文为 produktiven Kraft der Arbeit，斯密的英文原文为 productive power of labor），但仅仅停留于"劳动分工"的伟大发现，而没能继续探究"生产力"这一重要概念，因此"错误地将劳动本身看成是所有国家财富的'源头'"。[①] 而在李斯特看来，国家财富的真正基础不是劳动，而是一国的生产力："生产财富的

---

① [英]李斯特：《政治经济学的国民体系》，邱伟立译，华夏出版社2009年版，第101页。

能力（Kraft）比财富本身更为重要"。① 这是一个极为重要的理论推进。

其次，李斯特认为斯密的"劳动分工"更加强调"分"而忽略了"合"；在他看来，生产力的发展不在于"不同个体之间的不同商业活动的划分"，而在于"各种精神、智力和一般生产能力的联合或者结合"。② 他的分析显然要比斯密更加精准和具体。李斯特认为："国家生产能力的总和与个人生产能力的总和不是统一的，应该分开考虑"，国家生产力"取决于国家使国内的劳动分工和生产能力的合作是否行之有效"。③ 李斯特这一普遍意义上的社会分工语境中的劳动生产率和总体生产水平思想，直接影响到马克思在《形态》中关于分工和生产力的相关讨论。

如果说在斯密基于工场手工业的"劳动分工"中，我们还有可能看到具体的劳动者通过劳动工具将自己的体力与脑力作用于劳动对象，由此产生"劳动生产力"，那么在李斯特的社会各行业、各地区的普遍分工协作中，生产力是国家社会范围内形成的"生产力的协调或平衡（Gleichgewicht oder die Harmonie der produktiven Kräfte）"④，体现的是国家和社会经济发展的功能性的力量与水平状态——我们从中能感觉到，这与后来那种误认中的实体性的"生产力要素"概念有着质性的差别。

可见，李斯特的生产力概念是建立在普遍社会分工基础上的，然而，在讨论"物质劳动"与"精神劳动"的划分时，他却将生产力也相应区分为"物质生产力"和"精神生产力"，并强调后者，包括国家的政治法规、科学、艺术、教育、文化及服务等国家精神领域功能的重要性。尽管李斯特这样做有其特殊的理论目的，主要是为了反对古典政治经济学在一般经济理论上"研究财富或交换价值如何生产、分配和消费"⑤，在实践上提倡抽象的自由贸易，而不考虑国家所处的特定生产力发展水平和特殊民族利益，但这种把精神也作为生产力直接来源的说法显然是不够准确

---

① ［英］李斯特：《政治经济学的国民体系》，邱伟立译，华夏出版社2009年版，第99页。
② ［英］李斯特：《政治经济学的国民体系》，邱伟立译，华夏出版社2009年版，第111页。
③ ［英］李斯特：《政治经济学的国民体系》，邱伟立译，华夏出版社2009年版，第125页。
④ ［英］李斯特：《政治经济学的国民体系》，邱伟立译，华夏出版社2009年版，第118页（译文有改动）。
⑤ ［英］李斯特：《政治经济学的国民体系》，邱伟立译，华夏出版社2009年版，第102页。

的。我们知道，马克思在《形态》中虽然也认为"分工只是从物质劳动和精神劳动分离的时候起才真正成为分工"①，并且在谈到统治阶级时，提到"一个阶级是社会上占统治地位的物质力量，同时也是社会上占统治地位的精神力量"②，但在马克思的历史唯物主义中，生产力的根本来源是物质生产，精神和意识都是人们在物质生产过程中形成的产物，是人们的现实"社会关系"在人脑中的反映，统治阶级占统治地位的"精神力量"也源于他们对生产的物质力量的直接占有。这也就是说，科学的生产力概念的真正内涵是它的现实物质基础，而李斯特却搞不清楚什么才是历史发展中最为重要的力量。

除了社会分工以外，李斯特生产力概念中还有两个方面对马克思生产力概念的形成产生了重大影响。

其一，是对工业或制造业的着重强调，即一定的工业阶段表现出来的生产力发展的客观水平。作为一位经济学家，李斯特特别喜欢把"自由的精神"、"开明的政策"、"教化"等词挂在嘴上，将自己打扮成一位循循善诱的教育家和充满远见的政治家。前面已经分析过李斯特这样做的战略需要，而实际上，这些所谓精神的生产力都最终归结到工业（或制造业）发展一点上来：李斯特在讨论自由的精神与政府开明的政策时，主要目的是为了保护和促进国家制造业的发展，而教育则是为了推动科学技术的进步，科学技术带来的直接效应是工业的更进一步的机械化与工人技术的提高。"科学与工业的结合产生了一种巨大的物质力量，这就是机械力量。"③ 在这里，李斯特已经认识到（大机器）机械在生产力发展中所起到的重要作用，以及生产力作为效率的数量化方面，这些思想都对马克思后来的生产力概念产生了深刻的影响。可以说，李斯特生产力概念的真正核心是工业的制造力，他用了十章的篇幅，通过分析欧洲主要国家和美国的资本主义经济发展史，强调制造业对发展生产力的重要性：一个国家的生产力水平首先取决于它的工业即制造业水平。马克思虽然批判了李斯特

---

① 《马克思恩格斯文集》第 1 卷，人民出版社 2009 年版，第 534 页。
② 《马克思恩格斯文集》第 1 卷，人民出版社 2009 年版，第 550 页。
③ ［英］李斯特：《政治经济学的国民体系》，邱伟立译，华夏出版社 2009 年版，第 147 页。

的"生产力理论",但"工业"所代表的客观创造力却对他产生了深远的影响:伴随马克思后来经济学研究的深入,这条客观的现实逻辑逐渐显现出来。

有意思的是,李斯特在批判古典政治经济学忽视制造业所创造出来的客观力量时,无意中也批判了我们传统研究中对生产力的"要素说"解释。他说,由于古典政治经济学没有在"交换价值理论"的基础上认识到生产力的重要性,因此也没有能够理解农业生产力与制造业生产力之间的本质区别;古典政治经济学没有认识到,尽管"农业国家在发展制造业的过程中,需要并运用大量的人类身心力量(Geistes-und Körper Kräfte)、自然和自然资源(Natur Kräfte und Naturfonds)以及工具力量(Instrumental Kräfte)"(这里的三种力量刚好对应于传统研究中的劳动者、劳动对象和劳动资料"三要素"),然而,"除非国内制造业力量已经形成并得到了发展,而在此之前那些力量还从没发挥过也不可能发挥作用"。① 可见,在李斯特看来,一个农业国家也可能拥有与工业国家相同的劳动者、劳动对象和劳动资料,但却无法通过农业本身将其转化为巨大的生产力。基于近代工业发展的现代生产力并不是这三种力量的简单集合,而只有通过工业或制造业即资本主义生产方式,才能将其转化为"一种全新的力量"(eine ganz neue Kraft)。② 李斯特深刻地看到了现实的生产力是现代工业的产物,而不是在农业经济中更容易被捕捉到的简单劳动要素的数量集合。

其二,李斯特影响马克思的另一个重要方面是生产力发展的历史阶段性。他提出各国的经济发展必须经历五个阶段:"原始落后阶段(Zustand der ursprünglichen Wildheit)、畜牧业阶段(Hirtenstand)、农业阶段(Agrikulturstand)、农业—制造业阶段(Agrikultur-Manufakturstand)和农业—制造业—商业阶段(Agrikultur-Manufaktur-Handelsstand)。"③ 显然,李斯特的目的并不在于对历史进行一般的描述,而是要指认出,伴随着制造

---

① [英]李斯特:《政治经济学的国民体系》,邱伟立译,华夏出版社2009年版,第110页。
② [英]李斯特:《政治经济学的国民体系》,邱伟立译,华夏出版社2009年版,第110页(译文有改动)。
③ [英]李斯特:《政治经济学的国民体系》,邱伟立译,华夏出版社2009年版,第130页(译文有改动)。

业的兴起与发展，人们的生产与交往方式进入一个全新的历史阶段；李斯特当然不可能看到马克思后来所批判的"资本主义的生产方式"，他所强调的是制造业这一特殊的、运用机械、讲求效率的生产组织形式对当前生产力发展所起到的决定性作用。马克思在批判李斯特时，将"工业"与"资本主义生产方式"相混同，也是因为受到了李斯特本身思想的影响。

三、马克思生产力概念的最初生成

其实，马克思第一次使用生产力概念，是在 1843 年到 1844 年的《巴黎笔记》中。此时，刚刚开始经济学研究的马克思仍然站在哲学人类学的角度，批判资本主义经济对人的奴役和异化。在其阅读的斯密、李嘉图等政治经济学家的著作中频频出现的"劳动生产力"概念，并未引起他过多的关注，仅在引述和摘录过程中提到。

在《巴黎笔记》中，"生产力"还出现在马克思对李斯特《政治经济学的国民体系》一书的摘录里①，主要集中于马克思对该书第十二章"生产力理论与价值理论"较为细致的摘录②，但马克思并未对摘录内容作具体评论。值得注意的是，马克思这部分笔记采取了一个十分特别的形式：笔记被分为竖向两栏：左栏是对李斯特一书的摘录，右栏是对奥西安德 (H. F. Osiander)《公众对商业、工业和农业利益的失望》一书的摘录。奥西安德是自由贸易思想的代表，他这本书的主要内容是反对国家实行关税保护政策，主张自由贸易，直接批判的就是李斯特的关税保护思想。马克思特意将二者的对立观点并排放置，形成鲜明对照。从笔记的这一编排形式来看，马克思此时对李斯特《政治经济学的国民体系》的关注，更多集中于关税保护思想，而非生产力概念本身。

---

① Marx & Engels, 1969, *Karl Marx-Friedrich Engels-Werke*, Bd. 3, Berlin/DDR: Dietz Verlag. 1981, Karl Marx/Friedrich Engels Gesamtausgabe, Abt. 4.：Exzerpte, Notizen, Marginalien, Bd. 2: Karl Marx/Friedrich Engels: Exzerpte und Notizen, 1843 bis Januar 1845, Beilin: Dietz Verlag, S. 506—546.

② *ibid*.

马克思再次使用生产力概念，是在写于1845年3月批判李斯特的文章《评弗里德里希·李斯特的著作〈政治经济学的国民体系〉》（以下简称"《评李斯特》"）中。但有趣的是，MEGA²编委们发现，马克思在这篇文章中使用的李斯特《政治经济学的国民体系》一书的引文，并非《巴黎笔记》中摘录的段落。他们因此判断，马克思在1845年3月写《评李斯特》一文时，并没有借助于曾经摘抄的笔记，而是重新阅读了李斯特的这本书。① 这说明两点：首先，马克思对李斯特该书十分重视；其次，马克思对生产力概念的关注和理解是在反复阅读中逐渐加深的。这也更加说明了笔者前面的判断：在第一次阅读李斯特的这本书时，马克思并没有特别关注生产力概念。应该是到了1845年春天，他为了专门批判李斯特而重读此书时，才开始关注李斯特的"生产力理论"。但对当时的马克思而言，生产力与《1844年手稿》中的异化劳动一样，是其哲学人本学理论框架中被批判的对象。至此，马克思在两年多的经济学研究中，已经与生产力概念打过很多次照面，但却仍未对生产力概念本身进行任何正面描述。

李斯特的"生产力理论"无疑对马克思的生产力概念的形成产生了至关重要的影响，然而，在《评李斯特》一文中马克思却没有开始真正关注"生产力"，而更多的是在批判"生产力"给人带来的奴役："为了破除美化'生产力'（Produktivkraft）的神秘灵光，只要翻一下任何一本统计材料也就够了。那里谈到水力（Wasserkraft）、蒸汽力（Dampfkraft）、人力（Menschenkraft）、马力（Pferdekraft）。所有这些都是'生产力'（produktive Kräfte）。人同马、蒸汽、水全都充当'力量'（Kraft）的角色，这难道是对人的高度赞扬吗？"②

马克思批判李斯特的"生产力理论"表面上打着德国民族利益的旗号，实际上代表的是德国资产阶级的利益，称其理论为"工业主义"（In-

---

① Marx & Engels, 1969, *Karl Marx-Friedrich Engels-Werke*, Bd. 3, Berlin/DDR: Dietz Verlag. 1981, Karl Marx/Friedrich Engels Gesamtausgabe, Abt. 4.：Exzerpte, Notizen, Marginalien, Bd. 2: Karl Marx/Friedrich Engels: Exzerpte und Notizen, 1843 bis Januar 1845, Beilin: Dietz Verlag, S. 794.
② 《马克思恩格斯全集》第42卷，人民出版社1979年版，第261页。

dustrialismus），指出其生产力的实质是"工业生产力"（Manufaktur-Produktivkraft），批判"工业"是剥削和奴役无产阶级的经济制度。马克思将"工业"（Manufaktur）理解为"工厂制度"（Fabrikwesen）、"社会的组织"（die gesellschaftliche Organisation）和"社会联合"（Konföderation der Gesellschaft）①，并对其加以批判。实际上，这是将工业与工业背后的资本主义生产方式相混淆，也是将生产力与生产关系相混淆。这种混淆表明马克思此时还没能够真正深入政治经济学的语境，开始思考生产力以及生产关系与生产方式等一系列历史唯物主义重要概念在特定的历史社会条件下所具有的客观现实性。

《评李斯特》写于1845年3月，而标志着马克思新世界观诞生的《关于费尔巴哈的提纲》写于同年春天，因此可以说，这篇批判李斯特的短文就是科学世界观诞生的前夜。马克思虽然嘴上批判李斯特甚至否定生产力，但李斯特生产力概念的历史性与现实性已经在马克思为了批判而作的大量引述与摘录中给其留下了深刻的印象，并开始产生潜移默化的影响："工业"的客观现实性已经在无形中慢慢消解了从费尔巴哈和赫斯那里发展而来的人本主义逻辑。

马克思首次在理论建构的意义上正式使用生产力概念，恰恰是在写于1845年下半年到1846年间、标志着历史唯物主义创立与新世界观初步形成的《形态》中。可以发现，这一生产力概念恰恰是在马克思对社会历史的物质生产基础进行分析中，在讨论了生产、再生产、人的生产与再生产和人们之间的关系四个构成历史的重要"因素"之后提出的。"由此可见，一定的生产方式（eine bestimmte Produktionsweise）或一定的工业阶段（industrielle Stufe）始终是与一定的共同活动方式（eine bestimmte Weise des Zusammenwirkens）或一定的社会阶段（gesellschaftlichen Stufe）联系着的，而这种共同活动（Zusammenwirken）方式本身就是'生产力'（eine'Produktivkraft'）。"② 现在可以确定，"共同活动"（Zusammenwirken）概念直接来源于赫斯，然而，马克思在这里使用的恰恰是与李斯特相同的由

---

① 《马克思恩格斯全集》第42卷，人民出版社1979年版，第251页。
② 《马克思恩格斯文集》第1卷，人民出版社2009年版，第532页。

形容词修饰的"生产力"(Produktivkraft)概念，而不是赫斯的由名词修饰的"生产力"(Produktionskraft)概念。引文中生产力一词所用的单引号，表明马克思对这一概念的特殊强调：一方面强调其与赫斯的区别，另一方面又表明其与李斯特以及古典政治经济学之间的关系。另外，德文原文说的是"一种'生产力'"(eine "Produktivkraft")①，生产力前面这个不定冠词 eine（一个、一种）在中译本中省略掉了。但是，这个看起来不重要的"小词"有着大作用：首先，可以加重后面加了引号的生产力的强调语气；其次，与前半句中出现三次的 bestimmt（一定的）有类似的限定作用，体现的是历史发展在某一时期表现出的特定性，因此 eine 尽管词小，却是不能够省略的，这是中译本的不足之处。

可以看出，同样使用"共同活动"定义生产力，但马克思这里标识生产力的共同活动与"一定的生产方式"、"一定的工业阶段"和"一定的社会阶段"相联系，它的基础是人们的物质生产活动以及在生产活动基础上形成的人与人之间的关系，因此，马克思所指认的共同活动在根本上是物质生产活动，而不再是赫斯在哲学思辨意义上所说的主体间抽象的交往性的共同活动。马克思不是将其凌空于哲学的玄思之上，而是以大量经济学研究为基础，深入到人的现实生产活动当中，看到了现代经济学意义上的分工与协作所产生的巨大客观力量。这是当时身为社会主义者却仍执迷于哲学玄思的赫斯所不能够达及的高度。

并且，由于受到古典政治经济学和李斯特关于分工思想的影响，马克思的共同活动实际上是分工带来的人与人之间的相互协作："受分工制约的不同个人的共同活动（Zusammenwirken）产生了一种社会力量（soziale Macht），即成倍增长的生产力（die vervielfachte Produktionskraft）。"② 分工带来生产力的急剧增长，这种在资本主义生产方式下所产生的巨大生产力是一种"社会力量"，体现的是社会的功能性；它不是劳动者、工具和资

---

① Marx & Engels, 1969, *Karl Marx-Friedrich Engels-Werke*, Bd. 3, Berlin/DDR: Dietz Verlag. 1981, Karl Marx/Friedrich Engels Gesamtausgabe, Abt. 4.: Exzerpte, Notizen, Marginalien, Bd. 2: Karl Marx/Friedrich Engels: Exzerpte und Notizen, 1843 bis Januar 1845, Beilin: Dietz Verlag, S. 30.
② 《马克思恩格斯文集》第 1 卷，人民出版社 2009 年版，第 538 页。

料物性数量上的简单增长，而是资本主义生产方式通过普遍分工协作而实现的一种不同于以往的全新的社会力量。

此外，马克思生产力概念的一个最重要特点是其历史水平性，这受到了李斯特的影响。"人们所达到的生产力的总和（die Menge der den Menschen zugänglichen Produktiv Kräfte）决定着社会状况，因而，始终必须把'人类的历史'同工业和交换的历史联系起来研究和探讨。"① 上文已指出，在李斯特那里，"生产力总和"是各种促成生产力发展的历史要素的相加，其中不仅包括代表物质力量的工农业生产和商业贸易，还包括代表精神力量的国家政策、教育、文化等。在《形态》中译本中多处出现的"生产力总和"，在德文中并不是同一个词。其中，只有马克思使用过一次的"Masse"才是严格意义上数量相加的总和，而其余两个被译成"总和"的德文词分别是表示程度的"Menge"和黑格尔在历史哲学中使用的总体性"Totalität"。马克思说："人们所达到的生产力的总和决定社会状况。"② 李斯特也说："国家的状况主要由国家的生产力总和决定。"③ 与李斯特的数量相加的"Summe"相比，马克思的表示程度的"Menge"更能体现出生产力的历史功能性水平内涵。

生产力概念的历史水平性是至关重要的，因为只有一定的生产力水平才能够决定一定的生产方式的性质，进而决定整个社会的性质。这是马克思狭义历史唯物主义理论批判性的源发地。尽管李斯特也强调历史，并对经济学中历史学派的开创功不可没，但他仅仅看到了生产力发展呈现出的历史阶段性，却无法把握一定生产力水平背后的真实历史内涵。而马克思的生产力概念在两个方面超越了李斯特：一方面，李斯特搞不清楚什么才是历史中最重要的东西，他甚至认为精神才是生产力的根本，而马克思却明确指出，历史的基础是人们的物质生产活动，而推动历史发展的生产力是物质生产带来的物质力量；另一方面，李斯特对历史的考察目的是德国民族经济的发展，而马克思的视野是整个社会历史，他关注的是真正的历

---

① 《马克思恩格斯文集》第1卷，人民出版社2009年版，第538页。
② 《马克思恩格斯文集》第1卷，人民出版社2009年版，第538页。
③ ［英］李斯特：《政治经济学的国民体系》，邱伟立译，华夏出版社2009年版，第100页。

史科学和全人类的利益。因此,生产力作为历史的推动力必将为代表全人类利益的无产阶级的解放创造可能的条件。"随着联合起来的个人对全部生产力（die totale Produktivkräfte）的占有,私有制也就终结了。"① 生产力成为一种革命的力量,生产力发展的需要带来生产关系和生产方式的变革。马克思生产力概念的最终落脚点在于改变世界。

综上所述,马克思生产力概念的最初形成中包含了以下三个方面的内容:首先,生产力是来自于物质生产本身的一种功能性的水平概念,指的并非任何一种实体性的东西。尽管马克思也谈到人对自然力的利用,但社会的生产力不是人的劳动的简单相加,而是在整个社会的物质生产当中表现出来的功能性和创造性。其次,生产力是人与人之间在生产过程当中通过相互协作形成的全新的客观力量,它与实体性的物产生的自然力量是完全不一样的东西。第三,马克思的生产力概念具有独特的社会历史性,因为生产力是历史性的,所以它才能够决定一定生产方式的性质和整个社会的性质;作为历史内在推动力的生产力才能成为一个革命的力量,进而促成生产关系和生产方式的变革。这里通过德文原文语境中两种重要历史渊源的思想线索的思考所获得的研究结果,与传统研究中将历史唯物主义的生产力概念误认为三种实体性要素的观点是不同的。笔者认为,我们在理解历史唯物主义基本范畴的过程中,应该认真内省其中所存在的问题。

---

① 《马克思恩格斯文集》第 1 卷,人民出版社 2009 年版,第 582 页。

生产力概念：从斯密到马克思的思想谱系①

杨乔喻

马克思首次在理论建构的意义上正式使用生产力概念，是在写于1845年下半年到1846年间的《德意志意识形态》（下文简称《形态》）中。通过对马克思手稿笔记和相关德文、英文文献的历史考证，我们发现，马克思生产力概念的思想渊源主要有三个：一是英国古典政治经济学家斯密（Adam Smith）提出的"劳动生产力"，二是德国社会主义者赫斯（Moses Hess）在对金钱异化的批判中提出的"共同活动即生产力"的观点，三是德国经济学家李斯特（Friedrich List）独创的"生产力理论"。笔者已经对后两种德文资源中马克思生产力概念的历史生成进行了一些讨论②，本文将集中探讨斯密的"劳动生产力"到马克思生产力的变迁，以期说明马克思《形态》中的生产力概念如何在这一理论背景影响下发展成为构建历史唯物主义的核心概念，从而更好地在思想史谱系中把握马克思生产力概念的丰富内涵。

一

在《国富论》中，劳动生产力是一个十分重要的概念，因为它与斯密讨论的主题——国家财富——息息相关。然而，斯密并未对概念本身下

---

① 参见杨乔喻：《探寻马克思物质生产力概念的历史形成》，载《哲学研究》2013年第5期。
② 参见杨乔喻：《探寻马克思物质生产力概念的历史形成》，载《哲学研究》2013年第5期。

定义，而直接以先验的方式使用，假设这已经是个不证自明、不需要划定界限和说明内涵的概念。在进入斯密的讨论之前，我们有必要借助词源学，梳理清楚斯密认为大家已然明了的"劳动生产力"（productive powers of labor）。

首先，劳动（labor）是人所特有的一种活动，它标志着人高于动物的特权，更意味着人生必然的苦难。在很多西方语言中，劳动都有劳作与分娩两重含义。可见，无论是为了个体的生存还是物种的延续，劳动都代表着人在世俗生活中无法摆脱的宿命与痛苦的必然。马克思19世纪40年代从人本主义逻辑出发的、对政治经济学的最初批判也带有此种色彩。他试图通过消除奴役劳动对人的异化，实现人原初的类本质。但他很快认识到，劳动即生活本身，真正出问题的并不是劳动，而是决定劳动具体功能与性质的生产方式。然而，对于经济学家斯密来说，劳动从一开始就是个客观现实的东西，即当时以分工形式存在的资本主义性质的手工劳动。尽管道德哲学是斯密思想的重要组成部分，但他对劳动的关注并非出于道德原因，而是因为劳动在根本上是财富的源泉。

其次，productive 来自动词 produce，源于拉丁文 producere，pro 指向前，ducere 意为指引。那么，"生产"并不是"创世纪"般无中生有的创造，而只是将已有的东西引导向前。由于带有明确的方向性，"生产"一词从来就带着历史的痕迹。然而，古人预见到的秘密却直到资本主义生产方式的出现才被真正凸显出来。古典政治经济学第一次试图在理论上解释呈现在人们面前的工业生产之上建立的商品经济现象，却忽略了最重要的东西——历史。马克思正是通过引入历史维度，才最终以生产为基础构建出诠释并批判现代性的历史科学——历史唯物主义。

最后，理解生产力一词的关键在于"力"，无论是劳动还是生产，都是为了形容和限定这种"力"。英文中的 power 并非可以量化的物理、身体的力（physical strength），而是存在（being）（首先是人和神，然后被延伸为以自然主体形式存在的国家、法等）所具有的能力，源于古法文 povoir，接近现代法文中的 pouvoir。这种属于存在的力量，在自然法中是单数大写的象征绝对的、先验的、自然赋予的权威。

二

在明确"劳动生产力"概念本身的词源学含义后,我们来看斯密是如何具体阐述"劳动生产力"的。在《国富论》前言中,斯密介绍道:"劳动生产力的这种改良的原因,究竟在哪里?劳动的生产物,按照什么顺序自然而然地分配给社会上各阶级?这就是本书第一篇的主题。"① 此处的"原因"在英文原文中为复数 causes。但实际上,正如卡能(Edwin Cannan)在该书 1904 年第 5 版的编者注释中所指出的:"斯密实际上只讨论了一个原因,即分工。"② 可以说,斯密关于劳动生产力的讨论基本上是围绕分工展开的。

系统讨论分工并用分工来解释劳动生产力的发展,是斯密在经济学上的重要理论创造之一。首先,斯密以工场手工业内部分工为例,说明了分工如何具体提高劳动生产力。他在正文开篇明确说道:"劳动生产力上最大的增进,以及运用劳动时所表现的更大的熟练、技巧和判断力,似乎都是分工(division of labor)的结果。"③ 原文中 division of labor 的逐字翻译应该是"劳动的划分"。生活在世纪中后期的斯密,见证的是工场手工业的发展,因此,"劳动的划分"很形象地表现了当时仍然以劳动为基础的工场手工业生产内部存在的分工状态:将原本作为一个整体的劳动过程划分为多个部分。在斯密特意举例说明的扣针手工工场中,一枚针的制作被分成 18 道不同的工序,由不同的工人分别完成,通过分工基础上的合作,生产的产量比同样数量的手艺精湛的作坊师傅单独工作的总量提高了数百倍。④ 从斯

---

① [英] 斯密:《国民财富的性质和原因的研究》(简称《国富论》)上卷,郭大力、王亚南译,商务印书馆 1983 年版,第 2 页。
② Smith, A. *The Wealth of Nations*, Bantam Classics, 2003, p. 2、footnote 7。
③ [英] 斯密:《国民财富的性质和原因的研究》(简称《国富论》)上卷,郭大力、王亚南译,商务印书馆 1983 年版,第 5 页。
④ [英] 斯密:《国民财富的性质和原因的研究》(简称《国富论》)上卷,郭大力、王亚南译,商务印书馆 1983 年版,第 6 页。

密对劳动分工的描述，不难看出他在英文中使用的"劳动生产力"中的"力"（powers）为何是复数形式。

斯密虽然提到机器在分工中起到的作用①，但在手工业生产的背景下，起决定作用的仍然是工场组织形式中的手工劳动。因而，斯密才会用标志个体劳动能力的"熟练、技巧和判断力"来形容劳动生产力的水平状态。1845 年的马克思，虽然还没有机会亲眼见到英国大型机器工厂的实际运作，却已经从拜比吉和尤尔那里读到了由大机器构成的现代意义上的工厂系统。② 在大机器生产中，人沦为机器的看守，分工的基础不再是手工劳动，而是由科学技术推动、可日夜运转的大型机器系统。从工场手工业到机器大工业的现实历史发展为马克思创建历史唯物主义提供了实证基础。斯密虽然没有预见到机器大工业的出现，他的劳动分工理论却为后世理解更为复杂的工厂系统与管理体系中的秩序奠定了基础。

至此，在斯密对分工如何提高劳动生产力的具体分析中，我们首先看到的是工场手工业内部的狭义劳动分工。但实际上，斯密在"讨论个别制造业分工状况"之前就已特别说明，其目的恰恰是为了"使读者易于理解社会一般业务分工所产生的结果"。③ 我们可以从中得出判断：斯密在并非十分严格的意义上，已经区分出"个别制造业分工"与"社会一般业务分工"；斯密分析前者（工场内部分工）恰恰是为了说明后者，即社会一般

---

① ［英］斯密：《国民财富的性质和原因的研究》（简称《国富论》）上卷，郭大力、王亚南译，商务印书馆 1983 年版，第 8 页。

② 参见 Babbage, C. *On the Economy of Machinery and Manufactures*, Charles Knight, 1932; Ure, A. *The Philosophy of Manufactures*, Charles Knight, 1935. 实际上，拜比吉（Charles Babbage）和尤尔（Andrew Ure）并不是严格意义上的经济学家，他们首先都是科学家。拜比吉因其机械运算机器的构想被称为"计算机之父"，尤尔也在化学领域颇有建树。他们真正关心的是，科学技术如何在工厂中实现为完美的有机系统。在 MEGA^2 中，马克思对拜比吉和尤尔著作的摘录虽然被收录在"布鲁塞尔笔记"里，但编者判断马克思很可能是在巴黎停留的后一阶段就拿到了这两本书，并开始阅读。参见 *Karl Marx/Friedrich Engels Gesamtausgabe*, Abt. 4: Exzerpte, Notizen, Marginalien, Bd. 3: Karl Marx: Exzerpte und Notizen, Sommer 1844 bis Anfang 1847, Dietz Verlag, 1998, S. 713. 并且，马克思写于 1845 年 3 月的《评李斯特》一文也出现了马克思对尤尔《工厂哲学》一文的摘录。从这两个证据足以判断，马克思在写作《形态》时，已经看到了二人关于英国机器工厂系统的论述。构成马克思历史唯物主义的基础概念"生产"，应该受到了这两位英国思想家的影响。

③ ［英］斯密：《国民财富的性质和原因的研究》（简称《国富论》）上卷，郭大力、王亚南译，商务印书馆 1983 年版，第 5 页。

分工如何推动劳动生产力在社会范围内普遍发展,从而实现财富在市民社会的不断积累。

三

实际上,"斯密的分工到底是否包括社会普遍分工"这一问题,一直以来都是有争议的。普林斯顿大学经济学教授克鲁格尔(Alan B. Krueger)就持否定意见,认为斯密的分工并不包含社会普遍分工,而单指狭义的劳动分工:"他(斯密)有关分工的讨论应被视为对生产功能的描述。"他的论据是斯密对于扣针工场中18道生产工序的细致描述,并称:"离开教室,走进工场的车间为斯密的理论分析增加了重要优势,是当代经济学家常常缺失的部分。"① 克鲁格尔的分析存在两点误认:第一,对扣针生产的18道工序的具体描述并非斯密实地考察工场的实证观察所得,而是主要来源于法国科学家蒙梭(Henri-Louis Duhamel du Monceau)写于1761年的《扣针制造工艺》(l'Art de l'épinglier)一书,并且其中一些具体数据来自于《法国大百科全书》第五卷(Encyclopédie, tom. v. 出版于1755年)。第二,在斯密的经济学建构中,重要的不是深入生产领域揭示生产内部的具体运作方式和功能,而是在经济学上为经验层面的市民社会进行理论论证,勾画出一个在竞争中保持完美均衡的自由经济体系。

相反,《国富论》编者卡能在1904年作出的判断较为准确:"那些认为斯密的'分工'中不包括职业划分的人是错误的。"② 事实上,斯密明确指出,不止工厂手工业内部分工可以增进劳动生产力,社会范围内不同行业和职业的划分,也是出于提高劳动生产力的目的:"凡能采用分工制的工艺,一经采用分工制,便相应地增进劳动的生产力。各种行业与职业

---

① Smith, A. *The Wealth of Nations*, Bantam Classics, 2003, p. xvi.
② Smith, A. *The Wealth of Nations*, Bantam Classics, 2003, p. 10、footnote 5.

之间的相互分离，似乎也是由于分工有这种好处。"①

依笔者的看法，斯密的分工确实包括社会普遍分工；并且正是在社会分工的意义上，斯密进一步讨论了分工与交换之间的关系。一方面，斯密用人类与生俱来的"交换倾向"来解释分工产生的原因；另一方面，他强调交换与市场范围对分工的限制作用。交换既是分工的缘起，又为分工设定界限，可见，交换才是劳动生产力和分工讨论中真正的关键词。所谓"交换倾向"，并不是启蒙哲学家们关心的理性或人本主义谈论的人类本质，而是人出于"利己心"、为满足个人需要，从而与他人进行的交换活动。"我们每天所需的食物和饮料，不是出自屠户、酿酒家或烙面师的恩惠，而是出于他们自利的打算。"② 出于满足私利的交换倾向，才有了分工；因分工，才产生从事不同工作的人之间能力上的差异；而分工中不同能力的协同作用，才最终实现斯密完美经济体系的根本目标，即普遍富裕。"他们依着互通有无、物物交换和互相交易的一般倾向，好像把各种才能所产生的各种不同产物，结成一个共同的资源，各个人都可从这个资源随意购取自己需要的别人生产的物品"，以至于从"文明而繁荣的国家的最普通技工或日工的日用物品"就能看到这种社会普遍分工与交换的神奇功效。③

我们注意到，在《巴黎笔记》中，青年马克思对斯密的《国富论》摘录至此突然写下一段评论：斯密在分工与交换之间"循环论证"，用交换解释分工的产生，又用分工解释交换的可能。④ 马克思的判断是值得商榷的。斯密这里的讨论并不存在循环论证，因为斯密关心的并非分工与交换孰先孰后或谁决定谁的问题。对斯密来说，社会普遍分工与交换在某种程度上是同构的，两者共同指向经济学上的"社会"概念，即区别于自然法

---

① ［英］斯密：《国民财富的性质和原因的研究》（简称《国富论》）上卷，郭大力、王亚南译，商务印书馆1983年版，第7页。（译文有改动）
② ［英］斯密：《国民财富的性质和原因的研究》（简称《国富论》）上卷，郭大力、王亚南译，商务印书馆1983年版，第14页。
③ 在《资本论》中，马克思指出，斯密以此开头的整个一段描述分工带来共同富裕的话"几乎逐字逐句抄自贝-曼德维尔《蜜蜂的寓言，或个人劣行，公共利益》"。参见马克思《资本论》第1卷，人民出版社2004年版，第411页，注释57。
④ *Karl Marx/Friedrich Engels Gesamtausgabe*, Abt. 4: Exzerpte, Notizen, Marginalien, Bd. 2: Karl Marx/Friedrich Engels: Exzerpte und Notizen, 1843 bis Januar 1845, Dietz Verlag, 1981, S. 336.

哲学中"法权社会"的"市民社会"。因此,斯密用广义社会分工解释劳动生产力发展的同时,实际上将生产力理解为市民社会的力量,其聚焦点并不在于具体的生产领域及相应的生产方式。实际上,斯密的这一思想深刻影响了《形态》时期的马克思,以至于我们不得不承认,尽管马克思此时的历史理论已经转到"生产"这块基石上,但在批判维度中,却仍停留于市民社会的普遍分工、交换和私有制,甚至保留了带有哲学人本学色彩的概念形式,如交往和交往形式。

综上所述,斯密的劳动生产力生发于手工劳动内部的分工协作,却最终落脚到普遍社会分工,成为这样一种秩序:只要让满足个人私利的欲望充分发挥作用,个人在社会普遍的劳动划分中各行其责,剩下的就交给以竞争为均衡器的万能的经济体系,社会的普遍利益将在无形中得到实现。说到底,劳动生产力变成了与那只"看不见的手"无异的神秘力量。在这样的经济体系中,劳动生产力与其他经济学概念一样,都不再需要历史。这条重要的历史维度,将是马克思历史唯物主义对斯密"劳动生产力"概念的变革式发展与深化。

四

如前所述,马克思第一次在理论建构的意义上正式使用生产力概念是在《形态》中。我们将看到,在马克思历史唯物主义建构初期的生产力概念的形成过程中,对其产生重要影响的不仅有社会主义者赫斯的"共同活动即生产力"和民族经济学家李斯特的"生产力理论"两条德国理论线索,来自英国古典政治经济学家斯密的"劳动生产力"观点也起到了不容忽视的关键性作用。

首先,受斯密影响,马克思同样用分工来解释生产力,并从个人和民族两方面来说明分工对生产力的促进作用。一方面,"受分工制约的不同个人的共同活动产生了一种社会力量,即成倍增长的生产力"[①]。这里,马

[①] 《马克思恩格斯文集》第1卷,人民出版社2009年版,第537—538页。

克思虽然借用赫斯"共同活动"的说法，但却去除了人本主义的抽象理论内容，已经明确将其现实化为分工条件下的协同作用。另一方面，"一个民族的生产力发展的水平，最明显地表现于该民族分工的发展程度"①。对民族生产力的强调，是李斯特"生产力理论"的最大特色。他甚至批评斯密虽然发明了"劳动分工"这一"自然法则"，但是"无论亚当·斯密还是其继承者们都没有彻底地研究该法则的基本性质和特征，或者继续探究这一法则所产生的重要结果"。②李斯特的评判是有道理的，但当他试图补充斯密的分工理论时，却将代表精神力量的文化、教育、国家政策等一并"塞进"生产力当中去，并认为这些才是推动生产力发展的真正动力。与此相反，马克思此时用于解释生产力发展的分工，具有明晰的实证内容，在语境上更加接近于斯密古典政治经济学中的分工。

其次，由于受斯密影响，马克思也并未明确区分狭义劳动分工与广义社会分工，并试图用社会分工的发展解释生产力发展呈现的阶段性和生产方式在历史中的更迭。马克思主要讨论了五种分工形式：最初的家庭内部分工，脑力劳动和体力劳动之间的分离，工业、商业与农业的分开，城市与乡村相分离，以及行业内部具体的劳动分工。马克思具体分析了这五种分工形式在"部落所有制—古代公社所有制和国家所有制—封建的或等级的所有制—工场手工业的私有制—机器大工业的私有制—共产主义所有制"的各个历史阶段上如何发展演变。实际上，马克思是想以分工的历史发展为线索，解释资本主义生产方式所呈现出的历史特殊性。但由于这里马克思以广义的社会分工替换了对资本主义所特有的工场手工业和机器大工业内部分工的研究，所以必然造成如下问题：一方面，分工成了与私有制同质的东西，"分工和私有制是相等的表达方式，对同一件事情，一个是就活动而言，另一个是就活动的产品而言"③；另一方面，生产方式也未能够在资本主义具体的"生产"领域中得到准确诠释，仍是一种与交往形式和所有制形式相混同、有待进一步界定的笼统概念。当马克思说"这些

---

① 《马克思恩格斯文集》第1卷，人民出版社2009年版，第520页。
② ［德］李斯特：《政治经济学的国民体系》，邱伟立译，华夏出版社版2009年版，111页。
③ 《马克思恩格斯文集》第1卷，人民出版社2009年版，第536页。

不同的（交往）形式同时也是劳动组织的形式，从而也是所有制的形式"① 时，恰恰说明他思想进展中的某种含混与不确定性。

虽然此时马克思已经在生产基础上第一次客观现实地解释历史，初步搭建起历史唯物主义的思想框架，但是，在马克思试图用经济学的实证研究对宏观的历史理论进行具体阐释时，我们却发现起主导作用的仍然是斯密的"财富论"，即关于流通与交换的经济系统。这也决定了马克思此时还无法真正解构和透视资本主义的生产方式，因此，《形态》中的生产关系和生产力概念只是在宏观历史描述的意义上才是有效的。在某种意义上，马克思这里的宏观生产力也成了斯密的"市场的秩序"。然而，马克思并不像斯密那样感叹于这一秩序的完美，而是努力从科学角度说明这种秩序产生、发展和必将灭亡的历史过程。这是生产力作为历史推动力的真正意义所在，也是马克思必然超越古典政治经济学的理论生发点。

当然，在后来的《资本论》及其手稿中，马克思正式区分了广义的社会分工和狭义的工场内部分工。他批评斯密道："有人可能像亚当·斯密那样，认为这种社会分工和工场手工业分工的区别只是主观的，也就是说，只是对观察者才存在的"，② 但实际上，马克思指出，这两种分工之间的区别是客观存在的，将社会分工下不同个人、职业和行业联系起来的是商品和货币，而将手工工场内部从事不同劳动的劳动者联系起来的却是资本。因此，"整个社会内的分工，不论是否以商品交换为中介，是各种经济的社会形态所共有的，而工场手工业分工却完全是资本主义生产方式的独特创造。"③ 在此，马克思从《形态》中的宏观生产力再一次回到斯密的"劳动生产力"，但这一次，生产力不再是斯密的"市场的秩序"而是资本主义生产方式在从简单协作到手工工场内部分工再到机器大生产的具体发展过程中、在分工和工艺的具体变革中实现出来的现实力量。

综上，斯密以社会分工解释生产力的思想无疑对马克思产生了重要影响。然而，一个有意思的语言现象却巧妙地说明了马克思在生产力这一概

---

① 《马克思恩格斯文集》第1卷，人民出版社2009年版，第567页。
② 马克思：《资本论》第1卷，人民出版社2004年版，第411—412页。
③ 马克思：《资本论》第1卷，人民出版社2004年版，第415—416页。

念上对斯密的超越。马克思在德文中使用的生产力 Produktionskraft 或 Produktivkraft 来自于斯密在英文中使用的 productive power，但在马克思的生产力概念再次被译回英文时，却普遍被译成 productive force。power 与 force 两个英文词之间最大的区别在于，前者指静态的能力，后者强调动态的驱动力。在斯密那里，劳动生产力是劳动以市场和交换为中介的普遍联合，这种合力是静态的秩序。在马克思这里，力量不再是完美的"市场秩序"，而是一种可以解释历史、说明资本主义生产方式特殊性的内驱力。

马克思"物质生产"概念的哲学内涵论析

唐正东

马克思哲学中的物质生产概念是一个非常敏感的范畴,在西方主流哲学谱系中,这一带有经济学印迹的范畴自然是不登大雅之堂的,可马克思哲学却偏偏把它纳入到核心范畴之中。马克思正是要用这样一个概念来展开对人类解放之必然性的认识。从马克思一贯具有的严谨的理论风格来看,这里必然包含着十分丰富的思想内涵,因为,如果不是这样的话,那么,马克思就无法跨越"生产"与"自由"这两个不同的理论平台。但遗憾的是,苏联与东欧的传统马克思主义解释体系却只是从经验实证性的物质生产的角度来论证和阐释马克思的物质生产概念,并进而把社会发展的内涵全部沉降到生产力发展的层面上。我们暂且把这一点界定为对马克思物质生产概念的第一次误读。对马克思这一概念的第二次误读来自于西方马克思主义者以及当代西方的后马克思思潮中的学者们。霍克海默、阿多诺、阿伦特、鲍德里亚等人把苏联与东欧学界对马克思物质生产概念的解读,直接嫁接到马克思本人的思想上面,并进而顺理成章地把马克思定位为一个没有摆脱18世纪资产阶级启蒙传统的"生产主义"者。马克思真的像阿多诺所说的要把世界变成一个"大工场"吗?真的像阿伦特所说的始终徘徊于"生产性的奴役和非生产性的自由的痛苦选择"[①] 中吗?真的像鲍德里亚所说的始终未对资产阶级启蒙思想家的技术、进步、历史等概念作出批评,而只是"将这些概念转译为物质生产的逻辑以及生产方式

---

① Hannah Arendt. The *Human Condition* [M]. Chicago: University of Chicago Press, 1958. p. 105.

的历史辩证法"① 吗？对这些问题的回答将有助于我们澄清对马克思物质生产概念的基本看法，并有助于我们深化对马克思哲学之历史唯物主义本质的理解。

一

"物质生产"原本是一个经济学的概念，它是指生产者借助一定的劳动工具生产出一定的物质财富的过程。在西方思想史上，尽管自19世纪70年代边际效用学派之后，这一概念演变成了一个纯粹的经济学概念，但在英国古典经济学家那里，它还是具有一定的、朴素的哲学意蕴的，即它是充分考虑到这一生产过程所处于其中的社会关系的内涵的②，只不过斯密、李嘉图等人死抱着资本主义生产关系的天然合理性的观点不放，才导致了他们在物质生产的丰富内涵的挖掘上没有太多的理论建树。马克思自1843年10月开始进入政治经济学的研究以后，就一直坚持从物质形式和社会形式这两个方面来介入对物质生产过程的研究，只不过他在这方面的研究水平始终受制于其经济学的理论水平，尤其是在物质生产的社会形式的理解上更是如此。作为物质形式而存在的物质生产过程是不会有太多的争议的，所有的争议和不同观点都集中在对物质生产的社会形式的理解上面，即对物质生产的生产关系之内涵的理解上面。从归根结底的意义上来说，在获得科学的价值理论和剩余价值理论之前，要想获得对资本主义生产关系的正确理解是不可能的，因为只有建立在对抽象劳动与具体劳动之有效区分基础上的价值理论和剩余价值理论，才可能凸显作为特定历史发展阶段的资本主义生产关系的本真内容。否则的话，即使涉及了资本家与工人在生产过程的关系，也只不过是这两个阶级之间笼统的政治斗争的关系。这样理解的物质生产过程还只是一般性的生产过程，这种视域中的生

---

① Jean Baudrillard. The *Mirror of Production* [M]. Trans. by Mark Poster. Telos Press, 1975. p. 33.
② 张一兵教授把这一点界定为"古典政治经济学理论逻辑中的社会唯物主义逻辑"（参见张一兵：《回到马克思》，江苏人民出版社1999年版，第47页）。

产关系还只是一般性的生产关系，而不是资本主义生产过程以及资本主义生产关系。在《1857—1858年经济学手稿》（以下简称《57—58年手稿》）中，上述这种一般性的物质生产过程还只是被当作抽象的生产过程来看待的。

马克思对物质生产范畴的完整内容的准确理解是在《57—58年手稿》中完成的，这当然有赖于他在经济学研究水平上的推进。经过《伦敦笔记》的过渡，马克思在《57—58年手稿》时期已经准确地把握了科学的价值理论和剩余价值理论，具体表现在：（1）价值理论。马克思此时清楚地认识到，工人与资本家之间的交换并非一般性的两种商品之间的交换，而是具有特定社会历史内容的资本与劳动之间的交换，这种交换是与生产力发展的特定阶段所出现的所有权与劳动相分离为前提条件的。这实际上就意味着马克思此时已经明确地界定了抽象劳动的社会历史性内涵。正像他在论及资本与劳动能力的交换时所说的："所有权同劳动相分离表现为资本和劳动之间的这种交换的必然规律……劳动作为同表现为资本的货币相对立的使用价值，不是这种或那种劳动，而是劳动本身，抽象劳动，同自己的特殊规定性绝不相干，但是可以有任何一种规定性。"[1] 更为关键的是，马克思还指出了这种抽象劳动的社会历史基础："生产关系的即范畴的（这里指资本和劳动的）特殊规定性，只有随着特殊的物质生产方式的发展和在工业生产力的特殊发展阶段上，才成为真实的。"[2] 正是在这样的思想基础上，马克思得出了如下观点："价值表现为一种抽象……在分析过程中不仅会显示出像资本这样的属于一定历史时代的形式所具有的历史性质，而且还会显示出像价值这样的表现为纯粹的抽象的规定，显示出这些规定被抽象出来的那些历史基础，也就是它们只有在其中才能表现为这种抽象的那些历史基础……价值概念完全属于现代经济学，因为它是资本本身的和以资本为基础的生产的最抽象的表现。价值概念泄露了资本的秘密。"[3] 尽管在《57—58年手稿》中，马克思在展开其理论分析时比较多

---

[1] 《马克思恩格斯全集》第46卷上册，人民出版社1979年版，第252—253页。
[2] 《马克思恩格斯全集》第46卷上册，人民出版社1979年版，第254—255页。
[3] 《马克思恩格斯全集》第46卷下册，人民出版社1980年版，第299页。

地使用了交换价值的概念,但从上述分析中不难看出,马克思此时对价值的理解与《资本论》第一卷从"幽灵般的对象性"的角度来理解价值的观点已没有根本性的区别。(2)货币理论。在《伦敦笔记》已取得的思想进步的基础上,马克思此时又把货币理论向前推进了一步。在《伦敦笔记》中,马克思还是在区分作为流通手段的货币与信用货币这两种不同的货币职能的前提下,来论证信用货币与资本主义生产方式之间的内在联系的,也就是说,马克思那时还只是看到了货币的一种职能与资本主义生产方式之间的联系,而不是货币关系本身与资本主义生产方式之间的内在的、必然的联系。马克思那时还没有看到货币基于其自身的本质必然发展到资本关系这一客观的规律性。这项工作是在《57—58年手稿》中完成的。由于在整个手稿中马克思所使用的是从抽象上升到具体的论述方法,因而,从表面上看,马克思在《货币章》中对货币的论述仍然基于一般性的社会关系的层面,似乎还没有达到《伦敦笔记》中已提出的有关信用货币与资本主义生产方式之间的内在联系的新观点的水平。随着马克思在"资本章"的第一篇即"资本的生产过程"中对"是否应把价值理解为使用价值和交换价值的统一?"的质问,以及随后便出现的对这一问题的肯定性回答:"无论如何,在研究价值时必须对这一点加以详细的研究,不能像李嘉图那样索性把它抽掉,也不能像庸俗的萨伊那样,只是把'有用性'一词郑重其事地当作前提。在阐述各篇章时,首先要并且必须说明,使用价值在怎样的范围内作为物质前提处在经济学及其形式规定之外,又在怎样的范围内进入经济学"①,货币本身与资本之间的内在的本质联系便清晰地展现了出来。马克思越来越明确地认识到价值、货币、资本这三者之间的内生性的不断发展的关系,即价值作为一种抽象形式,其自身的运动必然使它发展到货币的阶段,而货币本身的实现形式恰恰在资本之间,只有在资本中,货币才能作为一种完成形式而存在,"价值表现为一种抽象,这只有在货币已经确立的时候才是可能的;另一方面,这种货币流通导致资本,因此,只有在资本的基础上才能得到充分发展,正如一般说来

---

① 《马克思恩格斯全集》第46卷上册,人民出版社1979年版,第223页。

只有在资本的基础上流通才能掌握一切生产要素。"①（3）剩余价值理论。与《伦敦笔记》相比，马克思此时在这一问题上的思想又获得了进一步的推进。马克思不但指认了剩余价值与工人劳动之间的关系，而且更为关键的是，马克思还把这一问题置放在资本主义生产过程的本质内涵的层面上来加以理解，这主要得益于马克思此时已经在劳动二重性问题上得出了重要的观点，即已经对抽象劳动的内涵及其社会历史基础获得了正确的认识。在指认与物化劳动相对立的工人的劳动时，马克思指出："唯一不同于物化劳动的是非物化劳动，是还在物化过程中的、作为主体的劳动。换句话说，物化劳动，即在空间上存在的劳动，也可以作为过去的劳动而同在时间上存在的劳动相对立。如果劳动必须作为在时间上存在的劳动，作为活劳动而存在，它就只能作为活的主体而存在，在这个主体上，劳动是作为能力，作为可能性而存在；从而它就只能作为工人而存在。因此，能够成为资本的对立面的唯一的使用价值，就是劳动（而且是创造价值的劳动，即生产劳动）。"② 正是在这种思想基础上，马克思不仅看到了剩余价值与工人劳动之间的直接关系，而且还越过这一理论层面，看到工人的生产力是如何转化成资本的生产力的，即资本是如何从一种自在的、被动的存在转化成自为存在的。在《57—58年手稿》中，马克思在剩余价值问题上不仅把思路推进到了正确区分绝对剩余价值和相对剩余价值的层次，而且还进一步推进到了剩余价值率的层面，正确地指出了"实际剩余价值取决于剩余劳动同必要劳动的比例"③ 的观点。

二

在上述经济学研究水平的基础上，马克思对物质生产概念的内涵有了较以前更为丰富的理解。他已经不再从单方面的物质形式的角度来理解物

---

① 《马克思恩格斯全集》第46卷下册，人民出版社1980年版，第299页。
② 《马克思恩格斯全集》第46卷上册，人民出版社1979年版，第228—229页。
③ 《马克思恩格斯全集》第46卷下册，人民出版社1980年版，第265页。

质生产，而是在物质形式线索的基础上又加进了社会形式的审视线索。有的学者会问，马克思从《关于费尔巴哈的提纲》开始就已经具有社会关系的理论视角了，怎么会直到《57—58年手稿》才具有对物质生产过程的社会形式的审视线索呢？《德意志意识形态》中的"交往形式"、《哲学的贫困》中的"生产关系"不都是社会形式的审视线索的证明吗？我以为，这里的问题其实比想象的要更为复杂。《德意志意识形态》和《哲学的贫困》中马克思尽管的确看到了物质生产的社会性，即没有脱离社会关系的抽象的物质生产，而且还看到了随着生产力的发展，即随着物质生产的物质形式的发展，其社会形式，即物质生产的社会关系或生产关系也就随之而改变，但问题是：马克思此时还不知道这些在发展过程中相互关联的社会关系或生产关系之间的内在联系。譬如，他能够指认封建生产关系与资本主义生产关系之间的前后过渡性，但他还不了解这种过渡是怎么发生的，为什么紧接着封建生产关系之后必然是资本主义的生产关系，紧接着资本主义生产关系之后必然是共产主义的生产关系。其原因就在于马克思此时对生产关系的内涵及其社会历史基础的了解还很单薄，更多的是从一般生产过程的层次来理解所有的生产过程，包括资本主义生产过程的。也就是说，资本主义生产过程的特定的历史性在马克思此时的思路中还没有凸显出来，这与他更多的是从交换、流通关系的角度来理解社会关系或生产关系的内涵是相对应的。因此，马克思此时尽管提出了生产关系的概念，但他还不了解生产关系的历史性本质。或者说，这一概念在他的思路中还只是一个经验历史性的概念，它能够跟着生产力的发展而显现出前后相继的特征，但还不是一个内在的、本质的历史性概念，它自身的内在发展性还没有被揭示出来。

而《57—58年手稿》中的情况则大为不同了。当然，对《57—58年手稿》的解读是要注意方法的。马克思在《政治经济学批判》"导言"中明确地说，他所采用的是从抽象上升到具体的叙述方法。因此，在《57—58年手稿》的"货币章"中，马克思的论述明显的是处于"抽象"的层面的。正像他自己所说的："在考察交换价值、货币、价格的这个第一篇里，商品始终表现为现成的东西。形式规定很简单。我们知道，商品表现社会生产的各种规定，但是社会生产本身是前提……商品世界通过它自身便超出自身的范围，显示出表现为生产关系的经济关系。"① 马克思在这个第一篇中实际上还没有展开对物质生产过程的论述。事实也是如此，马克思这时即使谈到物质生产过程，也都只是围绕着个人的异化或全面发展的线索来谈的，因为"货币章"谈论的重点就是作为"现成的东西"而存在的资本主义社会关系的物化问题。如在谈到"建立在交换价值基础上的生产"时，马克思只是说，这种生产"在产生出个人同自己和同别人的普遍异化的同时，也产生出个人关系和个人能力的普遍性和全面性"②，马克思此时还没有涉及这种生产过程的完整的社会历史性内容。但我们切不可因此而得出马克思的物质生产思想就是这种理论水平。

一旦转入"资本章"的研究，特别是对"是否应把价值理解为使用价值和交换价值的统一"这一问题作了肯定性的回答之后，马克思对物质生产过程的理解明显地跃升到了一个新的层次。他开始从物质形式和社会形式的双重角度来理解物质生产概念的内涵，不仅把物质生产过程理解为物质结果的生产与再生产的过程，而且还把它理解为生产关系的生产与再生产的过程。马克思的上述新观点是这样得来的：在确定把使用价值的研究引入政治经济学之后，马克思首先突破的是对资本和劳动的交换过程的理解，因为，接着前面的"货币章"中所展开的交换关系的线索，马克思在"资本章"中当然首先要研究资本关系中所蕴含着的交换关系。由于使用价值线索的引入，马克思很自然地看到，同资本相交换的那种使用价值，即工人的劳动，不是一种简单的交换物，而是一种能创造出新价值的、能使资本增殖的劳动，即雇佣劳动。而雇佣劳动的出现是必须要以所有权和劳动的相分离为前提条件的，因此，资本和雇佣劳动之间的这种交换关系显然是一种在历史上具有独特性的交换关系，而且，这种交换关系的本质还必然存在于生产关系之中。在取得了这样一种理论质点之后，马克思在紧接下来的对从土地所有权过渡到雇佣劳动的过程的考察③中（这种考察

---

① 《马克思恩格斯全集》第46卷上册，人民出版社1979年版，第177—178页。
② 《马克思恩格斯全集》第46卷上册，人民出版社1979年版，第109页。
③ 《马克思恩格斯全集》第46卷上册，人民出版社1979年版，第219页。

是马克思自己所制定的资本研究结构中的一项重要内容），得出了重要的结论：第一，从土地所有权过渡到雇佣劳动制度，这是作为有机体制而存在的所有制关系内部的一种自身发展过程的结果；第二，这种过渡是必须要"以生产力的一定发展为基础的"，"以资本和雇佣劳动为基础的生产，不仅在形式上不同于其他生产方式，而且也要以物质生产的全面变革和发展为前提"。① 马克思在雇佣劳动与资本的关系问题上既然能达到这样的理论高度，那么，他对物质生产过程的理解必然已经具备了其以前的思想所没有的崭新内容。事实也是如此，在分析资本主义生产过程时，马克思说："生产过程和价值增殖过程的结果，首先是资本和劳动的关系本身的，资本家和工人的关系本身的再生产和新生产。这种社会关系，生产关系，实际上是这个过程的比其物质结果更为重要的结果。"② 马克思不仅在对资本主义生产过程的分析中，而且在对整个物质生产过程的历史性分析中，都贯彻了这种物质形式和社会形式的双重解读线索，这两条线索在马克思的思路中还是相互统一在一起的。

三

上述这种马克思在物质生产问题上的双重线索，可以从以下三个层次来加以深刻的解读。

（一）客观物质形式的层次

马克思在《57—58年手稿》中当然没忘记物质生产的这一基础性层面，这一思想是其早期思想中的"对象化劳动"的思路演化而来的，只不过马克思此时已经不再从对象化劳动和异化劳动截然对立的角度来阐述物质生产的这种物质形式层次的内容了，他给这一层面的内容加上了社会关系的载体。马克思在《57—58年手稿》中所说的"一般生产过程"，其重点就是指物质生产的这一层面。随着文本的推进，马克思越来越清楚地用

---

① 《马克思恩格斯全集》第46卷上册，人民出版社1979年版，第234—235页。
② 《马克思恩格斯全集》第46卷上册，人民出版社1979年版，第455页。

"生产力"来指称这一理论层面的重点内涵。在阐述这一理论层面时,马克思尽管也谈到了社会关系的线索,但其阐述的重点其实是生产力的维度,而不是社会关系的维度。如果只看到马克思在物质生产问题上的这一层面的思想内容,那就真的会像阿多诺一样,担心马克思是不是真的想把世界变成一个大工场,似乎马克思唯一想的就是不断地推进生产力的发展,而根本不去关心人的发展问题。西方马克思主义阵营中的不少学者其实都只是从这一层面来理解马克思物质生产概念的内涵的,正因为如此,他们才迫不及待地希望超越马克思物质生产的逻辑层面,但问题是,马克思在这一问题上的思路远比这要复杂和深刻。

(二)生产关系的理论层次

正像上面所讲到的,马克思此时在阐述物质生产过程时是把生产关系的生产与再生产视为和物质结果的生产与再生产同等重要的,在某种意义上甚至是更为重要的一个内容来看待的。这是马克思在阐述物质生产时区别于资产阶级政治经济学家的一个重要特征。有了这样一条线索的加入,马克思物质生产思路的最终归宿显然就不可能再是把世界变成一个大工场了,因为生产关系与生产力发展的内在矛盾性恰恰会把世界从"大工场"中解放出来。在《57—58年手稿》的下卷中,马克思对这一点作了详尽的论述。尽管在"资本的流通过程"这一篇中马克思对资本主义生产关系与生产力的矛盾性的论述还带有一定的"抽象"性,如在他看来,随着科学技术的进步以及科技在生产上的应用,"现实财富的创造较少地取决于劳动时间和已耗费的劳动量,较多地取决于在劳动时间内所运用的动因的力量"①,而"一旦直接形式的劳动不再是财富的巨大源泉,劳动时间就不再是,而且必然不再是财富的尺度,因而交换价值也不再是使用价值的尺度……于是,以交换价值为基础的生产便会崩溃,直接的物质生产过程本身也就摆脱了贫困和对抗性的形式"②。考虑到马克思整个《57—58年手稿》的论述所采用的是从抽象上升到具体的方法,而"资本

---

① 《马克思恩格斯全集》第46卷下册,人民出版社1980年版,第217页。
② 《马克思恩格斯全集》第46卷下册,人民出版社1980年版,第218页。

的流通过程"所阐述的还不是资本主义生产过程的最具体的内容,上述这种"抽象"性也就可以理解了。但一旦转入到"资本是结果实的东西"这个"第三篇"中,马克思对上述问题的论述就具体得多了。他实际上已经开始从资本有机构成的提高导致一般利润率下降的角度来论述资本主义生产关系的内在矛盾性及资本主义制度的必然灭亡性了。马克思说:"利润率取决于——假定剩余价值不变,剩余劳动同必要劳动的比例不变——与活劳动相交换的那部分资本同以原料和生产资料形式存在的那部分资本的比例。这样一来,与活劳动相交换的那部分越少,利润率越低。因此,资本作为资本同直接劳动相比在生产过程中所占的份额越是大,因而,相对剩余价值,资本创造价值的能力越是增长,利润率也就按相同的比例越是下降。"① 这便导致了资本主义社会的生产力与其生产关系之间的日益增长的不适应性,这种不适应性又以尖锐的社会矛盾和经济危机的形式表现出来,"这些定期发生的灾难会导致灾难以更大的规模重复发生,而最终将导致用暴力推翻资本"②。马克思此时的思路是很清晰的,他的最终目的是要论证资本主义生产过程的终结,而不是这种生产过程的永恒性。凭借着对物质生产过程之内涵的丰富理解,马克思很自然地找到了一条从物质生产过程出发,摆脱生产性奴役并走向非生产性的自由的道路。也许有人会说,马克思即使具备了上述这种思路也是不够的,因为即使证明了资本关系的必然被推翻,但也无法证明将要建立的社会关系不是一种以物质生产的经济逻辑为主导的、物化的社会关系。也就是说,在马克思的思路中,在推翻了资本关系之后所要实现的,说不定还是想把世界变成一个大工场,只不过是一个生产关系适应于生产力发展的大工场而已,但它毕竟还是一个工场,而不是自由人的联合体的社会形式。这种理解同样是错误的,因为马克思的物质生产概念中还包括第三层内涵。

(三)"社会的个人"的发展的层次

这是马克思物质生产概念中非常重要的内涵之一。从表面上看,物质

---

① 《马克思恩格斯全集》第 46 卷下册,人民出版社 1980 年版,第 265 页。
② 《马克思恩格斯全集》第 46 卷下册,人民出版社 1980 年版,第 269 页。

生产过程与"社会的个人"的发展之间似乎并不存在什么关联，但恰恰就是在这一理论质点上，马克思发展出了极其重要的思想。在他的思路中，物质生产从根本上说其实只是一个中介，它所承载的是社会的个人的发展的内容。正像他所说的："如果从整体上来考察资产阶级社会，那么社会本身，即处于社会关系中的人本身，总是表现为社会生产过程的最终结果……直接的生产过程本身在这里只是作为要素出现。生产过程的条件和物化本身也同样是它的要素，而作为它的主体出现的只是个人，不过是处于相互关系中的个人，他们既再生产这种相互关系，又新生产这种相互关系。"① 这也是他为什么要把"生产力和社会关系"视为"社会的个人发展的不同方面"②的原因。马克思之所以能在这两者之间搭起一座"桥梁"，一个重要的原因就在于他所理解的个人是历史性的、社会的个人，而不是抽象的个人；他所理解的主体是历史主体，而不是抽象的价值主体。③ 这就使他能够从"现实关系"的全面性的角度来理解"个人的全面性"，从而把对自然界的认识以及与此相关的支配自然界的实际力量的增长当作对他自己的现实体的认识来看待，把由生产力发展所带动的交往的普遍性以及世界市场的形成当作个人全面发展的可能性基础来看待，把现实的资本主义生产关系当作个人全面发展的限制来看待。这便从理论逻辑上保证了资本关系必然让位于符合个人全面发展的新型社会关系。

但是，怎样保证这种新型的社会关系不是一种以疯狂征服自然界为核心的、依然受经济逻辑所支配的物化的社会关系呢？也就是说，怎样保证这种新型社会关系不只是为了迎合社会的个人的一种物欲需要呢？且让我们把解读思路再向前推进一步。马克思在谈到"个人的全面性"时，不仅谈到了"现实关系"的全面性，而且还谈到了"观念关系的全面性"。④马克思特别强调，伴随着资本主义物质生产过程的推进，社会的个人必然会意识到资本关系对生产力发展的限制其实也是它对个人的全面性发展的

---

① 《马克思恩格斯全集》第46卷下册，人民出版社1980年版，第226页。
② 《马克思恩格斯全集》第46卷下册，人民出版社1980年版，第219页。
③ 张一兵教授对这一点做过详细而又深刻的分析（参见张一兵《回到马克思》，第599页）。
④ 《马克思恩格斯全集》第46卷下册，人民出版社1980年版，第36页。

限制。马克思所说的"观念关系的全面性"就是社会的个人对上述这一点有了越来越清晰的认识。鉴于马克思此时已经清楚地认识到,资本的逻辑是经济逻辑自身发展的最终结果,即资本逻辑是经济逻辑的实现形式,因此,马克思此时实际上已经意识到,社会的个人要想真正获得全面的发展,就必须越出经济逻辑占主导地位的层面。事实也是如此,在马克思此时的思路中,资本主义物质生产过程崩溃之后所出现的社会形式,是以个性自由为核心内容的。"个性得到自由发展,因此,并不是为了获得剩余劳动而缩减必要劳动时间,而是直接把社会必要劳动缩减到最低限度,那时,与此相适应,由于给所有的人腾出了时间和创造了手段,个人会在艺术、科学等等方面得到发展。"[①] 马克思在这里实际上有这样一种思想:物质生产随着其自身的发展,最终会扬弃其自身。应该说,这一思路在其他论述物质生产的思想家那里是不可能具有的,西方马克思主义思潮中的不少学者在论及马克思的物质生产思想时也没能深入到上述这种理论层面。

---

① 《马克思恩格斯全集》第46卷下册,人民出版社1980年版,第218—219页。

作为历史本体的物质生产：新唯物主义哲学在经济学研究中的深化

——从《德意志意识形态》到《1857—1858年经济学手稿》

唐正东

我们知道，物质生产这一概念在《德意志意识形态》（以下简称《形态》）就已经被马克思作为一个中心概念来使用了，马克思对德国唯心主义哲学和"真正的社会主义"的批判就是围绕着这一概念来展开的。在哲学的出发点上，"物质生产"与"观念"的对立构成了马克思的新唯物主义与"现代德国哲学"之间的根本对立。支撑马克思哲学思维的基本观点是："从直接生活的物质生产出发来考察现实的生产过程，并把与该生产方式相联系的、它所产生的交往形式，即各个不同阶段上的市民社会，理解为整个历史的基础；然后必须在国家生活的范围内描述市民社会的活动，同时从市民社会出发来阐明各种不同的理论产物和意识形式，如宗教、哲学、道德等等，并在这个基础上追溯它们产生的过程。"① 应该说，在这里，作为哲学层面上的历史唯物主义已经完全成熟了，它的最基本特点就在于指出了分析和理解人类历史的正确方法，只有立足于物质生产，从生产力和现实的交往形式相统一的角度才能够获得对历史的正确理解。同时，它也给对经济学范畴（如价值、货币、资本等）的分析和批判提供了科学的方法。经济范畴的本质是社会关系，只有从社会关系出发才能正确地解剖经济范畴，而社会关系又是与生产的一定发展阶段相适应的，因

---

① 《马克思恩格斯全集》第3卷，人民出版社2002年版，第42页。

此，归根结底必须从生产领域中去研究这些范畴。

不过，这里需要指出的，历史研究的哲学方法的获得并不意味着对历史过程本身的科学认识的结束，正像正确的经济哲学方法的获得并不同时意味着经济学理论本身的完全成熟一样。从哲学上的成熟到具体领域中的科学认识的获得之间是有一个过程的。就对历史过程本身的研究来说，马克思在这里已经把正确的哲学方法运用到历史研究中去，并且也已经在唯物主义的历史研究方面取得了一定的成果，但马克思在这方面的观点还不是完全成熟的。国内学界过去在承认马克思《形态》时期经济学理论的不完全成熟方面几乎没有什么疑义，但牵涉到历史过程理论时就有了很多思想包袱，似乎历史唯物主义哲学成熟了，历史过程理论怎么可能不完全成熟呢？其实，仔细分析，这一问题是不难回答的。在《形态》中，马克思虽然清楚地认识到了资本主义社会中资产阶级与无产阶级的对立之间的内在联系，并且把这种对立的社会关系视为资本主义在人类历史上的一个根本特点，但问题在于，马克思这时对资本主义制度的分析本身还没有达到应有的高度，他选择的批判资本主义制度的视点还没有完全科学化，用马克思后来的话"人体解剖是猴体解剖的一把钥匙"来说，马克思这时还没有完全找准这把"钥匙"，这就必然影响到他对历史过程的分析本身。

具体来说，马克思这时是通过斯密的"窗口"来理解资本主义社会，并把这样的社会作为"人体"以此来理解过去的"猴体"的。斯密所处的时代是手工业资本主义的时代，与重农学派时期相比，在这一时代，"提高劳动本身的自然力的分工"已经有了很大的发展，并因此而创造了巨大的财富。与此同时，财富的增多使超过劳动者自身消费之外的剩余物的交换也发展了起来。亚当·斯密从分工的角度来理解生产力的发展并把分工与交换紧密结合起来，其原因正在于此。然而，如果把斯密的这一时代放在后来李嘉图所处的大工业资本主义时代的背景之中，那么，很显然这只是代表了资本主义社会的初级阶段。正像马克思后来自己也认识到的，在斯密的时代，"真正由资本本身所造成的劳动生产力还不存在"。真正的资本化的社会交换关系也还没有出现。在工场手工业资本主义时代，资本主义生产发展的标志的确是分工，可在大工业资本主义时代，"固定资本的发展是资本主义生产发展的标志"①。

这样一来,当马克思在《形态》中与斯密一样选择"分工"作为理解生产力发展的视点的时候,便出现了这样的问题:他实际上没有找到真正的"人体"。这对他的历史发展过程研究的理论深度是有影响的。在生产力的线索方面,马克思此时显然弱化了劳动资料、生产工具发展的线索,这不仅使他无法对严格意义上的资本主义时代的生产力作出深刻的分析,而且多少也影响了他对资本主义之前的各社会阶段的生产力的分析水平。在生产关系方面,一个最大的影响是马克思此时还无法深入到资本主义生产关系的本质层面,由于马克思采用的是一般性的人与人之间的社会关系的理论层面,因而,对资本化的社会关系的分析只能被深入到在最广泛的分工即大工业时期,普遍的竞争使人与人之间的关系完全失去了自然形成的关系的特征,完全变成了金钱的关系。② 资本主义生产关系所独有的特征显然还处于马克思此时的理论视域之外。

我们知道,历史唯物主义(新唯物主义)哲学的主要特点在于指出必须从以物质生产为基础的物质实践出发才能正确地解释的人类历史。物质生产归根结底是处在社会关系中的人所进行的生产活动,这无疑是正确的,但问题在于,要想深刻地解释历史的过程,还必须要有一个本质与现象之间的辩证关系的思维层面。在本质的层面上,物质生产中的生产力的确是人们在一定的社会形式中改造自然界的能力,这里的重点在于人类的力量。这一概念中的生产关系也的确是指人与人之间的关系,但如果直接以这种本质层面上的人的力量和人与人的关系的线索来理解历史过程,那必然会影响这种理解的深刻性,因为历史活动本身恰恰是通过不同的现象形式来展现出这种本质的。

斯密对社会交换关系的理解,正像我们在前面所指出的,也是把它归结为两个平等主体之间的关系。《形态》时期马克思不是不知道李嘉图的劳动价值理论,可他实际上没能从李嘉图的理论中引申出资本主义状态下工人劳动的特点以及由此引申出资本主义生产力的特征,这应该能够说

---

① 《马克思恩格斯全集》第46卷下册,人民出版社2003年版,第205页。
② 《马克思恩格斯全集》第3卷,人民出版社2002年版,第68页。

明，在马克思此时的思路中，从本质上升到现象、本质通过中介来说明现象的理论环节还不是十分清晰的。因此，可以说，在《形态》中，马克思历史唯物主义的哲学理论已经完全成熟了，但这种哲学理论还没有完全在历史过程的分析中展现其"风采"。在马克思此时的思路中，从逻辑分析到历史过程本身的分析的转变过程还没有彻底完成。这是跟马克思此时的经济学研究水平直接相关的。我们一般说，马克思在《神圣家族》中就已经转向劳动价值论了，"在直接的物质生产领域中，某物品是否应当生产的问题，即物品的价值问题的解决，本质上取决于生产该物品所需要的劳动时间"①。但仔细分析便会发现这么一个问题：马克思此时对劳动价值论的理解与李嘉图的理解是有很大不同的。紧接着上面这段话，马克思对为什么劳动价值论是正确的作出了这样的解释："因为社会是否有时间来实现真正人类的发展，就是以这种时间的多寡为转移的。"② 很明显，马克思这里还只是泛泛地从人类发展的需要的角度来论证价值与劳动时间的关系的。《神圣家族》之后马克思尽管经历了《布鲁塞尔笔记》和《曼彻斯特笔记》阶段的经济学研究，但没有迹象表明马克思在这一问题上获得了崭新的认识。马克思真正对李嘉图劳动价值论获得准确的认识是从《哲学的贫困》开始的，"用劳动时间来确定价值……是现代社会经济关系的科学表现"③。因此，马克思在《形态》中从人类发展的生产力和人与人的关系的角度来展开对历史过程的分析，也就是很自然的了。

在《1857—1858年经济学手稿》（以下简称《57—58手稿》）中，情况则发生了很大的变化。物质生产概念在这里获得了非常具体的内容，尽管由于马克思整个这一段时期的研究主题都是资本主义的物质生产，关于历史过程中的除了资本主义物质生产之外的其他物质生产的内容阐述得不多，但从马克思对资本主义物质生产的论述中我们依然可以清晰地看出他在这一问题上思想的深刻性。在资本主义状态下，生产力尽管从实质上讲仍然是人类改造自然界的能力，但它在现实形态中已不再表现为这样的东

---

① 《马克思恩格斯全集》第 2 卷，人民出版社 2005 年版，第 62 页。
② 《马克思恩格斯全集》第 2 卷，人民出版社 2005 年版，第 62 页。
③ 《马克思恩格斯全集》第 4 卷，人民出版社 2005 年版，第 110 页。

西，而是表现为"资本的生产力"，"劳动的集体力量，它作为社会劳动的性质，是资本的集体力量。科学也是这样。分工，当它表现为职业的划分和与之相就的交换时，也是这样。一切社会生产能力都资本的生产力，因此，资本本身表现为一切社会生产能力的主体。"① 生产关系也同样如此，尽管它实质上仍然是人与人之间的社会关系，但它却不再以这样的形式表现出来，而是表现为资本本身的关系："工人的联合……不是他们的存在，而是资本的存在。"② 在后来的《资本论》第三卷中，马克思甚至直接用"资本先生"、"土地太太"这样的概念来表达这种现象。马克思这时思想的深刻性就表现在既看到资本主义生产形态的本质的层面，又看到了其表现出来的现象层面，《资本论》科学的理论批判张力就是从中而来的。在从本质通过中介上升到具体现象的过程中，资本主义物质生产的历史性质就获得了充分的展现。这样，我们就可以得出这样的一个理论辨识：在《57—58手稿》中马克思实现了历史过程分析中的从逻辑分析向历史分析的转变。从这一角度来看，新唯物主义哲学的"风采"显然在这里获得了更为充分的展现。

要想理解马克思经济学手稿中物质生产概念的本体论内涵及其意义，首先必须深刻地领会马克思《德意志意识形态》中的历史概念。《形态》中马克思的"历史"既不是实现人类生存活动的前奏和预备，也不是人类生存活动得以展开的工具和手段，更不只是人类生存活动的其中一个领域，而是直接的人类生存活动本身，一句话，在现实的社会历史之外没有独立的人类生存活动可言。当马克思说"我们仅仅知道一门唯一的科学，即历史科学"③ 的时候，他绝不仅仅是在一般的认识论意义上来讲这番话的。从《1844年经济学哲学手稿》中的"关于人的科学"到《形态》中的"历史科学"，变化的只是理论的基础，而理论的层面应该说始终是对本体论意义上人的生存活动状况的应答。在《形态》中，马克思实际上已经对物质生产作了许多的论述，只不过由于那时他所站立的是哲学历史观

---

① 《马克思恩格斯全集》第46卷下册，人民出版社2003年版，第83页。
② 《马克思恩格斯全集》第46卷下册，人民出版社2003年版，第83页。
③ 《马克思恩格斯全集》第3卷，人民出版社2002年版，第20页。

的角度，因而，作为本体论概念来论述的主要还是以物质生产为基础的整个物质实践即历史范畴。马克思以独辟蹊径的方式对哲学本体论的论述就是根源于此的，这也是决定了他的本体论既不是伦理学的本体论也不是实证主义本体论的重要原因。

而一旦马克思转入经济学的研究，特别是自《57—58手稿》开始，物质生产这一概念便在马克思的思路中以经济学的话语展现出了丰富的本体论内涵，并且也因此而对新唯物主义的客体向度作了淋漓尽致的发挥。通过把马克思的经济学与资产阶级经济学家的观点作个对比，我们就可以十分清晰地看到这一点。

我们就从重农学派时期谈起。在重农学派时期，由于自然力在工业中的应用还很不广泛，与此相对应的是，提高劳动本身的自然力的分工还很不发达，因此，一方面，创造财富的劳动主要体现在农业生产活动之中，另一方面，财富也主要是由本人劳动的产品所构成的。这是这时期在物质生产的线索上人类的生存活动状况。因此，应该说，被重农学派引为核心概念的"农业劳动"的确是这一时期的物质生产方式的本体论概念。但重农学派的问题在于它无法上升到人类生存活动的高度来理解其理论中的经济范畴。

斯密把重农学派的理论向前推进了一大步，这是跟斯密所处的资本主义生产阶段与重农学派时期相比有了很大的发展有关的。自然力在工业中的广泛应用一方面使生产财富的主要劳动从农业劳动转变为工业劳动，另一方面又促进了工业中（工场内部）分工的发达。这就使这时的财富已不再表现为本人劳动的产品，处在工场内部分工体系中的个人的劳动产品本身还无法体现为财富，它只有通过与别人的劳动产品的交换才能真正地获得自己所需要的财富。而自己的产品之所以能够与别的产品进行交换，就是因为自己的产品中包含了一定的劳动量。由于斯密所处的工场手工业资本主义时代，交换者还只是作为商品所有者相对立的，这就使斯密相信如果交换能够平等进行的话，一个商品所包含的劳动量应当正好等于这个商品可以买到的活劳动量。斯密认为在资本主义以前的社会形态中情况就是这样的。亚当·斯密的这种把劳动和劳动产品等同起来的看法，显然反映了他的理论只是从单纯的经济学的层面总结了在物质生产方式领域所进行着的本体论意义的变革。他所理解的"人"和"社会"本质上还并不负载真实的社会历史关系的内涵。

斯密止步的地方，李嘉图试图继续往前走。应当说，李嘉图所拥有的客观条件是相当好的，资本主义的发展事实上已经把抽象劳动以及占统治地位的交换价值推到了前台，产生斯密式的二重价值学说的社会基础已经不再具备。因为如此，他才能够一开始就反对亚当·斯密把商品价值决定于生产商品所必需的相应的劳动量这个规定与劳动的价值或劳动的报酬混淆起来的做法。在李嘉图看来，两个商品所包含的劳动的相对量，同这种劳动的产品中有多少归工人自己所有毫无关系，同这种劳动的报酬如何毫无关系。既然在工资出现以前劳动的相对量是商品价值的尺度，那么没有理由在工资出现之后就宣布劳动的相对量就不再是商品价值的尺度了。这里需要特别指出的是，李嘉图的劳动价值论绝非是任何经验主义的方式可以加以解释的，把李嘉图劳动价值论的起源归结为他对经验现象的概括是说不通的，因为他那个时代已经完全失去了这样的历史背景。只是在工场手工业早期才可能存在这样的情况，在那个时候，由于不变资本在生产因而在价格决定中只起次要的作用，产品成本主要依赖于劳动的价格。而到了李嘉图的时代，工厂制度的兴起使固定资本在生产中起到了越来越大的作用，既然如此，怎么可能用经验概括来得出劳动价值论呢？应该看到，李嘉图的理论功绩恰恰在于试图认清资本主义制度的生理学层面的东西。而李嘉图理论的历史合理性也正是源自于此的，他通过不断地把资本主义社会中的经济关系和经济范畴拉到劳动价值规定上来作对照，事实上已经揭示出了资本主义生产过程中的一些内在矛盾以及与此相连的阶级之间的经济对立。可以这么说，李嘉图做了在资产阶级意识形态范围内所能做到的对资本主义制度的最大的批判工作。

然而，李嘉图理论的局限性也是十分明显的。作为其经济学理论核心概念的"劳动"，在李嘉图的思路中只是劳动量，他所关心的只是作为交换价值法则的不变的价值尺度问题。至于这种"劳动"的社会历史本体论内涵，即与人的生存活动相关的内容则始终在其理论视域之外。如果他能够站在这样的理论层面上,那么,根据他的经济学理论逻辑,李嘉图完全应该认识到资本主义社会状态下工人的劳动已经变成了一种抽象劳动,他苦苦寻找却始终没能找到的所谓的不变的价值尺度其实本该是工人的劳动力价值,李嘉图没能跨出这一步,不但使他没能找到不变的价值尺度(李嘉图在片面的认识论立场上提出的这个问题脱离了本体论的层面其实是无法解决的,因为不可能找到一种尺度,它本身具有价值但又不是商品,而任何商品的价值本质上都是不固定的),而且当他面对与价值规律不相符合的资本主义客观现实时,他不得不十分勉强地把它们称为价值规律的例外。

马克思对上述这些资产阶级经济学家的超越是根本性的。物质生产概念在马克思的经济学思路中是一个与人类生存活动直接相关的本体论的概念。这与把这一概念仅仅当成为一个单纯的认识论概念是截然不同的。从单纯的认识论角度来看物质生产,那么,它只是"物质"的生产活动。随着人类历史的发展,这种"物质"的内涵不断地发生着变化,在重农学派时期人们是从使用价值的角度来看待这种"物质"的,而到了斯密和李嘉图的时代,这种"物质"又变成了价值,只有具有交换价值的东西才算是真正的物质财富。资产阶级政治经济学因此而获得了不断的展开。对"物质生产"的这种认识论思路尽管也可能涉及人与人之间的关系即人的社会性的层面,正像马克思所说的,"李嘉图,像所有值得的经济学家一样,像亚·斯密一样……强调指出劳动是人的、而且是社会规定的人的活动"①,因为当"物质生产"中的"物质"被赋予了交换价值的内涵的时候,尽管这些经济学家眼光盯住的只是财富、资本这些"物"的东西的增加,但他们已经不得不考虑到这种"物"的增加所置立其上的人与人之间的经济关系了。只是他们的非本体论的、单纯认识论的思维范式决定了在他们的思路中,人与人之间的经济关系仅仅是各个单子之间的关系、个人A和个人B之间的关系而已。马克思早在40年代就已经指出的人们在生产麻布、呢子的时候也生产出了生产这些麻布、呢子的社会关系的思想在

---

① 《马克思恩格斯全集》第26卷,人民出版社2014年版,第197页。

这些经济学家的思路中是根本不会产生的。因此，当李嘉图试图为劳动价值论辩护的时候，他的出发点就注定了他的失败，因为他只是徒劳地在单纯认识论的视域内为劳动价值论辩护。马克思通过把物质生产提升到历史本体论的高度，把物质生产与人类的生存活动状况联系起来，不但成功地解决了资产阶级经济学家在劳动价值论上无法解决的难题，而且还建构起了一个无产阶级政治经济学的理论体系。马克思之所以能够把商品而不仅仅是交换价值作为其理论的出发点范畴，把劳动力价值而不是劳动价值作为理论的核心概念，其根本原因就在于马克思经济学思维所具有的历史本体论内涵。应该说，真正对资本主义物质生产的现实发展作为真实反映的是马克思而不是李嘉图，因为，李嘉图本人所主张的纯粹价值理论的客观依据恰恰是马克思所指出的劳动的抽象化历程。从马克思经济学理论所取得巨大成就上我们可以看出，只有真正对历史发展的客观现实作出完整的再现，才可能真正地找到解决资本主义社会矛盾的现实道路，这在马克思那里表现为用一种新的社会制度来取代资本主义制度。从这里我们可以看出，马克思本体论意义上的物质生产概念在经济学的话语体系中充分地展现了历史唯物主义客体向度的风采。

历史唯物主义视域中的生产和生产方式概念[①]

周嘉昕

1883年3月17日，恩格斯在马克思墓前这样讲："直接的物质的生活资料的生产，因而一个民族或一个时代的一定的经济发展阶段，便构成为基础，人们的国家制度、法的观点、艺术以至宗教观念，就是从这个基础上发展起来的，因而，也必须由这个基础来解释，而不是像过去那样做得相反。"[②] 这既是对马克思一生贡献的一个简短总结，也是对马克思的第一个伟大发现，即唯物主义历史观或历史唯物主义的最通俗表述。其中包含着三个理论问题：一是"直接的物质的生活资料的生产"构成基础，为什么只有在马克思之后才被清晰地揭示出来？二是这种生产与"一定的经济发展阶段"究竟是怎样一种关系，为什么是"生产"而不是什么其他的范畴能够成为界定这种"一定阶段"的标尺？三是在基础和上层建筑的关系问题上，马克思是如何颠倒了"历来纷繁芜杂的意识形态"的？在我们看来，上述三个问题的解答，都首先同一对内在勾连着的范畴相关。这对范畴就是"生产"和"生产方式"，也是理解历史唯物主义特质的最关键范畴。

一、"生产"构成"基础"的思想史考察

虽然按照张一兵教授的指认，鲍德里亚对于马克思"生产"和"劳

[①] 原载《教学与研究》2009年第11期。
[②] 《马克思恩格斯全集》第19卷，人民出版社1963年版，第374—375页。

动"概念的批判是20世纪下半叶以来历史唯物主义最险恶的敌人。但不得不承认的是,站在结构主义的立场上,鲍德里亚确将一个过去历史唯物主义讨论中隐含着的理论问题清晰地展现出来。这个问题就是"生产"概念的现代起源。挪用福柯的话说就是,从生产出发分析人类的社会历史存在是一个晚近的发明。这个发明是在古典政治经济学中完成的,并在马克思那里得到了批判性的继承。——当我们这样说的时候,意在表明:马克思当然是一个站在现代性基础上的思想家,但却并没有像鲍德里亚和其他一些布尔乔亚学者所污蔑的那样沦为政治经济学的隐形同谋。对于这一点,马克思自己在《1857—1858年经济学手稿》的导言中已经说得很清楚了:摆在面前的对象,首先是物质生产。①

但是,说到生产,总是指在一定社会发展阶段上的生产——社会个人的生产。对生产一般适用的种种规定所以要抽出来,也正是为了不致因为有了统一(主体是人,客体是自然,这总是一样的,这里已经出现了统一)而忘记本质的差别。那些证明现存社会关系永存与和谐的现代经济学家的全部智慧,就在于忘记这种差别。② 也就是说,马克思的分析的确承认存在一个作为"合理的抽象"的生产一般,但是这个抽象的目的恰恰在于为了说明一定社会发展阶段上的生产的具体特征。这实际上是通过引入"生产方式"这个概念得以实现的。换句话说,同作为马克思哲学方法论变革的标志的"实践"范畴一样,"生产"概念在马克思的理论逻辑中并不是一个固定的抽象出发点,而就是一个同一定的方式结合在一起的具体概念。即在马克思的理论视域中,生产作为历史唯物主义的起点,内在蕴含着丰富的历史具体性,从生产出发是通向一定的生产方式批判的必由之路。

在具体说明"生产方式"概念在马克思唯物主义历史理解中所起的作用之前,还必须回答我们这里所遇到的第一个问题。这就是,如何理解"生产"构成"基础"这个简单的事实却是一个现代世界的发明?

首先必须要强调指出的是,这里的讨论并不是要否定人类历史存在的

---

① 《马克思恩格斯全集》第30卷,人民出版社1995年版,第26页。
② 《马克思恩格斯全集》第30卷,人民出版社1995年版,第26页。

第一个前提是客观的物质生产活动;而是说,从生产也就是一定的生产方式出发来说明人类社会历史的存在和展开,这样一个认知路径本身是在现代社会的基础上才得以确立起来的。换言之,生产作为人类社会存在和历史发展的基础这一事实,只是在现代社会的兴起中才被凸显出来,并且映射在以德国古典哲学和政治经济学为代表的古典社会理论的逻辑演进之中——这也是马克思历史唯物主义确立的社会和思想史前提。

从根本上说,从生产出发、以生产的方式来说明人类社会历史的存在,这一理论路径的确立是同现代个人、社会和历史观念的形成内在一致的,甚至可以说是后者的逻辑延伸。

正如包括马克思在内的许多思想史巨擘已经深刻体悟并指认的那样,大致以1500年为界标的现代世界的兴起是人类存在方式的一次根本变革。特别是17世纪以后,随着自然科学和人类社会生产力水平在西方的大幅度提高,人类主体的社会实践能力跨过了一个关键的质点:自然界第一次在工业中被现实地当作受动的、被人改造的对象。① 这样,一个独立于自然或神之外的个人主体才获得了存在的真实基础。

"人是一个晚近的发明",对现代个人主体的关注本身包含了一个复杂的历史进程:从文艺复兴开始的对欲望的承认,并用利益约束欲望,到古典经济学中转化为有关私有财产和劳动的讨论——这一讨论在古典哲学中再现为自我意识的思辨运动。与这一过程同体发生的,是一种摆脱了人身依附关系的个人之间进行交往活动的场域(市民社会)的逐渐形成,这是现代社会概念的现实起源。与此相关,有关人类社会"从何处来到何处去"的总体思考,即历史观,也发生了跃迁。在启蒙的人文主义传统影响下,维科最先把历史的创造和理解移入到人的活动中来。经过赫尔德,康德首先肯定了历史过程是由人的理性建构,但同时又发现在社会历史的运动中存在一种超越个体自由的"自然规律"。基于对古典经济学的研究,黑格尔用"理性的狡计"统一了历史发展的合目的性和合规律性,因为绝对精神把"世界历史做它的舞台、它的财产和它的实现和场合"②。

---

① 张一兵:《马克思历史辩证法的主体向度》,南京大学出版社2002年版。
② [德]黑格尔:《历史哲学》,王造时译,生活·读书·新知三联书店1965年版,第95页。

简言之，在黑格尔的唯心主义大全体系中，现代个人、社会和历史统一于绝对精神的自我展开，并以思辨的方式展现了这样一幅图景：现实的个人（自我意识）通过对象化活动（劳动）和相互承认，确立了自身的主体地位；同时，个人主体通过欲望（需要）、利益和财产关系相互结合构成社会（市民社会）；在此过程中，世界历史得以凸显出来，并表现为超越个人意志的总体规律（绝对精神）的自我实现。在这里，劳动或者说自我意识的对象化与相互承认实际上构成了绝对精神假手自我意识实现自身的中介环节。而马克思也正是在颠倒黑格尔的过程中把劳动范畴萃取出来，这就为发现生产的基础性地位提供了前提。

正如马克思在《1844年经济学哲学手稿》（以下简称《手稿》）中已经体悟到的那样，"黑格尔是站在国民经济学立场上的"。黑格尔的上述观念，包括对劳动的分析在内，与古典经济学息息相关。而劳动价值论则构成了政治经济学进展的中心线索。

劳动和价值的结合，本身就是一个现代意义上的事件，是对"商业社会"（斯密语）中人与人之间经济的社会关系考察的结果。一方面，不同于财富概念，价值不仅仅表示一种主体与物质实在间的对象关系，还在商品中映射着主体与主体之间的交互关系。另一方面，劳动成为价值实体，本身就是以市场为基础的"市民社会"的产物，特别是随着古典经济学从财产（权）关系到生产过程的推进，劳动也逐渐获得了抽象的存在。

配第"劳动是财富之父，是能动的要素，土地是财富之母"的说法往往被看作是劳动价值论的萌芽。准确地说，这是一种劳动创造财富的观点，而非准确的劳动价值论理解。在通向劳动创造价值理解的思想史旅途中，洛克的"劳动财产理论"构成了重要一环。这是因为：既然是讨论财产（所有权）的问题，就不仅涉及人和自然对象的关系，而且首先涉及人与其他人之间的关系。这就大大推进了那种从社会关系视角说明价值范畴的思路，也为确立作为生产关系之抽象的劳动价值论奠定了基础。劳动价值论的抽象在斯密那里迈出了重要一步。他区分了作为物品效用的使用价值和作为某物对他物购买力的交换价值，并在探寻商品价值的决定因素问题上，把使用价值排除在外。李嘉图在此基础上继续前进，提出了社会必要劳动而非个别劳动决定商品价值的观点。在这一判断背后，实际上是对现代社会结构本质的理解：在生产活动中，个人主体与自然对象物作用，同时也与另一个主体作用；价值作为这种主体间关系的抽象，是由生产过程中抽象化了的劳动来衡量的。

可以说，无论是在政治经济学（劳动价值论）还是在德国古典哲学（自我意识）中，劳动都勾连着现代个人主体和社会两极，不仅涉及主体和客体的对象化关系，而且涉及主体之间的相互异化关系。这样，作为哲学上最古老的一个禁忌的实践和生产的差别（巴里巴尔语）便在劳动中得以缝合。从这种有关劳动的理解出发，实际上也就是从现代个人、社会和历史的整体理解出发，马克思进一步把"生产"抽拔为"基础"的时候，就已经包含了从生产出发理解作为整体的"一定的经济发展阶段"的含义。① 相应地，这里自然产生了一个新的问题，就是马克思为什么选择了"生产"，而不是"劳动"或"实践"，作为历史唯物主义分析的出发点？

二、生产方式与历史唯物主义

在马克思的原初理论文本中，"实践"和"劳动"的出现均早于"生产"。但恰恰是在历史唯物主义创立的关节点上，马克思选择了从"生产"出发，而不是前两者来建构自己新的理论方法。这不是一个偶然的事件，其中除了有新的理论资源和视野（政治经济学）的引入与开启之外，更重要的是马克思自身理论方法的转变。这一点又同他对历史理解的深化相关。

众所周知，马克思在批评蒲鲁东时曾说，经济学家"以前是有历史的，现在再也没有历史了"。这里所说的历史，如果是在作为得胜的资产阶级意识形态的线性时间意义上，是无法理解的，而必须被看作是一个特

---

① 诚如国内有学者已经敏锐指出的那样，马克思的生产概念本身包含了这原初的两个不同维度。或者说，在马克思那里，"技术创制"生产和"伦理道德"实践的统一奠基于物质生产。参见俞吾金：《实践诠释学》，云南人民出版社2002年版。

定社会阶段的非永恒性，或者说"有死性"。马克思对于劳动和实践的分析都已开始触及这个历史的本质，但同时也遭遇到表述的困难。这一点在《手稿》中两条逻辑的嬗变和后来"实践唯物主义"讨论的历史命运中都得到了体现。

马克思是在《巴黎笔记》的经济学研究中才开始接触劳动这个范畴的。《手稿》的主要内容就是用劳动异化来说明私有财产的本质，并在私有财产的运动中说明异化劳动的形成及其扬弃。然而，这种作为人的类本质的劳动具有浓厚的人类学色彩，并在面对具体的历史现实时遭遇了自身的局限性。相应地，马克思逐渐借用斯密的"分工"来取代抽象的"劳动"——这也是走向"生产"概念的重要一步。

对于实践范畴来说，马克思在《博士论文》中就已经有所提及，但只是在《关于费尔巴哈的提纲》（以下简称《提纲》）中才有了集中使用。在20世纪后半叶针对斯大林教科书体系的反思中，"实践"范畴和"实践唯物主义"的讨论扮演着重要的理论角色。毫无疑问，这场讨论对于深化马克思主义哲学研究具有积极的推动作用。但必须警惕的是，如果单纯强调本体论意义上的"实践"，就会产生滑向人本主义的嫌疑。[①] 从马克思对施蒂纳的批判，可以发现：从"生产"出发则可以有效地避免这一问题。

简单说来，无论是借助于作为人类学概念的劳动还是透过哲学方法论变革核心范畴的实践，马克思都已经看到了当下社会结构的历史性特征，但却无法为自己新的"历史观"提供一个有效的表述方式。是"生产"概念成功地解决了这个难题。当然，这是通过内在地走向"生产方式"概念才得以实现的。从"生产"出发，并不是从一个非历史的抽象范畴出发，而就是为说明特定的社会历史情境找到了一个现实的出发点。这个出发点就是一定的具体的"生产方式"。在这个意义上我们可以说，"生产

[①] 对于这一问题，孙伯鍨教授曾给出了精到的判断，他说："对马克思来说，实践概念决不是从'人的本质'或'人的特性'中引申出来的人本主义概念，而是从人的现实存在及他们的现实生活关系中概括出来的历史哲学概念。作为包含着多重现实关系的具体概念，只有结合特定的社会历史条件才能确切地把握它的内容。"参见孙伯鍨：《探索者道路的探索》，南京大学出版社2002年版，第391—392页。

方式"是历史唯物主义的最关键范畴，并且内在构成了历史唯物主义展开的逻辑路径。

然而，马克思自己从来没有对"生产方式"这个概念的内涵进行定义；更多的是在具体的社会历史分析中，以使用的方式将这个概念所指涉的对象和扮演的理论角色展示出来。在某种意义上说，"生产方式"概念在马克思理论文本中是以一种"述行性"（performative）语言的方式加以运用的。因此，对于这个概念来说，不仅仅需要细致的文本考察，还必须在理解历史唯物主义基本方法的基础上加以把握。

"生产方式"这个术语的第一次出现是在《手稿》中，且是在同"需要"相关联的意义上使用的。这一使用并不具有太多的思想史意义。"生产方式"真正进入马克思理论话语系统，是1846年以后的事情了。从《德意志意识形态》开始，以生产和生产方式为核心的一系列相关范畴，构成了唯物主义历史理解的方法路径。马克思是这样说的：

> 一定的生产方式或一定的工业阶段始终是与一定的共同活动方式或一定的社会阶段联系着的，而这种共同活动方式本身就是"生产力"。①

> 这种历史观就在于：从直接生活的物质生产出发阐述现实的生产过程，把同这种生产方式相联系的、它所产生的交往形式即各个不同阶段上的市民社会理解为整个历史的基础，从市民社会作为国家的活动描述市民社会，同时从市民社会出发阐明意识的所有各种不同理论的产物和形式，如宗教、哲学、道德等等，而且追溯它们产生的过程。②

在《政治经济学批判》序言中，马克思认为，人们在自己生活的社会生产中发生一定的、必然的、不以他们的意志为转移的关系，即同他们的物质生产力的一定发展阶段相适合的生产关系。这些生产关系的总和构成

---

① 《马克思恩格斯选集》第1卷，人民出版社1995年版。
② 《马克思恩格斯选集》第1卷，人民出版社1995年版，第90页。

社会的经济结构，即有法律的和政治的上层建筑竖立其上并有一定的社会意识形式与之相适应的现实基础。物质生活的生产方式制约着整个社会生活、政治生活和精神生活的过程……大体说来，亚细亚的、古代的、封建的和现代资产阶级的生产方式可以看作是经济的社会形态演进的几个时代。①

不难发现，从生产出发，以生产方式为中介，生产力、生产关系、基础和上层建筑等范畴构成了马克思说明特定的社会形态以及历史变迁的理论路径。在其中，这些范畴相互关联，并不能脱离任何其他范畴来加以单独讨论。这也表明：在历史唯物主义的方法论体系中，并不存在任何凝固的永恒不变的东西，任何一个范畴都是在同其他范畴的相互关系中再现出特定的社会历史情境。

另一方面，也是更加重要的：既然以生产为基础说明人类社会历史的存在本身是现代世界的结果，那么与之相关的以生产方式来再现这种特定的社会历史情境本身也同样如此。在此过程中，历史唯物主义真正超越既有意识形态的地方也就得以展现出来。简单说来，"生产方式"概念真正站到了从"生产"出发说明社会历史存在的历史高点之上，并且直面这一社会情境本身的历史有限性。即在一定的生产方式中，从直接的生产过程开始，就已经包含着内在的对抗和矛盾。正如马克思所说，"生产方式又是和阶级对抗相适应的"。

当文明一开始的时候，生产就开始建立在级别、等级和阶级的对抗上，最后建立在积累的劳动和直接的劳动的对抗上……到目前为止，生产力就是由于这种阶级对抗的规律而发展起来的。②

这种对抗性存在的发现并不是马克思的首创，但却是他第一个以自身理论的开放性将其清晰地揭示出来。在黑格尔那里，这就是自我意识与实体的矛盾，但这对矛盾被一个神性的绝对精神所笼罩；在斯密和李嘉图那里，这就是劳动价值论所不可避免的二律背反。古典哲学和古典经济学力图掩盖这些对抗和冲突的时候，它们也就走到了自身的理论尽头——这一

---

① 《马克思恩格斯全集》第 31 卷，人民出版社 1998 年版，第 412—413 页。
② 《马克思恩格斯全集》第 4 卷，人民出版社 1958 年版，第 104 页。

点在黑格尔哲学和李嘉图体系的解体中再清楚不过了。马克思在"生产方式"概念中,为这种对抗和冲突保留了理论空间。甚至可以说,历史唯物主义就是为阐明这一对抗和冲突而生。在"生产方式"的一般性理论层面上,生产力和生产关系的矛盾冲突构成了一定生产方式的历史性存在的本质结构;而在具体"资本主义生产方式"的批判话语中,资本本身同其对立面劳动的对抗,包括其在社会政治层面上的表现——资产阶级和无产阶级的对抗——则构成了这种特定生产方式的历史边界。

总的说来,"生产方式"作为历史唯物主义的核心范畴,是对以往一切意识形态的根本颠覆。这种颠覆的实现不是通过置换一两个范畴,而是整体理论方法和逻辑构架的彻底转变。历史唯物主义从不设定一个永恒的抽象出发点,而是在具体的社会历史运动中再现其内在结构和历史展开。生产凸显为社会历史存在的基础是现代文明发展的成果。历史唯物主义自觉继承了这一成果,但又不拘泥于此。正是通过从"生产"到"生产方式"的逻辑推进,马克思提供了一个再现当下特定社会历史情境的有效理论路径。因此,从生产出发,并不是从一个凝固化了的技术创制过程出发,而是找到了一个唯一可能说明当下社会结构及其历史展开的逻辑入口。经过生产方式概念所中介的那些理论范畴,如生产力、生产关系、经济基础、上层建筑,以及社会形态、意识形态和阶级对抗等,则构成了历史唯物主义理论本身发挥作用的不同层面。

三、马克思主义发展史上的"生产"和"生产方式"

作为历史唯物主义出发点和核心概念的"生产"与"生产方式",自第二国际以来,在苏联正统马克思主义、西方马克思主义、西方马克思学以及当代后马克思思潮、后现代马克思主义和晚期马克思主义中被不断加以讨论。同时,由于这两个概念在马克思的原初理论文本特殊的存在方式,它们总是处于理论论争的漩涡之中。大致说来,"经济决定论"、"技术异化论"、"象征交换论"和"信息方式论"理解模式构成了对"生产"和"生产方式"概念的主要误解或挑战。这也是我们今天坚持和发展马克思主义所必须正面应对的东西。

对于生产和生产方式的"经济决定论"阐释首先发轫于19世纪末期马克思主义的传播过程中。这种理解实际上受到了当时作为主流社会思潮的进化论和机械唯物主义的影响,并改头换面进入斯大林主义教科书体系之中。在这里,"生产"和"生产方式"的讨论直接服务于共产主义(社会主义)超越资本主义的思想和政治论述,并且在马克思主义政治经济学中扮演了重要的理论角色。相应地,"生产力"往往取代了"生产方式"的讨论。可以说,这种理解在马克思主义哲学的发展史上产生了最为深远的思想影响,同时也激发了最为广泛的理论争论。20世纪60年代之后的苏联马克思主义哲学尤其是历史物主义研究,80年代中期在国内学界发生的围绕"生产方式"概念内涵所进行的争论,都是在反思"经济决定论"的意义上进行的。这些分析在走出传统教科书体系、重新理解历史唯物主义中都起到了重要的推动作用。

在批判理论内部和第二次世界大战后的资产阶级主流学界,用"技术异化论"来理解马克思"生产"和"生产方式"概念是一个主导性理论思潮。这一思潮可以追溯到韦伯对于技术理性的分析。西方马克思主义特别是法兰克福学派虽然接受了这种理解,但仍尝试为其植入了一种批判性的理论张力。以哈贝马斯为代表的第三代理论家的批判理论却在相反的路径上退回到马克思的"生产"概念之前,在青年黑格尔那里重新发现一个"交往范式"。实际上,沿着晚期海德格尔对"技术的追问",阿伦特在批判极权主义的过程中早已"顺道"批判了那种导致异化产生的"劳动"和"工作"。尽管哈贝马斯和霍奈特引入了语言学和社会心理学的分析,但其内在逻辑在根本上并没有超出这种"私有财产"交互承认的范式。这在马克思那里恰恰是用"生产"和"生产方式"概念所涵盖和超越了的东西。

同样是反对"经济决定论",以鲍德里亚为代表的"象征交换论"模式提供了对于马克思"生产"和"生产方式"概念的最为恶毒的攻击。

甚至在某种意义上说，对"象征交换论"的批判是今天重新进入马克思历史唯物主义理论分析的一个有效阶梯。站在结构主义的肩膀上，鲍德里亚正确地看到了马克思"生产方式"概念与资产阶级意识形态的历史同源，即现代工业的发展，并且敏锐地指出了"生产方式"概念只有在功利性的交往之中才能确立这一理论事实。但当他从符号政治经济学批判出发，力图以原始社会的非功利性交往取代"生产方式"概念所浸淫其中的功利性交往时，这就离真正理解马克思的"生产"和"生产方式"概念相去甚远。后者一方面是对人类社会历史发展基础的客观指认，另一方面也包含着通过生产方式的内在对抗性质所展现出来的批判维度。这两个维度的内在结合使历史唯物主义在根本上区别于任何一种浪漫主义。

最近出现的一种对"生产方式"概念的替代倾向是"信息方式论"观点。其社会历史背景是所谓的后工业社会、信息社会或者说网络社会的崛起，强调随着物质生产形式本身的变化，特别是信息技术的发展，马克思的"生产"和"生产方式"概念也应该重新得到考察。这种理论模式最初发端于丹尼尔·贝尔对"后工业社会"和"智能技术"发展的分析，并在 20 世纪 90 年代之后迅速崛起。其中，最具代表性的是波斯特的"信息方式论"、卡斯特尔的"信息时代"分析、司拉什的"信息批判"、哈特和奈格里基于"生产的信息化"的"帝国"批判。在我们看来，这种仍处于发展状态的思潮是对马克思"生产"和"生产方式"概念的最新挑战，抑或发展，也是马克思"生产方式"概念在接下来的一段时间内所必须着力回答的一个问题。

马克思生产关系概念的内涵演变及其哲学意义

唐正东

在马克思的历史唯物主义理论中,生产关系无疑是一个极其重要的概念。但如果对这一概念在马克思哲学发展的不同时期所具有的不同内涵缺乏一个准确的把握,那就不容易对马克思历史唯物主义的本质进行准确的界定,甚至还会由此而产生各种各样的误解。而在马克思的哲学思想发展史上,的确存在着导致这种误解的各种诱因,因为马克思尽管有时候用的是生产关系概念,但他头脑中想的却只是交换关系或分配关系的内涵。而如果因此把马克思的生产关系仅仅理解为交换关系或分配关系,那就不仅会看不到马克思在其思想的最深刻处所具有的生产关系是发展程度最高的交换关系的思想①,并由此而无法对历史唯物主义以生产力与生产关系的内在矛盾运动为基础的历史规律论进行科学的评价,而且还会在把交换关系直接界定为历史唯物主义的最基础概念的前提下,把马克思的哲学仅仅理解为从应有的交往关系的层面对现实的物化的交换关系的批判理论。而实际上,只要我们注意到马克思对资本主义生产过程的理解水平到达什么程度,他对生产关系概念的内涵的把握能力也就发展到什么程度,那么,在我们面前就能清晰地展现出一幅马克思生产关系概念内涵的演变史的画卷。这样一来,我们就既不会把马克思的历史唯物主义理论解读为交换关系的经验式展开理论,也不会把它解读为对异化的交换关系的

---

① 《马克思恩格斯全集》第31卷,人民出版社1998年版,第347页。

外在式批判理论。

一

马克思是在《德意志意识形态》中首次运用生产关系概念的。他不仅在论述"封建的或等级的所有制"时直接运用这一概念:"封建时代的所有制的主要形式,一方面是土地所有制和束缚于土地所有制的农奴劳动,另一方面是拥有少量资本并支配着帮工劳动的自身劳动。这两种所有制的结构都是由狭隘的生产关系——小规模的粗陋的土地耕作和手工业式的工业——决定的"①,而且在一段对历史观的总结性陈述即"由此可见,事情是这样的:以一定的方式进行生产活动的一定的个人,发生一定的社会关系和政治关系"的最初手稿中,也曾运用过这一概念:"在一定的生产关系下的一定的个人"②。但尽管如此,必须指出的是,马克思此时对这一概念其实并没有很好地把握:他只是从笼统的一般生产过程中的人与人之间的关系的角度来理解这一概念的。我们知道,"生产关系"的核心是生产资料的所有制关系、人们在生产过程中的地位和关系、交换关系、分配关系、消费关系等内容。但应该注意的是,在不同的社会形态中,不仅生产资料的所有制形式有着不同的表现形式,譬如在资本主义大工业阶段,这种所有制形式就不再表现为劳动者对生产资料的所有权,而是表现为劳动者失去这种所有权,表现为资本对劳动的占有权;而且,人们在生产中的地位和关系、交换关系等内容也会具有不同的表现形式,譬如在资本主义大工业阶段,资本家与工人之间的交换关系尽管从表面上看依然是一种交换关系,但它实际上已经不再是一种简单的交换关系,而是表现为资本对雇佣劳动剥削剩余价值的关系,按照马克思的说法,这种关系是由生产的社会性质所决定的,而不是由交易方式的社会性质所决定的。③也就是说,

---

① 《德意志意识形态》(节选本),人民出版社2003年版,第15页。
② 《德意志意识形态》(节选本),人民出版社2003年版,第15页。
③ 《马克思恩格斯全集》第45卷,人民出版社2002年版,第133页。

在私有制条件下，随着交换关系的发展，它必然而且只能在生产关系中实现其自身。应该说，马克思后来思想中所具有的这种"特殊社会的、历史地产生的生产关系"①的思路，在他此时的思想中还没有成型。

究其原因，这跟马克思此时对资本主义生产过程的理解水平是直接相关的。此时的他还无法对手工业资本主义与资本主义大工业之间的区别作出准确的把握。对马克思来说，这两者之间的差别只在于金钱关系或货币关系的发展程度之不同而已，而没有更多的实质上的不同。他后来在《资本论》手稿中谈到的劳动对资本的形式上的从属与实际上的从属之间的区别的思想②，此时还没有出现。也就是说，马克思此时对资本主义大工业的本质其实还没有完全把握住。这就使他实际上只是从工场手工业的角度来看待资本主义大工业。因此，他选择了与亚当·斯密相同的视角，从分工的角度来理解生产力的发展，以及从交换关系、交往关系的角度来理解生产关系的发展。而问题恰恰就出在这里。在斯密所处的手工业资本主义时代，正像日本学者广松涉所说的那样："'生产'可以说是个人私事，人们是在通过携带产品（生产的结果）而相互交往的场面中才开始形成所谓的社会。在此意义上，生产不是'社会'的本质规定，毋宁说只是在社会的圈外，即作为属于私人领域的东西被把握。"③在这种情况下，所谓的生产方式便只是小商品生产者之间的分工与协作方式，而所谓的生产关系便只是这些独立的商品持有者之间的交换或交往关系。我以为，一旦用这样的视角来解读19世纪40年代的资本主义大工业，那么，交换关系、交往关系、生产关系等概念之间的边界必然是不清楚的。赫斯从交往形式的角度来批判货币的本质，其原因也在于此，因为对于像他这样的德国早期社会主义思想家来说，所关注的重点只是市民社会的伦理分裂特征，而不是资本主义社会关系的历史性发展的特征。而此时的马克思尽管在哲学层面的历史唯物主义基本原理的构建上已经达成了，但在对生产关系内涵之解读这一具体问题上，尚存在着一些遗憾。这就是他为什么在这一文本中

---

① 《马克思恩格斯全集》第44卷，人民出版社2001年版，第582页。
② 《马克思恩格斯全集》第48卷，人民出版社1982年版，第18页。
③ ［日］广松涉：《唯物史观的原像》，邓习议译，南京大学出版社2009年版，第55—56页。

对生产关系、交往形式、交换关系、社会关系等概念往往混杂着使用，并且对它们的边界尚不能十分清晰地划分的原因。

　　当然，如果跟以前的文本相比，马克思能够在《德意志意识形态》中提出生产关系概念（尽管它与交换关系等概念之间的区别尚未被明确地辨析），这已经是一个重要的进步了，因为它标志着马克思已经能从客观内在矛盾的角度来思考历史发展的动力及进程了。而在1844年的相关文本中，这种思路是不存在的。譬如在《詹姆斯·穆勒〈政治经济学原理〉一书摘要》中，马克思尽管在现象分析的层面谈到了私有者与私有者之间的交换关系，但"物物交换"这一概念并没有与生产力等概念合作而生发出历史解读的新思路，而只是被界定为社会交往的异化形式。这说明此时的马克思还只是停留在人性异化的角度来理解市民社会，他还不了解英国式市民社会本身所具有的历史意义以及由其自身的内在矛盾运动所建构出来的对于人类解放的意义。既然如此，他当然不可能有兴趣去思考这种交换关系与生产关系之间的复杂关系。此时的马克思在批判资产阶级政治经济学时的根据，是"国民经济学把社会交往的异化形式作为本质的和最初的、作为同人的使命相适应的形式确定下来了"，而我们知道，在《资本论》中，被马克思抓住的资产阶级政治经济学的一个重要缺陷是："不是把生产方式的性质看作和生产方式相适应的交易方式的基础，而是反过来，这是和资产阶级眼界相符合的，在资产阶级眼界里，满脑袋都是生意经。"[①] 这两种解读思路之间的差别应该说是很明显的。到了《神圣家族》时期，马克思在历史观的整体思路上更多地偏向了物质生产，并提出了历史的发源地在于"尘世的粗糙的物质生产"中的结论[②]，这的确标志着马克思向历史唯物主义的方向迈出了坚实的一步。但同时也应注意到，仅指出粗糙的物质生产的重要性还是远远不够的。"物质生产"其实具有十分精细的内容，它除了包括马克思此时已经关注到的人对自然界的理论关系和实践关系外，还包括人们在现实生产过程中的地位和关系等内容。而这后一项内容尽管已经被马克思注意到了："正是自然的必然性、人的特性

---

① 《马克思恩格斯全集》第45卷，人民出版社2002年版，第133页。
② 《马克思恩格斯全集》第2卷，人民出版社1957年版，第191页。

(不管它们表现为怎样的异化形式)、利益把市民社会的成员彼此连接起来"①，但客观地说，这种理解离资本主义生产关系的本质内涵还有一定的距离。事实上，此时的马克思正处在从对市民社会的伦理批判向对资本主义的科学剖析的转变过程之中，他还没有来得及对交换关系背后的生产关系以及货币关系背后的资本关系等内容进行深入的研究。这就导致在他的解读思路中，交换关系的线索还没有跟自然科学及工业的线索有机地结合起来。于是，"物质生产"在此时马克思的解读思路中也只能是粗糙的。到了1845年的文本中，情况有了很大的改变。随着《关于费尔巴哈的提纲》把实践和社会关系的思路放在改变世界的理论平台上辩证地统一起来，马克思的新世界观才算真正跃升出来。《德意志意识形态》中的生产关系概念正是在这样的思想基础上才被提出来的。

二

现在把解读思路继续往前推进。在1847年的《哲学的贫困》中，生产关系概念不再是一个遮遮掩掩的概念，而是被作为核心概念提了出来："经济学家们都把分工、信用、货币等资产阶级生产关系说成是固定的、不变的、永恒的范畴……经济学家们向我们解释了生产怎样在上述关系下进行，但是没有说明这些关系是怎样产生的，也就是说，没有说明产生这些关系的历史运动。"② 马克思在这一文本的其他很多地方也使用了这一概念。那么，我们是否因此就能说马克思此时已经完全把握住了生产关系概念的准确内涵呢？我以为不能。从上述引文中可以发现，马克思其实只是从分工关系、货币关系等角度来理解生产关系的内涵的，也就是说，就总体而言，他未超出《德意志意识形态》时期从交换关系的角度来理解生产关系内涵的思想水平。马克思在这一文本中的核心任务是批判蒲鲁东把分工、货币等当作固定的、永恒不变的范畴来看待的形而上学观点，并强调

---

① 《马克思恩格斯全集》第2卷，人民出版社1957年版，第154页。
② 《马克思恩格斯选集》第1卷，人民出版社1995年版，第137—138页。

要对这些生产关系范畴的历史产生过程进行客观的研究。但问题是，这后一项任务并不是能轻易地完成的。此时的马克思尽管已经开始了这种研究，但还远远不能说已经完成了这种研究。一个最核心的问题是：马克思还没有发现，随着手工业资本主义向资本主义大工业的转变，原本以货币为媒介的交换关系会演变成资本对雇佣劳动所创造的剩余价值的剥削，或者说演变成资本自身的增殖过程。一旦深入到这一层面，研究者便不再会满足于对交换关系的关注，而必然会关注资本主义生产的独特的社会性质。此时的马克思还没有到达这一思想水平。他所理解的"生产关系"实际上只是生产过程所置立于其中的社会关系。这种理解不能说是错的，但却是太笼统了。由于马克思此时所假定的理论前提是"社会的全体成员都是直接劳动者"①，因此，他实际上是以简单商品流通的社会为现实参照系的。这样一来，马克思就不可能把握住资本主义大工业阶段的生产关系的最核心内容。在他的脑海中，只可能出现任何的生产过程都无法脱离积累劳动与直接劳动的交换、商品与商品之间的交换等内容。这就是他在这一文本的有些地方依然把生产关系与社会关系概念混用在一起的原因。

当然，我们同时也应看到，由于马克思在这一文本中引入了比《德意志意识形态》更为强烈的阶级对抗的理论线索："当文明一开始的时候，生产就开始建立在级别、等级和阶级的对抗上，最后建立在积累的劳动和直接的劳动的对抗上。没有对抗就没有进步。这是文明直到今天所遵循的规律"②，因此，他此时在从交换关系的角度理解生产关系的内涵时，已经不再停留在简单的交换关系的层面，而是进入到了不平等的交换关系的理论层面，尤其是作为积累劳动的资本与直接劳动的不平等交换关系的层面。这种不平等的交换就是上述引文中所说的积累的劳动与直接的劳动的对抗关系。再进一步，由于马克思此时在经济学上接受了李嘉图的劳动价值论，而李嘉图阐发劳动价值论的《政治经济学及赋税原理》一书所研究的主题，恰好是全部产品在土地所有者、资本家、劳动者这三个社会阶级之间的分配法则问题，因而，此时的马克思把上面谈到的那种不平等的交

---

① 《马克思恩格斯全集》第4卷，人民出版社1958年版，第116页。
② 《马克思恩格斯全集》第4卷，人民出版社1958年版，第104页。

换关系，推进到劳动产品的不平等分配关系的理论层面，也就是一件很自然的事情了。事实也正是如此，马克思在此书的第一章中明确地指出："把劳动时间作为价值尺度这种做法和现存的阶级对抗、和劳动产品在直接劳动者与积累劳动占有者之间的不平等分配是多么不相容。"① 由此，我们可以得出这样的判断：当马克思此时在思考生产关系概念时，其解读视域已经深入到了分配关系的层面。不过，话又说回来，在依然从物的维度上把资本理解为积累劳动，而不是从关系的维度上把它理解为生产关系甚至是生产过程的思想前提下，马克思此时所具有的分配关系的理论层面与其原来具有的交换关系的理论层面之间，其实并没有太大的区别。只有等到马克思开始意识到资本主义的不平等分配根源于其生产的社会性质，而不是其交换的社会性质的时候，他才可能从分配关系的理论层面中生发出新的理论质点。而这在《哲学的贫困》中是不可能的，因为马克思在这一文本中重点阐述的是经济学范畴在整个私有制社会中的形成过程，而不是这些范畴在资本主义阶段的变化过程。

到了《关于自由贸易问题的演说》和《雇佣劳动与资本》中，情况有了一定的改变。由于马克思在这两个文本中是专论作为资本主义阶段的阶级斗争的物质基础的经济关系即雇佣劳动和资本的关系的，因此，他在对资本主义生产关系的内涵的理解上取得了一定的进步。在前一个文本中，马克思尽管没有直接提到生产关系概念，但透过其对雇佣劳动和资本关系的解读，我们可以看出他在对生产关系的理解上的思想进步。这主要体现在以下两个方面：首先，我们知道，在《哲学的贫困》中，马克思在解读资本家与工人的关系时，借鉴了李嘉图等古典经济学家的思路，把它解读为积累劳动与直接劳动之间的关系。这种解读思路明显地带有简单商品流通条件下的交换关系的思路的特点，是仅从物的角度来理解资本之本质的结果。而在《关于自由贸易问题的演说》中，马克思已经放弃了这种用法，直接把这种关系界定为雇佣劳动和资本的关系。② 这不可能是一种概念上的随意替换，而必然是马克思在劳资关系问题上已经产生的某种新思

---

① 《马克思恩格斯全集》第4卷，人民出版社1958年版，第95页。
② 《马克思恩格斯选集》第1卷，人民出版社1995年版，第227页。

想的反映。其次，这种新思想就是：资本主义的不平等分配关系是现有的雇佣劳动和资本关系的一种必然结果。"在现在的社会条件下，到底什么是自由贸易呢？这就是资本的自由。排除一些仍然阻碍着资本前进的民族障碍，只不过是让资本能充分地自由活动罢了。不管商品相互交换的条件如何有利，只要雇佣劳动和资本的关系继续存在，就永远会有剥削阶级和被剥削阶级存在。"① 一旦把资本对劳动者的压榨及其导致的资本主义的不平等分配，视为雇佣劳动和资本关系的必然结果，那就向从生产方式而不是交换方式的角度来理解雇佣劳动与资本关系的思路又迈出了坚实的一步。

在《雇佣劳动与资本》（此文本虽发表于1849年4月，但主要内容在1847年12月的一次讲演中就已形成）中，马克思对劳资关系作了更为详细的阐述。他明确地反对把资本解读为积累起来的劳动，并把这种做法视为只见"物"而不见"关系"："纺纱机是纺棉花的机器。只有在一定的关系下，它才成为资本。脱离了这种关系，它也就不是资本了……资本也是一种社会生产关系。这是资产阶级的生产关系，是资产阶级社会的生产关系。构成资本的生活资料、劳动工具和原料，难道不是在一定的社会条件下，不是在一定的社会关系内生产出来和积累起来的吗？"② 而且，马克思还把生产关系的思路与生产力发展的思路结合在一起："各个人借以进行生产的社会关系，即社会生产关系，是随着物质生产资料、生产力的变化和发展而变化和改变的。"③ 应该说，这是两个重要的理论质点：只要马克思沿着这样的思路继续深入下去，就一定会发现在资本主义大工业这样的生产力发展的特定阶段，生产资料所有权其实并不表现为劳动者对生产资料的所有权，而是表现为生产资料与劳动者相分离的条件下的资本对活劳动能力的占有权；由此，资本主义的生产关系也并不表现为劳动者与资本家相互交换其活动成果的关系，而是表现为资本对雇佣劳动所创造的剩余价值的剥削关系。当然，这对此时的马克思来说只是一种可能性，而不

---

① 《马克思恩格斯选集》第1卷，人民出版社1995年版，第227页。
② 《马克思恩格斯选集》第1卷，人民出版社1995年版，第344—345页。
③ 《马克思恩格斯选集》第1卷，人民出版社1995年版，第345页。

是现实性，因为他此时对资本主义生产过程及其生产关系的理解水平还没有发展到这一步。尽管他已经意识到除劳动能力以外一无所有的工人阶级的存在是资本的必要前提，以及资本与活劳动的交换是资本保存并增大其自身的前提①，但是，由于此时的马克思在生产资料所有权这一生产关系的最核心内容上还没有投入足够的注意力，以及在资本通过与活劳动相交换而保存并增殖自身的内在机制（剩余价值理论）上还没有获得足够清晰的思路，因此，我不认为马克思此时已经完全脱离了从交换方式的角度来理解生产关系内涵的思路，他至多只是处在这种脱离的过程之中。

三

马克思到达伦敦之后，的确加强了对资产阶级政治经济学著作及以英国为代表的资本主义经济现实的研究，但必须指出的是，他对资本主义生产过程的本质及生产关系的深层内涵的把握并不是一蹴而就的。究其原因，这恐怕跟当时困扰着英国社会的商业危机之本质的展开过程有很大的关系。19世纪50年代初，困扰英国社会的问题主要是商业危机，而不是以产品市场的萧条为特征的经济危机，更不是以制造业的衰退为特征的工业危机。尽管我们可以站在1857年的视角上反观50年代初的这场商业危机，并把其本质界定为资本主义生产过程的危机，但客观地说，身处50年代初的马克思是不容易看到这一点的。这就导致马克思在50年代初的《伦敦笔记》中虽然以清晰的逻辑分析，对小资产阶级经济学家从货币制度的缺陷的角度来分析商业危机之本质的观点进行了有效的批判，但略带遗憾的是，他本人的思路也受到了商业交换思路的限制，从而使他本已产生的资本通过与雇佣劳动的交换不断地增殖其自身的观点未能得到令人满意的推进。

下面以《关于大卫·李嘉图〈政治经济学和赋税原理〉（摘录、评

---

① 《马克思恩格斯选集》第1卷，人民出版社1995年版，第346页。

注、笔记)》为例来说明这一点。马克思在这一文本中显然还没有想到从生产方式的社会性质的角度来说明英国的商业危机,而仍然停留在试图从商业交换关系的角度来说明这种商业危机的理论层面上。这首先导致他无法正确区分单位商品的交换价值与全部商品的交换价值总量之间的区别。在论证资本主义危机的必然性时,马克思说:"资产阶级的财富和资产阶级全部生产的目的是交换价值,而不是满足需要。要增加这种交换价值,只有……增加产品,更多地生产,此外没有其他办法。要增加生产,就得提高生产力。但是,随着一定量劳动——一定数量的资本和劳动——的生产力的提高,产品的交换价值就会相应地降低,因而加倍的产量只有这个产量的一半从前具有的价值……生产力和商品生产的实际增长,是违背资产阶级生产的目的而进行的,价值增长在自己的运动中扬弃自己,转变为产品的增长,这种价值增长所产生的矛盾,是一切危机等等的基础。"① 粗看起来,此处的论证似乎很严谨,但其实不然。这里作一个分析:(1)"资产阶级全部生产的目的是交换价值",这种观点其实是不准确的:如果商品的生产成本与其交换价值相等同的话,资产阶级的全部生产就没有任何意义了。因此,资产阶级全部生产的目的应该是剩余价值。(2)"要增加这种交换价值,只有……增加产品,更多地生产",这种观点是建立在把交换价值不是理解为单位商品的交换价值,而是理解为可交换的全部商品的交换价值总量之基础上的。只有把单位商品的交换价值视为固定的,才可能通过增加可交换的商品总量,来增加交换价值总量。否则的话,应该是通过增加单位商品的内含劳动量,而不一定要通过增加商品总量,来达到增加交换价值总量的目的。当然,如果增加的内含劳动量由相应的增加了的工资来抵消,那么,通过这种方式来增加的交换价值对于资产阶级来说就没有意义了。(3)"要增加生产,就得提高生产力,但是,随着一定量劳动——一定数量的资本和劳动——的生产力的提高,产品的交换价值就会相应地降低",这种观点又把"交换价值"拉回到了单位商品内含的交换价值的层面上。因为马克思如果继续把交换价值理解成可交换的全部商

---

① 《马克思恩格斯全集》第44卷,人民出版社1985年版,第109—110页。

品的交换价值总量，那么，提高了劳动生产力之后当然会产出更多的商品，从而也当然会得到更多的交换价值总量。如果是这样的话，那就无法证明资本主义经济危机的必然性了。正因为如此，马克思此处突然又把交换价值理解成了单位商品内含的交换价值量，从而得出了这样的论证：劳动生产力提高之后，由于单位商品内含的劳动量减少了，因此，它的交换价值也相应地降低了。可问题是：他在此段论述的前半部分是以单位商品的交换价值是固定的作为理论前提的。我们从此处可以看出，商业交换关系的思路的确仍然对马克思的思想有较大的影响，即他仍然试图从交换关系的角度来论证资本主义商业危机的原因及必然性。这在经济学概念的运用上则表现为马克思还无法把"交换价值"推进到"剩余价值"的层面上。

这种局限性也表现在马克思在这一文本中对价值余额问题的阐述上。我在前面已经说过，马克思在《雇佣劳动与资本》中已经认识到资本通过与雇佣劳动的交换保存和增大了其自身。这种观点在当下的这一文本中得到了延续，但并没有得到实质性的发展。马克思尽管清晰地谈到资本家的利润不是来自于产品与产品之间的交换："余额不是在这种交换中产生的，虽然只有在交换中才能实现。余额是这样产生的：工人从花费了 20 个工作日的产品中，只得到值 10 个等等工作日的产品"[1]，但这种观点其实只是对《雇佣劳动与资本》中已经得出的观点的重复。问题的关键是，马克思虽然已经不把资本与雇佣劳动的交换等同于一般的产品与产品之间的交换，但他对前者仍然是从交换关系的角度来加以理解的。他还不能看出资本家和雇佣工人的交换关系不是一般性的交换关系，其本质也不是由交换关系的社会性质所决定的，而是由资本主义生产本身所固有的关系决定的。这使他在谈到资本家的利润时说出了这样的话："由此可见，他能在商业中得到 100 镑之外的 10 镑，只是因为他或另一个工厂主当初在生产中已经创造了这 10 镑。这是十分清楚的。"[2] 而且，这也决定了他此时对生产关系内涵的理解仍然无法彻底越出交换关系或分配关系的理论层面。

---

[1] 《马克思恩格斯全集》第 44 卷，人民出版社 1985 年版，第 140—141 页。
[2] 《马克思恩格斯全集》第 44 卷，人民出版社 1985 年版，第 139 页。

在同时期写作的《反思》等文本中，马克思对生产关系的理解水平也是如此①，这里不拟展开论述。

我以为，马克思真正从生产的社会性质而不是交换方式的社会性质的角度来理解生产关系概念之内涵的时间，应该在1857年前后。在1857年11月所写的《英国的贸易危机》一文中，马克思实际上对导致上述思想变化的现实背景作出了说明："欧洲危机的中心至今仍然是英国，但是在英国，正如我们所预见到的，危机的性质已有所改变。如果说，大不列颠对我们在美国出现的崩溃的反应最初表现为金融恐慌，随之是产品市场普遍萧条，最后才出现制造业的衰退，如今则最上面是工业危机，最下面才是金融的困境。"② 应该说，正是因为马克思发现了资本主义经济危机的本质是工业危机而不是商业危机，才使他从根本上转变了从交换关系的角度来理解生产关系的思路，并转向了从真正的生产过程的角度来理解生产关系的思路。这在《〈政治经济学批判〉导言》及《1857—1858年经济学手稿》中都有十分清晰的反映。

在《〈政治经济学批判〉导言》中，马克思以前所未有的方式对生产、分配、交换等因素之间的关系作出了详细和科学的说明。在谈到生产和分配的关系时，马克思说："分配关系和分配方式只是表现为生产要素的背面。个人以雇佣劳动的形式参与生产，就以工资形式参与产品、生产成果的分配。分配的结构完全决定于生产的结构。"③ 在谈到生产和交换的关系时，马克思说："交换就其一切要素来说，或者是直接包含在生产之中，或者是由生产决定。"④ 这种崭新的学术观点决定了马克思从此之后一定不会再像过去那样，从交换关系或分配关系的角度来理解生产关系的内涵了。事实也是如此，在《1857—1858年经济学手稿》中，马克思从以下两个层面对私有制条件下生产关系的内涵及其与交换关系之间的关系作出了深刻的解读：首先，生产关系是交换关系的发展形态，也就是说，从

---

① 《马克思恩格斯全集》第10卷，人民出版社1998年版，第636—647页。
② 《马克思恩格斯全集》第16卷，人民出版社2007年版，第501页。
③ 《马克思恩格斯全集》第30卷，人民出版社1995年版，第36页。
④ 《马克思恩格斯全集》第44卷，人民出版社1985年版，第40页。

整个私有制社会的发展史来看,"商品世界通过它自身便超出自身的范围,显示出表现为生产关系的经济关系。"① 譬如,资本家和工人之间的交换关系,尽管在本质上是一种不平等的交换关系,因而似乎不应该再被看作交换关系。但马克思却不这样看,他反而认为这是交换关系的最高发展形态,因为这是符合私有制条件下交换关系发展的客观事实的:"资本家和工人之间所进行的交换,完全符合交换规律,不仅符合,而且是交换的最高发展。因为在劳动能力本身还没有发生交换以前,生产的基础还不是建立在交换上的,交换只限于以不交换为基础的狭小范围,资产阶级生产之前的各阶段的情形就是这样……自由交换的最高阶段是劳动能力作为商品,作为价值来同商品,同价值相交换。"② 马克思之所以能得出这样的观点,一个重要的原因是他已经不再仅仅从交换关系的层面来理解交换关系的内涵,更不用说从交换关系的层面去理解生产关系的内涵了。而是相反,他已经从生产过程的社会性质即生产关系的层面,去理解交换关系的性质了。正是因为在马克思的视域中,交换关系不再是一种笼统的或者说自为存在的关系,而是被生产关系所决定的一种社会关系,所以,尽管资本家与工人之间的交换关系其实是一种不平等的交换关系,但它仍然符合交换关系的发展规律,因为私有制条件下交换关系的发展规律恰恰是由生产关系的发展规律所决定的,而私有制的生产关系最终发展到资本家剥削工人的剩余价值的关系恰恰是一种历史发展的必然。

而更为重要的是,马克思在解读生产关系概念的内涵时引进了生产力发展的线索:"以资本和雇佣劳动为基础的生产,不仅在形式上和其他生产方式不同,而且也要以物质生产的全面革命和发展为前提。"③ 这种思路在以前是不可能具有的。事实上,在此文本的第三章即"资本章"的第一篇"资本的生产过程"中,马克思在阐述了资本主义生产关系的特殊规定性"只有随着特殊的物质生产方式的发展和在工业生产力的特殊发展阶段

---

① 《马克思恩格斯全集》第44卷,人民出版社1985年版,第180页。
② 《马克思恩格斯全集》第31卷,人民出版社1998年版,第69页。
③ 《马克思恩格斯全集》第30卷,人民出版社1995年版,第236页。

上，才成为真实的"① 之后，还特意写了如下的文字："一般来说，这一点在以后谈到'劳动和资本的'这种关系时应该特别加以阐述，因为这一点在这里已经包含在关系本身中了，而在考察交换价值、流通、货币这些抽象规定时，这一点还更多地属于我们的主观反思。"② 我以为，正是这种内含着生产力发展线索的生产关系，才是一定的、具体的、历史的生产关系，才是严格意义上的历史唯物主义的生产关系。这是马克思1857年前后在生产关系概念的解读上得出的新的思想。只有从这一角度出发，我们才能理解马克思在历史观的解读上为什么会从对异化的交换关系的批判，转向对生产力和生产关系矛盾运动的科学把握：这是因为脱离了生产力发展的线索来谈论包括交换关系在内的社会关系的异化特性及其解放路径，必然会走向抽象的理论层面。应该说，看清这一点，对于我们在当下的学术语境中准确地解读马克思历史唯物主义的本质，是具有重要的理论意义的。

---

① 《马克思恩格斯全集》第30卷，人民出版社1995年版，第255页。
② 《马克思恩格斯全集》第30卷，人民出版社1995年版，第255页。

论马克思哲学的再生产实践概念①

刘怀玉

一

理解马克思主义哲学当代性意义的关键,并不是泛泛一般地肯定与捍卫马克思哲学实践概念的首要的与基本的合法性地位;而是如何反思与坚持马克思的物质生产实践概念的历史观方法论轴心作用。真正考验马克思主义哲学现实地位与未来命运的,是我们今天还能否理直气壮地接着"生产实践第一性"的观点"往下讲"!事实上,在20世纪西方哲学史上,一直存在着种种把马克思主义社会生产概念狭隘化庸俗化理解的错误倾向。其最重要的代表就是西方马克思主义及其逻辑终结者"后马克思主义"。

比如,早在20世纪三四十年代,以霍克海默(M. Max Horkheimer)和阿多诺(Theodor Wiesengrund Adorno)为代表的法兰克福学派就认为,当代资本主义已经从马克思所看到的生产关系异化发展到生产力的异化,即从"过去"劳动对"现在"劳动、资本对人的奴役发展成为科学技术生产力对人的自我奴役。人与人的矛盾被人与自然的对抗所取代。这种工具理性主义批判无疑看到了当代资本主义社会更深层的危机与社会矛盾,但它们却把资本主义批判的重点从占统治的生产关系的批判转向对整个生

---

① 原载《天津社会科学》2007年第2期。

产力的批判，进而转向对整个现代社会合理性的批判与否定。与此同时，在对资本主义社会进行以生产力异化为核心的工具理性批判过程中，也转向了对马克思主义的生产方式理论的批判。

到了20世纪六七十年代，西方马克思主义者进一步用"反人类中心论"（如结构主义的马克思主义，生态学的马克思主义等）式激进话语来批判发达资本主义工业社会。鲍德里亚（Jean Baudrillard）的《生产之镜》（1973）与哈贝马斯（Jürgen Habermas）的《走向一种合理性的社会》（1971）等则是其代表性著作。在哈贝马斯看来，必须在劳动与生产领域之外寻找解决晚期资本主义"合法性危机"问题的途径，马克思主义经典叙述已经无助于重建当代社会的"应然性"即合理性基础。在他看来，重建晚期资本主义社会的合法性基础，乃是确立一种主体间的"理想沟通"语境——即能够满足言语行为中所谓"真实性"、"真诚性"与"正确性"等诸项规范①。而在鲍德里亚看来，正如当年费尔巴哈虽然深刻批判过宗教，但始终未能超越宗教一样，虽然马克思一生都在批判政治经济学，但却从未能超越古典政治经济学；他一生批判黑格尔的绝对理性狡计，却始终未能摆脱资本主义生产方式的"理性狡计"束缚："一个幽灵游荡在革命的想象中：生产的幻象。它到处维持着一种不受羁绊的生产力浪漫主义。生产方式的批判理论毫不触及生产原理。它所阐发的所有概念都只是描述了生产内容的辩证的、历史的谱系学，生产作为一种形式却完好如初。"② 因此，必须放弃以"生产之镜"反映现实的政治经济学批判方案，走向那种据说已经消除了能指与所指差别的"超现实"的"符号的政治经济学批判"。在《生产之镜》一书中，鲍德里亚对历史唯物主义物质生产概念进行了全面系统的批判。③ 他把马克思的劳动生产概念简单地等同于资本主义市场经济交换结构中的效用性活动，并用所谓存在于原始部族生活中的非功利性的"象征交换"，来取代物质生产在社会历史存

---

① 参见［德］哈贝马斯：《交往行动理论》，洪佩郁、蔺青译，重庆出版社1994年版；［德］哈贝马斯：《交往行动与社会进化》，张博树译，重庆出版社1989年版。
② Jean Baudrillard, *The Mirror of Production*, New York: Telos Press, 1975, p. 17; Jean Baudrillard, *Select Writings*, Stanford: Stanford University Press, p. 104, pp. 115—116.
③ 参见［法］鲍德里亚：《生产之镜》，仰海峰译，中央编译出版社2005年版。

在和发展中的基础性地位。其实，这是把人类特定历史时期中物质生产的资本主义生产方式，说成是"生产力决定论"的一般结果，这显然是混淆是非的妖魔化做法。

西方马克思主义的工具理性批判与鲍德里亚的反生产主义的后马克思主义批判的逻辑偏差就在于，他们虽然看到了资本主义当代发展中的新情况新问题，但是夸大了在社会层面上这一新情况的绝对意义，即把科学技术在社会历史发展中、在实践结构中的主导地位变成取代物质生产的一般基础地位，把当代资本主义的阶级统治中突出的文化心理因素变成唯一的统治形式。这就是他们所谓重建历史唯物主义的理论努力导向一种严重的隐性历史唯心主义。

马克思主义哲学认为，西方马克思主义者的工具理性批判把生产力与生产关系割裂开来，片面夸大生产力的技术因素的作用；把人与自然和人与人的生产关系割裂开来，否定生产概念的总体性与再生产的意义，突出强调人与自然的矛盾而忽略了人与人的矛盾，这无疑是对生产概念进行狭隘的庸俗化的理解。而哈贝马斯的交往理性概念则是想脱离人与自然的关系来理解人与人的社会关系，但把人的道德知识修养进化与人的技术知识进化对立与割裂开来，这不仅无助于说明交往的发展动力问题，反而会使交往本质更加抽象神秘化。西方马克思主义批判资本主义条件下暂时出现的因科学技术片面运用而引起的社会危机现象，这无疑是抓住了现实的一个要害问题，但据此攻击历史唯物主义，说它们是生产力决定社会发展规律所引起的恶果，这显然是幼稚的偏激表现。如此众多不肖行状与微词乃是一种把暂时当永恒、把表面当根本的相对主义与非历史主义。鲍德里亚拒斥作为一般社会存在基础的物质生产，其实已经不是仅仅在反对马克思主义，而是否定全部人类现代文明，是在开历史的倒车！这种可笑观念的实质，恰恰是把人类原始部族生活中历史地生成的理想化社会关系加以永恒化，进而强加给全部人类历史的结果。西方马克思主义与后马克思主义思潮的错误归根结底就在于，他们并不理解，马克思主义的生产概念，主要不是一个有关人与自然之间的工具关系的问题，而是抽象概括人与人之间社会关系及其历史性发展问题的科学范畴。

二

20世纪西方思想界盛行的"生产方式终结论"潮流，究其方法论错误根源就在于，它们并不真正地理解，在马克思那里，劳动、生产、再生产与社会关系的生产和再生产，既是相互联系又是层次角度有所区别的概念范畴系列，是一种历史与逻辑相统一的关系。马克思从未把生产实践归结为人类永恒的劳作活动，也没有把生产实践等同于人对自然的控制和征服，而是突出强调了生产实践的社会关系性内涵与不断变迁的再生产性历史性特征。在最一般的意义上，通过人类实践这个中介，人化的与历史的自然最终形成了人类的社会存在与历史。在人的社会实践中，劳动与物质生产是最基本的活动。人类物质生活资料的生产与再生产既是全部人类社会生存的基础，也是理解人类社会的本质和历史进程的一条中轴线。物质生产过程既是人以一定的活动方式作用于自然、创造物质产品的生产与再生产，同时又是生产过程中人与人之间的关系，即社会关系的生产与再生产。

作为一种生物的存在，人的现实存在首先是一个基本的生物学事实，这是哲学历史观研究人与自然关系的起点。通常人们都会承认，人与自然之间有一条永远无法割裂的脐带，人如果要生存，就必须不断地从自然界获取物质生活资料，必须不断地与自然发生物质交换。但是，人与自然的物质变换关系在本质上不同于一般的动物存在。

人类和自然变换物质的方式，归根结底就是劳动生产活动。物质生产过程是人以自身的劳动活动引发、调整和控制人与自然之间的物质变换的过程。人与自然之间的物质变换构成人类生活永恒的自然条件，也是人类生存发展的永恒基础。不管社会关系和社会形态如何变化，只要人类存在，以劳动实践活动为主导的物质生产过程便不会停止。劳动是人与自然之间的物质交换过程赖以实现的永恒的、必然的活动形式与载体：自然物在劳动过程中转化为越来越丰富的使用价值，即社会的物质财富；人的劳动本身就是一个物质形态的转换过程，通过消耗人和自然的物质能量，转化形成新的自然物质。

劳动活动是人和自然之间相互作用的过程。其他生物物种的生命活动本身就是自然的一个部分，是自然界的生物运动形式，直接受到自然运动规律的支配。人类劳动虽然也是客观的物质变换过程，但与动物的活动不同，人的劳动不仅使自然物发生形态变化，同时也在自然物的变化中实现自己的目的和意图。在这个过程中，人不再仅仅是自然生命的一般存在，也是超越自然的存在，即能够进行能动创造的生命存在。这种超越自然的能动因素，表现为人类劳动有意识、有目的的特征。劳动过程结束时实现的结果，在过程开始之前就已经在人的意识表象中存在了，即已经观念地存在着了。正像马克思所说："最蹩脚的建筑师从一开始就比最灵巧的蜜蜂高明的地方，是他在用蜂蜡建筑蜂房以前，就已经在自己的头脑中把它建成了。"① 劳动的本质，是从自然中诞生出来的人的主体能动活动对物质自然存在的干预。但是，劳动所改变的只是自然物的存在形态，而非物质本身。劳动生产并不创造新的物质，只能引起物质形式上的变化。同时，劳动所引起的物质变换还受到自然规律的支配。劳动本身的自然基础没有改变，人在生产中也只能遵循自然规律。人类智慧的力量仅仅在于用"手"与"脑"来结合与分离物质，把自然物质中"沉睡着的潜力"解放出来。譬如，在阳光和水分的帮助下，我们在田地上种出谷物，经过灵巧而有智慧的"人手"加工，将某种昆虫（如蚕）的分泌物变成美丽的丝绸；再如，经过科学技术的精密设计和物质生产，我们制造出复杂的计时钟表、运转亿万次的计算机和飞向太空的航天飞机。

劳动与物质生产是表征人类实践活动的两个基本范畴。物质生产是人类通过劳动实践创造物质产品的活动和过程，劳动活动是物质生产过程中的主体能动因素和决定性方面。没有劳动便不可能有人对自然物质世界的实际改变与利用。而物质生产是劳动对象化的现实过程，即劳动活动得以现实性展开的具体的即社会的过程。物质生产是人类有意识、有目的地创

---

① 《马克思恩格斯全集》第23卷，人民出版社1972年版，第202页。

造价值的活动，是人类创造满足自身需要的生存条件和生活资料的社会性的活动与过程。

马克思主义哲学创始人在确立自己历史观之初，在《德意志意识形态》中便明确指出：人类历史就是生产的历史，就是社会生活的生产和再生产的历史。这个"历史"是通过人类社会整体存在的三重基本活动与关系形式来生成与表现的。

人类社会历史的首要活动与关系是物质生活资料的生产。这是一切人类生存的第一个前提，也是"第一个历史活动"。作为生存的基本条件，无论人还是其他动物都必须从自然物中获得生命延续所必需的东西，但是，人与动物的区别在于，人不是简单地接受自然的直接馈赠，而是通过自己主动的劳动活动来完成自己的生存的："人们为了能够'创造历史'，必须能够生活。但是为了生活，首先就需要吃喝住穿以及其他一些东西。"因此，"第一个历史活动就是生产满足这些需要的资料，即生产物质生活本身，而且这是这样的活动，一切历史的一种基本条件，人们单是为了能够生活就必须每日每时去完成它，现在和几千年前都是这样"。所以，人的第一个存在与活动方式是"物质生活资料的生产"。同时，物质生产并不是一个孤立的事件，它本身的发生和运动都是一个过程。所以，"第二个事实是，已经得到满足的第一个需要本身、满足需要的活动和已经获得的为满足需要用的工具又引起新的需要。这种新的需要的产生是第一历史活动"①。这就是说，新需要是生产的历史结果，但又是生产顺利推进的内在要求，而这种新的需要的实现则构成再生产过程。物质生活资料的生产与再生产，构成了全部人类社会生活的基础。

人类社会历史的第二个原初活动与关系是人自身的生产。物质生产虽然是人类历史的现实起点，但它并不是人类社会存在的直接目的，物质生产是为了维系人的生存，也是为了人类主体本身的生产与再生产。当然，人的生产也包含双重因素，一是人类主体自身的自然生产过程，二是主体之间的某种自然关系。而人的主体关系一开始是从人的自然（血缘关系）

---

① 《马克思恩格斯选集》第 1 卷，人民出版社 1995 年版，第 79 页。

开始的。"这就是夫妻之间的关系，父母和子女之间的关系，也就是家庭。这种家庭起初是唯一的社会关系。"① 这就是说，有生命的人的生产与再生产即人自身的繁殖，同时也是社会关系的生产与再生产。人类生命的生产，无论是通过劳动而达到的自己生命的生产，还是通过生育而达到的他人生命的生产，总是表现为双重关系：一方面是自然关系；另一方面是社会关系。

人类社会历史的第三个基本活动与关系就是社会关系的生产。在物质生产中，一方面是人与物之间的历史的自然关系，另一方面这种生产从来就是由人们共同活动结合起来的，这又是历史的社会关系；在人的自身生产中，一方面是人与人的历史的自然血缘关系，另一方面又是人与人之间历史地构成的社会关系。易言之，物质生产和人自身生产的过程，同时就是社会关系再生产的过程。"生命的生产，无论是通过劳动而达到的自己生命的生产，或是通过生育而达到的他人生命的生产，就立即表现为双重关系，一方面是自然关系，另一方面是社会关系。"② 社会的经济关系、政治关系、思想关系、伦理关系、亲属关系等等，正是在物质生产和人自身的生产的过程中形成的。物质资料的生产和再生产、人自身的生产和再生产，以及社会关系的生产和再生产，是人类社会活动的基本方面，三者在历史上同时存在并相互制约，始终发生作用。正是在这三种生产的过程中，社会成为"一切关系同时存在又互相依存的社会有机体"③。这三种生产的不断进行，使社会需要不断地得到满足、更新、再满足……从而使社会有机体不断地复制和更新自己。

物质生产不仅是多种多样的，同时又必须是再生产的。这主要是因为物质资料生产是整个人类社会存在的根本与永恒的发展动力，人类生存本身决定与要求生产过程的不可中断性。

早在创立唯物史观之初，马克思在批判费尔巴哈的直观唯物主义"根本不理解人类历史"时便明确指出，物质生产作为"连续不断的感性劳动

---

① 《马克思恩格斯选集》第1卷，人民出版社1995年版，第80页。
② 《马克思恩格斯选集》第1卷，人民出版社1995年版，第80页。
③ 《马克思恩格斯选集》第1卷，人民出版社1995年版，第143页。

和创造活动",是整个现存感性世界的基础,只要它哪怕只停顿一年,不仅整个人类世界甚至连单个人的存在也就没有了。① 后来,他在研究资本主义再生产过程及其规律时进一步指出,不管生产过程的社会形式怎样,它必须是连续不断的,或者说,必须周而复始地经过同样一些阶段。一个社会不能停止消费,同样,它也不能停止生产。"因此,每一个社会生产过程,从经常的联系和它不断更新来看,同时也就是再生产过程。"②

社会再生产首先是物质资料的再生产过程。任何一个社会,如果不是不断地把它的一部分产品再转化为生产资料或新生产的要素,就不能不断地生产,即再生产。在其他条件不变的情况下,社会在一年中所消费的生产资料,必须从当年的产品总量即社会总产品中取出相等数量的实物形式予以补偿,社会才能在原有的规模上再生产或保持自己的财富。要进行扩大再生产,还必须有追加的生产资料加入新的生产过程。所以,马克思恩格斯才强调,人类物质生活条件的生产与再生产是全部社会存在和发展的基础。

三

马克思的生产实践观的本质特征,并不是"生产终结论者"所误解的那样是"技术决定论"和"功利价值至上论",而是指人类社会的生产实践本质论与生产实践的社会关系论的统一。人类社会历史的发生是通过生产开始和形成的,而这种生产总是在一定的社会活动方式中历史地发生的。这就是物质生产的社会本质。正是物质生产的社会本质决定了人类社会历史存在的本质和发展方向。

生产劳动是人类在一定社会形式下对自然的占有。一方面,它是纯粹的劳动过程,是人与外部自然的物质交换过程,劳动在一般的和直接现实的意义上形成了人化自然,引发了人的历史与自然的历史的决定性分离的

---

① 《马克思恩格斯选集》第1卷,人民出版社1995年版,第77页。
② 《马克思恩格斯全集》第23卷,人民出版社1972年版,第621页。

第一步，为属人的世界创造了物质基础；另一方面，它又处于一定的社会形式之下，包含着人与人的特定社会关系。

固然，劳动创造了人，人通过劳动从动物中分化出来，形成了自身及其社会。人只有继续劳动才能作为人而存在，才能保持自己质的稳定性，与动物界严格地区别开来。但是，就像分散的纱线不能叫作布料一样，孤立存在的劳动者和生产资料并不是现实的劳动生产，孑然一身的人不可能去从事劳动生产。人类物质生产本身是以个人之间一定程度的交往，即共同活动（分工、协作、交换等）为前提的。交往与生产互相制约，只有在一定的社会联系和社会关系范围内，才会有人们的物质生产。社会关系是人类个体物质活动借以实现的必然形式。没有人与人之间的社会关系，也就不可能有人与自然的现实关系。"人们在生产中不仅仅同自然界发生关系。他们如果不以一定的方式结合起来共同活动和相互交换其活动，便不能进行生产。为了进行生产，人们便发生一定的联系和关系；只有在这些社会联系和社会关系的范围内，才会有他们对自然界的关系，才会有生产。"①"一切生产都是个人在一定社会形式中并借这种社会形式而进行的对自然的占有。"②

生产实践活动的主要的"社会存在形式"是分工与协作。③ 现实的劳动生产首先是由劳动者、劳动工具与劳动对象三个基本要素所构成和结合而成的。同时，生产劳动者又不能单凭着个体力量实现与劳动工具、劳动对象的结合。他们必须在一定社会形式中并借助于这种社会形式来进行对自然的占有，这种社会形式实际上就是分工。"到目前为止，一切生产的基本形式都是分工，一方面是社会内部的分工，另一方面是每个生产机构内部的分工"④，"整个社会内部的分工，不论是否以商品交换为媒介，是各种社会经济形态所共有的"⑤。

人类的生产活动从一开始就是社会性的活动，因此，自有人类的生产

---

① 《马克思恩格斯全集》第6卷，人民出版社1961年版，第486页。
② 《马克思恩格斯全集》第46卷上册，人民出版社1979年版，第24页。
③ 《马克思恩格斯全集》第47卷，人民出版社1979年版，第319页。
④ 《马克思恩格斯选集》第3卷，人民出版社1995年版，第640页。
⑤ 《马克思恩格斯全集》第23卷，人民出版社1972年版，第97页。

活动以来，就有作为生产社会化形式的分工。社会分工随着人类的生产而生产，随着人类社会生产的发展而发展。在人类社会早期曾出现过三次具有历史意义的社会分工。第一次是畜牧业与农业的分离，第二次是手工业与农业的分离，第三次是商人阶级的出现。前两次社会分工都发生在原始社会时期，第三次社会分工发生在原始社会瓦解、奴隶社会形成时期。到了资本主义社会，社会分工才获得了高度的发展。资本主义社会的分工产生于工场手工业时期，在资本主义工场手工业内部，分工是通过手工业活动的分解、生产工具的专门化进行的，它提高了劳动生产率。但是，这种分工却使劳动者畸形化，摧残了劳动者的体力和智力，使劳动者变成终生只会干一种活的"局部工人"。资本主义机器大工业时期，分工进一步侵吞了劳动者体力和智力的一切自由活动，它不再管"人的手"怎样，劳动者成为机器的奴隶。工场手工业时期社会分工组织还是以人为主体的、"纯粹主观的"，工具还是人的机体的工具；而在大机器工业和自动化时代，社会分工组织原则却是"纯粹客观的"，无意识地运转的机器体系是"主体"，而人的机体却成了无机的机器身体的某个"有意识的器官"。机器的资本主义使用与资本主义的社会分工组织形式，尽管不是生产过程为工人而存在的自主劳动社会形式，固然"是造成毁灭和奴役的祸根，但在适当的条件下，必然会反过来变成人类发展的源泉"[①]。从人类社会的历史和未来趋势看，社会分工的发展可以划分为四个基本阶段或形态：原始社会的自然分工，从奴隶社会到资本主义社会的自发分工，社会主义社会的分工和未来共产主义社会的自觉分工。

  分工是推动社会生产发展的重要条件。自然分工的出现，使不同性别和年龄的劳动者得到了合理的使用，在一定程度上提高了劳动的熟练程度，从而有助于劳动生产率的提高。社会分工的产生，不断分离出新的生产部门和新的工种，使生产日趋专业化，从而能够极大地提高劳动生产率。一般地说，分工越精细，生产的专业化程度越高，社会生产力也就越高。

[①] 《马克思恩格斯全集》第23卷，人民出版社1972年版，第537页。

协作是许多人在同一生产过程中，或在不同的但相互联系的生产过程中，有计划地一起协同劳动。协作有简单协作和复杂协作两种。简单协作是在没有分工的条件下，许多劳动者协力完成同一种工作，如搬运重物、挖渠等。这是一种最基本的劳动形式。复杂协作是建立在分工基础上的协同劳动。它是把制造产品的各种操作分解开来，分别由一些人去做，每人只负责一种工序，全部操作由许多劳动者协同完成。从这种建立在分工基础上的复杂协作来看，分工与协作是有密切联系的。

总之，在现实生活中，社会生产作为人的活动，本身就是在人和人之间的相互作用、相互交往中进行的，是一定社会形式下人们的共同活动。不管是原始社会的采集和狩猎，还是现代的社会化大生产都要求人们之间的协作与交往。这种协同地、社会地组织起来（现在体现为更加细密的分工和合理计算的组织）的活动，对于整个人类的进步以及人类个体的发展都具有极其重要的作用和意义。人类社会的许多重要的品质，如集体主义观念，共同劳动所要求的纪律，彼此间进行合作的诚意和协作精神，都是通过共同的生产劳动产生出来的。

易言之，一切现实的物质生产都包括两个方面，即生产的自然关系和生产的社会关系。一方面，它们都是发生在一定的社会关系之中的社会实践活动；另一方面，全部社会关系又都是建立在物质生产的基础上，首先是生产，然后才是交换、分配、消费和广义的交往等。也就是说，人们在从事物质生产、改造自然的同时，又形成、改造和创造着自己的社会关系。这种社会关系正是生产本身实现出来的历史方式。一言以蔽之，物质生产的社会本质，不仅是指它必须在结成一定的社会关系形式中才能进行，而且意味着它本身就是一个社会关系的生产与再生产过程。

四

马克思哲学视野中的生产实践概念，归根结底是以社会关系的生产与再生产为核心的历史唯物主义或历史辩证法。这也是马克思主义哲学得以当代言说的合法性底限。物质生活资料的生产与再生产，既是全部人类社会生存的基础，也是我们得以窥视人类社会的本质和历史进程秘密的枢纽。物质生产过程不但是一个直接的物质资料生产过程，而且是一个社会关系生产和再生产过程。人类社会历史既是物质生产发展的历史，也是社会关系不断变化的历史。这是因为，在生产过程中发生的人与自然的关系和人与人类社会关系的生产，也是一个再生产过程。物质资料的生产、人的生产和社会关系的生产与再生产本是同一个历史过程，共同构成了人的社会活动的三个方面。最初的物质生产即是由人自身生产的需要引起的，是由他们的肉体组织所决定的；最初的社会关系也是在人自身生产的过程中形成的。

　　社会关系的生产与再生产具有两重基本含义。首先，任何社会生产都是在结成一定社会关系的前提下才能进行生产，而这种一定社会关系条件下的生产，同时既生产出新的产品，也生产出新的社会关系。一定社会关系中的物质生产在同一个过程中，不仅生产出物质产品或财富，而且引起一定的新的社会关系。社会关系的生产与再生产就是一方面社会关系生产出或凝结为"物"，另一方面"物"又再生产出社会关系这种生产过程的二重性。例如，马克思多次强调，资本不是物，而是一种社会生产关系，这是资产阶级的生产关系，是资产阶级社会的生产关系。构成资本的生活资料、劳动工具和原料，并不是天然的自然物质，而是在一定的社会条件下，在一定的社会关系内生产出来和历史积累起来的关系物。资本是在一定的社会条件下，在一定的社会关系内被用来进行新生产的抽象物。"难道不正是这种一定的社会性质把那些用来新生产的产品变为资本的吗？"① 资本主义生产一方面生产出丰硕的社会财富，另一方面生产出越来越不平等的社会关系与尖锐的阶级矛盾："在一极是财富的积累，同时在另一极，即在把自己的产品作为资本来生产的阶级方面，是贫困、劳动折磨、受奴役、无知、粗野和道德堕落的积累。"② 资本主义形式下的财富生产处处表现为它自己的对立面。"这是始终以贫困为前提、并且只有靠发展贫困才

---

① 《马克思恩格斯选集》第 1 卷，人民出版社 1995 年版，第 345 页。
② 《马克思恩格斯全集》第 23 卷，人民出版社 1972 年版，第 709 页。

能使自己得以发展的财富。"①

其次，社会关系的生产与再生产是指任何社会生产都具有阶段上的连续性与形态上的转化性的过程关系特征，即作为生产结果的生产关系又作为生产前提而被再生产出来，即再生产出或引起新的生产关系与过程。这导致了社会生产的连续不断性与周期性循环。"社会生产过程的任何前提同时也是它的结果，而它的任何结果同时又表现为前提。因此，生产过程借以运动的一切生产关系既是它的条件，同样也是它的产物。"同理，资本主义既是它之前的社会形式生产与解体的沉淀物或产物，又是资本主义"自行起作用"、"自我实现"的前提，它甚至是"它自己再生产的产物"。资本主义生产是在作为资本主义生产的既定前提的资本这个基础上进行的，但是，这种前提也像雇佣劳动一样，"是资本主义生产的经常的创造，是它的经常的产物"②。

马克思主义之所以不是当代西方形形色色的社会思潮所曲解的庸俗的"经济技术决定论"，而是辩证的和历史的唯物主义，就在于它不是用单纯的经济或技术因素，而是始终坚持用社会关系的生产与再生产来说明历史发展的根本动力和社会存在的客观本质。社会关系的生产与再生产理论是历史唯物主义的基本思想，是马克思主义区别于以往的历史观（包括英国古典经济学、空想社会主义和德国古典哲学）的根本所在，是解答各种历史难题的利器。

关于社会关系再生产思想在历史唯物主义中的举足轻重的核心地位，经典作家们的立场是一贯的、明确的。恩格斯在1890年致约·布洛赫的信中即指出："根据唯物史观，历史过程中的决定性因素归根到底是现实生活的生产和再生产。无论马克思或我都没有肯定过比这更多的东西。如果有人在这里加以歪曲，说经济因素是唯一决定性的因素，那么他就是把这个命题变成毫无内容的、抽象的、荒诞无稽的空话。"③ 列宁后来非常清晰地阐明了在马克思那里社会生产关系的基础性作用。他指出，马克思

---

① 《马克思恩格斯全集》第 26 卷第三册，人民出版社 1974 年版，第 55 页。
② 《马克思恩格斯全集》第 26 卷第三册，人民出版社 1974 年版，第 564、546 页。
③ 《马克思恩格斯选集》第 4 卷，人民出版社 1995 年版，第 695—696 页。

"从社会生活的各个领域中划分出经济领域，从一切社会关系中划分出生产关系，即决定其余一切关系的基本的原始的关系。"① 马克思的整个思想体系的基本观点即是"生产的社会关系"的思想。②

社会关系的生产与再生产理论贯彻了生产实践第一、历史性第一的辩证的和历史的唯物主义方法论精神。它强调的与其说是物质生产和经济技术在历史发展中的决定性作用，不如说它指出了任何社会形态与生产方式的存在的暂时的历史的特征，指出了任何社会都不会是"从来如此、永远如此"的僵硬的自然结晶体，而是被一定社会关系条件所产生的、因而必然要被新的生产关系所取代的暂时的历史形式。马克思指出，坚持用生产劳动原则来说明资本主义社会的古典经济学家，最终仍然是历史唯心主义的，其主要原因就在于，它们想把资产阶级生产的生产关系的一定历史形式，说成是绝对的永恒的自然的生产形式，把资产阶级的资本的生产变成某种绝对的物的生产，而不是把它仅仅看成某种相对的历史的关系的生产，看成是物和社会劳动的关系。古典经济学家们没有把资本看作是一种关系。他们不可能这样看待资本，因为他们没有同时把资本看作是历史上暂时的、相对的而不是绝对的生产形式。古典经济学的缺点与错误是，"它把资本的基本形式，即以占有别人劳动为目的的生产，不是解释为社会生产的历史形式，而是解释为社会生产的自然形式"③。而实际上，任何物的生产并不是某种绝对的本质统一或第一性的东西，而只是一定的社会的关系生产的历史表现。"只有把资本看作一定的社会生产关系的表现，才能谈资本的生产性"④。而只有用生产的眼光看待资本或任何一种社会存在，那么，这种关系的历史暂时性质才会显露出来，这种用关系的生产来说明历史的观点，无非是强调指出了"任何社会的生产关系本身都为自己的灭亡创造了手段"。

社会关系的生产和再生产，既是物质资料的生产与再生产的必然结

---

① 《列宁选集》第1卷，人民出版社1995年版，第6页。
② 《列宁全集》第55卷，人民出版社1990年版，第13页。
③ 《马克思恩格斯全集》第26卷第三册，人民出版社1972年版，第556页。
④ 《马克思恩格斯全集》第26卷第三册，人民出版社1972年版，第291页。

果，也是其必要前提。为了生存，也就是为了能够进行生产，任何社会形态都必须在生产的同时进行生产条件的再生产，即必须进行现存生产关系的再生产。社会关系的生产和再生产是体现社会物质生产过程具体内容的"形式"，是支撑社会存在的整体结构力量。具体而言，社会关系的生产与再生产具有以下几个特点。

第一，社会关系的生产与再生产是一个不可分割的总体。一定的人类社会存在本身并不是一个孤立静止的物质实体存在，而是一个由特定社会关系的生产与再生产维系的复杂总体结构。马克思说过："每一个社会中的生产关系都形成一个统一的整体。"① 生产关系的总和就是全部社会关系构成为所谓社会，并且是构成为一个处于一定历史发展阶段的社会。古代社会、封建社会和资产阶级社会都是相应生产关系的总和，各自标志着人类历史发展进程中一个特殊的阶段。社会关系是连接一个社会物质生产与精神生产、文明社会中经济基础与上层建筑的基本结构，它是以整体的面目呈现的。社会关系的生产与再生产既包含了物质资料的生产与再生产过程中的社会关系，也体现了人们的精神文化生产过程中的社会关系；既反映了文明社会经济活动中的社会关系，也内在地包含着上层建筑领域中人们的社会政治关系与思想关系。社会关系的生产与再生产一方面取决于相应的物质生产资料和生产力的发展状况，另一方面也反过来决定着该社会政治思想上层建筑的状况与方向。

第二，社会关系的生产与再生产是具有主导性和历史性特征的动态结构。在任何社会形态下，社会关系的生产与再生产过程都不是单一的，它的形式十分复杂多样，且共存与交融。其中各种社会关系的地位与作用都各不相同，往往有一种形式处于统治地位、起支配作用。正像马克思明确指出的那样："在一切社会形式中都有一种一定的生产决定其他一切生产的地位和影响，因而它的关系也决定其他一切关系的地位和影响，这是一种普照的光，它掩盖了一切其他色彩，改变着它们的特点。这是一种特殊的以太，它决定着它里面显露出来的一切存在的比重。"② 相应地，在每个

---

① 《马克思恩格斯全集》第 4 卷，人民出版社 1958 年版，第 144 页。
② 《马克思恩格斯全集》第 46 卷上册，人民出版社 1979 年版，第 44 页。

时代和社会形态中,"占统治地位的思想不过是占统治地位的物质关系在观念上的表现,不过是以思想的形式表现出来的占统治地位的物质关系"①。例如,在土地所有制处于支配地位的社会形式中,宗法的、血缘的、地域的自然联系与宗教文化观念占据优势;在自然经济为主的社会里,商品经济关系的生产与再生产就只能处于附属的地位。事实上,古代社会的生产关系是被掩蔽在自然的血缘关系之下的;而到了资本主义社会中,直接按照生产过程的本性而形成的生产关系取得支配地位,社会历史所创造的物质条件占优势,原来支配人们的自然的、地方的社会关系生产与再生产,便越来越被社会化的大生产和市场交往关系所排挤,甚至消亡;古代曾经作为最基本的生产单位的血缘家庭,现在被降低为一个单纯的消费单位。同样,在古代社会中曾经成为主宰的农业就反过来作为工业经济和市场经济的一个部门而从事生产与再生产。

第三,社会关系的生产和再生产归根结底是伴随着社会历史的发展而不断向前发展的客观过程。生产总是在一定社会历史条件下进行的,它必然是在一定的社会关系下,以一定的形式构成的物质实践过程。"生产者相互发生这些社会关系,他们借以互相交换其活动和参与共同生产的条件,当然依照生产资料的性质而有所不同。"②任何社会关系都是由一定的物质生产水平决定的,并随着生产力的发展而不断变化。生产方式和生产资料也不断地革命,越来越精细的劳动分工必然引发更进一步的分工,机器的普遍采用也必然导致机器被更广泛地采用,大规模生产则势必导致更大规模的生产组织。总之,社会生产关系随着物质生产资料和生产力的变化和发展而发生相应的变化和发展。而当这些生产的社会关系的总和所构成的社会经济结构(即经济基础)发生变更之后,庞大的上层建筑也必然或快或慢地发生变革。社会关系的生产与再生产是社会结构变迁所必需的动力机制和保障。

---

① 《马克思恩格斯选集》第1卷,人民出版社1995年版,第98页。
② 《马克思恩格斯全集》第6卷,人民出版社1961年版,第486—487页。

论马克思哲学中的社会有机体概念

刘怀玉

一、社会存在的交往制度化实践本质

实践既是人从动物分化出来形成为人的基础,也是社会从自然分化出来形成社会的基础。人和人类社会都是在物质生产实践中历史地形成和发展起来的;因此,对于社会的本质和特征,必须从实践入手并以实践为基础才能得到正确的了解。在这个基础之上,不同的人类实践和社会活动交往生成了社会生活的诸多领域,如经济生活、政治生活和文化生活等等。全部社会存在在本质上是实践的。正是人类交往实践活动的历史积淀或凝固化,形成了不同的社会生活结构和社会体制,并形成了具有一定结构的社会有机体。随着物质生产实践的变化与发展,社会有机体也历史地随之改变。

在马克思主义哲学产生以前,在关于社会的起源与本质问题上有两种根本错误的历史观,一种是把社会本质精神化了的唯心主义历史观,另一种是把社会本质自然化了的自然主义历史观。前者把社会发展的动力归结为人的主观意志或某种超自然的精神实体,后者则把社会的本质和发展动力归结为地理环境或人口因素,又把社会还原为"人身外的自然"或"人本身的自然"。唯心主义历史观、自然主义历史观的错误本质是把人类社会神化、精神化、自然化或抽象人本化，其根本原因在于没有意识到实践在社会生活中的重要地位和作用，不理解革命的、批判的实践活动的根本意义。马克思主义哲学第一次把实践的观点引入社会生活，科学地揭示出社会的本质，明确指出"全部社会生活在本质上是**实践的**"。

所谓"社会生活在本质上是实践的"，主要是指实践构成了社会关系的发源地、构成了社会生活的基本领域，也构成了社会发展的动力之源。而所谓"实践构成了社会关系的发源地"，归根结底就是说，"社会不是由个人构成，而是表示这些个人彼此发生的那些联系和关系的总和"。① 要弄清人类社会的起源和构成，并由此而弄清社会有机体的种种问题，就必须从探讨人类个体之间社会交往的成因入手。

马克思主义坚决反对社会契约论所谓"天生独立的个人主观意愿结成社会"的唯心主义虚构，而坚持用人类个体之间在物质生产过程中所结成的交往活动来说明社会的起源，认为社会实质上是人类个体之间在物质生产基础上建立起来的交往关系。马克思说过："社会——不管其形式如何——是什么呢？是人们交互作用的产物。"② 因为社会交往是人类在与自然进行物质交换即生产劳动的同时所必须进行的活动。人与自然的交往是主客体的交往，人类个体之间的社会交往则是主体间交往或人际交往。

社会是人们之间通过交往实践而形成的。马克思考察交往的出发点是社会分工。在生产活动中，与工具的有限性和单一性相似，个人的有限性也体现出来，这种有限性表现为个体往往只能在为达到某一目的的过程中充当特定的角色或环节，甚至这些角色或环节往往还要由一定的群体来担当。这种分化即分工正是源于具体的活动主体的有限性。交往的直接目的就是超越单一个体或单一群体的有限性。既然分化已经形成，那么各个角色和环节间的沟通和合作亦即成为必要，这便是人类生活的交往领域。因此，可以说社会是人类个体之间的交往关系。

更深一层说，社会是由制度化的交往关系建立起来的物质生活世界。

---

① 《马克思恩格斯全集》第 46 卷上册，人民出版社 1979 年版，第 220 页。
② 《马克思恩格斯选集》第 4 卷，人民出版社 1995 年版，第 532 页。

社会交往关系根源于物质生产活动，并构成物质生产活动的社会条件。生产活动要求人们的社会交往活动具有稳定的秩序和结构，即制度化。社会交往的秩序和结构，是通过社会交往的规范化、制度化的过程建立起来的。社会制度是人类交往关系成千上万次重复之后所积淀下来的，并加以抽象化、凝固化的结构。

"积淀"，本来是一个文化人类学概念，其最初含义是指人类经过漫长的历史进程，才产生了人性——即人类独有的文化心理结构，如人的类（历史主体）经验积淀为个体的心理，理性的积淀为感性的，社会的积淀为自然的，原来是动物性的感官人化了，自然的心理结构和素质转化为人类性的东西。正像马克思所说，"五官感觉的**形成**是以往全部世界历史的产物"①，事实上，包括制度在内，"文化是一种从历史上沿袭下来的体现于象征符号中的意义模式，是由象征符号体系表达的传承概念体系，人们以此达到沟通、延存和发展他们对生活的知识和态度。"② 人类通过语言把以使用制造工具活动及其形成的社会交往为核心的人的生存状态的各种经验保存、贮藏、传递下来。个体的人在此群体活动中，一方面回忆、学习、巩固各种经验、技能，另一方面认同这个群体，归属和服从于这个群体。这即是从外在行为和内在心理两个方面建立起社会的形式、秩序、规则。

制度在每个社会都是一个"带有根本性、全局性和长期性"③的问题。制度从空间上看是人们日常生活交往微观实践的宏观化扩展化，从时间上说是历史的集体经验通过内化沉淀到个体交往实践经验之中而被积累传承与持续再生产过程。社会实践具有时空上的连续性，具有循环往复的特性，正是最日常的活动塑造和再塑造了人类的社会生活。"社会结构和国家总是从一定的个人的生活过程中产生的。"④ 英国当代著名社会理论家安东尼·吉登斯（Anthony Giddens）借鉴马克思的社会实践理论而提出的

---

① 《马克思恩格斯全集》第42卷，人民出版社1979年版，第126页。
② [美]克利福德·格尔兹：《文化的解释》，纳日碧力戈等译，上海人民出版社1999年版，103页。
③ 《邓小平文选》第2卷，人民出版社1993年版，第333页。
④ 《马克思恩格斯选集》第1卷，人民出版社1995年版，第73页。

"结构二重性"的理论,充分地揭示了人类行动者的社会实践与社会制度及秩序之间的链接关系。他认为,人类行动者认识的反思能力与实践的连续性过程导致了社会秩序的生产与再生产。既不存在没有社会结构的行动,也不存在凌驾于行为之上的社会结构。结构是行动的媒介,也同时是它的成果。结构不是外在于个人的,而是个人的记忆里的痕迹,和内化于人的行为之中的。由此来看,社会体制和制度就是那些透过行动者和社会实践而在时空里伸展开来的持续和稳定的社会关系的形态。制度是在社会中跨时空的深层积淀。①

任何社会制度与结构既不像社会契约论说的是主观精神、自私自利的自然天性的产物,也不是神意安排或自然进化的秩序,而是社会实践与现实利益关系所建构起来的。制度是通过人的实践活动与交往关系不断重复与再生产的积累与反思结晶,也是各种社会互动关系不断被理想化抽象化的过程。马克思就曾针对资本主义市场经济政治制度的历史逻辑发生而指出:"平等和自由不仅在以交换价值为基础的交换中受到尊重,而且交换价值的交换是一切平等和自由的生产的、现实的基础。作为纯粹观念,平等和自由仅仅是交换价值的交换的一种理想化的表现;作为在法律上、政治的、社会的关系上发展了的东西,平等和自由不过是另一次方的这种基础而已。"②

从可能性上说,人际交往的方式或类型是无限制的;从现实性上说,社会的物质生活活动在其一定的发展水平上,又只能允许某些特定的交往关系规范化、制度化。也就是说,在可能性上无限制的交往形式在物质生产发展水平的制约下只能以特定的形式而现实化,这也正是社会交往关系客观化的过程。作为社会交往规范化、制度化之产物的社会制度,具有其出现和存在的历史必然性。对于生活在这种制度下的人们来说,它又成了一种外在的环境,一种既定的独立的力量,支配着人们的活动。具体表现在:

经济的社会交往制度化形成了一定的社会经济制度,其核心是生产资

---

① 参见[英]安东尼·吉登斯:《社会的构成》,李康、李猛译,生活·读书·新知三联书店1998年版。
② 《马克思恩格斯全集》第46卷上册,人民出版社1979年版,第197页。

料的所有制。经济的社会交往关系即生产关系的总和构成了社会的经济结构，是整个社会结构的现实基础。从内容上看，社会的经济结构就是生产关系的总和，这里的"总和"就是指多种生产关系的总和。因此，作为这种交往关系制度化之产物的经济制度，也就构成了整个社会制度体系的基础。

"政治是经济的集中表现"[①]，政治交往作为超越具体的经济交往的社会交往形式，它具有比经济交往更高的自觉性，因而对经济交往的方式有着一种引导和规范作用。为了使自己能够起到引导和规范经济交往活动的作用，政治交往本身也必须制度化、规范化。这种制度化、规范化了的政治交往关系即政治、法律制度，就是竖立于经济基础之上的政治上层建筑。它作为政治交往的规范，限止着人们的政治行为，把人们的政治交往限定在一个不得任意逾越的范围内。强制性是政治结构或政治上层建筑的独特之处。它不像经济制度那样靠物质利益关系来引导，也不像意识形态那样靠精神感化或影响。

精神文化的交往规范化形成特定的意识形态体系。意识形态是社会主体从特定的立场对于社会经济政治的反映，它的作用是论证和表明特定的经济制度和政治制度的合理性与合法性。人类文化生活与文化交往的产物并不全都是意识形态，意识形态化了的只是其中的一部分。意识形态化的过程，是文化精神交往从特定的阶级立场或共同体立场出发，在特定阶级或共同体利益支配下所实现的规范化过程。

与社会交往实践的三个层次相应，历史地形成的交往活动的制度化也表现为三个层次：社会经济结构、社会政治结构或政治上层建筑以及社会文化结构或思想上层建筑。

社会的经济结构，是在一定社会的生产过程中，包括社会产品从生产到消费的运动过程所结成的人们经济关系。其性质决定于生产资料所有制关系的类型，取决于劳动者和生产资料结合的特殊方式。例如，资本主义经济结构的产生，主要依存于资本家对生产资料的私人占有制的出现，以

---

① 《列宁选集》第4卷，人民出版社1995年版，第407页。

及摆脱了人身依附关系而又丧失劳动资料和生产资料的自由劳动者的出现。

自从人类进入阶级社会之后，就出现了政治结构。该结构主要体现为国家政权机构与设施。随着阶级的出现，就产生了阶级利益和矛盾与冲突，这主要靠国家政权来解决。以政治权力为轴心而形成的人们在国家中的地位关系，就构成了人们的政治关系。它的基本格局就是统治与服从的关系，全部政治结构及其具体形式均由此而衍伸开来。

在社会结构中，精神文化结构或思想上层建筑是一个比较特殊的结构。广义说来，精神文化结构包括自然科学、技术结构、社会意识形态以及与之相适应的制度与设施。但从狭义上讲，主要指社会的意识形态，以及与之相适应的制度和组织机构。思想上层建筑具体来说，包括政治思想、法律思想、道德、哲学、艺术、宗教等等社会意识形态，它们相互关联、相互作用，在每一个历史时期都形成一种特定的结构。其中每个社会的思想上层建筑又是由各不同相同的占统治地位的文化与不占统治地位的文化组成的，是等级化的、异质性的、多样态的结构性存在。列宁在谈到资本主义社会的情况时就指出过："世界上没有而且不可能有'纯粹的'资本主义，而总是有封建主义的、小市民的或其他的东西**掺杂其间**。"[①]

二、社会有机体的历史整体性矛盾性特征

社会作为人类个体之间交往关系的产物，是一个有机的系统，有机系统是因其各个部分之间具有内在联系而相互制约的整体。包括社会在内，所有的有机系统的最重要的功能都是自我组织、自我调节。社会是由一定的内在联系构成的有序系统，而不是个人活动的无序总和，是一个既自我矛盾分化，又自我协调完善的自组织系统。

把社会作为一个有机整体来把握，是自古以来就有的哲学观点。但社

---

① 《列宁选集》第3卷，人民出版社1995年版，第483页。

会作为一个有机整体而客观存在却是近代的产物。由于资本主义商品和市场经济的发展，日益显示出社会的"有机体"性质；又由于受到当时迅速发展着的生物学成就的启发，近代不少学者都提出了社会是有机体的思想。先是空想社会主义者圣西门初步提出社会是一个有机整体思想，接着最著名的代表人物是实证主义哲学创始人孔德和斯宾塞。孔德认为社会如同生物体，是一个各部分相互联系的整体：如家庭是社会的细胞，阶级或种族是社会的组织，城市和社区是社会的器官；社会像生物界一样，是一个连续进化的过程。斯宾塞认为社会机体同生物机体一样，由营养系统、循环系统和调节系统三个部分组成。如工人农民提供营养，商人企业家处于循环系统，政治家们则对社会进行调节。他列举了生物机体与社会机体之间的一系列相似之处：它们都具有对外扩张性，日益复杂化，伴随着机体结构分化而出现功能分化。它们的生存都取决于整体的功能而不是它们的局限的功能。

孔德（Auguste Comte）、斯宾塞（Herbert Spencer）等人的社会有机体理论的合理性在于，他们把社会作为一个整体来看待。但是他们的社会有机体理论根本错误在于把生物进化规律照搬到社会发展领域，实际上是一种用生物有机体概念来分析社会的观点与方法。这种方法只看到社会机体的整体和谐与稳定，而无法理解现代社会的实际矛盾与利害冲突；社会有机体的历史性消失了，他们的有机体类比只强调共时分析而忽略了历史分析的作用。

马克思的社会有机体理论虽然借用了他的同时代古典经济学与社会学家们关于"社会是一个有机体"之隐喻的说法与术语，但就其根本思想实质与哲学方法论精髓来说，却是黑格尔的总体性辩证法概念。黑格尔《逻辑学》第二部分"本质论"关于绝对观念发展到"现象"阶段所遭遇到的整体与部分的关系问题的讨论，正是马克思社会有机体理论的辩证法思想之真正来源。

众所周知，黑格尔的哲学是要解决法国革命的悲剧性矛盾与德国的错综复杂的社会矛盾，要对充满矛盾的现代性提供一个绝对的精神基础。黑格尔的哲学是对充满着矛盾的精神现象世界进行深刻辩证的调和。黑格尔指出，在"现象"阶段中，主要的发展是关系的理念。"现象"的确切含义是，我们把事物看作显露的、被设定起来的、通过必然性而得到展现，而不是只把事物看作直接地存在着。把事物看作"现象"，就是不仅把它们看作基于自身而且看作较大整体的环节。被视为现象的实在，是高于直接的、独立的存在的某物。现象于是就是整体与部分的相互作用的世界。

整体和部分是互为条件的。在整体中，没有不是在部分中的东西；在部分中，也没有不是在整体中的东西。整体不是抽象的统一，而是作为一个"差异的多样性"的统一；但这个统一，作为"多样性的东西"在其中彼此相关的东西，是这多样性的东西的"规定性"，它由此而是部分；而部分作为部分，不等于整体本身，而是在整体中等于自身，即部分。整体如果对部分漠不关心，便是抽象的，自身不曾区别的同一，这个同一只有作为自身区别的东西，才是整体；同样，部分如果对整体的统一漠不关心，便只是无关的多样性的东西，或自身即他物，它本身就是自己的他物。因此，整体与部分双方均"不在本身中而在它的另一方面中有其独立性"①。

黑格尔认为，从表面上看，整体只是整体，部分只是部分，这是一种机械论的思维。但实际上，每一方只是与另一方相对立而存在着，而为了自为地存在着，每一方似乎必然把另一方降到仆从的地位，使另一方依赖于它自身：整体必然要使部分成为独立存在的从属要素，而部分必须摆脱成为这种从属要素之命运。然而，在获得成功过程中，每一方总是否定自身；整体总是将它的部分融为一体，因而不再成为整体（它只是处于对比之中）；部分总是摆脱整体，因而不再是部分。

由是观之，马克思的社会有机体理论就是黑格尔关于部分与总体互为中介的、互相转化的辩证思维产物。一个部分是组成它的更小的部分的整体，一个整体是构成另一个更大整体的部分。马克思早在《哲学的贫困》一书中曾针对蒲鲁东把社会的各个环节变成同等数量的独立社会的虚假辩证法做法，而指出，总体的范畴绝不是把它的各个环节归结为无差别的统

---

① ［德］黑格尔：《逻辑学》下卷，杨一之译，商务印书馆1982年版，第160—161页。

一性、同一性，而是认为这些环节彼此间处于一种动态的辩证的关系。每一个社会中的生产关系都形成一个统一的整体。在研究社会时，不应该"把社会体系的各个环节割裂开来"，否则就不能正确说明"一切关系在其中同时存在而又相互依存的社会机体"①。后来马克思的政治经济学批判方法进一步说明，例如，生产、分配、交换、消费就不是同一的东西，而是说，它们构成一个总体的各个环节、一个统一体内部的差别，"因此，一定的生产决定一定的消费、分配、交换和**这些不同要素互相间的一定关系**……不同要素之间存在着相互作用。每一个有机整体都是这样"②。

由此可见，马克思主义所说的社会有机体不是"自然的"或"永恒的"实体与秩序，而是生产实践的自我生成与矛盾发展着的历史过程。马克思的社会有机体理论与古典社会学和20世纪的结构主义的社会观的根本区别就在于，他首先从实践的观点出发把社会看作一个以物质生产活动为基本动力源泉的自我生成、自我组织的系统与过程，而不是某种一成不变的自然秩序或无意识结构；其次坚持从矛盾的观点出发来理解社会有机体的自我协调、自我冲突的功能特点，坚持社会有机体既在矛盾冲突中产生发展又在协调统一中自我完善巩固的观点；坚持社会历史性优先于社会机体的结构性共时性的观点。

马克思主义关于社会有机体理论的最基本观点是："现在的社会不是坚实的结晶体，而是一个能够变化且经常处于变化过程中的有机体。"③。在这里，马克思的社会有机体论范围是一个囊括了全部社会生活及其关系的总体范畴，指人类社会是从物质生产实践为基础的各种社会关系同时存在而又相互依赖所构成的总体。马克思认为："社会不是由个人构成，而是表示这些个人彼此发生的那些联系和关系的总和。"④

所谓从总体上来把握人类社会的全部生活，首先不是把社会生活的各个领域看作是孤立的、分散的存在，也不是把社会看作是各个不同领域

---

① 《马克思恩格斯选集》第1卷，人民出版社1995年版，第79页。
② 《马克思恩格斯选集》第2卷，人民出版社1995年版，第17页。
③ 《马克思恩格斯选集》第1卷，人民出版社1995年版，第12页。
④ 《马克思恩格斯全集》第46卷上册，人民出版社1979年版，第24页。

（其中每一个领域又都按其自身独立的规律发挥作用）的机械组合或简单相加，而是看作一个统一的有机整体。"辩证方法的本质在于……全部的总体都包含在每一个被辩证地、正确地把握的环节之中，在于整个的方法可以从每一个环节发展而来"，即"个别的环节不是机械的总体的部件……而是在个别的环节中隐藏着从其本身发展出总体的全部丰富内容的可能性"①。"如果说，在完成的资产阶级体制中，每一种经济关系都以具有资产阶级经济形式的另一种经济关系为前提，从而每一种设定的东西同时就是前提，那么，任何有机体的情况都是这样。这种有机体制本身作为一个总体有自己的各种前提，而它向总体的发展过程就在于：使社会的一切要素从属于自己，或者把自己还缺少的器官从社会中创造出来。有机体在历史上就是这样向总体发展的。它变成这种总体是它的过程即它的发展的一个要素。"②

三、现代社会有机体的自我调节与和谐取向之功能

人类社会特别是现代社会，是一个有机性程度极高的、开放的系统。这是因为社会作为一个系统，必须和外部自然界进行物质变换，同时它自身又是一个由若干子系统构成的经常处于变动着的有机整体，社会区别于自然的重要特征就在于它是一个自我控制的系统。

首先，由经济、政治和文化等系统合成的社会有机整体的平衡发展是通过各系统的相互协调来实现的。其中，物质生产力是最为活跃的因素，它的变动经常会引起各个子系统的连锁反应，造成子系统之间平衡的破坏。这时，社会有机体就会通过自我调节/控制来恢复或建立新的平衡。

依靠社会自我控制保持社会的动态平衡，是社会系统区别于自然系统

---

① ［匈］卢卡奇：《历史与阶级意识——关于马克思主义辩证法的研究》，杜章智、任立、燕宏远译，商务印书馆1992年版，第254—255页。
② 《马克思恩格斯全集》第46卷上册，人民出版社1979年版，第235—236页。

的主要特征。自然系统的平衡的维持纯粹是物竞天择、自然淘汰的结果。现代科学告诉我们，系统平衡的调节过程具有明显的"反熵"性质。在自然系统中，"熵的减少"是一个"自动调节"的过程，即自发地通过统计因素的作用而实现的。这种调节过程大都是在大尺度的时间里进行的缓慢的过程，并伴随着巨大的破坏。与此相反，社会系统中的"熵的减少"是具有目的的能思考的人们调节的结果，人通过自觉地调整系统的结构，减少熵量，使系统不断从无序到有序，从而保持系统的动态平衡，这是别的系统所没有的。只要一个社会系统存在着，这个系统就必然是自我控制的。假如社会系统内部的不适应状态超出了系统自身控制的能力，导致失控，这个系统就要瓦解，被新的系统所代替。

有机体是指因其各个部分之间具有内在联系而相互制约的整体，其最重要的功能是自我组织、自我调节。社会交往活动的制度化是社会系统自组织、自调节过程的自觉性的集中体现。

社会交往关系的制度化、规范化，就是意识到了自己的交往活动的社会主体自觉地建立起交往活动的制度和规范，以指导、约束自己的交往活动，这是社会系统自组织、自调节过程的自觉性的集中体现。各种交往制度和规范限定、调整人们的交往关系，使各个个体的行动协调起来，从而也就把构成社会的个体组织起来，使社会成为一个统一的整体，作为一个统一的整体而存在和运行。其中，经济制度调节人们的经济活动，而且为规范人们的全部社会活动提供基础。政治制度规范人们进行政治交往的方式，它以强制性的力量保证社会总体的有序性，是对社会有机系统进行总体性调节的手段。作为精神交往的规范的意识形态，也具有从总体上调节社会有机系统的作用，它是社会关系的反映，又指导人们的社会交往活动。可见，正是各种社会交往制度和规范执行着社会有机系统的调节功能，社会交往关系的制度化、规范化是使社会成为具有其独特的自组织、自调节功能的有机系统的根本条件。

人类社会是最复杂、最高级的有机系统，它的调节机制也必然是高度复杂的，因而是经常地处于变化之中的。作为这一调节机制的社会交往制度和规范，由于其自身的复杂性和变动性，必须进行自身的整合，即必须有效地把诸层次的交往制度和规范制度整合为一个协调的体系，才能有效地执行社会有机系统的调节功能。如果各种调节机制各不相涉甚至于相互冲突，由此将导致社会运行的紊乱以致社会机体的瓦解。所以，社会交往制度和规范的体系应该是同社会交往实际过程的内在联系相适合的。社会交往是人与人之间的交往，它以人与自然之间的物质交往即人类改造自然的生产活动为前提。整个社会有机系统的存在和运行，都以物质生活资料的生产为基础。因此，各种社会交往制度和规范及其相互关系的确立，都必须适应物质生产活动的需要。社会物质生活的生产方式制约着整个社会生活、政治生活和精神生活的过程，依据这种制约关系，各层次的社会交往制度或规范均占据着一个确定的位置而对社会起着调节作用。整个来说，全部社会调节机制是以物质资料生产方式为基础而逐层地整合为一个在总体上协调的体系的。

正是由于社会交往制度和规范作为一个协调的体系对社会运行的调节作用，才使社会作为有机系统而存在。这样就显示出，社会交往制度的体系成了社会有机系统的结构。事实上，人们也正是从社会交往制度的体系去把握社会有机系统的结构的。可以说，人们的社会交往关系结构是社会有机系统的隐结构，而社会交往制度结构则是社会有机系统的显结构。应当看到，作为制度和规范，它所体现的只是繁复变化的社会生活有机系统的结构，也就只是它的最基本的结构。这个结构就是：

经济制度（即生产关系）——政治制度（或政治上层建筑）——意识形态（或思想上层建筑）。

社会不仅是一种有机系统，而且是一种"经常处于变化过程中的社会有机体"。这是马克思主义社会有机体学说的又一要旨所在。这个基本观点主要是指：一是从人类发展的总过程和总趋势看，社会愈来愈具有有机整体性；二是指社会机体具有自我更新的能力，任何一个具体的社会都经历从形成、发展到衰亡，最后被新的社会取代的过程。人类社会的历史就是社会机体不断自我更新代谢的历史，具体即表现为各种社会形态的更替，即社会机体类型或"形式"更迭的历史。社会机体之所以具有这种变化发展的能力，根本原因就在于人类必须不断地与外部自然界进行物质和能量变换才能生存，这是人的生命活动的本质特征。正是这种活动赋予社会机体以不断更新和再生的能力，并使它成为一个与自然界根本不同质的系统。一个社会有机体进步复杂程度越高，这种自我调节程度能力与自觉性也就越高，该社会的和谐性便有可能越强。

社会有机体是一种以人为主体的具有自我意识的有机体，从而异于并优于生物有机体。任何有机体都具有自组织、自调节的功能，一个系统的有机性程度取决于它的自组织，自协调的程度。社会有机体的自组织、自调节过程是在一定程度上被自身意识到的，是以某种自觉的形式进行的。各种社会意识形态都是社会的自我意识。意识形态再生产的目的就在于调节和控制各种社会力量，形成自觉的集体行为。各种社会制度，包括经济制度、政治制度都是通过人们的意识而形成的，实际上是意识到自己交往活动的社会主体自觉建立起来的社会规范，以约束、协调个体的行动，从而使社会作为一个整体而存在和运行。这是社会有机体自组织、自调节过程自觉性的集中体现。

事实上，当代西方发达资本主义社会就是一个具有高度自我调节能力的社会形态。从19世纪的自由资本主义发展到20世纪上半叶的国家垄断资本主义再到今天的全球化资本主义或国际垄断资本主义，这既是资本主义社会一次次不断地陷入矛盾与危机的过程，也是逐步自我完善的成熟进步过程。比如，今天国际垄断资本主义在生产力、生产关系和上层建筑方面都发生了一系列新的变化。表现在生产力方面的变化，就是以信息技术为代表的新科技革命的迅猛发展；经济形态从工业经济走向知识经济；表现在生产关系方面的变化是所有制形式出现多元化趋势；经济运行出现政府宏观调控的趋势；收入分配关系出现了兼顾公平的趋势。当代国际垄断资本主义在上层建筑方面的变化是，发达资本主义国家的阶级结构出现了多层次的特点；发达资本主义国家的政治制度出现了民主化的趋向，民主选举制度更为完善，对政府的监督和制约因素大大增强；公民参与政治程度越来越广泛深入。发达资本主义的主流意识形态出现了新的变革。导致这些变化的原因有科技革命的推动,社会主义的影响,对经济危机的恐惧等。但最重要的原因还是资本主义国家对生产关系的自我调节,国家的社会职能大为增强,它不仅以各种政策手段从外部干预和影响社会经济的发展过程,而且还以大量的国家投入与国家消费直接地介入社会经济生活之中。国家干预的实质就是资本主义国家为了适应生产力发展和生产社会化的客观要求,对资本主义生产关系进行的自我调节。① 发达资本主义国家通过一系列的自我调整、改良和改善,在一定程度上缓和了私有制对生产力的束缚,并使资本主义社会的阶级矛盾和其他社会矛盾得到暂时的缓和,从而使西方发达资本主义国家在20世纪50—70年代赢得了在资本主义历史上前所未有的、主要依靠劳动生产率提高的经济快速发展的"黄金时期"。但社会有机体的自组织、自调节能力是有限的,当矛盾的激化超过了自我调节的限度时,必然会被新的社会形态所代替,又开始新的自我组织与调节的运动。所以马克思主义认为,资本主义由于不可克服的自我矛盾而必然要被一种更高级更先进的社会形态,即社会主义与共产主义所取代。社会主义作为能够克服资本主义不可克服的内在的矛盾的更为先进的社会,它自然具有着更强的自我协调的特征与能力,所以和谐社会不仅是社会主义建设的目标,也是其本质的应有之义。关于"社会主义是一个和谐社会",最早的和比较经典的说明是恩格斯1847年在《共产主义原理》的一段文字:

> 由社会全体成员组成的共同联合体来共同地和有计划地利用生产力;把生产发展到能够满足所有人的需要的规模;结束牺牲一些人利益来满足另一些人的需要的状况;彻底消灭阶级和阶级对立;通过消除旧的分工,通过产业教育、变换工种、所有人共同享受大家创造出来的福利,通过城乡的融合,使社会全体成员的才能得到全面发展。②

社会有机体是"自在的"和谐社会,而和谐社会则是"自为的"社会

---

① 参见刘昀献:《国际垄断资本主义论》,河南人民出版社2005年版。
② 《马克思恩格斯选集》第1卷,人民出版社1995年版,第243页。

有机体。和谐社会之如何可能，首先需要反思社会有机体如何可能。马克思主义哲学视野中的社会有机体之为可能，就在于：第一，它是人的实践特别是交往实践的产物，交往实践的总体性联系内含着社会的不可分割的有机整体性。第二，它是人与自然特别是人与社会相互矛盾的产物。因而社会有机体是一个内在地包含着社会的矛盾的产生与解决的动态平衡状态与过程。第三，它是稳定的自我调节的制度整体，内含着能动性。一个社会有机体进步复杂程度越高，这种自我调节程度能力与自觉性也就越高，该社会的和谐性便有可能越强。

交往范畴的科学定位
——《德意志意识形态》中的交往范畴①

张 亮

传统理解模式认为,《德意志意识形态》(以下简称《形态》)中的交往范畴就是马克思恩格斯当时正在形成的生产关系概念。20世纪90年代以来,国内一些学者对此提出了异议。这些学者共同认为,交往范畴拥有广泛得多的内涵和外延,生产关系仅仅是诸多物质交往关系中的最根本的、基始性的一种。从这一点出发,有的论者认为,应把社会交往作为介于生产关系与政治上层建筑之间的历史唯物主义视野中的第五个社会层次;②有的论者则从交往这个特定视点出发,重新审视了历史唯物主义体系,认为交往是唯物史观中最重要的范畴③;有的论者则希望在精神交往与物质交往统一的基础上达成对西方当代思潮的对话与批评。④

综观《形态》全文,马克思恩格斯既在日常语义层面上大量使用交往一词,从而形成了诸如人际交往、商业交往、战争交往等等一般性的用法(传统模式清醒地看到了这一点),也在严格的哲学历史观意义上审慎地使用交往范畴。就此而言,作为"在过去一切历史阶段上受生产力制约同时又制约生产力的"交往关系⑤,如果不是指那种物质性的、基始性的、人们在生产活动中结成的关系,还能是什么呢?对传统模式提出异议的上述

---

① 原载《理论探讨》1997年第3期。
② 官敬才:《简论〈德意志意识形态〉中的交往范畴》,载《社会科学》1992年第12期。
③ 林剑:《交往范畴与唯物史观》,载《江海学刊》1993年第5期。
④ 范进:《马克思的社会交往理论》,载《社会科学战线》1994年第6期。
⑤ 《马克思恩格斯选集》第1卷,人民出版社1995年版,第87页。

论者的观点是不能成立的。

如果认为交往范畴就是形成中的生产关系概念，那么一个自然的推论就是：这两个范畴应当是不能共存的。实际情况是，在马克思大量使用生产关系范畴的中后期经济学著作及手稿中，交往范畴（在另一种意义上的）也是同样使用的。新的研究还表明，生产关系范畴在《形态》中也已经明确确立了。① 由此可见，传统模式的立论也是难以成立的。

通常以为，生产力与生产关系的经济矛盾是人类历史发展的一般动力，也是社会经济形态更替的普遍原因（阿多诺因此而指责马克思，说他想把世界变为一个大工厂②）。因为如此，人类社会历史才是一个"自然历史过程"。这里蕴含一个极深的误解。③ 在马克思那里，并不是整个人类历史都是一个似自然的历史过程，仅仅是私有制条件下尤其是资本主义条件下的人类历史是一个似自然的历史过程；社会经济形态是特指排除原始共产主义社会和共产主义社会在外的、私有制社会的诸形态；生产力与生产关系的经济矛盾不是整个人类历史发展的动力，仅仅是私有制社会发展的动力。在《形态》与《费尔巴哈》中，即马克思恩格斯实际上是把生产力与交往形式的矛盾作为历史发展的动力的。

在新版《费尔巴哈》问世之前，人们都以为它是一部完整的著作。现在我们明白了，它是由五篇手稿组成的一部未完成手稿。那么，《费尔巴哈》何以是未完成的呢？——这不是一句无聊的闲话，而是涉及讨论能否深入下去的关键。

传统解释认为，由于《形态》是直接批判"真正的社会主义"的，因此它的出版受到多家同情支持"真正的社会主义"的出版商的拒绝，以致只能是让"老鼠的牙齿批判"了。这仅仅解释了《形态》何以未能出版，而并未说明《费尔巴哈》何以是未完成的。

张一兵教授的近作《一定的历史的暂时的：科学批判理论的新基点》

---

① 《马克思恩格斯全集》第3卷，人民出版社1956年版，第28、420、421页；《马克思恩格斯选集》第1卷，人民出版社1995年版，第122、271页。
② 参见［美］马丁·杰：《法兰克福学派史》，单世联译，广东人民出版社1996年版，第69页。
③ 张一兵：《马克思历史辩证法的主体向度》，河南人民出版社1995年版，第3章第1节。

一文较为圆满地解答了这个问题。①张教授实际认为,《费尔巴哈》是注定不可能完成的。在1846年8月1日致出版商凯列斯的信中,马克思告诉对方:在发表我的政治经济学的"正面阐述"以前,"先发表一部反对德国哲学和那一时期产生的德国社会主义的论战性著作,是很重要的"。同时马克思还很自信地告诉凯列斯,这部著作(《形态》)在11月底之前将能够付印出版。②而实际情况是,被恩格斯称为"应首先发表"的《形态》之哲学部分、即《费尔巴哈》的创作在同年12月之后已经进入了一种再无进展的停滞之中。

在此之前,马克思恩格斯已经大体确立了历史唯物主义的最重要的原则,并在之上初步拟定了异质于人本主义异化逻辑的新的批判思路。但是,在如何再在科学的基点上引出现实批判的结合点上,并未完成理论缺环上的最终联结。在1846年12月间,马克思批判地阅读了蒲鲁东的新作《经济矛盾的体系,贫困的哲学》,这成为马克思哲学革命变革中最后一个重大突破的催化剂。1946年12月28日至安年科夫的信表明,马克思已经认识到新哲学应仅仅是一种方法论的历史唯物主义和历史辩证法,它的合法存在应仅仅作为实证研究的方法论引导,并以一种隐性的方法发生在实证研究的功能运转之中。一切体系化的旧哲学必须终结。(因此,当有的论者企图以社会交往去补充、重新整合历史唯物主义时,他们所理解的马克思主义哲学仍旧是一种体系化的旧哲学!)也就是说,马克思这时已经放弃了建构一个历史哲学体系的打算,作为这个体系的实现者的《费尔巴哈》也就自然地丧失了再继续进行创作的必要性了。

马克思的这一思想很快就传递给了恩格斯。我们看到,在1847年3月,原本积极要求出版《形态》的恩格斯的态度发生了明显的改变。在1847年3月9日致马克思的信中,恩格斯说:"如果我们的手稿(《形态》)的出版会影响你的那本书(《哲学的贫困》)的出版,那末就把手稿扔掉算了,因为出版你的书重要的多。"③

---

① 张一兵:《一定的历史的暂时的:科学批判理论的新基点》,载《江汉论坛》1997年第2期。
② 《马克思恩格斯全集》第27卷,人民出版社1972年版,第473—475页。
③ 《马克思恩格斯全集》第27卷,人民出版社1972年版,第92页。

为什么《哲学的贫困》会比《形态》重要得多呢？这是因为，对于作为科学的历史唯物主义而言，实证的经济学研究要比反思性的哲学论证更富于实际的建设性和走向社会变革的现实性。

熟悉《费尔巴哈》文本的人都知道，在该章第一手稿的第一部分，马克思恩格斯在批判了费尔巴哈的三个抽象的概念（抽象的人、抽象的自然和抽象的直观）之后，首次提出了历史唯物主义的基本原理；然后在第三手稿中，通过对历史的回顾，验证了历史唯物主义的正确性：任何一种社会形态都必然要灭亡；最后在第五手稿中，还是在对所有制历史描述的基础上，马克思恩格斯再一次对历史唯物主义进行了总结。众所周知，资本主义必然灭亡、社会主义必然胜利这是历史唯物主义最终的结论。可是在《费尔巴哈》中，马克思恩格斯从来没有这样直接表述过，他们总是在泛谈历史的基础上一般性地肯定，任何社会形态都会灭亡，社会主义作为现实运动的结果必然会实现。只有当后来马克思发现了资本主义生产方式的内在矛盾，创立了剩余价值理论之后，社会主义才真正从假设变为科学（列宁语）。只是在这种意义上，我们说，《费尔巴哈》中的历史唯物主义还只是一个有待证实的哲学结论。

当年恩格斯是否也是因此而否定了《形态》的出版价值的呢？可以再讨论。

上文已经说过，在1846年11月之前，马克思恩格斯是十分希望《形态》能够出版的。为什么会这样呢？我们知道，在1845年春天马克思恩格斯已经揭开了哲学革命的序幕，初步消解了人本主义的批判逻辑。可是，他们仍旧需要批判。——如果不批判现实，还能是一个共产主义者吗？由于经济学研究的局限，致使他们当时还不可能建立真正科学的批判理论——经济学批判，还只能是诉诸哲学，以哲学的批判去对抗哲学的批判。

海德格尔曾认为，不谈人的哲学是非法的。这或许太绝对了。但可以绝对肯定的是，任何哲学批判都一定是主体性的。人本主义如此，（《形态》中的）历史唯物主义也是如此。在《费尔巴哈》中，历史唯物主义正是以批判性的分工理论为中介，通过交往范畴实现了对资本主义制度的批判。

当传统理解模式把交往范畴等同于实证性的生产关系范畴时，它忽略了这一范畴的人本主义逻辑渊源。我以为，是费尔巴哈第一个把交往术语提升到哲学的高度。费尔巴哈认为，不是孤立的个体，而是类，是人的本质、人的自然。所谓类就是交往中的个体们。费尔巴哈不排除物质性交往关系的存在，但是他所理解的类关系主要是指精神性的交往关系。赫斯继承了费尔巴哈的这一思想，并使之更加唯物主义化。他把被费尔巴哈隐匿起来的物质性交往关系凸显出来，将之作为一切交往的基础和人的本质。在《金钱的本质》中，赫斯具体阐述了自己的这一思想，并通过该文强烈地影响了青年马克思。在《1844年经济学哲学手稿》中，马克思虽然不是直接以交往而是以吸收了交往于其内的一般性劳动作为人的本质，但是，整个手稿的批判张力依然是落实在交往范畴上的。——所谓"四重异化"归根结底不就是人与人之间的交往关系的非人化吗？资本主义制度正是因为异化劳动（私有制下畸化了的交往关系）的非人化，而被人本主义者宣布了死刑、取消了历史存在的合理性和合法性。

《形态》中的交往当然不再是一个人本主义范畴了，但是它保持了人本主义交往范畴的一个特性，即对主体生存状态的关注，并以此生发出对资本主义制度的批判与否定。

在人本主义体系中，交往首先是一个抽象的概念，然后才在现实中找到自己的原型。而在《费尔巴哈》中，交往首先是一个经验事实。在《费尔巴哈》之第一手稿中，马克思恩格斯在批判了费尔巴哈的三个抽象概念（抽象的人、抽象的自然和抽象的直观）之后，集中批判了他的隐性唯心史观。他们认为，一切抽象的哲学问题都可以十分简单地归结为某种经验的事实。譬如人与自然的关系问题，德意志的哲学家们对此争论不休，而此二者首先是在生产力发展的基础上得到了现实的统一。[①] 费尔巴哈不明白，只有那连续不断的、创造性的、感性的物质生产才是"整个现存的感性世界的基础"[②]。马克思恩格斯认为，物质生产是物质生活生产和生命生

---

① 《马克思恩格斯选集》第1卷，人民出版社1995年版，第76页。
② 《马克思恩格斯选集》第1卷，人民出版社1995年版，第77页。

产的统一。由于经济学理论的局限，他们当时仅仅是从生命生产出发，指出生产总是指"许多个人的共同活动"①，生产总是以主体间的交往为前提和条件的。他们由此得到的结论是，经验事实"一开始就表明了人们之间是有物质联系的。这种联系是由需要和生产方式决定的，它和人本身有同样长久的历史；这种联系不断采取新的形式，因而就表现为'历史'"②。

这种"受需要和生产方式决定的"基始性物质联系就是通常所理解的作为生产关系的交往范畴。任何一个非教条地阅读《费尔巴哈》的人很快都会发现，并非《费尔巴哈》中所有的交往术语都具有这种规定性，而这种规定性也并非总是以范畴的形式出现。

在紧接着有关意识的论述中，马克思恩格斯引入了至关重要的分工范畴。因为有分工，人们之间才产生了交往的需要。分工起初只是性行为的分工，后来是由于天赋、需要、偶然性等等才自发地形成自然分工。③ 分工蕴含着矛盾，在分工的基础上产生了私有制，其实分工和私有制是相等的表达方式，对同一件事情，一个是就活动而言，另一个是就活动的产品而言。④——批判的话语就要出现了

在强调了分工和交往的矛盾性之后⑤，马克思恩格斯迅速转向了对私有制的批判。他们指出："分工立即给我们提供了第一个例证，说明只要人们还处在自然形成的社会中……只要分工还不是出于自愿，而是自然形成的，那末人本身的活动对人说来就成为一种异己的、同他对立的力量，这种力量压迫着人，而不是人驾驭着这种力量。"在非自愿分工条件下，"我们本身的产物聚合为一种统治我们、不受我们控制、使我们的愿望不能实现并使我们的打算落空的物质力量，这是迄今为止历史发展的主要因素之一"⑥。这种物质力量所指的就是硬化了的交往形式。

---

① 《马克思恩格斯选集》第 1 卷，人民出版社 1995 年版，第 80 页。
② 《马克思恩格斯选集》第 1 卷，人民出版社 1995 年版，第 81 页。
③ 《马克思恩格斯选集》第 1 卷，人民出版社 1995 年版，第 82 页。
④ 《马克思恩格斯选集》第 1 卷，人民出版社 1995 年版，第 84 页。
⑤ 《马克思恩格斯选集》第 1 卷，人民出版社 1995 年版，第 84—85 页。
⑥ 《马克思恩格斯选集》第 1 卷，人民出版社 1995 年版，第 85 页。

我以为，虽然《费尔巴哈》并没有明确界定过交往范畴，但是马克思恩格斯的意图还是明白的。他们实际上是以分工的意愿性为尺度，区分出了两类交往形式：与自发分工相联系的奴役主体自身的交往形式，及与自愿分工相联系的作为主体实现自身的条件的交往形式。作为生产的要素的交往形式是永远不可能被废止的，《费尔巴哈》全文所要消灭的只能是交往形式的奴役性或奴役人的交往形式。接下来的文本很快就印证了我的这个想法。

马克思恩格斯认为，建立在自发分工基础之上的交往形式在交往中的个人看来，"就不是他们自身的联合力量，而是某种异己的、在他们之外的强制力量"①。这种奴役就是异化。交往形式对主体的"不堪忍受"的奴役必将随着生产力的"巨大增长和高度发展"、"世界交往"和"普遍交往"的建立而被消灭。②（非人本主义的）异化的消灭就是共产主义的实现。"共产主义对我们来说不是应当确立的状况，不是现实应当与之相适应的理想。我们所称为共产主义的是那种消灭现存状况的现实的运动。这个运动的条件是由现有的前提生产的。"③

由此可见，虽然马克思恩格斯力图科学地论证共产主义的历史必然性，但是由于缺乏经济学的实证科学的论据，他们还只能是在哲学批判中否定资本主义制度的历史现实性。传统模式认为，在1845年春天之后，马克思恩格斯不仅是抛弃了人本主义哲学话语，而且还抛弃了对主体生存状态的关注。这是非常错误的。现在看来，在《费尔巴哈》中，那条被传统模式所否定的历史辩证法的主体向度不仅存在，而且与历史辩证法的客体向度（传统模式所理解的历史唯物主义）有机地结合在一起，起着极为重要的理论支撑作用。

从一定意义上看，《费尔巴哈》里有关交往范畴的理论内容在第一手稿中都表现出来了。但是，我们将看到，这些内容在第三手稿中又再一次出现。马克思恩格斯似乎在选择合适的方式以清晰地、有力地阐明自己的

---

① 《马克思恩格斯选集》第1卷，人民出版社1995年版，第85—86页。
② 《马克思恩格斯选集》第1卷，人民出版社1995年版，第86页。
③ 《马克思恩格斯选集》第1卷，人民出版社1995年版，第87页。

历史理论。在前面的分析中,我们已经说过,交往范畴的批判性是建立在批判性的分工理论基础之上的。在第一手稿中,分工的强烈思辨色彩无疑弱化了马克思恩格斯所希望它具有的实证性。而在第三手稿中,他们则大大强化了分工的实证内涵。

在第三手稿中,马克思恩格斯再一次批判了由强制分工形成的交往形式对人的奴役。在私有制条件下劳动仍然是最主要的,是凌驾于个人之上的力量;只要这种力量还存在,私有制也就必然会存在下去。① 这里的"劳动"只能被合理地理解为劳动中形成的交往形式。在此之后,马克思恩格斯用了十页的篇幅详细回顾了分工、私有制及交往的历史,以增强论说的力度。②

历史回顾结束之后,马克思恩格斯划了一道横线,引入了自己的结论。他们认为,历史表明,"生产力和交往形式之间的这种矛盾……每一次都不免要爆发为革命……可以……把它看作是这些革命的基础。"他们进而认为一切历史冲突都根源于生产力和交往形式之间的矛盾。③ 在隔了两页之后,马克思恩格斯合乎逻辑地从历史回顾转向了对未来的展望,他们指出:"个人力量(关系)由于分工而转化为物的力量这一现象,不能靠人们从头脑里抛开关于这一现象的一般观念的办法来消灭,而是只能靠个人重新驾驭这些物的力量,靠消灭分工的办法来消灭。"④"共产主义和所有过去的运动不同的地方在于:它推翻一切旧的生产关系和交往关系的基础,并且第一次自觉地把一切自发形成的前提看作是前人的创造,消除这些前提的自发性,使它们受联合起来的个人的支配。"⑤

苏联学者巴加图利亚认为,第四、第五手稿仅仅是有关导言的两份不同的誊写稿。现在看来这过于简单化了。⑥ 依我之见,在第五手稿和前四个手稿之间存在一条不明显却又很重要的差别,马克思恩格斯似乎要否定

---

① 《马克思恩格斯选集》第 1 卷,人民出版社 1995 年版,第 104 页。
② 《马克思恩格斯选集》第 1 卷,人民出版社 1995 年版,第 105—115 页。
③ 《马克思恩格斯选集》第 1 卷,人民出版社 1995 年版,第 115 页。
④ 《马克思恩格斯选集》第 1 卷,人民出版社 1995 年版,第 118—119 页。
⑤ 《马克思恩格斯选集》第 1 卷,人民出版社 1995 年版,第 122 页。
⑥ 张一兵:《马克思主义哲学新视界的初始地平》,载《南京大学学报》1995 年第 2 期。

前四个手稿的创作思路!

前四个手稿的共同之处在于,马克思恩格斯都是在历史性向度上展开了对历史唯物主义的叙述。他们力图创造一套历史理论,以说明过去、批判现实和展望未来。而在第五手稿的第二部分,他们则转而进行了共时性向度的尝试,从而在物质生产、交往形式和精神意识之间建立起了一个决定与被决定的结构。在这一部分的结尾,也是整个"费尔巴哈章"的结尾,马克思恩格斯实际上否定了建立历史哲学的可行性对现实的描述会使独立的哲学失去生存环境,能够取而代之的充其量不过是从对人类历史发展的考察中抽象出来的最一般的结果的概括。这种非独立性的哲学只能是功能性的方法,它"绝不提供可以适用于各个历史时代的药方或公式只能对整理历史资料提供某些方便,指出历史资料的各个层次的顺序"①。如此看来,前面所提之结构就更多地具有了历史认识图式的意义。

从历史哲学到历史认识图式,这体现了马克思恩格斯思想的一个重大转变。如果继续前四个手稿的思路,那就只能是空谈历史;如果要真实地谈论历史,就必须放弃所谓的历史哲学,转而进行实证的历史学研究。在前四个手稿和第五个手稿之间如何选择?马克思陷入了沉思。僵局因为《贫困的哲学》的介入而被打破,马克思最终选择了第五手稿的思路。我以为,这正是《费尔巴哈》历时几近一年(1845年11月至1846年8月)而仍未完成的真实原因。

对于阿多诺的责难,我们现在可以做如下回答:在致安年科夫的信之后,马克思已经放弃了历史哲学,他不会再回答"什么是历史发展的动力"这类抽象的问题;在《费尔巴哈》前四个手稿中,马克思实际上是把作为人的自主活动的条件的交往形式与生产力之间的矛盾作为历史发展的动力②,而绝不是将奴役人的交往形式(生产关系)与生产力的矛盾作为人类历史发展的动力。因为,交往形式(生产关系)对人的奴役终将被消灭,而人类的物质生产及其交往形式将永世长存。

---

① 《马克思恩格斯选集》第1卷,人民出版社1995年版,第73—74页。
② 关于《形态》中的自主活动范畴,可以参见张一兵《自主活动与历史辩证法的主体向度》,载《长白论丛》1997年第1期。

通过以上论述，我们不难发现：《形态》中的交往范畴有着特定的理论指向（而与当今诸多论者的理解有着极大差异），它与主体生存状况密切相关，有着极强的思辨色彩。正是因为如此，马克思恩格斯在《哲学的贫困》和《共产党宣言》以后的研究具体社会问题的著作中较少使用这一范畴。但这并不意味他们抛弃了交往范畴，因为交往活动毕竟是社会生活一个极其重要的组成部分，也是马克思主义理论中一个十分重要的逻辑规定。如果今天有人想要发展马克思主义的交往理论，那么，这种发展只能是合理地存在于实证的历史学或实证的社会学之中。任何一种以交往去"发展"马克思主义哲学的企图，都不可避免地是一种向旧哲学的倒退。

在这里我们还必须提到的是德国哲学家哈贝马斯的交往理论，因为他企图以所谓的"交往合理化"来标榜自己对历史唯物主义的重构。哈贝马斯实际认为，在当今资本主义社会的新的现实中，人与人之间的关系越来越从物质性交往转向以语言符号为中介的主观交往，这种新的主体交往已经成为社会结构中的基始性环节。因此，必须以主观的符号交往取代马克思的物质交往，以重构历史唯物主义。哈贝马斯的"重构"当然是向唯心主义的后退，但是，它有着极其真实的生活背景，不是简单的"物质交往与精神交往的统一"所能一下子否定掉的。对于哈贝马斯的交往理论我们将在以后适当的专题中加以讨论。

马克思著作中的"人"
——基于马克思思想发展的概念史考察[①]

周嘉昕

问题的提出

在马克思的文本研究中,对于若干基本概念,我们仍处于"熟知而非真知"的状态,"人"就是其中之一。实际上,"人"在马克思的著作中可能是最为常见的一个术语,而围绕"人"的争论也多次成为20世纪中叶以来马克思主义研究的焦点话题。随着《1844年经济学哲学手稿》的问世而引发的"人本主义"(Humanismus / humanism)和"异化"(Entfremdung / alienation)问题讨论,以及对"以人为本"的阐发所引发的一系列探讨,都凸显了"人"的问题在马克思著作研究中的地位和意义。然而,对于马克思笔下的"人"到底是什么的分析,在国内却是一个晚近的事件。[②] 有趣的是,这一事件的发生却并非直接承接于上述两种研究路径,倒是与"市民社会"(bürgerliche Gesellschaft)和"物象化"(Versachlichung)问题的研究直接相关。在某种意义上可以说,正是由于"市民社

[①] 原载《学术月刊》2015年第10期。
[②] 代表性的有李文堂教授和侯才教授的研究,参见李文堂:《马克思关于"人"的概念》,载《南京大学学报》2010年第6期;侯才:《马克思的"个体"和"共同体"概念》,载《哲学研究》2012年第1期。

会"概念与马克思历史理论的探讨,以及"物象化"、"物化"(Verdinglichung)背后的"物"的分析,"倒逼"了有关马克思著作中不同的"人"的用法的辨析。根据既有研究的成果,如果我们承认在马克思那里,存在"人类"(Mensch)、"个人"(Individuum)和"人格"(Person)三个都可以被翻译为"人"的不同术语,那么,站在今天历史唯物主义和马克思政治经济学批判研究,尤其是对"物象"、"物"与"对象"(Gegenstand)的思想史探讨的基础上,是否可以从上述区分出发,发现马克思思想中我们"未曾到过的地方"呢?

在马克思恩格斯著作的汉译文献中,并未对"人类"、"个人"、"人格"等不同术语作出统一的区分,在"人本主义"的批判和"以人为本"的阐发中,更多被关注的也是马克思自身的理论方法和逻辑构架。这些方法论层面的探讨,为我们今天科学辨识马克思著作中不同的"人"奠定了坚实的基础。然而,不得不承认的是,今天回到马克思的原文中去探索其中关于"人"的不同表述及其理论内涵的诉求,在直接的意义上,是受到新世纪以来"市民社会"和"物化"问题的推动而出现的。

"市民社会"是马克思著作中一个常见的术语,在《马克思恩格斯全集》的中文翻译中被有选择地翻译为"市民社会"和"资产阶级社会"。这种译法的选择在很大程度上遵从了马克思自身的思想转变历程,即在马克思早年创立历史唯物主义的过程中,"物质的生活关系的总和,黑格尔按照18世纪的英国人和法国人的先例,概括为'市民社会'"①。而"资产阶级社会"在1846年之后的马克思文本中,一方面具有特定"所有制形式"(历史阶段)的含义,另一方面构成了资本主义社会中"经济基础"的一个组成部分。作为对这一传统观点的挑战,肇始于布罗代尔对马克思是否使用过"资本主义"这一术语的疑问,"市民社会"与"资本家社会"的分野构成了日本"市民社会"派理论家的主要观点。根据这一观点,马克思从未或者说很少使用名词意义上的"资本主义"(Kapitalismus),而是使用了"资本家社会"(kapitalist Gesellschaft)的说法;"资本

---

① 《马克思恩格斯选集》第2卷,人民出版社1995年版。

家社会"又可以看作是"市民社会"的一种"例外状态",也就是说,作为对自然"共同体"(Gemeinschaft)的超越,"市民社会"的基础是个人主体和交往(Verkehr)方式的确立;"市民社会"的兴起本身意味着现代性的发育,但是"资本家社会"的出现却导致了以资本为中心的"物化"(异化)现实的发生;相应的,马克思所理解的人类解放或共产主义就应该是以"人格个体"(persönliche Individuum)为基础的,或者说与之同体发生的"真正共同体"(wirkliche Gemeinschaft)的重建①。

在上述讨论中,除了"资本主义社会"与"资产阶级社会"(市民社会)的差别外,更为根本的是"共同体"和"市民社会"的对勘问题。作为一对理解现代世界兴起的关键范畴,"共同体"和"市民社会"已经在不同的学术语境中得到了广泛的探讨。就文本主题而言,在从自然"共同体"到"市民社会"的结构转型中,已经内在地涉及"人"的不同理解。在著名的"三大社会形态"讨论中,马克思是这样表述的:

> 每个个人(Individuum)以物(Sache)的形式占有社会权力(Macht)。如果从物那里夺去这种社会权力,那么你们就必然赋予人(Personen)以支配人(Personen)的这种权力。人(Persönliche)的依赖关系,是最初的社会形式,在这种形式下,人(Menschliche)的生产能力只是在狭小的范围内和孤立的地点上发展着。以物(Sachlicher)的依赖性为基础的人(Persönliche)的独立性,是第二大形式……建立在个人(Individuen)全面发展和他们共同的、社会的生产能力成为从属于他们的社会财富这一基础上的自由个性(Individualität),是第三个阶段。第二个阶段为第三个阶段创造条件。②

正是在这段引文中,还提到了一个值得关注的概念,即"物象"(Sache)。

在日常的意义上,我们提到"人"的时候,一定会想到"物",并且

---

① 侯才:《马克思的"个体"和"共同体"概念》,载《哲学研究》2012年第1期。
② 《马克思恩格斯全集》第8卷,人民出版社2012年版。

会将二者的关系简单抽象为"主体"和"客体"的关系。但是回到马克思文本中去，除了"质料"（Material）和"物质"（Stoff）这两个概念外，我们可以发现也存在三个不同的术语来标识日常语境中的"物"，即"物象"（Sache）、"物"（Ding）和"对象"（Gegenstand）。实际上，关于"物化"的讨论本身构成了自卢卡奇以来的西方马克思主义以及日本"物象化"论者的焦点问题。也正是在"物化"的辨析中，上述有关"物"的区分得到了阐述，并直接引出了关于"人"的不同理解。马克思在《1844年经济学哲学手稿》中曾经使用"异化"（Entfremdung）和"外化"（Entäußerung）来批判"私有财产"（Privateigentum），在《资本论》及其手稿中也曾提到"异化"这个术语，但在分析"资产阶级社会"中所发生的"异化"现实时，主要使用了"物象化"（Versachlichung）、"物化"（Verdinglichung）和"对象化"（Vergegenständlichung）这些概念。

对于"物化"问题的讨论，最先是由卢卡奇提出的，并借由"拜物教"批判构成了西方马克思主义的理论主题之一。但卢卡奇虽然提出了这一重要问题，却并未对这三个术语进行严格的区分，甚至可以说将三者混用。有趣的是，这一工作倒是在日本学者那里得到了继续。广松涉第一次明确地将"物象化论"提升为历史唯物主义的核心，而平子友长则在"资本逻辑"（kapital-Logik）学派和价值形式（Wert-Form）讨论的基础上进一步区分了"物象化"和"物化"在"颠倒"意义上的不同层面。受上述研究的影响，国内学者在物化问题的理解上主要呈现为以下两种路向。在共同承认历史唯物主义"物化"论是对人本主义"异化"论的超越的基础上，一种观点认为："物化"（Verdinglichung）等于"对象化"（Vergegenständlichung），即在直接的劳动过程中，"人"的本质力量投射到"对象物"上，按照人的"意志"（Wille）实现对物的改造；而"物象化"反映的是"人"与"人"的关系颠倒地表现为"物"与"物"的关系，并且在这种关系中发生了统治人的"现实抽象"。作为对这一观点的发展和挑战，另一种观点认为："对象化"指的是"人"的本质力量的投射，"物象化"指的是在交换层面上发生的"人"与"人"的关系向"物"与"物"的关系的颠倒，而"物化"则是在资本生产过程中所出现的更深一层的颠倒。用《资本论》第三卷中那段著名的引言来说，就是在资本的"三位一体中，资本主义生产方式的神秘化，社会关系的物化（Verdinglichung），物质（stofflichen）生产关系和它的历史规定性直接融合在一起的现象已经完成……资本先生和土地太太，作为社会的人物（Personen），同时又直接作为单纯的物（Dinge），在兴妖作怪"①。

可以说，较之"市民社会"的讨论，"物化"和"物"的区分更加直接地提出了分析马克思著作中的"人"的理论要求。在"共同体"和"市民社会"比较的意义上所涉及的马克思著作中的"人"，在什么样的"人"、"对象化"或"物化"、什么样的"人"与"人"的关系"物象化"、什么样的关系"物化"的追问中或许可以得到进一步的阐明。结合上文讨论已经引出的相关范畴，回到马克思的文本和思想历程中去，我们将尝试证明：在马克思著作中，经常被共同翻译为"人"但却在概念谱系和使用方式上存在明显差别的是"人类"（Mensch）、"个人"（Individuum）和"人格"（Person）三个概念。这三个概念在马克思文本中的存在方式、所承担的理论功能皆有所不同。"人类"概念主要是在早期文本中使用，并带有强烈的人的"感性存在"或"本质力量"的含义，且"人类解放"的诉求就是借助这一术语来表达的。"个人"概念源自莱布尼兹，本身就带有关系性的维度，马克思在使用这一范畴时往往意在强调"个人"背后的"社会关系"，《德意志意识形态》中讨论"历史的前提"时使用的就是"现实的个人"的表述。"人格"概念是基督教思想以及德国古典哲学，或者更加具体地说是德国古典哲学中法哲学或道德哲学讨论中的一个常见概念，在"私有财产"关系中"人格"与"物象"相对应，在马克思的"物象化"讨论中，"人格"之间的关系颠倒为"物象"之间的关系。

感性的"人类"

在既有的马克思主义"人学"讨论中，对于"人本主义"（Humanis-

---

① 马克思：《资本论》第 1 卷，人民出版社 1995 年版。

mus）的批判性反思构成了一个主要议题。正如学界所普遍认同的那样，"人本主义"主要是青年马克思在写作《1844年经济学哲学手稿》前后所持有的一种方法论构架。"人本主义"的形成主要得益于费尔巴哈对黑格尔的"主谓颠倒"，并在"异化劳动"理论中得到了集中的阐发。1845年后，随着马克思经济学研究的推进和围绕《德意志意识形态》所展开的论战，这一方法论原则为历史唯物主义所替代。上述观点在很大程度上可以在马克思文本中"人类"（Mensch）概念的使用中得到印证。纵观马克思思想探索的全程，尽管"人类"概念在不同时期的文本中都有所使用，但这一范畴的集中使用，并实际上构成马克思理论框架中心的，主要是集中在1843—1844年间。也就是从《黑格尔法哲学批判》手稿到《1844年经济学哲学手稿》，包括《论犹太人问题》和《〈黑格尔法哲学批判〉导言》这类介于青年马克思第一次和第二次转变之间的文本群中，即人本学唯物主义或一般唯物主义时期。① 马克思之所以选择"人类"术语来支撑自己的人本主义逻辑，在直接的意义上源自费尔巴哈对黑格尔的颠倒性批判，并且在自己的经济学研究中，尝试将费尔巴哈的人本主义做进一步的推进，以"异化劳动"的扬弃来寻求"人类解放"的道路。但在此过程中，马克思的人本主义方法自身也开始遭遇解体，表现在术语的选择上，就是马克思逐渐剔除了"人类"中的人本主义要素，并更加普遍地引入"个人"和"人格"来完成自身的理论叙事。

众所周知，"绝对精神"是黑格尔哲学的出发点和最终旨归。相应的，在"人"的问题上，黑格尔以"自我意识"的形成和运动再现了"市民社会"的运动规律及其自身的现代性想象。正是在这个意义上，"'人类'（Mensch）最高贵的事就是成为'人格'（Person）"②。回到德国古典哲学的基督教语境中去，在费尔巴哈看来，这种"旧哲学"所理解的"人格"无非就是上帝的化身。"基督教将'人'（Menschen）这个名称与'上帝'这个名称用'神人'这个名称结合起来，从而将'人'这个名称提高到

---

① 关于青年马克思思想两次转变的观点，参见孙伯鍨：《探索者道路的探索》，南京大学出版社2002年版。
② ［德］黑格尔：《法哲学原理》，范扬、张企泰译，商务印书馆1962年版。

最高实体的一种属性的地位。新哲学根据真理,将这个属性当作实体,将谓语当作主语——新哲学是实在化了的理念,是基督教的真理。但是,正因为它包含了基督教的本质,所以它放弃了基督教这个名称。基督教只是在与真理矛盾中说出了真理。无矛盾、纯粹的、毫不掺假的真理是一种新的真理,是一种新的、自主的人类的行动(Tatder Menschheit)。"①在费尔巴哈的这一人本主义理解中,存在三个重要的理论质点:其一是"主谓颠倒"②的方法,即将"人类"作为主语,而将"精神"或"上帝"作为自主的"人类的行动"的谓语;其二是"感性对象性"的观点,即费尔巴哈所理解的"人类"不同于抽象的"精神"的根本点是"人类"是"感性"的"对象性"的存在,是"带有他的需要、感觉、心思的人";其三,虽然费尔巴哈的观点与法国18世纪的唯物主义有相类似的地方,但是费尔巴哈并不承认自己是"唯物主义",而更愿意使用"人本主义"或"人类学"来指称自己的"新哲学"。

马克思青年时期对"人类"概念的理解,在很大程度上直接受到了费尔巴哈的影响。只不过,前者对于后者"过多地注重自然界而过少地注重政治"颇有微词,并且在自己的研究中尝试"把二者结合起来"。在《黑格尔法哲学批判》手稿中,马克思在"人本主义"立场上用"主谓颠倒"的方法批判了黑格尔泛逻辑的神秘主义。需要注意的是,在此过程中既有的研究往往更多关注"不是国家决定市民社会,而是市民社会决定国家"的说法。实际上,在马克思的文本中,"主谓颠倒"还被用来说明"观念的虚假独立",及其在"国家法"中的运用,即在神秘的"抽象人格"(Person)讨论中,"黑格尔从国家出发,把人(Menschen)变成主体化的国家。民主制从人(Menschen)出发,把国家变成客体化的人(Menschen)"③。也就是说,"人类"本身在青年马克思的第一次转变中扮演了理论出发点的角色。只不过在"国家法"和《克罗茨纳赫笔记》的研究

---

① [德]费尔巴哈:《费尔巴哈哲学著作选集》上卷,荣震华等译,商务印书馆1984年版。
② "主谓颠倒"也被译为"主宾颠倒",在《马克思恩格斯全集》的翻译中,选择的是前者。回到德文原文中去,"谓语"和"宾语"是同一个术语,但是一来出于对马克思主义研究习惯的尊重,二来担心"主宾颠倒"所可能导致的"物化"歧义,本文倾向于选择前者。
③ 《马克思恩格斯全集》第3卷,人民出版社2002年版。

中，马克思开始意识到一个更为根本的问题，就是对于作为现代"市民社会"的基础的"私有财产"的批判。因此，在《德法年鉴》上的两篇文章中，马克思才特别关注"市民社会"并将自身的政治立场从以"人类"为出发点的民主制转变为以无产阶级解放为基础的"人类解放"。

马克思在《论犹太人问题》中曾这样说："政治民主制之所以是基督教的，是因为在这里，人（Mensch）不仅一个人，而且每一个人，是享有主权的，是最高的存在物，但这是具有无教养的非社会形式的人，是具有偶然存在形式的人，是本来样子的人，是由于我们整个社会组织而堕落了的人，丧失了自身的人，外化了的人，是受非人的关系和自然力控制的人，一句话，人还不是现实的类存在物（wirklich Gattungswesen）"，而"只有当现实的个人（wirklich individuellen Mensch）把抽象的公民复归于自身，并且作为个人，在自己的经验生活、自己的个体劳动、自己的个体关系中间，成为类存在物的时候，只有当人认识到自身'固有的力量'是社会力量，并把这种力量组织起来因而不再把社会力量以政治力量的形式同自身分离的时候，只有到了那个时候，人的（menschliche）解放才能完成"。① 仅就这两处判断而言，可以说《论犹太人问题》是一部"没有经济学内容的《1844年经济学哲学手稿》"。

但是，在《1844年经济学哲学手稿》中，虽然马克思的出发点也是感性的自然的"人类"，但在批判性地说明"私有财产"这一"国民经济学的事实"时，马克思所理解的"人类"不仅仅是一种"感性"的"对象性"的存在，更是一种"感性"的"对象性"的"活动"。"人类"的这一"类存在物"外化和异化的结果就是"私有财产"。"共产主义是私有财产的即人的自我异化（menschlicher Selbstentfremdung）的积极的扬弃，因而是通过人（Menschen）并且为了人而对人的本质的真正占有；因此，它是人向自身、向社会的即合乎人性的人的复归，这种复归是完全的，自觉地和在以往发展的全部财富的范围内生成的。这种共产主义，作为完成了的自然主义（Naturalismus）= 人道主义（Humanismus），而作为完成了

---

① 《马克思恩格斯全集》第3卷，人民出版社2002年版。

的人道主义＝自然主义。"①可以说，在26岁的马克思眼中，"类存在"、"人类"、"社会"是同一个词，都是在现实的"市民社会"即"私有财产"的运动中异化了的本质。显然，这仍然是一种深受费尔巴哈影响的人本主义逻辑。因此，《1844年经济学哲学手稿》中，但凡提到"人类"（中译本中常常译为"人"）的时候，一定指的是具有批判性意蕴的"感性"的"人类"。而作为修饰用的"感性"概念，虽然具有"自然主义"的"唯物主义"色彩，仍然停留在唯心史观的窠臼之内。

有趣的是，正是在对"异化"及"异化的扬弃"所走过的"道路"，即"私有财产"的分析中，费尔巴哈式的"人类"观念开始遭遇自身的瓦解，"站在国民经济学家立场上"的黑格尔辩证法中的批判性和历史性开始得到马克思的关注。结合第三笔记本，尤其是［对黑格尔辩证法和整个哲学的批判］这一部分的文本结构的分析②，上述趋势恰恰与马克思在经济学研究中对"人类"、"感性"的"需要"（Bedürfnisse）和"对象化活动"的"分工"（Teilung der Arbeit）的分析密切相关。简单说来：在人本学唯物主义中，作为"颠倒"过来的主体的是感性的"人类"，而这样一种感性的"人类"的存在方式是有"需要"的"对象性"。马克思在对黑格尔法哲学和国民经济学的批判性研究中，发现了"市民社会"的基础，即"私有财产"的运动构成了黑格尔辩证法的神秘主义方面（"人格"对"人类"的颠倒）和国民经济学的异化现实。并且在"人类"的理解上，马克思以"感性的对象性活动"取代了费尔巴哈的"感性的对象性存在"，力图实现从注重自然到注重政治的推进。然而，在异化劳动即私有财产的运动中，马克思意外地发现"人类"的需要并不是一个抽象的存在，而是同隐含在国民经济学关于奢侈与节俭的争论背后的工业"财富"本质的展开直接相关。同时，作为"异化范围内的劳动的社会性"的分工和交换，使得"市民社会"范围内"对象性活动"的主体不再是抽象的"人类"，而是"现实的个人"。只不过，这样一种"实践"活动，导致了"个人生产（individuellen Production）的无效果和财富的大量生

---

① 《马克思恩格斯全集》第3卷，人民出版社2002年版。
② 周嘉昕：《历史与文本中的〈1844年经济学哲学手稿〉》，载《学术月刊》2014年第9期。

产"，以及货币这样"一种外在的、并非从作为人（Menschen）的人和作为社会的人类社会（menschlichen Gesellschaft）产生的、能够把观念变成现实而把现实变成纯观念的普遍手段和能力"①的出现。

现实的"个人"

在《论犹太人问题》和《1844年经济学哲学手稿》的后半部分中，我们已经接触到了马克思著作中常见的另外一个"人"的术语，即"个人"。结合《德意志意识形态》的文本，可以看到，恰恰又是"个人"而非"人类"在马克思历史唯物主义一般原则的制定中扮演了特殊重要的作用。马克思在对青年黑格尔派，即"德意志意识形态"的批判中，曾经谈到自己理论研究的现实前提，或者说人类历史的前提是"现实的个人"（wirkliche Individuen）。那么，是不是我们可以结合本文前一部分的讨论得出这样的结论，即马克思历史唯物主义的创立，在"人"的表达上就表现为从"人类"到"个人"的话语转变呢？我对此的回答是否定的。这是因为：首先，即便是在马克思的《资本论》等成熟时期中，"人类"这一术语也并没有消失，只不过在这些著作中主要是作为与"自然"相对应的肉身之"人"，以及作为物质生产活动的劳动主体的"人"而存在。其次，在《德意志意识形态》和《资本论》及其手稿中，马克思的理论叙事，除了使用"人类"和"个人"外，还多次提到了"人格"的概念，甚至于在谈到"资产阶级社会"或资本主义生产方式中所发生的"物象化"和"异化"现象时，主要使用的是"人格"关系颠倒为"物象"关系的说法。也就是说，我们不妨将"现实的个人"说法的提出以及"个人"范畴的普遍使用，看作这样一个标志：马克思已经意识到了费尔巴哈人本主义的不足，并开始尝试用新的术语来克服旧的术语中所包含的理论短板；一旦新的方法论原则确立，"人类"概念也就不再受到旧哲学的羁

---

① 马克思：《1844年经济学哲学手稿》，人民出版社2000年版。

绊并承担起新的理论功能。这一点在《德意志意识形态》第一章《费尔巴哈》的文本中可以得到清晰的证明。

首先回到思想史上，可以说"个人"（Individuum）在原初的意义上是一个与"人"并没有直接关系的范畴。在德文语境中，对于"个人"专门的讨论最早见于莱布尼兹的哲学之中。用黑格尔的话说："莱布尼兹的基本原则却是个体。他所重视的与斯宾诺莎相反，是个体性，是自为的存在，是单子。"① 在"单子"这一古希腊的哲学术语中，莱布尼兹注入了新的含义，即构成实体的"个体"之间的关系。也就是说，在德国古典哲学的话语传统中，但凡谈到"个体"或"个人"，并不仅仅指的是最小单位的不可分之物，而且内在包含了相互之间的"关系"（Verhältnisse）的维度。当然，在黑格尔那里，这种"关系"的维度已经获得了"观念"（Idee）的外观。马克思就曾说道："在哲学家们看来，关系＝观念。他们只知道'人'（Menschen）对自身的关系，因此在他们看来，一切现实的关系都成了观念。"② 考虑到马克思在"费尔巴哈章"的写作中，从"人类"到"个人"的话语转变，我们可以从中印证马克思对费尔巴哈人本主义的不满，以及他在自己的历史唯物主义阐述中力图通过"个人"概念所表达的社会关系维度。为了更好地说明这一点，简单回顾一下"费尔巴哈章"的文本结构和写作进程似乎是十分必要的。

根据《德意志意识形态》文本研究的成果，我们今天在"费尔巴哈章"中所看到的四个部分，即分别标注为［Ⅰ］［Ⅱ］［Ⅲ］［Ⅳ］的四个片段并不是马克思原初的写作顺序。抛开"费尔巴哈章"究竟是否为马克思恩格斯包括赫斯的手稿片段集争论不说，这三部分的写作顺序是［Ⅱ］—［Ⅲ］—［Ⅳ］—［Ⅰ］。借用广松涉的话说，［Ⅱ］［Ⅲ］［Ⅳ］部分为马克思恩格斯直接批判费尔巴哈写下的"大束手稿"，而作为"小束手稿"的［Ⅰ］部分是马克思恩格斯为该章所写下的开篇部分的文献集合。也就是说，［Ⅰ］部分是一个为了总结概括［Ⅱ］［Ⅲ］［Ⅳ］部分的观点所进行的没有完成的开头部分。有趣的是，在第［Ⅱ］部分的前半段

---

① ［德］黑格尔：《哲学史讲演录》，贺麟译，商务印书馆1978年版。
② 《德意志意识形态》（节选本），人民出版社2003年版。

和第［Ⅰ］部分"1. 一般意识形态，特别是德国哲学"中，都讨论了"历史前提"的问题，但是这两部分的讨论对于"人"的理解发生了一个悄然的变化，这就是从"人类"这一术语向"个人"这一术语的转变。

在第［Ⅱ］部分对费尔巴哈"半截子的唯物主义"的批判中，马克思恩格斯说："我们谈的是一些没有任何前提的德国人，因此我们首先应当确定一切人类（menschlichen）生存的第一个前提，也就是一切历史的第一个前提，这个前提是：人们（Menschen）为了能够'创造历史'，必须能够生活……因此，第一个历史活动就是生产满足这些需要的资料，即生产物质生活本身。"在分析了"新的需要的产生"，人的生产、自然关系和社会关系的生产之后，马克思指出："由此可见，人们（Menschen）之间一开始就有一种物质的联系。这种联系是由需要和生产方式决定的，它和人（Menschen）本身有同样长久的历史；这种联系不断采取新的形式，因而就表现为'历史'，它不需要有专门把人们（Menschen）联合起来的任何政治的或宗教的呓语。"① 结合上文提到的《1844年经济学哲学手稿》中马克思在"需要"的分析中对抽象的感性"人类"概念的疑问，可以看出，这里所使用的"人类"，一方面是从"人类"的自然存在出发，说明"人类"本身因为"需要"而在"生产方式"的变化中形成了真实的历史；另一方面，更是在证伪费尔巴哈的人本主义逻辑，从而为自身的探讨寻求一个新的逻辑出发点。接下来，在谈到"分工"之后，马克思恩格斯自然就转而使用了"个人"的说法。"随着分工的发展也产生了单个人（Individuums）的利益或单个家庭的利益与所有互相交往的个人（Individuen）的共同利益之间的矛盾；而且这种共同利益不是仅仅作为一种'普遍的东西'存在于观念之中，而首先是作为彼此有了分工的个人（Individuen）之间的相互依存关系存在于现实之中。"② 在此基础上，马克思恩格斯进一步分析了分工所形成的现实的抽象对于个人本身的压迫，即"异化"这种"哲学家易懂的话"及其历史的形成和扬弃之路。

而在第［Ⅰ］部分的讨论中，马克思恩格斯对同一话题的表述发生了

---

① 《德意志意识形态》（节选本），人民出版社2003年版。
② 《德意志意识形态》（节选本），人民出版社2003年版。

细微的变化。

  我们开始要谈的前提不是任意提出的，不是教条，而是一些只有在想象中才能撇开的现实前提。这是一些现实的个人（wirkliche Individuen），是他们的活动和他们的物质生活条件……全部人类历史的第一个前提无疑是有生命的个人（menschlicher Individuen）的存在……人们（Menschen）用以生产自己的生活资料的方式，首先取决于他们已有的和需要再生产的生活资料本身的特性。这种生产方式不应当只从它是个人（Individuen）肉体存在的再生产这方面加以考察。更确切地说，它是这些个人（Individuen）的一定活动方式，是他们表现自己生活的一定方式、他们一定的生活方式……这种生产第一次是随着人口的增长而开始的。而生产本身又是以个人（Individuen）彼此之间的交往（Verkehr）为前提的。这种交往形式又是由生产决定的。①

  在讨论了不同类型的分工所引发的所有制形式的变化后，马克思恩格斯又总结道："由此可见，事情是这样的：以一定的方式进行生产活动的一定的个人（Individuen），发生一定的社会关系和政治关系。经验的观察在任何情况下都应当根据经验来揭示社会政治结构和政治结构同生产的联系，而不应当带有任何神秘和思辨的色彩。社会结构和国家总是从一定的个人的生活过程中产生的。但是这里所说的个人不是他们自己或别人想象中的那种个人，而是现实中的个人，也就是说，这些个人是从事活动的，进行物质生产的，因而是在一定的物质的、不受他们任意支配的界限、前提和条件下活动着的。"②

  综上所述，马克思恩格斯在制定历史唯物主义一般原则的过程中，固然强调了"人类"和动物的区别，以及"人类"的肉身存在，但更加关注的是一定的物质生产方式中存在的"现实的个人"，或者毋宁说，是选择了从自身具有关系性维度的"个人"出发来建构一个唯物主义的历史阐

---

① 《德意志意识形态》（节选本），人民出版社2003年版。
② 《德意志意识形态》（节选本），人民出版社2003年版。

释的方法论路径。当然这样一种"科学的历史观"的直接目的在于批判现代"市民社会"(资产阶级社会)中发生的"个人力量(关系)〔persönlichen Machte（Verhältnisse）〕由于分工而转化为物的（sachliche）力量这一现象"，但这并"不能靠人们从头脑里抛开关于这一现象的一般观念的办法来消灭，而只能靠个人（Individuen）重新驾驭这些物的（sachlich）力量，靠消灭分工的办法来消灭"①。在这里，包括"费尔巴哈章"接下来在讨论"共产主义"时所提到的"有个性的个人（persönlichen Individuum）与偶然的个人（zufälligen Individuum）之间的差别"的问题中，我们又重新遭遇了在"人类"范畴的讨论中已经涉及的"人格"（Person）概念。对照原文，可以看到"个人力量（关系）"和"有个性的个人"的提法在严格的意义上应当是"人格力量（关系）"和"有人格的个人"，那么首先引发我们疑虑的一个问题是：当马克思在讨论所谓的"物象化"（Versachlichung）理论时，为什么不是"人类"或"个人"，而是"人格"？

颠倒的"人格"

可以说，如果不是因为"物象化"（Versachlichung）和"物化"（Verdinglichung）的讨论，"人格"（Person）概念很难引发我们的关注。在马克思的《资本论》及其手稿中，大部分的"人格"都被统一翻译成了"人"。同时，对其难以区分的一个更加重要的原因是，马克思在《资本论》中批判地分析了资本主义生产方式，在此过程中，"人格"作为生产主体往往被等同于一般意义上的"人类"。正如几乎所有的"物化"讨论都会引用一段话，就是马克思在《资本论》第一章"商品的拜物教性质及其秘密"中曾提到的，在商品世界中"私人劳动在事实上证实为社会总劳动的一部分，只是由于交换使劳动产品之间、从而使生产者之间发生了

---

① 《德意志意识形态》（节选本），人民出版社2003年版。

关系。因此，在生产者面前，他们的私人劳动的社会关系就表现为现在这个样子，就是说，不是表现为人们在自己劳动中的直接的社会关系，而是表现为人们之间的物的关系（sachliche Verhäitnisse derPersonen）和物之间的社会关系（gesellschaftliche Verhältnisse der Sachen）"①。也就是说，我们在"物象化"讨论中所涉及的被颠倒的"人"并不是与自然相对立的"人类"，也非包含关系维度在自身之内的"个人"，而是一个马克思在《黑格尔法哲学批判》中曾经以主谓颠倒的方式批判过了的"人格"。只不过，在《德意志意识形态》特别是《资本论》及其手稿中，马克思谈到"人格"的时候，往往意在指明在资本主义生产方式，或者说"资产阶级社会"中发生了一种现实的（wirklich）颠倒。这种颠倒并不是现实向观念的"头足倒置"，而是既在现实又在观念中发生的"人格"（Personen）之间的关系表现为"物象"（Sachen）之间的关系。在这样一个所谓的"物象化"结构中，为什么是"人格"而非"人类"或"个人"之间的关系颠倒为"物象"之间的关系？为了回答这一问题，首先要解决的是：究竟什么是"人格"？

在既有研究中已经达成的共识是：从词源上说，"person"最早就是来自希腊文"prosopon"，意思是指在演出戏剧时戴的面具。这一意义在古罗马用语中得到了延续，"persona"首先指的就是人的关系之中由一个人物扮演的特殊角色。因此，"人法"在古罗马描述的就是在罗马社会中具有不同身份、担当不同角色的人的不同权利和义务。在基督教的影响下，"persona"开始与人的个体本身联系在一起。换言之，"人格"不能脱离与"三位一体"学说表达的神人关系来获得完整的理解。②然而，尽管上文也提到费尔巴哈在批判黑格尔时使用了"神人"的说法，尽管青年马克思在理解黑格尔和费尔巴哈之时，也脱离不了基督教的思想语境，但要全面理解"人格"概念在历史唯物主义中的地位和作用，我们不能忽视德国古典哲学语境中的法哲学讨论，特别是在康德、费希特和黑格尔的"法哲

---

① 马克思：《资本论》第1卷，人民出版社1995年版。
② [美] 布雷克曼：《废黜自我：马克思、青年黑格尔派及激进社会理论的起源》，李佃来译，北京师范大学出版社2013年版。

学"话语中对"私有财产"的说明,也就是"市民社会"发育过程中对于"财产"关系的特定理解。简单说来,发起于自然法和契约论的争论,"私有财产"的正当性在德国古典哲学家那里以一种新的方式被加以讨论。作为对上述两种观点的综合,康德认为"财产"("所有")是一种"理智的占有","人格"关系就是不同私有财产的主体之间的关系,而"人格"对"物象"的关系就是私有财产中主客体之间的关系。但正如康德三大批判存在的内在裂隙一样,其实现仍依赖于"理性"的完成。对于"理性"如何完成,恰恰是费希特完成了康德的法哲学,在"自我哲学"的基础上提出了"一切财产以相互承认为前提"的观点。涉及"人格"就理解为是"人格"之间的交往关系。黑格尔则借助重农学派和德国官房学研究,进一步论证"财产是自由最初的定在",并在客观唯心主义体系中用体现"财富"要求的"国家"扬弃了"财产"与"市民社会"。① 在这里,"人格"不仅有"财产"关系中的主体的含义,而且还具有更高层级上的客观精神的化身的含义。在这里我们又一次遭遇了黑格尔的那句名言:"'人类'(Mensch)最高贵的事就是成为'人格'(Person)。"

由此可见,作为一个源于基督教和法哲学的范畴,"人格"概念从根本上不同于感性的"人类"和关系性的"个人",但是"人格"范畴同样标志了某种关系性的存在。在基督教话语中,这是上帝与人之间的"位格"关系;而在法哲学话语中,这主要是私有财产运动中的权利关系。这也就解释了为什么青年马克思在批判黑格尔的法哲学时对"人格"概念感到不满,而将自身的理论基础诉诸"人类"了。同时,我们也必须看到:马克思在经济学研究的基础上克服费尔巴哈的人本主义并确立历史唯物主义之后,在进一步从事政治经济学批判的过程中,他又重新引入了"人格"概念,并将其运用于资本主义生产方式,特别是商品"价值形式"的批判性分析之中,即上文所提到的"物象化"问题。在这个过程中值得我们注意的是:正是因为"人格"(Person)概念本身与"物象"(Sache)本身是内在同一的,分别表征了财产(Eigentum)关系中的两个不同维

---

① 周嘉昕:《什么是财产权?》,载《天津社会科学》2014年第3期。

度，因此，所谓"人格"之间的关系颠倒为"物象"之间的关系，与其说是马克思的一种理论批判，不如说是他对"资产阶级社会"（"市民社会"）商品拜物教现实的一种白描。换句话说，这种"物象化"的克服并不能依靠将"物象"之间的关系重新颠倒过来，表现为"人格"之间的交往关系来实现，而只能依靠对这种商品形式，或者说生产方式本身的瓦解来完成。也就是说，在不变革资本主义生产方式和价值形式的条件下，仅仅依靠"人格"之间交往关系的复归注定只能是"镜花水月"。相应的，基于这一"人格"和"物象"的理解，马克思所讨论的"物质生产"，也就不仅仅是一种"人类"的"对象性"活动，而是在这种"对象性"活动（包括内在于其中的"消费"）中同体发生了"人格"（Person）的"客体化"（objektivieren）和"物象"（Sache）的"主体化"（subjektivieren）。更加概括地说，就是以一定方式进行的物质生产活动（劳动"塑形"活动）中同体发生了一定过程的"人格化"，以及这种"人格"的"对象化"（Vergegenständlichung）表现。

按照上述理解，我们又可以看到："物象化"讨论所主要涉及的内容仍然停留在马克思关于商品价值关系，或者说"资产阶级社会"（"市民社会"）中的财产关系上；正是由于在理论出发点从感性的"人类"向现实的"个人"转变的过程中，马克思提出并践行了从物质生产和生产方式出发的历史唯物主义科学逻辑，"人格"范畴的使用相应获得了另外一重含义，即政治经济学批判"这里涉及的人，只是经济范畴的人格化，是一定的阶级关系和利益的承担者"①。正是在这个意义上，资本家是资本的人格化，工人是（雇佣）劳动的人格化。当然，这里所理解的"人格"显然要涵盖上文所提到的"价值形式"或"财产关系"中的"人格"概念。或者可以说，上述"人格"理解即"物象化"理论不过是资本主义生产方式剖析的一个特殊层级或表象而已。在资本生产的"过程形式"中，除这种"人格"关系向"物象"关系的颠倒外，还存在着在资本的"运动或关系表现为自身的中介，表现为主体"②之后，"物象"关系以及生产

---

① 马克思：《资本论》第1卷，人民出版社1995年版，第26页。
② 《马克思恩格斯全集》第30卷，人民出版社1998年版，第293页。

过程中的"物质"要素既直接结合又分裂为能动的"人格"和受动的"物"（Ding）的神秘主义。回到《资本论》第三卷对资本主义生产过程"物化"（Verdinglichung）批判的那段"著名的引文"，资本先生和土地太太既是特定生产关系的"人格"，又是这种历史性的关系与自然规定性直接融合的"物"。也就是说，在马克思的文本中，同一个"人格"术语可能具有不同的含义。这种含义的差别可能并非直接导源于术语本身的思想史谱系，而是由马克思理论分析的逻辑框架所决定的。这也就提醒我们：正确理解历史唯物主义的理论体系，并不能简单诉诸某一概念的理论考古或词义辨析，而必须在这一范畴与其他范畴存在于马克思文本中的关联方式中，或者借用今天西方语言学中时髦的话语，马克思的理论"述行"（perform）中，去把握概念的真实含义以及马克思的方法论本质。也正是在这个意义上，我们可以认为，恰恰是"对象化"（Vergegenständlichung），而非"物象化"（Versachlichung）或"物化"（Verdinglichung），构成了对于马克思"政治经济学批判"科学理解的更为合理的选择。①

本节最后，附带谈及的一个问题是：既然"人格"是一个我们无法直接获得其理论内涵，而必须结合相应的其他范畴，在马克思的理论"述行"过程中加以理解的概念，那么《德意志意识形态》中尚未澄清的一个问题，就是"有人格的个人"与"偶然的个人"的差别，是否意味着马克思对未来社会（共产主义）与资产阶级社会现状（status quo）的区别的描述？对此，笔者尝试提出一个不太成熟的观点，以求方家指正。所谓"有人格的个人"与"偶然的个人"的差别实际上是现代"市民社会"（资产阶级社会）内在分裂的表现，即"市民社会"的内部矛盾不断产生出"国家"（公民）和"市民社会"（私人）的对抗。在已经研究了政治经济学并从选择物质生产出发批判私有财产的马克思这里，"市民社会"的内部分裂实际上表现为"分工"基础上"私有财产"的内在冲突，即一方面是"个人"在财产交往关系中获得抽象同一的"人格"，另一方面是"个人"在"分工"中发生的必然的联合对"个人"来说成为一种异

---

① 周嘉昕：《物象化、物化还是对象化？》，载《哲学研究》2014年第12期。

己的偶然性力量。支撑上述观点的除了上文已经分析的"人格"范畴的特殊性及其在私有财产关系中的思想史包袱外，还有马克思自己的文本分析。"费尔巴哈章"尽管指出这种差别"不是概念上的差别，而是历史事实"，但这似乎不应被解读为二者存在历史阶段性的差异，而是二者的差别本身存在于历史过程之中。紧接着马克思就写道，"在不同的时期，这种差别具有不同的含义……这种差别不是我们为每个时代划定的，而是每个时代本身在它所发现的各种不同的现成因素之间划定的，而且不是根据概念而是在物质生活冲突的影响下划定的"①。对于扬弃了现代"资产阶级社会"的共产主义，马克思用"完全的个人"或"联合起来的个人"来加以描述。实际上，这种用法在上文已经引述过的"三大社会形态"表述中也可以得到充分的印证，马克思认为最初的社会形式是"人的（persönliche）依赖关系"；第二大社会形式是"以物的（sachlicher）依赖性为基础的人的（persönliche）独立性"；而"建立在个人（Individuen）全面发展和他们共同的、社会的生产能力成为从属于他们的社会财富这一基础上的自由个性（Individualität），是第三个阶段"。②

简短的结论

综上所述，在马克思的著作中与"人"相关存在三个不同的表述，分别是"人类"、"个人"和"人格"。这三个术语本身具有各不相同的思想史渊源和理论指向。然而，即便在马克思的著作之中，对于同一概念的使用也存在差异之处。也就是说，尽管我们可以通过回到原文的方式，找到马克思著作中存在的不同的"人"的理解，但与此同时，我们还可以发现，即便是对于同一个术语来说，无论是"人类"、"个人"还是"人格"，马克思在不同时期的著作中，或者说甚至是在同一著作中出于不同的"述行"方式，也存在含义上的差别。从总体上说，依据马克思自身的

---

① 《德意志意识形态》（节选本），人民出版社2003年版。
② 马克思、恩格斯：《马克思恩格斯文集》第8卷，人民出版社2009年版。

理论发展及其话语语境的转变，我们尝试对上述三个不同术语作出这样一种区分：首先，尽管"人类"概念在一般意义上表征了与自然相对照的"人"的含义，但在马克思早期的思想发展中，从费尔巴哈那里得来的具有反神学意义的"感性"、"对象性"的"人类"，构成了他"主谓颠倒"黑格尔并更加"注重政治"的"市民社会"（资产阶级社会）批判的立足点。只不过，借助于"私有财产"的批判性分析，马克思在"人类"的理解中更加强调"对象性活动"，及其在现实中的"异化"，即作为"私有财产"原因的"异化劳动"。其次，正是在对"异化劳动"和"私有财产"的运动的分析中，马克思在经济学研究，特别是对"需要"、"分工"和"货币"的探讨中，无意中确证了黑格尔与国民经济学（政治经济学）在立场上的同一性，以及费尔巴哈式的人本学唯物主义的理论短板，并尝试从包含关系维度的现实的"个人"出发制定新的分析路径。这正是之所以"现实的个人"构成了历史唯物主义前提的缘由。再者，从这一前提出发，在物质生产方式的分析中，马克思发现了"异化"的现实结构及其扬弃之路（"物化"批判）。即，在资产阶级社会中，内在于"私有财产"关系中的"人格"关系颠倒地呈现为"物象"之间的关系。此外，在《资本论》及其手稿中，"人格"还被用来说明资本主义生产过程中出现的阶级关系。

也就是说，"人类"、"个人"、"人格"作为三个具有不同的思想渊源和理论指向的概念，其准确的理解不能脱离文本和理论语境的仔细辨析。虽然从总体上，我们可以概括出上述可能性的结论，但远远没有实现对于这三个概念具体使用及其丰富的理论含义的科学说明。在这个意义上，笔者愿意以一种自我批评的方式结束本文的讨论。首先，在本文所展现的研究中，主要是一种以直接的"术语"考辨的方式进行的"知性"逻辑，也就是说，为了说明这三个术语的差别，根据术语范畴进行结构的划分和论说。但在这一过程中，不仅是三个术语本身的使用在马克思的原文中存在交叠和歧义，而且这些术语本身也并非孤立的存在，它们的文本存在是同其他一系列概念"连接"（articulated）在一起的，如"物"（Sache/Ding）、"对象"（Gegenstand）、"私有财产"（Privateigentum）、"关系"

（Verhältnisse）、"劳动"（Arbeit）等。脱离由这些术语构成的"概念链"，或者说马克思的理论"述行"方式本身，我们很难得到具体文本语境中特定概念的特定含义。在这个意义上，本文的研究只是从马克思思想发展的总体线索上提供了一种概念的阐释。

其次，作为并非以德语为母语的中国的马克思主义研究者，尝试回到德文的原文考辨中去进行一种有所创新的理论阐发，这究竟具有多少"合法性"的支撑？回顾这一问题提出的理论和现实语境，在概念的辨析中总是摆脱不了一个"幽灵般的存在"，即我们在今天的马克思主义研究中所背负的思想史包袱。也就是说，一方面，尽管不同的概念范畴本身具有特定的理论溯源，但这并不构成马克思本人对这一术语的直接使用方式，我们必须将其作为进入特定文本逻辑的思想参照，但马克思的使用本身必须结合具体的文本和思想史语境来加以厘定。另一方面，正像"物象化"（事物化）讨论首先是一个日本马克思主义研究问题，而非欧陆或英美马克思主义研究的问题一样，我们关于不同"人"的概念甄别的问题的提出，以及尝试解决问题的方式本身，就并非一个本本主义式的马克思文本和思想问题，而是一个今天走出传统苏联哲学教科书框架，吸收西方（包括日本）的马克思研究（Marxian studies）成果，面对中国特色社会主义建设现实的中国马克思主义研究问题。在这个过程中，概念的考察和文本的研究本身就注定无法由实证的方式加以完成，而必须在由思想史研究所支撑的理论对话中得以升华。在这一点上，本文的工作已经意识到了问题的重要性，并希望能够起到引玉之砖的作用。

马克思主义的意识形态范畴[①]

胡大平

意识形态是马克思主义理论的基础问题之一,围绕其存在着广泛而深刻的争论。这些争论多少影响着马克思主义理论的教学和国家意识形态建设实践,有必要对其进一步澄清。本文的基本目标是为意识形态在社会意识和社会存在之间归属提出一种解说。我们认为,意识形态不仅是社会意识,而且更是社会存在,只有从这一点出发,才能够正确理解马克思主义的意识形态理论和实施意识形态战略。[②]

一

从 ideology 这个词的基本含义来说,作为一种思想体系,意识形态当然从属于意识范围。不过,对于马克思主义来说,如果仅仅局限于此,那么,唯物主义历史观本身便不能超越它旨在超越的意识形态,社会主义实践过程中的意识形态或霸权战略亦不能超越资产阶级实践。历史地看,当唯物主义历史观基本观点形成之际,马克思恩格斯把青年黑格尔派及其黑格尔哲学基础称为意识形态,最重要的原因便是他们没有走出以一种意识

[①] 原载《教学与研究》2009 年第 11 期。
[②] 由于本文取自一个旨在澄清马克思主义意识形态理论和揭示当代意识形态新变化的宏大研究计划,也由于论题本身的复杂性,许多相关性论证和分析都省略了,我们希望在全部研究成果出版的时候来弥补这个缺点。

替代另一种意识的思想"革命"。与之相反，马克思主义强调"使现存世界革命化，实际地反对并改变现存的事物"，意识形态批判便是其中策略之一。也由此，势必提出一种在表面上难以接受的观点：虽然意识形态是意识现象，但对其进行批判（革命前）和建设（革命后）的时候，恰恰不能简单地将之作为意识，而是需要将之理解为社会存在的一个部分。马克思恩格斯正是这样做的。

这个难点是由马克思恩格斯阐明意识形态问题实质之前的现实决定的：意识形态恰恰把自身看作是社会存在①，不仅如此，而且它把现实（历史）视为"想象的主体的想象活动"②。如果与意识形态的起源相比，这是一种"颠倒"，那么只有说明这种颠倒，马克思恩格斯才能打开历史科学之门。有趣的是，正是基于那种颠倒，青年黑格尔派在宗教批判中把世界称为颠倒的，并在这一过程中产生了费尔巴哈著名的颠倒策略：即把黑格尔哲学颠倒过来从而获得未来哲学所需要的唯物主义前提。马克思在《黑格尔法哲学批判》导言中非常清晰地运用了费尔巴哈的颠倒策略把宗教视为相对于"人的世界"的"颠倒的世界"。不过，马克思最终发现，问题不在于指认世界的颠倒性质，而在于理解这种颠倒的发生机制，否则将永远陷入意识形态的循环——即以一种意识形态替代另一种意识形态的反对词句的斗争。我们已经知道，他正是在批判费尔巴哈过程中开辟新的道路的，这亦是在唯物主义历史观形成过程中为什么是费尔巴哈而非别人构成其最后批判对象的原因。对意识形态本质的识别、意识形态颠倒机制的分析，正是唯物主义历史观在呈现自身过程需要完成的必要工作。这一工作的成果，马克思恩格斯已经清楚地强调：

> 意识 [das bewußtsein] 在任何时候都只能是被意识到了的存在 [das bewupeß Sein]，而人们的存在就是他们的现实生活过程。如果在

---

① 例如，拜物教在其同伴身上所能看到的是另一个追逐自我利益的主体。虽然现代主流经济学也把经济人视为一个假设，但其从这个假设出发来解释现代经济时，恰恰将其视为一种基本现实。
② 这只是马克思在《德意志意识形态》中所批判的现实。

全部意识形态中，人们和他们的关系就像在照相机中一样是倒立呈像的，那么这种现象也是从人们生活的历史过程中产生的，正如物体在视网膜上的倒影是直接从人们生活的生理过程中产生的一样。①

从这一段落看，马克思恩格斯认为，意识形态的颠倒性质是像生理过程那样的客观历史过程的产物。这预示了《资本论》拜物教批判的逻辑，不过，在《德意志意识形态》中，马克思恩格斯并没有澄清这种客观颠倒发生的机制，而只是基于生活与意识（存在与意识）之间的关系强调了唯物主义历史观的基本原则：不是意识决定生活而是生活决定意识。从这个原则看来，意识不仅不是独立存在的社会要素，而且没有自己的历史。不过，意识却能够物化而成为客观的社会结构要素，例如，道德、宗教、形而上学等。马克思恩格斯把这些东西称为意识形态，与其相适应的意识形式具有独立性的外观。马克思恩格斯当然旨在通过批判来打破意识独立性的外观。② 问题也正是在这里，这种独立性的外观或者更尖锐地说虚假的独立性是如何形成的呢？在《德意志意识形态》分析中，马克思恩格斯使用"意识形态"这个术语实际便是解释这个问题。

不过，必须承认，无论是在《德意志意识形态》还是其他文本中，马克思关于意识形态的表述都包含着明显的含糊性。例如，我们无法直接从文本角度把意识形态与意识形式区分开来，我们亦不能简单明了地将其归于社会存在或社会意识。即使在马克思首次完整地公开阐述唯物主义历史观基本原理的《政治经济学批判》序言中，我们亦会发现这样的难题。例如，他把法律、政治、宗教、艺术和哲学作为意识形态时，是在认识论上将它们与自然科学相对立的，而科学与意识形态都是人们借以认识世界客观变化的思维方式。尽管是一种对立的方式，它们在逻辑上都属于与特定经济基础相适应的社会意识形式，这意味着它们都从属于意识。不过，当马克思强调"物质生活的生产方式制约着整个社会生活、政治生活和精神生活的过程"的时候，我们同时发现，精神生活与社会生活和政治生活是

---

① 《马克思恩格斯选集》第1卷，人民出版社1995年版，第72页。
② 《马克思恩格斯选集》第1卷，人民出版社1995年版，第73页。

具有同样客观性的社会存在事实，这意味着，支配这种生活的结构与社会结构、政治结构同样都是客观的存在。意识形态不就是支配着人们精神生活的那种客观结构吗？如果不是，那么如何理解恩格斯的下列论断呢？

> 意识形态是由所谓的思想家通过意识但是通过虚假的意识完成的过程。推动他的真正动力始终是他所不知道的，否则这就不是意识形态的过程了。因此，他想象出虚假的或表面的动力。因为这是思维过程，所以它的内容和形式都是他从纯粹的思维中——不是从他自己的思维中，就是从他的先辈的思维中引出的。他只和思想材料打交道，他毫不迟疑地认为这种材料是由思维产生的，而不去进一步研究这些材料的较远的、不从属于思维的根源。而且他认为这是不言而喻的，因为在他看来，一切行动既然都以思维为中介，最终似乎都以思维为基础。①

在这里，恩格斯非常清晰地强调，意识形态是一种对自身动力无知的认识过程。我们不应该将这一描述视为游离在马克思之外的某种不和谐论证。因为，它与马克思在《资本论》中对商品拜物教的分析完全一致。在《资本论》中，商品世界的完成形式——货币形式，"用物的形式掩盖了私人劳动的社会性质以及私人劳动者的社会关系，而不是把它们揭示出来"，因为它"已经取得了社会生活的自然形式的固定性"。与这种固定性一致，资产阶级经济学的范畴，也是"有社会效力的，因而是客观的思维形式"。对于按照等价原则进行交换的人们来说，"他们没有意识到这一点（即把产品还原为价值——引者注），但他们这样做了"。② 因此，马克思把无时间性的形式的历史起源作为自己分析的前提，从商品形式的结构出发揭示现代经济和资产阶级意识的拜物教性质。

在这里，我们遭遇的真正问题不是从社会存在和社会意识的二分法出发把资产阶级意识形态归入社会意识范畴，而是重新深入理解马克思"不

---

① 《马克思恩格斯选集》第4卷，人民出版社1995年版，第726页。
② 《马克思恩格斯全集》第23卷，人民出版社1974年版，第90—93页。

是人们的意识决定人们的存在,相反,是人们的社会存在决定人们的意识"这个论断所包含的科学要求。我们绝不能从这个论断出发,通过把资产阶级意识形态归入意识范围就得出其是颠倒的和虚假的结论!因为,马克思已经说得很清楚,资产阶级意识把商品交换理解成"自然必然性"的时候,其恰恰源自资产阶级社会在形式上的自然性。这意味着,如果说资产阶级意识是颠倒的和虚假的,那么原因在于它采取了与这种社会一致的无思的思维方式,即它是一种意识形态的看法。这种解释与马克思在《〈政治经济学批判〉序言》中阐明的唯物主义历史观的基本观点是完全一致的,在那一文献中,马克思指明,法律、政治、宗教、艺术和哲学作为意识形态,它们是人们"借以意识到这个冲突(即经济基础与上层建筑之间的冲突——引者注)并力求把它克服的……形式"!也就是说,意识形态作为一种形式,它不是意识。也只有这样,在马克思的全部论述,当他把法律、政治、宗教、艺术和哲学作为意识形态时,才不会与其同时将之视为上层建筑发生矛盾。在传统的理解中,标准的马克思主义解说把意识形态称为"系统地、自觉地、直接地反映社会经济形态和政治制度的思想体系,是社会意识诸形式中构成观念上层建筑的部分",隐含着一个难以协调的矛盾:即意识形态既是思想体系,又是上层建筑。这与马克思在《〈政治经济学批判〉序言》中的相关表述具有冲突,马克思在那个文本中明确指出,"生产关系的总和构成社会的经济结构,即有法律的和政治的上层建筑竖立其上并有一定的社会意识形式与之相适应的现实基础",即把上层建筑与社会意识形式区分开来的!产生这种矛盾的原因在于,即使强调意识的相对独立性的时候,我们也没有考虑到,作为意识得以进行的意识形态恰恰是支配人们法律的、政治的、道德的、宗教的、艺术的和哲学的(即理论的)活动(甚至经济活动本身,这是马克思没有指出的)的客观思维结构。正是这一原因,法律、政治、道德、宗教、艺术和哲学,既是上层建筑(当它们表现为一种体制的时候),又是意识形态(当它们成为人们认知的无意识依据时)!这样看来,马克思恩格斯在自己表述中并没有阐明而作为难题出现的问题就清晰地呈现了:意识形态既属于社会存在和社会意识,又同时不属于这两者,更准确地说,它是在这两者之间进行联系的中介。

二

这是一个不容易理解的问题，但它却是"意识形态"这个术语所标识出来的独特社会现象的关键。意识形态作为一种历史地形成的思维图式，它不再是思维本身，而是构成调节思维与存在之间关系的一种具有惰性的"实体"。为理解这个问题，我们参照结构主义的相关研究，那种理论思潮试图超越近代欧洲主客体二元论哲学，从而亦为打破在存在与思维之间进行非此即彼选择的困境。列维-斯特劳斯是这种新倾向的开辟者，他指出：

> 马克思主义，如果不是马克思本人的话，屡次推断说，实行（les practiques）似乎是直接来自实践（praxis）的。我并不怀疑基础结构的无庸置辩的优先性，我相信，在实践与实行之间永远存在着调节者，即一种概念图式，运用这种概念图式，彼此均无其独立存在的质料与形式形成为结构，即形成为既是经验的又是理智的实体。①

当然，列维-斯特劳斯本人试图通过这种分析推动马克思没有展开的上层建筑理论，他提出了思维之逻辑的而非历史的先决条件问题，即在心理和大脑客观结构的形式中被赋予的概念系统。从表面上看来，列维-斯特劳斯的研究方法与马克思的历史视角是冲突的，因为后者强调历史时间的优先地位，而他恰恰提出无时间的结构问题。不过，如果认真审视马克思的政治经济学批判，我们亦会发现，列维-斯特劳斯恰恰是在经济史之无意识历史之外提出意识形态之无历史（即无时间）问题。当然，他是在反驳萨特的主体主义哲学过程中提出这个问题的，后者试图通过以集体主体来替代笛卡儿的"我思"主体从而为历史的开放性打开大门，但他在这

---

① ［法］列维-斯特劳斯：《野性的思维》，李幼蒸译，商务印书馆1987年版，第149页。

样做的时候实际上通过以人类概念替代历史概念而主张了一种先验的人本主义，就如卢卡奇以阶级意识替代主体性那样。不同的是，列维-斯特劳斯分析的切入点是语言。这是一种学术思想的跃进，一方面他把在卢卡奇等人那里含蓄地应用的精神分析理论提呈至理论的台面；另一方面，他以语言这种可分析的单元揭示了社会之象征性质（即人与人之间关系建构机制）。也正是这一原因，他能够为分析作为人与人之间而非人与物之间关系的意识形态打开新的思路。罗兰·巴特、福柯、阿尔都塞等人实际上也都是在这一中轴上操作的。特别是阿尔都塞，尽管其非常明确地提出了对结构主义的批评，但恰恰借助结构主义在意识形态问题上为马克思主义的国家理论提供了重要的补充。

阿尔都塞的实际操作是这样的，列维-斯特劳斯通过区分实践或实行（les practiques）与实践（praxis），从而识别出在两者之间中介的作为象征结构的概念图式。与之相仿，阿尔都塞把概念图式区分为意识形态与科学，从而形成严格的对应关系，即由意识形态支配的实践（les practiques）和由科学支配的实践（les practiques）。这样，他清晰指出马克思恩格斯意识形态理论所包含的那种既是社会存在又是社会意识的张力，又断然从功能角度为无产阶级运动之霸权策略提供一种合理性论证。在晚期资本主义通过结构调整而获得较为稳定的条件下，这种论证具有特殊的意义。正是因为这一原因，阿尔都塞推动了"左"派理论的霸权转向。

当然，阿尔都塞面临着自己的问题，例如，与经典马克思主义不同，他把科学也视为一种实践等，这些问题需要专门讨论。在这里，我们也不讨论他的意识形态理论具体内容及其对马克思主义理论的独特贡献。就马克思主义来说，当问题重新落在语言上的时候，隐含在马克思恩格斯文本之中的一个悬而未决的问题公开化了。这个问题是在《德意志意识形态》开始意识形态批判之际产生的。为了准确地描述问题，我们重新回到马克思恩格斯的文本。当马克思恩格斯强调意识形态没有历史、没有发展的时候，他强调的正是意识形态对自身的无思。由于这种无思，试图改变世界的种种方案，最终都成为纯粹的口号。为此，马克思强调实证科学，基于这种科学说明意识的本质。在马克思看来，"意识一开始就是社会的产物，而且只要人们存在着,它就仍然是这种产物"。① 基于这一前提,马克思强调意识形态是人类历史发展特定阶段上产生的意识独立化现象,这种独立化是由分工产生的。马克思指出:

> 分工只是从物质劳动和精神劳动分离的时候起才真正成为分工。从这时候起意识才能现实地想象:它是和现存实践的意识不同的某种东西;它不用想象某种现实的东西就能现实地想象某种东西。从这时候起,意识才能摆脱世界而去构造"纯粹的"理论、神学、哲学、道德等等。

"纯粹的"理论、神学、哲学、道德等,作为意识形态,它们是意识的产物,但是,必须同样断定,它们一旦形成,便不再是纯粹的意识。因为,它们"不用想象某种现实的东西就能现实地想象某种东西",即它们已经成为一种相对独立的现实。尽管,马克思在提出该问题的《德意志意识形态》中并没有直接对后一种事实进行澄清,但这个事实恰恰是分析意识形态的基本前提。马克思也正是通过说明这个事实的形成而击穿意识形态永恒性神话和独立性假象的。当然,我们可以进一步说,因为这一点,打破意识形态,并不能通过意识得以完成。所以,马克思恩格斯指出:

> 意识的一切形式和产物不是可以通过精神的批判来消灭的,不是可以通过把它们消融在"自我意识"中或化为"幽灵"、"怪影"、"怪想"等等来消灭的,而只有通过实际地推翻这一切唯心主义谬论所由产生的现实的社会关系,才能把它们消灭。②

在同一文本的另一地方,他们又强调:

> 要真正地、实际地消灭这些词句,从人们意识中消除这些观念,

---

① 《马克思恩格斯选集》第1卷,人民出版社1995年版,第82页。
② 《马克思恩格斯选集》第1卷,人民出版社1995年版,第92页。

就要靠改变了的环境而不是靠理论上的演绎来实现。①

说清这些论述的含义,我们就可以替马克思恩格斯来回答他们自己没有回答的问题了:意识形态到底是通过何种机制束缚着人们的。一个值得关注的细节是,在讨论意识的起源时,马克思恩格斯首先强调的是语言!他们指出:

> "精神"从一开始就很倒霉,受到物质的"纠缠",物质在这里表现为振动着的空气层、声音,简言之,即语言。语言和意识具有同样长久的历史;语言是一种实践的、既为别人存在因而也为我自身而存在的、现实的意识。②

在随后的论证中,马克思恩格斯不再直接讨论语言而专门展开意识的分析,这就使得在这里实际存在着的语言与意识之间的关系问题被压抑了。语言是存在的家,这个海德格尔的格言必须颠倒过来说,语言囚禁了存在。之所以发生这一切,原因是语言的物化。语言最初是作为活生生的生活经验出现的,但却掩盖了自身的历史性,物化成一种冰冷的人与人之间关系的媒介。这一媒介就是马克思后来在《资本论》分析的商品之间的镜像关系。在揭示这种关系的过程中,马克思数次遭遇到语言与意识形态之间的关系问题。最重要的体现在《哲学的贫困》中。马克思通过对经济学和黑格尔的思辨哲学之范畴(即思维方式)的分析揭示了意识形态的核心特征:使范畴非历史化或虚假历史化。非历史化指的是把范畴视为绝对的永恒的前提;虚假历史化指的是通过建立范畴之间的顺序或次序而使之产生流变的外观。在《哲学的贫困》中,马克思并没有从意识形态角度来批判"政治经济学的形而上学",不过他将之视为"形而上学或法学的幻想"时,确实坚持了意识形态批判的思路。因此,不难理解,马克思在定性科学的时候,恰恰是将其视为意识形态的颠倒。他说:"这个由历史运动产

---

① 《马克思恩格斯选集》第1卷,人民出版社1995年版,第95页。
② 《马克思恩格斯选集》第1卷,人民出版社1995年版,第81页。

生并且充分自觉地参与历史运动的科学就不再是空话,而是革命的科学了。"

更进一步,当马克思基于这种科学标准把现代科学(即对现代资本主义的分析)建立起来的时候,首先更新政治经济学的语言,并将自己的科学命名为"政治经济学批判"。在《政治经济学批判。第一分册》的第一章中便以古典政治经济学分析商品的历史并进行清理;在《资本论》的第一章中,他又清晰地从商品形式的角度分析定义了现代社会的拜物教,而"商品世界的完成形式"、"恰好形成资产阶级经济学的各种范畴"。这就科学地剖析了资产阶级意识形态的实质。也因为此,在后来的解读中,学者们普遍同意:《资本论》关于拜物教的分析是马克思成熟时期意识形态批判的特征。

三

无论如何,所有的分析,包括马克思对资产阶级意识形态批判过程中对范畴或语言的分析,都说明:作为一种集体(按照精神分析的说法,即无意识的)思维方式,意识形态蕴含在符号和语言之中。在这一意义上,只要使用语言和符号,我们就不能摆脱意识形态。这正是结构主义以及阿尔都塞的马克思主义言说把意识形态作为一种永恒存在的前提。这也正是我们今天面临的最真实的问题之一,因此有必要进一步展开分析。

在更广泛的理论空间中,对于语言与意识形态关系的研究,巴赫金是一位重要的先驱。在他看来:

> 在马克思主义的文献中还没有最终的和公认的对各种意识形态现象的特殊活动的定义。在大多数情况下,它们被理解为意识形态现象,也就是心理现象。这种理解极大地阻碍了对意识形态形象特点的正确认识。这些特点绝对不能归结为主观意识和心理的特点。[①]

[①] [俄] M. 巴赫金:《周边集》,李辉凡等译,河北教育出版社1998年版,第345页。

但是，正是前述马克思恩格斯面临的难题，我们亦不能简单地将意识形态理解为社会存在。传统的二元论思路有一个盲点，即在社会意识与社会存在两者之间的问题。客观地说，黑格尔的辩证法为澄清这个问题打开了缺口，尽管其本人因为绝对唯心主义而没有完成。巴赫金是从政治和生活经验提出问题的，所以他把语言作为突破口。这个突破口，当列维-斯特劳斯崛起的时候，便汇成一种宏大的理论运动了。前面已经引用了列维-斯特劳斯克服二元论的姿态。在那段引文中，我们发现：他努力协调的正是由 praxis 表象的生动意识（主体性）与 practice 所表征的物化意识（客体性），意识形态是这两者之间的沟通中介。至此，意识形态问题亦发生了逆转，由马克思含蓄地提出的主体关系（即批判与物质环境之间关系）问题直接演变为结构问题。不过，尽管马克思被超越，但无论是列维-斯特劳斯，还是巴尔特、福柯和阿尔都塞，都没有把马克思视为意识形态问题的残余，而是相反地将他视为核心资源。例如，在象征结构分析中，列维-斯特劳斯断然地强调自己的分析是马克思政治经济学批判之唯物主义的延续，而巴尔特亦采取了与马克思在《政治经济学批判（1857—1858 年手稿）》关于货币作为象征/符号分析相近的策略。他指出：

> 我们以为自己处于一种由物体、功能、物体的完全控制等等现象所共同组成的实用世界中，但在现实里我们也通过物体处于一种由意义、理由、借口所组成的世界中：功能产生了记号，但是这个记号又恢复为一种功能的戏剧化表现。我相信，正是文化向伪自然的这种转换，定义了我们社会的意识形态。①

可以确定的是，意识形态不是作为意识而发挥作用的。从这一点出发，阿尔都塞在其著名的《意识形态和意识形态国家机器（笔记）》中完成了从国家机器功能的角度对意识形态的分析。当然，阿尔都塞等人的理论亦引发了其他问题，这些问题，我们将在其他地方进行分析。

---

① ［法］巴尔特：《符号学历险》，李幼蒸译，中国人民大学出版社 2008 年版，第 160 页。

马克思意识形态理论的双重维度：政治的及历史观的[①]

唐正东

马克思的意识形态批判理论尽管在学界不断地得到研究，但对它的争议也未曾停止过。因此，完整地解读马克思的意识形态理论，不仅有助于我们准确地解读资本主义意识形态的具体的、历史的表现形式，而且还有利于我们还原马克思哲学思想的真实面貌，从而深化对它的研究。

一

很多研究马克思意识形态理论的学者都把关注的重点聚焦在《德意志意识形态》上，并强调马克思在这一文本中所阐发的统治阶级通过编造虚假的观念来进行意识形态统治的观点。譬如，法国著名学者巴里巴尔（Etienne Balibar）指出："可以说《德意志意识形态》勾勒出的是权力构建的理论，而从拜物教的定义上说，《资本论》描述的却是约束机制。这两个问题固然不可能完全互不相干，但它们使我们注意到不同的社会过程，要求我们对自由化进行不同的思考。"[②] 澳大利亚学者安德鲁·文森特（Andrew Vincent）也表达了类似的观点："在马克思的研究中，'意识形态'不仅意味着实践上的无能，而且是虚幻和不现实的。更重要的是，这

[①] 原载《哲学研究》2015年第8期。
[②] ［法］巴里巴尔：《马克思的哲学》，王吉会译，中国人民大学出版社2007年版，第111页。

一看法将'意识形态'与社会领域的劳动分工、被称为阶级的集团和一定阶级的统治和权力联系在一起了。这一扩展的某些方面，特别是关于其虚幻性的一面，早已隐含在拿破仑对这一术语的贬抑性使用中，但在马克思以前，这一点并没有被完全揭示出来。"① 但有意思的是，这些学者都看到了《德意志意识形态》中其实还有对意识形态问题的另一种阐述，即作为上层建筑要素而存在的意识形态，它是由现实的生产和交往关系所决定的。这似乎和统治阶级对虚假意识形态的编造没有太多关系了。譬如，巴里巴尔说："《德意志意识形态》不仅杂乱无章，而且充满假象。它打乱了文章的正常顺序，将论战部分降级为次要部分，主张从以劳动的分工史为线索的基因进化谈起。这样看起来似乎意识形态的概念是由上层建筑派生而来（上层建筑这个说法至少已经使用过一次），而上层建筑又是建立在'物质生活'即生产的基础之上的。"② 只是因为跟他头脑中从政治的角度所想象的意识形态概念不同，巴里巴尔就把《德意志意识形态》中出现的从历史观的角度阐述意识形态的观点，斥责为一种杂乱无章，这倒是蛮有意思的。同样，文森特也无法正确地解释这种现象。在谈到了马克思的意识形态与阶级统治的权力建构之间的关系后，他说："自相矛盾的是，马克思所使用的'意识形态'一词仍然包含着这样一种信念，即社会可以从理性和科学的角度予以解释，而人类也将向着某种形式的理性的社会、经济和政治启蒙前进。"③ 一种原本以为只是为了统治而建立起来的虚假的观念，现在却具有了理性的科学的特征，这在文森特看来就是自相矛盾之处了。

再进一步，更有意思的是，上述这种"杂乱无章"或"自相矛盾"并没有使这些学者更加深入地解读马克思在《德意志意识形态》中的意识形态概念的丰富内容，而是径直走向了对前一种解释的肯定，即对作为统治阶级之欺骗工具的意识形态的肯定。也就是说，作为被生产方式所决定的那种意识形态，对他们来说，只是一种添乱或增加矛盾的东西，因此，必

---

① ［澳］文森特：《现代政治意识形态》，袁久红等译，江苏人民出版社2008年版，第5页。
② ［法］巴里巴尔：《马克思的哲学》，王吉会译，中国人民大学出版社2007年版，第66页。
③ ［澳］文森特：《现代政治意识形态》，袁久红等译，江苏人民出版社2008年版，第5—6页。

须加以放弃。仔细地阅读巴里巴尔和文森特的文本，我们不难看出他们的这种解读思路。显然，这跟他们所持有的从政治的角度（而不是历史观的角度）来解读马克思著作的思路是相吻合的。这种做法尽管使他们能够较为简单地处理《德意志意识形态》中的意识形态概念，并很轻松地把它与马克思后期的拜物教概念进行对比性的研究，但由此而缺失的，却是对马克思意识形态理论的深层内涵的准确解读。

马克思在《德意志意识形态》中并不只是为了从政治的角度对统治阶级的意识形态进行批判，而是为了从历史观和政治的双重角度对它进行批判。之所以如此，是为了避免像德国唯心主义哲学家那样把批判的事业引向歧路。马克思想阐明的是："'解放'是一种历史活动，不是思想活动，'解放'是由历史的关系，是由工业状况、商业状况、农业状况、交往状况促成的……"① 这就是他为什么要从历史观的角度来阐发意识形态概念的原因。在他看来，所有的观念和思想都是由人们自己生产出来的，而这里的人们，不是想象中的那个人，而是现实的、从事物质活动的人们，他们的物质实践活动是受到既定的生产力及交往形式的发展水平制约的。"意识在任何时候都只能是被意识到了的存在，而人们的存在就是他们的现实生活过程。如果在全部意识形态中，人们和他们的关系就像在照相机中一样是倒立成像的，那么这种现象也是从人们生活的历史过程中产生的，正如物体在视网膜上的倒影是直接从人们生活的生理过程中产生的一样。"② 马克思在此实际上讲了一个非常重要的观点：所有的观念都是由人们对其现实关系和活动的有意识的表现的结果，这种表现当然有现实的表现和虚幻的表现的区分，但即使是虚幻的表现，也不是由人们在思想中纯粹杜撰出来的，在本质上是由他们所处于其中的落后的生产方式发展水平决定的。"如果这些个人的现实关系的有意识的表现是虚幻的，如果他们在自己的观念中把自己的现实颠倒过来，那么这又是由他们狭隘的物质活动方式以及由此而来的他们狭隘的社会关系造成的。"③ 这不是为他们得出

---

① 《德意志意识形态》（节选本），人民出版社2003年版，第19页。
② 《德意志意识形态》（节选本），人民出版社2003年版，第16—17页。
③ 《德意志意识形态》（节选本），人民出版社2003年版，第16页注1。

虚幻的观念进行辩护，而是对一种历史事实的指认。在历史观的维度上，他们把自己蒙在鼓里，却以为自己并没有被蒙骗。而真正"蒙"他们的，是落后的生产方式发展水平。也就是说，社会形态的整体内容尤其是其中的内在矛盾在这个阶段还没有完全地展现出来。因此，他们尽管看到了可以看到的一切，但仍然被"蒙"。现实的历史过程在"蒙"他们。

如果不站在唯物史观的维度上，那是很难理解马克思的上述观点的。文森特就是一个例子。他始终无法理解马克思所说的那个照相机倒立成像的例子，"马克思在《德意志意识形态》中早先提到的暗箱（camera obscura），对我们理解他的说法并不特别有用。马克思把有关人类意识的意识形态观描写成好像是一个暗箱，世界在其中是倒现着的。这种映象高度机械、僵硬，并表现为一种误导的概念，就连马克思本人也不会真正去接受的。"① 如果仅从政治的角度入手，马克思所举的照相机倒立成像的例子的确是僵硬和机械的，因为政治维度上的意识形态是统治阶级有意编造出来的，而不是机械地倒立成像出来的。但文森特无法理解的是，马克思恰恰通过这个例子，来强调在历史观的维度上，任何一种观点，即使是虚幻的观念，也是由生产方式的发展水平所造就的。这种历史观维度上的意识形态观点，不是马克思不会接受，而是文森特不会真正去接受的。

能否看出马克思在《德意志意识形态》中的意识形态观点具有上述这种历史观维度上的内容，直接关系到能否准确把握马克思后期在《资本论》中所提出的拜物教批判理论的深层内涵。如果看不到上述这种历史观的维度，那就很容易因为《德意志意识形态》中的另一条维度即政治维度上的意识形态观，从表面上看只是反映了统治阶级通过编造关于自身的幻想来欺骗被统治阶级的内容，因而跟后期的拜物教批判理论的内涵不直接对应，而把马克思前后期的这两种理论加以简单地对立。巴里巴尔实际上就是这样做的。他说："这一差异最终会将我们引入一个总结了以往所有矛盾的对立关系中。意识形态的理论从根本上说是一个国家理论（注意：它是国家固有的统治方式），而拜物教的理论归根结底是一个市场理论（注意：它是社会组

---

① [澳]文森特：《现代政治意识形态》，袁久红等译，江苏人民出版社2008年版，第8页。

织，如市场及其通过商品获得的统治地位所固有的约束方式，或主体与客体'世界'的构成方式）……马克思的思想发生了改变，从希望推翻已经阻碍文明社会发展的资产阶级统治演变为解决资本主义社会固有的矛盾。"①

巴里巴尔还解释说，马克思之所以在《德意志意识形态》时期从国家统治的角度来谈论意识形态，是因为他的批判对象即黑格尔把法治国家界定成了社会中的霸权主义。而马克思之所以在后期的研究中提出拜物教理论，是因为他从斯密（Adam Smith）和李嘉图（David Ricardo）的经济学理论中发现了价值的"自主性"。②巴里巴尔的解释思路中显然只有政治学和经济学这两种前后对立的理论维度，而偏偏缺失了马克思意识形态理论中实际存在的历史观维度的内容。这不仅导致了他无法全面理解马克思《德意志意识形态》中的意识形态理论，而且还直接导致他把马克思的拜物教批判理论简单地理解成了拜物教理论。他居然说马克思在后期的拜物教理论时期已经不再试图推翻资产阶级的统治，而只是演变成了对资本主义社会固有矛盾的解决了。更有甚者，他还说"历史唯物主义以资产阶级生产条件的永恒存在（或者说资本—工资制关系的不变性）为前提。"③以颠覆资本主义生产关系为宗旨的历史唯物主义理论居然变成了以资产阶级生产条件的永恒性为前提的一种理论。巴里巴尔还认为，当代理论家可以从马克思意识形态概念中汲取的理论灵感是"应该在拜物教理论之后的思想中去寻找受商品逻辑或价值的象征性［法兰克福学派，亨利·列斐伏尔（Henri Lefebvre），居伊·德波（Guy Debord），阿格尼斯·海勒（Agnes Heller）］所操控的现象学和'日常生活'，同时去分析由金钱和法律的'语言'构成的社会空想……"④从他此处的论述中可以看出，缺失了对马克思意识形态理论中的历史观维度的把握会产生什么样严重的结果。

实际上，只要紧紧地抓住马克思意识形态理论中的历史观维度，就不

---

① ［法］巴里巴尔：《马克思的哲学》，王吉会译，中国人民大学出版社2007年版，第112—113页。
② ［法］巴里巴尔：《马克思的哲学》，王吉会译，中国人民大学出版社2007年版，第113页。
③ ［法］巴里巴尔：《马克思的哲学》，王吉会译，中国人民大学出版社2007年版，第81页。
④ ［法］巴里巴尔：《马克思的哲学》，王吉会译，中国人民大学出版社2007年版，第113—114页。

难理解马克思后期的拜物教批判理论恰恰是建立在唯物史观的基础上的。斯密和李嘉图之所以拘泥于价值量的分析而看不到价值概念在质的层面上所反映的资本主义生产方式的历史暂时性，其原因就在于他们把资本主义生产方式当作社会生产的永恒的自然形式了。当然，在马克思看来，古典经济学的这种局限性并不像庸俗经济学那样，是有意而为之的结果。它是想研究资本主义生产关系的内在联系的，只是由于当时的资本主义生产关系本身还过于狭隘，其自我展开的程度还不够充分，因此，斯密等古典经济学家才会犯上述理论错误。他们的古典经济学尽管是一种资产阶级意识形态，但这种意识形态在本质上是由狭隘的生产方式发展水平所造就的。与此形成对照的是庸俗经济学，它才是为了适应资产阶级的日常需要而故意对表面的经济联系中的那些最粗浅的现象进行似是而非的解释，"而庸俗经济学却只是在表面的联系内兜圈子，它为了对可以说是最粗浅的现象作出似是而非的解释，为了适应资产阶级的日常需要，一再反复咀嚼科学的经济学早就提供的材料。"① 因此，对马克思来说，资本主义的生产条件、劳资关系等因素不仅不是永恒的，而且是具体的、历史的、暂时的。随着资本主义生产方式的内在矛盾性的不断展开，这种社会因素的被扬弃也是一件必然的事情。由此，马克思的拜物教批判理论不是在承认物化的社会关系之永恒性前提下去解读其中的霸权机制，然后再从某种外在的角度来对它进行所谓的批判，而是要深刻地梳理出这些社会因素在历史过程中被超越的逻辑过程。也就是说，马克思的拜物教批判理论既不是对拜物教的经验性分析理论，也不是一般性的拜物教批判理论，而是一种历史唯物主义的拜物教批判理论。这是我们在强调了《德意志意识形态》中马克思意识形态理论的历史观维度后所能得出的基本观点。

二

马克思在《德意志意识形态》中所阐发的意识形态理论中包含着政治

---

① ［法］巴里巴尔：《马克思的哲学》，王吉会译，中国人民大学出版社2007年版，第99页注32。

维度的内容，即把意识形态当作统治阶级进行思想统治的工具来看待，这应该说是显而易见的。马克思指出："统治阶级的思想在每一时代都是占统治地位的思想。这就是说，一个阶级在社会上占统治地位的物质力量，同时也是社会上占统治地位的精神力量。支配着物质生产资料的阶级，同时也支配着精神生产资料，因此，那些没有精神生产资料的人的思想，一般地是隶属于这个阶级的。"① 也就是说，统治阶级除了利用物质力量来巩固自己的统治地位外，还利用精神力量来进行统治。这种精神力量就是意识形态。在《德意志意识形态》的文本中，马克思多次把建构这种精神力量的人称为"意识形态家"②。

尽管上述这一理论质点是很清楚的，但我们必须加以探讨的是：在《德意志意识形态》中，这种政治维度上的意识形态与前述的历史观维度上的意识形态之间的关系是什么。在我看来，在这一问题上如果不能看出马克思意识形态理论从历史观向政治观过渡的逻辑机理，那就很难对这两种维度之间的关系作出准确的分析。我们应该看到，当马克思在历史观上来谈论意识形态概念时，他实际上讲的是人们对物质活动及现实生活过程的有意识的观念表现，即他是从观念表现的意义上来理解意识形态概念的。他强调的是"意识在任何时候都只能是被意识到了的存在，而人们的存在就是他们的现实生活过程"③。在这一解读视域中，意识形态的主体是"人们"，而不是阶级，更不是统治阶级。从理论上说，每个人都能得出自己关于现实生活过程的意识形态。这种历史观维度上的意识形态理论所要解决的问题，不是意识形态的现实功能，而是它的社会历史属性。之所以要了解它，那是因为当我们在政治等维度上来谈论意识形态的现实功能时，如果缺失了对它的准确把握，那就很可能看不懂政治维度上意识形态是如何被建构起来的，从而容易陷入这种意识形态之中。

当然，仅有历史观维度上的意识形态理论也是不够的。政治观上的意识形态理论实际上是在谈论在个人观念表述意义上的意识形态语境中，哪

---

① 《德意志意识形态》（节选本），人民出版社2003年版，第42页。
② 《德意志意识形态》（节选本），人民出版社2003年版，第42—43页注1。
③ 《德意志意识形态》（节选本），人民出版社2003年版，第16页。

种意识形态是占统治地位的,为什么偏偏是这种意识形态占统治地位,为什么这种占统治地位的意识形态偏偏又是统治阶级的意识形态等等。笔者认为,马克思在思考这些问题的时候,绝没有仅仅站在政治学的层面上来展开其解读路径,而是始终以历史观维度上的意识形态理论为方法论指导,从唯物史观的角度来推进对这种意识形态观的理解。

在马克思看来,作为意识形态而表现出来的占统治地位的思想,绝不是某种天然的、自然的思想观念,而是占统治地位的物质关系在思想观念上的表现,"不过是以思想的形式表现出来的占统治地位的物质关系;因而,这就是那些使某一个阶级成为统治阶级的关系在观念上的表现,因而这也就是这个阶级的统治的思想"①。马克思不仅在研究个人有意识的观念表现(即历史观上的意识形态)时坚持了唯物史观,而且在研究作为上述观念表现中的一种具体形式,即统治阶级对现实生活过程的观念表现(政治维度上的意识形态)时,也坚持了历史唯物主义的方法论。在他看来,任何撇开现实物质关系来谈论占统治地位的思想的做法都是不可理喻的。"在考察历史进程时,如果把统治阶级的思想和统治阶级本身分割开来,使这些思想独立化,如果不顾生产这些思想的条件和它们的生产者而硬说该时代占统治地位的是这些或那些思想,也就是说,如果完全不考虑这些思想的基础——个人和历史环境,那就可以这样说:例如,在贵族统治时期占统治地位的概念是荣誉、忠诚,等等,而在资产阶级统治时期占统治地位的概念则是自由、平等,等等。总之,统治阶级自己为自己编造出诸如此类的幻想。"②

因此,当马克思说占统治地位的思想是占统治地位的现实物质关系在观念上的表现的时候,我们切不可把他的话理解成后者只不过是前者在观念上所反映的对象。如果只是一般认识论意义上的认识客体本身是无所谓有一个不断展开的过程的。在这种理论层面上,我们不能说狭隘的认识客体造成了认识主体只能得出狭隘的观念或思想。因此,这显然不是马克思所需要的阐释路径。马克思实际上是在历史认识论的层面来展开自己的思

---

① 《德意志意识形态》(节选本),人民出版社2003年版,第42—43页。
② 《德意志意识形态》(节选本),人民出版社2003年版,第44页。

路的。对他来说，在当下的历史阶段，有什么样的占统治地位的物质关系，就有什么样的占统治地位的观念表述或意识形态。这实际上是马克思把解读历史观维度上的意识形态时所用的方法，运用到了对某个具体的、特定的社会形态的分析中去。就像马克思在历史观维度上说狭隘的物质活动方式及其社会关系造成了个人对现实关系的狭隘的、虚幻的观念表述一样，在政治观的维度上，马克思认为，占统治地位的物质关系造成了占统治地位的思想关系，那些不占统治地位的物质关系也就只能造就那些不占统治地位的思想关系。正像在物质关系上那些不占统治地位的阶级必然隶属于占统治地位的阶级一样，在思想关系上，前者也必然隶属于后者。应该说，这是马克思政治维度上的意识形态理论区别于其他人的政治意识形态观的一个重要特点。

如果马克思的政治意识形态观真的像巴里巴尔所说的那样："马克思之所以从国家问题的角度把意识形态理论化，如我们所见，是因为黑格尔已经把法治国家定义为社会中的霸权主义"①；那么，他恐怕也就只能在政治运行机制或者法权的角度来谈论意识形态问题了。可我们知道，不管是在《德意志意识形态》还是以后的《共产党宣言》等文本中，马克思都不仅仅在谈论占统治地位的思想即政治维度上的意识形态是如何表现其统治力量的，而且还深刻地阐明了这种统治意识形态是如何产生的，以及围绕着意识形态统治权的争夺而表现出来的阶级斗争是什么样的。更不用说他在《资本论》中从社会历史过程的角度对所有权等政治学概念进行了深度的阐释，揭示了雇佣工人在法权上虽然拥有对自己产品及自身劳动的所有权，但他在社会历史过程中却必须把这种所谓的所有权看成是他人即资本家占有这种产品及劳动的权利。"我们看到，通过一种奇异的结果，所有权在资本方面就辩证地转化为对他人的产品所拥有的权利，或者说转化为对他人劳动的所有权，转化为不支付等价物便占有他人劳动的权利，而在劳动能力方面则辩证地转化为必须把它本身的劳动或它本身的产品看作他人财产的义务。所有权在一方面转化为占有他人劳动的权利，在另一方

---

① ［法］巴里巴尔：《马克思的哲学》，王吉会译，中国人民大学出版社2007年版，第113页。

面则转化为必须把自身的劳动的产品和自身的劳动看作属于他人的价值的义务。"① 这里所体现的实际上是马克思从唯物史观的角度对作为资产阶级意识形态的抽象法权或政治观点所进行的批判。如果他只是从政治观本身的角度来切入对资产阶级政治意识形态的批判，那他显然是不可能得出如此深刻的观点的。

三

我们同时必须看到的是，在马克思的政治意识形态观中的确包含着如下的内容：意识形态是统治阶级的理论家故意编造出来的关于现实物质过程及其自身的幻想，它是统治阶级用来进行思想统治的工具。在《德意志意识形态》中，马克思说："分工也以精神劳动和物质劳动的分工的形式在统治阶级中间表现出来，因此在这个阶级内部，一部分人是作为该阶级的思想家出现的，他们是这一阶级的积极的、有概括能力的意识形态家，他们把编造这一阶级关于自身的幻想当作主要的谋生之道……"② 马克思的这种观点在后来的一些文本中也有所表现。在《共产党宣言》中，马克思在批判资产阶级关于自由、教育等方面的意识形态观念时，指出："你们的利己观念使你们把自己的生产关系和所有制关系从历史的、在生产过程中是暂时的关系变成永恒的自然规律和理性规律，这种利己观念是你们和一切灭亡了的统治阶级所共有的。"③ 在《资本论》及其手稿中，马克思也多次表达这种观点。除了前面提到过的资产阶级庸俗经济学家为了适应其日常需要而故意在表面的经济联系中兜圈子的观点外，马克思在《1857—1858年经济学手稿》中也有类似的观点："从意识形态角度来看更容易犯这种错误，因为上述关系的统治（上述物的依赖关系，不用说，又会转变为一定的，只不过除掉一切错觉的人的依赖关系）在个人本身的

---

① 《马克思恩格斯全集》第30卷，人民出版社1995年版，第450页。
② 《德意志意识形态》（节选本），人民出版社2003年版，第43页。
③ 《马克思恩格斯选集》第1卷，人民出版社1995年版，第289页。

意识中表现为观念的统治，而关于这种观念的永恒性即上述物的关系的永恒性的信念，统治阶级自然会千方百计地加强、扶植和灌输。"① 巴里巴尔曾说过，马克思在 1852 年之后就再也没有使用过"意识形态"概念，而是转为使用"拜物教"概念了。② 从上面所引的文本中可以看出，他的这一判断显然是不正确的。这是他在对马克思《德意志意识形态》时期的意识形态概念作单方面的（即政治维度上的）挪用之后，又把它与后期的拜物教概念进行机械对立的结果。

再进一步，我们应追问的是：马克思政治维度上的意识形态观中的这一部分内容，跟前面所讲的统治阶级的意识形态只不过是占统治地位的物质关系在观念上的表现的观点之间，到底是一种什么关系呢？难道真的像有些西方学者所说的那样，是一种对立的关系？当然不是。在这里，我们必须清楚地看到，马克思对这一问题的阐述，比巴里巴尔所理解的要详细和完整得多。在马克思的解读视域中，统治阶级的意识形态家通过编造关于自身的幻想来建构意识形态的做法，不是一种孤立的现象，而是应该放在统治阶级作为思想的生产者通过生产思想观念来进行统治这一更为完整的解读框架中加以思考。"构成统治阶级的各个人也都具有意识，因而他们也会思维；既然他们作为一个阶级进行统治，并且决定着某一历史时代的整个面貌，那么不言而喻，他们在这个历史时代的一切领域中也会这样做，就是说，他们还作为思维着的人，作为思想的生产者进行统治，他们调节着自己时代的思想的生产和分配；而这意味着他们的思想是一个时代的占统治地位的思想。"③

对马克思来说，这里所提到的思想的生产者，其实并不仅仅指前面所提到的编造幻想的意识形态家，而且还包括作为统治阶级中的积极成员的那些思想家。他十分清楚地指出，即使是在统治阶级内部，也存在着不同的意识形态家。除了编造幻想的那些人之外，还有另外一些人。"而另一些人对于这些思想和幻想则采取比较消极的态度，并且准备接受这些思想

---

① 《马克思恩格斯全集》第 30 卷，人民出版社 1995 年版，第 114 页。
② ［法］巴里巴尔：《马克思的哲学》，王吉会译，中国人民大学出版社 2007 年版，第 65 页。
③ 《德意志意识形态》（节选本），人民出版社 2003 年版，第 43 页。

和幻想，因为在实际中他们是这个阶级的积极成员，很少有时间来编造关于自身的幻想和思想。"① 在《德意志意识形态》中，马克思用革命阶级的例子来说明了这一问题（作为统治阶级的资产阶级也是从当初的革命阶级发展而来的）。在谈到革命阶级在闹革命的时候往往都把自己的利益说成是代表全体群众的利益的时候，马克思说："进行革命的阶级，仅就它对抗另一个阶级而言，从一开始就不是作为一个阶级，而是作为全社会的代表出现的；它俨然以社会全体群众的姿态反对唯一的统治阶级。它之所以能这样做，是因为它的利益在开始时的确同其余一切非统治阶级的共同利益还有更多的联系，在当时存在的那些关系的压力下还不能够发展为特殊阶级的特殊利益。"②

马克思对这段话加了如下边注："［普遍性符合于：（1）与等级相对的阶级；（2）竞争、世界交往等等；（3）统治阶级的人数众多；（4）共同利益的幻想，起初这种幻想是真实的；（5）意识形态家的欺骗与分工］。"③ 马克思看到了革命阶级在开始时所建构的基于普遍性利益的意识形态，不能被看成是意识形态家的故意欺骗与隐瞒，而恰恰是对当时看来的真实情况的一种观念表述。尽管后来发现这种所谓的真实情况是幻想，但起初这种幻想恰恰是真实的。这是由于社会关系的内涵还没来得及完全展开的缘故。在这种阶级中就有可能出现作为该阶级积极成员的思想家或者说意识形态家。当然，一旦情况发生变化，或者说一旦发生阶级利益冲突，"即当阶级本身受到威胁的时候，当占统治地位的思想好像不是统治阶级的思想而且好像拥有与这一阶级的权力不同的权力这种假象也趋于消失的时候"④，那么，上述这种试图概括真实情况的意识形态，就会很自然地发展成编造幻想的意识形态，并构成统治阶级的意识形态。当然，这种情况的发生不是由某个人主观推动而成，而一定是由历史发展的过程所造就。想一想资产阶级经济学从试图研究资本主义生产关系的内部联系的古

---

① 《德意志意识形态》（节选本），人民出版社2003年版，第43页。
② 《德意志意识形态》（节选本），人民出版社2003年版，第44页。
③ 《德意志意识形态》（节选本），人民出版社2003年版，第43页注1。
④ 《德意志意识形态》（节选本），人民出版社2003年版，第43页。

典经济学，发展到满足于在表面的经济联系中兜圈子的庸俗经济学的过程，就不难理解马克思的这种观点了。"在这里，我断然指出，我所说的古典政治经济学，是指从威廉·配第（William Petty）以来的一切这样的经济学，这种经济学与庸俗经济学相反，研究了资产阶级生产关系的内部联系。而庸俗经济学却只是在表面的联系内兜圈子，它为了对可以说是最粗浅的现象作出似是而非的解释，为了适应资产阶级的日常需要，一再反复咀嚼科学的经济学早就提供的材料。在其他方面，庸俗经济学则只限于把资产阶级生产当事人关于他们自己的最美好世界的陈腐而自负的看法加以系统化，赋以学究气味，并且宣布为永恒的真理。"①

对马克思来说，统治阶级对意识形态的故意编造以达到欺骗被统治阶级的目的，这种做法本身并不是这个阶级一开始就使用的，而是随着历史发展过程的推进才加以使用的。因此，我们应该把这种意识形态视为历史发展过程的结果，而不是某种天生的或自然的东西。如果用他们被统治阶级蒙在鼓里这句话来形象地概括这种意识形态的话，那么，应该指出的是，统治阶级在一开始也不是有意要蒙蔽他们（即普通群众）。但随着社会历史过程的发展，统治阶级便不得不故意地蒙蔽他们了，因为如果再不故意蒙蔽的话，该统治阶级的利益与他们（普通群众）的利益之间的冲突就要公之于众了。

解读至此，我们应该可以看出，马克思的意识形态理论不仅具有政治的及历史观的双重维度，而且这双重维度之间还不是并列的关系，而是前者以后者为基础的。凭借这种独特的解读视角，马克思把意识形态批判与拜物教批判有机地结合在了一起。如果像巴里巴尔等西方学者那样仅从政治的维度来解读马克思的意识形态理论，不仅会错失对它的准确理解，而且也会导致对马克思后期的拜物教批判理论的片面化理解。

---

① 《马克思恩格斯全集》第44卷，人民出版社2001年版，第99页，注32。